Tractatus de urbe Brandenburg

Schriften der Landesgeschichtlichen Vereinigung
für die Mark Brandenburg

Neue Folge

Herausgegeben
von
Peter Bahl, Clemens Bergstedt und Frank Göse

Band 7

Berlin 2015

Christina Meckelnborg

Tractatus de urbe Brandenburg

Das älteste Zeugnis brandenburgischer Geschichtsschreibung

Textanalyse und Edition

Lukas Verlag

Lukas Verlag für Kunst- und Geistesgeschichte
Kollwitzstraße 57
D-10405 Berlin
www.lukasverlag.com

Umschlag: Verlag
Reprographie und Satz: Susanne Werner
Druck: Elbe Druckerei Wittenberg

Printed in Germany
ISBN 978-3-86732-215-7

Inhalt

Edition und Übersetzung

Anhang I

Anhang II

Verzeichnisse

Geleitworte

Der »Tractatus de urbe Brandenburg« ist nicht nur das älteste Zeugnis brandenburgischer Geschichtsschreibung, sondern auch die wichtigste erzählende Quelle zur Entstehung der Mark Brandenburg. Mit der Entdeckung der Weimarer Handschrift durch Frau Professor Dr. Christina Meckelnborg wurde ein Vergleich mit der einzigen und deshalb bisher grundlegenden Leitzkauer Textfassung, die in Magdeburg aufbewahrt wird, möglich. Die Gegenüberstellung ließ den ursprünglichen Textbestand und damit auch spätere Zusätze deutlich hervortreten. Die Überformungen werfen ein bezeichnendes Licht auf die Darstellungsabsichten verschiedener politischer Gruppierungen, die den Text für ihre legitimatorischen Zwecke auf unterschiedliche Art bearbeiteten. Dass die Neuedition des Traktats auf der Grundlage der Weimarer Handschrift in der Schriftenreihe der Landesgeschichtlichen Vereinigung für die Mark Brandenburg erscheint, erfüllt deren Vorstand und die Reihenherausgeber mit Stolz und Freude.

Die 1884 gegründete Landesgeschichtliche Vereinigung befasst sich seit 1950 – in diesem Jahr erschien der erste Band ihres Jahrbuchs für brandenburgische Landesgeschichte – mit der Förderung und Verbreitung landesgeschichtlicher Forschungsergebnisse. Das Jahrbuch und das drei Mal pro Jahr erscheinende Mitteilungsblatt sind über die Jahre zu festen und anerkannten Größen in der Publikationstätigkeit der Vereinigung geworden. Die Schriftenreihe wurde 2009 aus Anlass des 125-jährigen Vereinsjubiläums neu ins Leben gerufen. Das hauptsächliche Anliegen der Reihe besteht darin, verschiedenen wissenschaftlichen Initiativen der Landesgeschichtlichen Vereinigung eine Publikationsplattform zur Verfügung zu stellen. Darüber hinaus sollen hier aber auch wichtige landesgeschichtliche Forschungsergebnisse ihren Platz finden.

Die Herausgeber sind der festen Überzeugung, mit dem vorliegenden Buch der landesgeschichtlichen Forschung ein Standardwerk zur Frühgeschichte der Mark Brandenburg zu übergeben. Frau Professor Meckelnborg gilt es zuvörderst zu danken für ihre jahrelange Forschungsarbeit. Ebenso dankbar sind wir dem Verleger, Herrn Dr. Frank Böttcher, für die bewährte und vertrauensvolle Zusammenarbeit. Aller Fleiß und alles Engagement blieben jedoch unvollendet, wenn es nicht die finanzielle Unterstützung für ein solches Projekt gegeben hätte. An erster Stelle ist hier der Lions Club Brandenburg an der Havel zu nennen, der den größten Teil der Druckkosten aufbrachte. Auch das Historische Institut der Universität Potsdam (Professur für Geschichte des Mittelalters, Prof. Dr. H.-D. Heimann), der Historische Verein Brandenburg (Havel) e. V. sowie Udo Geiseler und Dr. Lutz Partenheimer haben mit Spenden zum erfolgreichen Abschluss beigetragen.

Dr. Peter Bahl
Vorsitzender der Landesgeschichtlichen Vereinigung
für die Mark Brandenburg e. V. gegr. 1884

Der vorliegende Band bringt der brandenburgischen Landesgeschichte in mehrfacher Hinsicht neue Impulse. War man bisher auf die unzulängliche Edition des »Tractatus de urbe Brandenburg« von Georg Sello aus dem Jahre 1888 nach der Magdeburger Handschrift (16. Jahrhundert) angewiesen, so legt Christina Meckelnborg jetzt eine kritische Ausgabe auf modernem Niveau vor, die auf der Grundlage der von ihr entdeckten Weimarer Handschrift (15. Jahrhundert) steht. Der Text ist von den bisher philologisch nur mühsam abgrenzbaren Leitzkauer Interpolationen befreit und in der historischen Erstfassung dokumentiert. Der Variantenapparat und die Kommentierung sichern auf jeder Seite die kritische Qualität und das Verständnis des Textes ab. Besonders günstig für eine breitere Rezeption wie auch für die akademische Lehre ist die adäquate Übersetzung ins Deutsche.

Die in ihrem Wert für die brandenburgische Geschichte schon immer als zentral angesehene Quelle rückt nun in zuverlässiger Präsentation in den Blick der Forschung. Die Ereignisse um Albrecht den Bären und vor allem um seine Inbesitznahme der Brandenburg im Jahre 1157, die als die Geburtsstunde der märkischen Geschichte gelten, können neu durchdacht werden. Nachhaltig werden auch veraltete Thesen über den Autor, der mit dem Brandenburger Domherrn Heinrich von Antwerpen identifiziert wurde, und über die Interessenlage zwischen dem Brandenburger Domstift und dem Leitzkauer Marienstift von Christina Meckelnborg wieder aufgerollt. Die landesgeschichtliche Forschung wird sie erneut zu diskutieren haben; auf der jetzigen Textgrundlage können neue Antworten versucht werden.

Das 850-jährige Brandenburger Domjubiläum ist ein würdiges Datum für das Erscheinen dieser Edition, durch die die märkische Geschichtsforschung bereichert wird. Die Zugabe weiterer, bisher unedierter »Brandenburgensia« steigert den Wert der Publikation. Auch bei ihnen hat die Autorin die gleiche philologische Akribie walten lassen.

Prof. Dr. Michael Menzel
Humboldt-Universität zu Berlin
Institut für Geschichtswissenschaften
Lehrstuhl für Mittelalterliche Geschichte und Landesgeschichte

Der Lions Club Brandenburg an der Havel hat die Neuedition des »Tractatus de urbe Brandenburg« aus mehreren Gründen unterstützt. Erstens müssen Zeugnisse der wechselvollen Vergangenheit unserer Stadt gepflegt und bewahrt werden, umso mehr wenn es sich um ein so bedeutendes Dokument über die Frühzeit der Stadt und der Mark Brandenburg handelt. Zweitens erhält nunmehr auch der historisch interessierte Laie durch die deutsche Übersetzung des lateinischen Textes einen Zugang zu diesem wichtigen Schriftstück, das die enge Verbindung zwischen der Burg und der Markgrafschaft Brandenburg zeigt. Daraus möge ein noch stärkeres Bewusstsein für die historische Bedeutung unserer Heimatstadt erwachsen. Drittens bezieht sich das 850-jährige Jubiläum der Grundsteinlegung des Doms zu Brandenburg, das wir in diesem Jahr feiern, auf eine Notiz im Traktat. Mit dem Dom fühlen wir Lions uns in besonderer Weise verbunden, denn vor zwanzig Jahren fand im Dom zu Brandenburg die Gründungsveranstaltung des Lions Club Brandenburg an der Havel statt.

Seit fast einhundert Jahren engagieren sich Lions International mit gemeinnütziger Arbeit in ihren Gemeinden und in der ganzen Welt. Wenn es darum geht, neuen Herausforderungen zu begegnen, haben die Lions eine ganz einfache Antwort parat: Wir dienen. Weil wir, die Mitglieder des Lions Club Brandenburg an der Havel, vor Ort präsent sind, können wir die Stadt Brandenburg an der Havel in besonderer Weise unterstützen. Der Lions Club Brandenburg an der Havel und die STG Stadtmarketing- und Tourismusgesellschaft Brandenburg an der Havel mbH haben mit einem gemeinnützigen Projekt erfolgreich Mittel für die notwendigen Druckkosten akquiriert.

Frau Professor Dr. Christina Meckelnborg sagen wir herzlich danke für ihre akribische wissenschaftliche Forschungsarbeit und der Landesgeschichtlichen Vereinigung für die Mark Brandenburg e. V. für die Herausgabe des ältesten Zeugnisses brandenburgischer Geschichtsschreibung in ihrer Schriftenreihe.

Wir, die Lions der Stadt Brandenburg an der Havel, sind stolz darauf, im Jubiläumsjahr »850 Jahre Dom zu Brandenburg« die Herausgabe dieses wertvollen Dokuments zur Geschichte unserer Stadt mit ermöglicht zu haben.

Andreas Dieckmann
Präsident des Lions Club Brandenburg an der Havel

Einleitung

Der Tractatus de urbe Brandenburg ist das älteste erhaltene Zeugnis brandenburgischer Geschichtsschreibung. Er wurde in den 1170er Jahren unter Markgraf Otto I. von Brandenburg verfasst und ist die einzige Quelle, die darüber berichtet, wie die Herrschaft über die Brandenburg in der Mitte des 12. Jahrhunderts von dem Slawenfürsten Pribislaw/Heinrich auf Albrecht den Bären überging und wie dieser die Brandenburg 1157 endgültig in Besitz nahm.

Bisher war das kleine Werk nur durch eine sehr unzuverlässige Magdeburger Handschrift aus der Mitte des 16. Jahrhunderts bekannt, noch dazu in einer Fassung, von der seit langem feststeht, dass sie mit Zusätzen versehen wurde in der Absicht, das mit dem Brandenburger Domstift konkurrierende Leitzkauer Marienstift in die Handlung einzubeziehen und seine Vorrangstellung zu dokumentieren. Das Ausmaß der Interpolationen und Umarbeitungen ließ sich jedoch nicht feststellen. Dies ist erst jetzt durch den Fund einer neuen Handschrift möglich.

Bei der Tiefenerschließung einiger spätmittelalterlicher und frühneuzeitlicher Handschriften des Thüringischen Hauptstaatsarchivs Weimar entdeckte ich im Jahr 1995 zufällig den Tractatus de urbe Brandenburg in einer von der bisherigen Überlieferung abweichenden Fassung. Er fand sich an versteckter Stelle im Nachlass Georg Spalatins, des langjährigen Hofbibliothekars, Hofhistoriographen und Geheimsekretärs Kurfürst Friedrichs III. von Sachsen, und zwar im letzten Band dieses Nachlasses in einem aus dem 15. Jahrhundert stammenden unscheinbaren Faszikel. Eine daraufhin erstellte Transkription ergab, dass die Weimarer Handschrift frei von den Leitzkau-Interpolationen ist und auch sonst einen Text bietet, der dem Originaltraktat wesentlich näher kommt als die Magdeburger Fassung. Die Bedeutung des Fundes stand daher von Anfang an fest. Es sollten jedoch fast zwanzig Jahre vergehen, bis ich Zeit fand, mich mit dem Tractatus de urbe Brandenburg intensiv zu befassen. Dabei wuchs sich der ursprünglich geplante Aufsatz zum Buch aus. Dass dieses nun ausgerechnet in dem Jahr erscheint, in dem der Brandenburger Dom das 850-jährige Jubiläum seiner Gründung begeht, fügt sich vortrefflich, umso mehr, als das Datum dieses Ereignisses, der 11. Oktober 1165, für das man sich bislang einzig auf die Magdeburger Handschrift berief, auch im Weimarer Codex überliefert ist.

Den Kern der Publikation bildet die Edition des Tractatus de urbe Brandenburg in der Weimarer Fassung. Außer dem Tractatus werden auch noch einige weitere kleine Brandenburgensia ediert, die sich in der Weimarer Handschrift an den Traktat anschließen. Es sind stilistisch anspruchslose Texte, die erst bei der Vorbereitung der Edition des Brandenburg-Traktats ans Licht kamen, darunter als wichtigster eine Chronik der Brandenburger Bischöfe von den Anfängen des Bistums im 10. Jahrhundert bis in die Mitte des 13. Jahrhunderts. All diesen Texten ist eine deutsche Übersetzung synoptisch gegenübergestellt. Dem Editionsteil geht eine Untersuchung des Tractatus de urbe Brandenburg und der Brandenburgensia der Weimarer Handschrift voran. Ausdrücklich muss betont werden, dass darin kodikologische und philologische Aspekte im Vordergrund stehen. Die Untersuchung soll lediglich als Grundlage für weiterführende historische Forschungen dienen. Dies gilt auch für die als Anhang beigefügten Texte: Im Anhang I wird die Leitzkauer Textsammlung der Magdeburger Handschrift mit dem darin enthaltenen Tractatus erstmals vollständig ediert, Anhang II enthält die Editio princeps der Chronica principum de semine Billingi, die den ersten Teil des Brandenburg-Faszikels in der Weimarer Handschrift bildet.

Bei der Erstellung der Edition erfuhr ich jede erdenkliche Hilfe durch meinen Kollegen Bernd Schneider. In Fragen zur brandenburgischen Geschichte gab mir Lutz Partenheimer wertvolle Hinweise und Anregungen. Michael Menzel, Ines Garlisch, Evelyn Hanisch und Clemens Bergstedt danke ich für die Durchsicht des Manuskripts und ihr Engagement bei der Publikation des Buches, Peter Bahl für die Aufnahme des Bandes in die Schriftenreihe der Landesgeschichtlichen Vereinigung für die Mark Brandenburg, Susanne Werner für die herstellerische und Frank Böttcher für die verlegerische Betreuung. Im Thüringischen Hauptstaatsarchiv Weimar fand ich freundliche Unterstützung durch Dagmar Blaha, im Domstiftsarchiv Brandenburg durch Uwe Czubatynski. Zu großem Dank bin ich auch dem Lions Club Brandenburg an der Havel, dem Historischen Institut der Universität Potsdam (Professur für Geschichte des Mittelalters), dem Historischen Verein Brandenburg (Havel) e. V., Lutz Partenheimer und Udo Geiseler verpflichtet, die den Druck des Buches finanzierten.

Berlin, im Januar 2015 — *Christina Meckelnborg*

TEXTANALYSE

Tractatus de urbe Brandenburg

Die Handschrift Weimar, ThHStA, EGA, Reg. O 157 (= W)

Im Thüringischen Hauptstaatsarchiv Weimar findet sich im Nachlass des kursächsischen Hofhistoriographen Georg Spalatin (1484–1545) ein bislang unbekannter Textzeuge für den Tractatus de urbe Brandenburg. Innerhalb des Spalatin-Nachlasses, der zum ältesten Bestand des Weimarer Archivs, dem Ernestinischen Gesamtarchiv, gehört und in der Registrande O die Nummern 1–157 einnimmt, steht der Brandenburg-Traktat im letzten Band, das heißt in dem Band mit der Signatur Reg. O 157.[1] Es handelt sich dabei um eine Sammelhandschrift im Umfang von 314 Blättern, die aus 23 Faszikeln zusammengesetzt ist. Sie enthält Materialien zu der breit angelegten »Kurfürstlichen Chronik«[2], an der Spalatin seit 1510 im Auftrag Kurfürst Friedrichs III. von Sachsen (1463–1525) arbeitete und von der in den Jahren 1515–1517 drei stattliche Bände und eine Anzahl disparater Lagen fertiggestellt wurden.[3] Knapp über die Hälfte der Faszikel in Reg. O 157 sind Autographe Spalatins aus dem zweiten Jahrzehnt des 16. Jahrhunderts mit Vorlagen, nach denen die Schreiber die Reinschrift der »Kurfürstlichen Chronik« fertigten, ferner mit Entwürfen und Ausarbeitungen zu einzelnen Bereichen der Chronik sowie Materialzusammenstellungen und Exzerpten aus historischen Quellen von der Antike bis in seine eigene Zeit. Die übrigen Faszikel enthalten Materialien und Abschriften unterschiedlicher Provenienz. Es sind zumeist Stücke, die sich schon länger am kursächsischen Hof befanden und die der Kurfürst seinem Hofhistoriographen zur Verfügung stellte, oder Anlagen zu Briefen von zeitgenössischen Humanisten, mit denen Spalatin wegen der Chronik in Kontakt stand.[4]

Zu der Gruppe der Materialien und Abschriften gehört auch der 19. Faszikel mit dem Tractatus de urbe Brandenburg und den Brandenburgensia, der W 274–281 umfasst.[5] Der Tractatus de urbe Brandenburg steht darin auf W 278^{v}–279^{r} und 280^{r}–281^{r}. Dieser Brandenburg-Faszikel ist der älteste Teil der Weimarer Handschrift Reg. O 157. Er besteht aus acht einzelnen Blättern, die eine Größe von ca. 31,5 × 22,5 cm haben

1 Siehe die ausführliche, an den Richtlinien Handschriftenkatalogisierung der Deutschen Forschungsgemeinschaft (Bonn/Bad Godesberg ^{5}1992) orientierte Beschreibung dieser Handschrift von C. Meckelnborg in: Bentzinger/Meckelnborg 2001, S. 13–26 und die überarbeitete Fassung von C. Meckelnborg in: Meckelnborg/Riecke 2011, S. 467–494.

2 In der Forschung hat sich für diese Chronik der Titel »Chronik der Sachsen und Thüringer« eingebürgert; zum Titel der Chronik s. C. Meckelnborg in: Meckelnborg/Riecke 2011, S. 17–22.

3 Coburg, LB, Ms. Cas. 9–11 und Weimar, ThHStA, EGA, Reg. O 21 (Lagenkonvolut); s. zu diesen Handschriften C. Meckelnborg in: Meckelnborg/Riecke 2011, S. 189–249 (Geschichte der Handschriften) und 251–273 (Handschriftenbeschreibungen). Die vier Bände sind zusammen mit einer Transkription von C. Meckelnborg und A.-B. Riecke auf der Internetplattform Virtuelle Bibliothek Würzburg unter spalatin-chronik.de zusammengeführt.

4 Zu Spalatins Briefpartnern s. C. Meckelnborg in: Meckelnborg/Riecke 2011, S. 59–74.

5 Abbildungen dieser Blätter und des Titelblattes W 273^{r} s. S. 161–177.

und Faltspuren aufweisen. Die Zeilenzahl der einzelnen Seiten schwankt zwischen 38 und 42. Der Text ist in einer schwer lesbaren gotischen Kursive von unbekannter Hand geschrieben. Die Schrift und das Wasserzeichen Krone, das einem für das Jahr 1461 bezeugten Wasserzeichen dieses Typs bei Piccard-Online sehr ähnelt,[6] erlauben eine Datierung des Faszikels in das dritte Viertel des 15. Jahrhunderts.

Spalatin hat dem Brandenburg-Faszikel ein eigenes Titelblatt, W 273^r, vorangestellt. Er verwendete dafür ein Blatt des hochwertigen, sehr festen mittel- oder oberitalienischen Papiers mit einer großformatigen Blume als Wasserzeichen, auf dem auch seine »Kurfürstliche Chronik« großenteils geschrieben ist und das in den Chronikmaterialien insbesondere der Jahre 1513/14 nachweisbar ist.[7] Auf das Recto schrieb er eigenhändig den Titel *Die Alte Hertzogen Zw Sachssen*,[8] und zwar in einem Schriftduktus, der es erlaubt, das Titelblatt ebenfalls in diese Zeit zu datieren. Spalatins Titel bezieht sich jedoch nur auf den ersten Teil des Faszikels, W 274^r–278^v, genau genommen sogar nur auf dessen erste zwei Blätter, W 274^r–275^v, die in der Tat von den sächsischen Stammesherzögen handeln. Auf diesen Blättern hat Spalatin auch einige Randbemerkungen angebracht.[9] Eine größere Partie des Abschnitts zu Bernhard II. († 1058), die die Schilderung eines Traums dieses Herzogs einschließt, hat er offenbar von hier in seine Chronik übernommen.[10] Nichts deutet dagegen auf die Texte des zweiten Teils des Faszikels, den Tractatus de urbe Brandenburg und die kleinen Brandenburgensia, hin. Ob Spalatin sie überhaupt je gelesen hat, ist fraglich. Zumindest ist nichts daraus in seine »Kurfürstliche Chronik« eingeflossen. Die unzureichende Formulierung des Titels dürfte jedenfalls mit ein Grund dafür sein, dass diese Texte fünfhundert Jahre lang unentdeckt blieben.

Die Datierung des Titelblattes in die Jahre 1513/14 liefert möglicherweise den Schlüssel für die Beantwortung der Frage, wie der Brandenburg-Faszikel in den Spalatin-Nachlass gelangte. Aus dem Jahr 1514 ist ein Katalog oder vielmehr ein Index der Bibliothek des Zisterzienserklosters Lehnin erhalten,[11] der auf Veranlassung

---

6 Piccard-Online Wasserzeichen Krone Nr. 51093.

7 Piccard-Online Wasserzeichen Blume Nr. 127130. Zu diesem Papier s. C. Meckelnborg in: Meckelnborg/Riecke 2011, S. 101, 106f., 253; Abb. des Wasserzeichens ebd. S. 103.

8 Neben Spalatins Titel befindet sich von anderer Hand der Zusatz *Lüneburgk*. Dieselbe Hand trug darunter außerdem ein: *Des ersten Churs. Stams vnd Hauses. Billingischen geschlechts. Auch etwas von H. Heinrichen dem Löwen Vnd Anhaltern. Als dem 3. vnd 4. Sächsischen Churhause vnd Stam.*

9 Auf den übrigen Blättern finden sich nur vereinzelt Randnotizen.

10 Dies betrifft die Partie CHR 39–55 (*factus est <vir> totius discordie – per timorem et fugam*), die sich in dem Weimarer Chronikband ThHStA, EGA, Reg. O 21, 68^v–69^r in deutscher Übersetzung wiederfindet, aufgeteilt auf die Kapitel *Vonn diesess hertzogenn Sitenn* und *Vonn ainem seltzamenn Trawm dieses Fürstenn.*

11 Der Katalog kam in der Folge der Wittenberger Kapitulation vom 19.5.1547 zusammen mit den Beständen der Wittenberger Schloss- und Universitätsbibliothek, der Bibliotheca Electoralis, im August 1549 nach Jena, wo er noch heute aufbewahrt wird: Jena, ThULB, Ms. App. 22 A (4) [alte Signatur: Append. Mss. 22b (6)]. Der Band hat einen Umfang von 22 Blättern, der Katalog steht auf 1^r–17^r. Eintrag von Spalatins Hand 1^r: *Bibliothece Leninensis index. M. D. XIIII.* Zu diesem Katalog: Sello 1881, S. 87–96; Abb 1926, S. 3–8; G. Abb in: Abb/Wentz 1929, S. 255f.; Warnatsch 2000, Bd. 1, S. 442; Klein-Ilbeck/Ott 2009, S. 14f. und 60f. (Katalogisat); Druck des Verzeichnisses (986 Titel in 557 Bänden): Sello 1881, S. 225–242.

Spalatins erstellt wurde, sei es, weil er daraus Anregungen für den Bestandsaufbau der noch jungen Wittenberger Schloss- und Universitätsbibliothek ziehen wollte, oder weil er hoffte, darin Material für seine historiographischen Arbeiten zu finden.[12] Auch wenn keiner der knapp tausend Einträge auf die acht Blätter des Brandenburg-Faszikels zutrifft[13] – ohnehin betreffen die meisten Einträge wohl Drucke –, so wäre es dennoch denkbar, dass sich der Faszikel bei dieser Gelegenheit anfand und nach Wittenberg geschickt wurde, was auch mit den Faltspuren der Blätter vereinbar wäre. Eine Provenienz des Faszikels aus dem Kloster Lehnin, dem ältesten Haus- und Begräbniskloster der brandenburgischen Askanier, wäre durchaus nicht abwegig, zumal im ersten Teil eine Genealogie der märkischen Askanier enthalten ist.[14] Einen brieflichen oder archivalischen Beleg zu Spalatins Kontakt mit Lehnin gibt es allerdings nicht,[15] so dass diese Überlegung zur Herkunft des Brandenburg-Faszikels vorerst Spekulation bleiben muss.

Die Handschrift Magdeburg, LHASA, Cop., Nr. 390 (= M)

Bislang war der Tractatus de urbe Brandenburg nur durch das Archivale Magdeburg, Landeshauptarchiv Sachsen-Anhalt, Cop., Nr. 390[16] bekannt, eine 204 Blätter umfassende Sammelhandschrift mit Urkundenabschriften und Texten zu verschiedenen Stiften und Klöstern des Erzstifts Magdeburg.[17] Der Tractatus steht dort auf Blatt 57^{v}–60^{v}.[18] Er ist Teil der Lage M 52–64/64a[19], deren Anfangsseite M 52^{r} den Titel *Fundatio des Closters Litzke, Vnter dem Churfursten zu Brandenburgk, zcwuschen denn*

---

12 Beide Motive erwägt auch Abb 1926, S. 7. Büchererwerb für die Bibliothek und Materialsammlung für die »Kurfürstliche Chronik« gingen in dieser Zeit bei Spalatin Hand in Hand; s. dazu C. Meckelnborg in: Meckelnborg/Riecke 2011, S. 294.

13 Es käme allenfalls der Eintrag *quedam cronica* (Sello 1881, S. 228, Nr. 208) in Frage, der aber zu allgemein gehalten ist, als dass eine Identifizierung möglich wäre.

14 CHR 117–160; s. dazu S. 73. Den Hinweis auf eine mögliche Provenienz des Faszikels aus Kloster Lehnin verdanke ich Uwe Czubatynski, Brandenburg (28.5.2013).

15 Dies ergab eine Durchsicht des Briefinventars von Weide 2014.

16 Alte Signatur: Magdeburg, Kgl. Provinzialarchiv, Erzstift Magdeburg III No. 2 Cop. 32. Unter dieser Signatur erscheint die Handschrift bei A. F. Riedel in: CDB IV 1, S. XXVII, dagegen steht bei Holder-Egger 1880, S. 471 und Backmund 1972, S. 119, Anm. 127 fälschlich »cap. 32« bzw. »Cap. 32« statt »Cop. 32«.

17 Siehe das alte Titelblatt, das ausgeschnitten und auf Bl. 1 aufgeklebt ist: *Copiarium* | *miscellaneum* | *Magdeburgense* | *continens* | *varias litterarum reliquias* | *monasteriorum* | *in* | *Ammensleben, Plötzke, Gernrode,* | *Jüterbog, Leitzkau, Marienthal,* | *Jerichow et Zinna.* | *Cop. N° XXXII*; vgl. auch den Rückentitel in Gold: *Copiarium* | *misc. Magdeb.* | *XXXII.* Das darunter befindliche rote Papierschild mit der Aufschrift *Leitzkauer* | *C*<hro>*ni*<k> | *Fragm. Vitae* | *Wichmanni* (Rest wegen Anbringung eines Klebebandes nicht lesbar) betrifft dagegen lediglich zwei Faszikel, die offenbar als besonders wichtig empfunden wurden, und zwar den Faszikel zum Stift Leitzkau mit dem Tractatus de urbe Brandenburg und die Vita des Magdeburger Erzbischofs Wichmann im Faszikel des Klosters Zinna.

18 Der Text ist mehrfach ediert; s. S. 103–105.

19 Ein Einzelblatt mit einer Urkundenabschrift des 15. Jahrhunderts ist auf das leere Recto des letzten Blattes der Lage aufgeklebt, wobei das Einzelblatt als Bl. 64, das zu der Lage gehörige Trägerblatt als Bl. 64a gezählt wird. Bl. 64 und 64a bilden also zusammen ein Blatt. Zu diesem Blatt s. Anm. 98.

Stetten Magdeburg vnd Zcerbist gelegenn trägt.[20] Mit *Closter Litzke* ist das Prämonstratenserstift in dem Ort Leitzkau etwa 25 km südöstlich von Magdeburg gemeint, das dem Bistum Brandenburg angehörte. Von derselben Schreiberhand, die den Titel in Deutsch schrieb, stammt auch die lateinische Textsammlung auf M 53^r–63^r mit der nochmaligen lateinischen Überschrift *Fundatio Ecclesie Letzkensis.*[21] Die Lage, zu der der Tractatus gehört, ist ihrerseits der erste Teil eines Konvoluts zu dem Stift Leitzkau (M 52–74).[22] Ihm wurde bei der Neuordnung der Archivbestände im 19. Jahrhundert ein Titelblatt vorgebunden (M 51), auf dem der Magdeburger Archivar Ludwig Stock (im Amt 1823–1857) vermerkte: *Acta betr. die Stiftung des Closters Leitzkau, und dessen Aufhebung durch den Churfürsten Joachim von Brandenburg 1119–1536.*[23]

Die *Fundatio Ecclesie Letzkensis* ist eine Abschrift aus der Mitte des 16. Jahrhunderts.[24] Diese Datierung ergibt sich aus der Erwähnung Bischof Joachims II. von Münsterberg,[25] der von 1545 bis 1560 amtierte, entspricht aber auch dem paläographischen Befund. Die Abschrift erfolgte in der erzbischöflichen Registratur in Magdeburg durch einen Schreiber, dessen Hand auch aus anderen Handschriften bekannt ist.[26] Ab M 57^v, Z. 18 benutzte er eine etwas dünnere Feder, ohne dass sich der Schriftduktus dadurch änderte. Ob die teilweise schweren Fehler in M auf ihn zurückgehen oder sich schon in seiner Vorlage befanden, lässt sich nicht klären.

Der Titel *Fundatio Ecclesie Letzkensis* trifft nicht auf den gesamten Text M 53^r–63^r zu. Es handelt sich nämlich nicht nur um eine Gründungsgeschichte der Leitzkauer Kirche, sondern um ein Konglomerat von überwiegend chronologisch angeordneten Texten bzw. Textstücken, die teils mehr, teils weniger mit Leitzkau zusammenhängen. Daher wird im Folgenden nur ganz allgemein von der »Leitzkauer Textsammlung« gesprochen, wenn der ganze Text gemeint ist.[27] Die einzelnen Text-

---

20 Danach Ergänzung von späterer Hand: *und dessen Aufhebung durch den Churfürsten Joachim von Brandenburg.* M 52^v ist leer.

21 Abbildungen von M 52^r–63^r s. S. 179–200. Schwarz-Weiß-Digitalisate dieser Partie finden sich auch online unter lha.sachsen-anhalt.de/digital/Cop__Nr_390.xml, dort Bild [62]–[73]; s. auch die Digitalisate von M 57^v–60^v unter golm.rz.uni-potsdam.de/hva/.

22 Das Konvolut hat die Nummer V. Es besteht aus einem Titelblatt (M 51) und drei Lagen: $(VII–1)^{52–64/64a}$ + II^{68} + $(II + I^{71/72})^{69–74}$. Die Foliierung ist mit blauem Buntstift ausgeführt. Auf M 52–64, 64a und 69–74 stehen jeweils rechts neben den Foliozahlen mit Bleistift die alten Foliozahlen *58–77*, die jedoch durchgestrichen sind. Auf M 52^r–74^r ist außerdem sporadisch am oberen Seitenrand mittig eine Paginierung mit Bleistift angebracht. Der Tractatus de urbe Brandenburg steht nach dieser Zählung auf Seite *12–18*.

23 Auf das Titelblatt ist ein grünblaues Papierschild mit der Aufschrift *Königl. Provinzialarchiv zu Magdeburg, Erzstift Magdeb. III* aufgeklebt.

24 Das Papier trägt ein Wasserzeichen des Typs Heraldischer Adler mit Krone, das in den bekannten Repertorien nicht nachgewiesen werden konnte.

25 LE 233f.

26 Sello 1888a, S. 2 zufolge schrieb derselbe Schreiber auch die Fundatio monasterii Gratiae Dei (Magdeburg, LHASA, Cop., Nr. 417a, S. 1–26) und die Gesta abbatum Bergensium (Magdeburg, LHASA, A 2, Nr. 1020).

27 Ausgenommen von dieser Bezeichnung ist lediglich der letzte Teil des Bischofskatalogs mit den Bischöfen Nr. 35–41, Dietrich III. von Stechow bis Joachim II. von Münsterberg (LE 232–234), da er erst Mitte des 16. Jahrhunderts durch den Schreiber von M an die Leitzkauer Textsammlung angefügt wurde; s. dazu S. 29f.

stücke sind nach Textsorte, Inhalt und Umfang sehr verschieden. Darunter befinden sich ein Bischofskatalog, Urkundenauszüge, Auszüge aus einer Heiligenvita und als größter zusammenhängender Text der Brandenburg-Traktat. Diese Textstücke sind von einem anonymen Kompilator, der sich als Angehöriger des Leitzkauer Stifts zu erkennen gibt,[28] durch überleitende Texte sowie Vor- und Rückverweise miteinander verbunden[29] und mit eigenen Texten aufgefüllt worden. Entstanden ist auf diese Weise »ein wahrhaft betrübliches Machwerk«, das »in einem bisher nicht geahnten Grade als unzuverlässig anzusprechen ist«[30]. Eine vollständige Edition der Leitzkauer Textsammlung ist seit langem ein Desiderat. Es existiert bisher nur eine unzulängliche Teiledition von Adolph Friedrich Riedel aus dem Jahr 1862 unter dem unpassenden Titel »Fragment einer Brandenburg-Leitzkauer Chronik«.[31] Ergänzend dazu hat Georg Sello in einem Aufsatz von 1891 die meisten der von Riedel ausgelassenen Texte abgedruckt.[32] Sie sind dort eingestreut in einen chronologischen Abriss der Geschichte Leitzkaus. Um diesem unbefriedigenden Zustand abzuhelfen, wird im Anhang eine Edition der gesamten Leitzkauer Textsammlung beigefügt.[33] Da auch der Inhalt der Textsammlung bislang noch nicht zusammenhängend betrachtet worden ist[34] und der Überlieferungskontext für den Tractatus äußerst wichtig ist, soll hier eine Übersicht über die einzelnen Textstücke gegeben werden.

Der Inhalt der Leitzkauer Textsammlung (M 53^r–63^r)

Das erste Stück der Leitzkauer Textsammlung ist ein Katalog der ersten elf Brandenburger Bischöfe, der unvermittelt mit den Worten *Hii adepti sunt pontificale decus Brandenburgensis ecclesie* beginnt.[35] Er enthält nur die Ordinalzahlen und Namen der Bischöfe. Die Reihe beginnt mit Thietmar (948/949–965/968) und endet mit Ludolf (um 1125–1137), dem letzten der Bischöfe, die infolge des Slawenaufstands im Jahr 983 und der Einnahme der Brandenburg durch die einheimischen Slawen

---

28 Siehe LE 120 *qui huius ecclesie primus sit fundator* und LE 226 *Theodericus, huius ecclesie prepositus*, wo beide Male mit *huius ecclesie* die Leitzkauer Kirche gemeint ist.

29 Zum Beispiel LE 7 *vt in sequenti patet cartha* (Vorverweis auf die Urkunde LE 8–35), LE 70f. *vt supra in cartha dictum est* (Rückverweis auf die Urkunde LE 8–35), LE 220f. *Wilmarus xiii Brandenburgensis episcopus, quondam prepositus secundus, vt supra dictum est* (Rückverweis auf Wilmars Erwähnung im Tractatus de urbe Brandenburg LE 197–199).

30 Kahl 1964, S. 407 und 461; vgl. auch Kahls Urteil über die Leitzkauer Textsammlung ebd. S. 7.

31 Siehe Riedel 1862, S. 283–288.

32 Siehe Sello 1891, S. 248f., 251f. und 255f. Die von Sello 1888c, S. V angekündigte Edition der Leitzkauer Textsammlung ist nie erschienen, obwohl er eine »kommentierte Sammlung der ›Leitzkau-Brandenburger Geschichtsquellen‹, enthaltend die Fundatio ecclesiae Letzkensis samt dem Traktat Heinrichs, die Fragmente der Bischofs-Chronik und anhangsweise die Grabschriften der Brandenburger Bischöfe« im Frühjahr 1887 angeblich bereits fertiggestellt hatte.

33 Siehe Anhang I S. 137–147.

34 Es gibt lediglich eine Kurzbeschreibung der einzelnen Textstücke, unterteilt in 16 Kapitel, durch Sello 1888a, S. 1, Anm. 1; der Tractatus de urbe Brandenburg ist dort unter Kapitel 11 angeführt.

35 LE 1. Übersetzung: »Diese erlangten die Bischofswürde der Brandenburger Kirche.« Die Buchstaben *fi* des Wortes *pontificale* sind über der Linie von der Schreiberhand hinzugefügt; Sello 1892, S. 515 liest fälschlich *pontifiale*, das er in der Anmerkung in *pontificale* korrigiert.

im Exil residieren mussten.[36] Mit Leitzkau hat dieser Katalog zwar auf den ersten Blick nichts zu tun, er führt jedoch auf Leitzkau hin, da Ludolfs Nachfolger, Bischof Wigger (1138–1160), in Leitzkau durch die dortigen Prämonstratenser-Chorherren gewählt wurde und Leitzkau rund zwanzig Jahre lang als provisorisches Domkapitel des Bistums Brandenburg fungierte. Davon ist jedoch erst später im Text die Rede. Am Ende des Bischofskatalogs fasst der Leitzkauer Kompilator nur die Situation und das Wirken der ersten elf Brandenburger Bischöfe zusammen: *Horum vndecim pontificum tempore Brandenburgensis ecclesia erat sine capitulo. Fuerunt enim pontifices predicti ad istam prouinciam a suis pontificibus missi ad extorquendum et persequendum paganorum ritum et ad destruendum idola detestabilia, vt in sequenti patet cartha.*[37] Dies ist insofern nicht ganz richtig, als erst der dritte Bischof, Volkmar I. (980 – nach 983), von seinem Bischofssitz vertrieben wurde, so dass die Brandenburger Kirche erst ab dem vierten Bischof, Wigo (vor 1004–1017/1019), »ohne Kapitel« war, doch auf historische Genauigkeit kam es dem Kompilator in dem Satz gar nicht an, denn dieser dient einzig dazu, eine Überleitung vom Bischofskatalog zu dem folgenden Text herzustellen. Wie sich auch an anderen Nahtstellen des Textes zeigen wird, erreicht der Kompilator dies, indem er bereits Formulierungen aus dem Folgetext, in diesem Fall aus einer Urkunde Bischof Hartberts (vor 1102–1122/25) verwendet,[38] die sich dort aber ausschließlich auf Hartbert selbst und nicht wie im Überleitungssatz auf alle Brandenburger Exilbischöfe beziehen.

Mit dem zweiten Text beginnt die eigentliche Fundatio ecclesiae Letzkensis, das heißt die Gründungsgeschichte der Leitzkauer Kirche, die von der Errichtung einer ersten Pfarrkirche im Dorf Leitzkau unter Bischof Hartbert um 1114 ihren Ausgang nimmt und mit der Weihe der Stiftskirche St. Marien auf dem Berge unter Bischof Wigger im Jahr 1155 endet.

Nachdem der Leitzkauer Kompilator die Bischofsreihe im Bischofskatalog bis an die Schwelle zur Gründung des Leitzkauer Prämonstratenserkonvents geführt hatte, geht er in der eigentlichen Fundatio zurück zu den Anfängen einer christlichen Kirche in Leitzkau unter Hartbert, dem 10. Brandenburger Bischof, und führt eine Urkunde

---

36 Zu den einzelnen Bischöfen s. Bresslau 1888, S. 386–395; Sello 1892, S. 517f.; G. Wentz in: Abb/Wentz 1929, S. 21–24; speziell zu Ludolf s. Curschmann 1906, S. 77f.; Kahl 1964, S. 133f., 161–166, 424. Allgemein zur Geschichte des Bistums Brandenburg von den Anfängen bis in die Mitte des 12. Jahrhunderts s. Sello 1888c, S. 1–3; Curschmann 1906, S. 20–84; Kahl 1966, S. 58–79; Kurze 1999a, S. 19–28; Rogge 2005, S. 99–104; Bergstedt 2009, S. 352–355; Kurze 2011, S. 32–36. – Zum Slawenaufstand von 983 mit weiterführender Literatur s. Partenheimer 2007, S. 36f. und 176f., Anm. 93.

37 LE 4–7. Übersetzung: »Zur Zeit dieser elf Bischöfe war die Brandenburger Kirche ohne Kapitel. Die genannten Bischöfe sind nämlich von ihren (Erz-)Bischöfen in diesen Sprengel geschickt worden, um den heidnischen Ritus auszurotten und zu verfolgen und um die abscheulichen Götzenbilder zu zerstören, wie in der folgenden Urkunde deutlich wird.« Zum Bedeutungsspektrum von *prouincia* (terminologisch »Sprengel, Kirchenprovinz, Diözese«, aber auch neutral »Region, Gegend«) s. Niermeyer 2002, S. 1131.

38 Die Wörter *ad extorquendum et persequendum paganorum ritum et ad destruendum idola* basieren auf den Stellen *ritum sum persecutus paganorum* (LE 11) und *innumerabilia destruximus idola* (LE 14) der Urkunde (s. die folgende Anm.).

von ihm aus dem Jahr 1114 an,[39] in der dieser bekannt gibt, dass er gegen den Kult der Heiden vorgegangen sei und viele heidnische Götzenbilder zerstört habe – beide Punkte waren im Überleitungssatz erwähnt worden – und dass er in Leitzkau, *Lezka* bzw. *Liezeka*, Gotteshäuser, *templa*, errichtet habe. Trotz des Plurals wird in M aber nur eine einzige Kirche, »eine hölzerne, Gott geweihte Kirche«[40], genannt. Ausgerechnet die wichtige Stelle der Urkunde, an der von dem kurz darauf erfolgten Bau einer Steinkirche in Leitzkau und deren Weihe die Rede ist,[41] fehlt in M,[42] was aber dem Zustand des Textes zufolge eindeutig auf ein Schreiberversehen zurückzuführen ist.[43]

An Hartberts Urkunde schließen sich sechs kurze historiographische bzw. chronistische Textstücke des Leitzkauer Kompilators mit teilweise falsch übernommenen, teilweise gezielt gefälschten Daten und Fakten an. Für die Texte 1, 2 und 4, in denen Norbert von Xanten (1080/85–1134), der Gründer des Prämonstratenserordens, im Mittelpunkt steht, diente dem Kompilator die Vita Norberti aus der Mitte des 12. Jahrhunderts als Quelle, aus der er einiges zitiert, anderes paraphrasiert. Die Texte 3, 5 und 6, in denen es um Leitzkau geht, sind dadurch gekennzeichnet, dass sie in einem unbeholfenen Latein abgefasst sind. Nahezu alles, was darin berichtet wird, ist von dem Leitzkauer Kompilator frei erfunden.

---

39 LE 8–35. Von dieser Urkunde existiert nur eine Abschrift des 16. Jahrhunderts, die ursprünglich dem Domstiftsarchiv Brandenburg gehörte, von diesem aber 1955 an das BLHA Potsdam abgegeben wurde. Signatur: Potsdam, BLHA, Rep. 10A Domkapitel Brandenburg, Nr. 29, 1^{rv}. Regest: Beck 2001, S. 183, Nr. 1258. Druck der Urkunde nach dieser Abschrift: CDB I 10, S. 69, Nr. 1. Auf dieselbe Abschrift geht zweifellos auch der Druck der Urkunde bei Gercken 1766, S. 342f., Nr. 5 (»Ex Cop. recentiori«) zurück. Beide Transkriptionen sind jedoch fehlerhaft, so dass in Anm. 42 und im kritischen Apparat zu LE 8–35 nach der Abschrift im BLHA zitiert wird, die im Original eingesehen wurde. Winter 1865, S. 347–349, Nr. 4 druckt den Text nach M mit Ergänzung der Lücken nach CDB I 10, S. 69, Nr. 1; Scholl 1999, S. 16 (mit Übersetzung in Anm. 1) übernimmt den Text von Winter 1865 unter Berücksichtigung der Korrekturen von Kahl 1964, S. 663f., Anm. 16 und 19. Zur Überlieferungslage der Urkunde s. auch Kahl 1964, S. 661f., Anm. 4.

40 LE 21 *ecclesiam ligneam Deo dedicatam*.

41 Von hier erklärt sich der Gebrauch des Plurals *templa* (LE 21): Damit sind in Hartberts Urkunde der Holz- und der Steinbau gemeint. So verstehen den Plural auch Kahl 1964, S. 114 und Scholl 1999, S. 17, Anm. 1. Da es sich aber in Wirklichkeit nur um zwei verschiedene Stadien derselben Kirche handelt, zählt Kahl 1964, S. 112 den Plural »zu den Übertreibungen des Textes«. Zur Baugeschichte s. Scholl 1999, S. 20–32.

42 In der Urkundenabschrift Potsdam, BLHA, Rep. 10A Domkapitel Brandenburg, Nr. 29, 1^{r}, Z. 24–36 lautet die Stelle: *Deinde vero haut post longo transsacto tempore mortuo charissimo sororis mee filio Berenwardo et dilectissimo cappellano meo Theoderico a latronibus interempto lapideam construximus basilicam, ad quam dedicandam rogatu consilio et auxilio bonorum et illustrium hominum videlicet Helprici Megenfridi Kironis Auelonis Adelberti Hermanni Wezelonis Wichardi Gerberti … decimationem … pro animabus famulorum … tradidimus*. Übersetzung: »Dann aber, nicht lange danach, nachdem der allerliebste Sohn meiner Schwester, Bernward, gestorben und mein hochverehrter Kaplan Dietrich von Räubern getötet worden war, haben wir eine Basilika aus Stein erbaut, bei deren Weihe wir auf Bitten, mit Rat und mit Hilfe guter und berühmter Männer, und zwar Helprich, Meginfred, Kiro, Avelo, Adelbert, Hermann, Wezelo, Wichard, Gerbert …, den Zehnt … für die Seelen der Diener … übertragen haben.« In M 53^{v} fehlen die Worte *lapideam* bis *Wichardi* und das Partizip *interempto* ist zu *interempdodi* (ebd., Z. 25f.) verderbt, wobei die Endsilbe *-di* zu *Wichardi* gehören könnte; s. auch LE 25f. mit kritischem Apparat.

43 Offenbar wurden beim Abschreiben mehrere Zeilen übersprungen (so auch Kahl 1964, S. 741, Anm. 152).

Im Einzelnen handeln die sechs Texte von der Gründung der Ordensgemeinschaft der Prämonstratenser in der Diözese Laon durch Norbert im Jahr 1119,[44] von Norberts Wahl zum Erzbischof von Magdeburg im Jahr 1125 nach dem Tod seines Amtsvorgängers,[45] von der Ankunft der Prämonstratenser-Chorherren an der Peterskirche *in villa Liezeka* im Jahr 1128, das heißt noch zu Lebzeiten Norberts,[46] von Norberts Tod am 6. Juni 1134,[47] von der Wahl Wiggers zum Bischof von Brandenburg durch die Regularkanoniker des Leitzkauer Prämonstratenserkonvents im Jahr 1137[48] und

---

44 LE 36–42. Die Anfänge des Ordens werden in LE 36f. fälschlich mit Papst Paschalis II. (1099–1118) in Verbindung gebracht: *Anno domini Millesimo centesimo decimo nono ordo Premonstratensis in Laudunensi diocesi sub Romano pontifice domino papa Paschali secundo florere cepit.* Übersetzung: »Im Jahr des Herrn 1119 begann der Prämonstratenserorden in der Diözese Laon unter dem römischen Papst Paschalis II. zu blühen.« Paschalis II. war 1119 aber schon tot. Der Grund für die falsche Papstzuweisung ist, dass der Kompilator nachlässig mit seiner Quelle umgeht: Er legt seinem Text den Anfang der Vita Norberti zugrunde, wo es allerdings nicht um die Gründung des Ordens, sondern um Norberts Bekehrungserlebnis im Jahr 1115 geht. Dort heißt es einleitend: *Anno dominicae incarnationis 1115 Paschasio papa catholicae ecclesiae regimen amministrante ... claruit Norbertus in municipio Sanctensi* (MGH SS 12, S. 670, Z. 15–17). Übersetzung: »Im Jahr der Fleischwerdung des Herrn 1115, als Papst Paschalis die katholische Kirche lenkte, ... lebte Norbert in der Stadt Xanten.« Dem Anfang der Vita Norberti sind auch die Namen der Eltern in der Passage LE 38f. *qui nobilibus parentibus ortus, scilicet patre Herberto et matre Hadwige* (Übersetzung: »der von adligen Eltern abstammte, und zwar von dem Vater Herbert und der Mutter Hedwig«) entnommen; vgl. Vita Norberti, cap. 1: *Huius pater Herebertus de castro Genepe ... et mater Hadiwigis* (MGH SS 12, S. 671, Z. 3f.). Der Text der Vita Norberti wird hier nach der Fassung A (Edition durch Roger Wilmans in: MGH SS 12, S. 670–706) wiedergegeben, der die Zitate des Leitzkauer Kompilators eindeutig entstammen; s. auch die folgende Anm. Diese Fassung ist vollständig nur in der Handschrift Berlin, SBB-PK, Ms. theol. lat. fol. 79, 90r–111r (13. Jh.) überliefert, die sehr wahrscheinlich dem Dom St. Peter in Brandenburg gehörte, vgl. den Besitzvermerk 136v: *Liber sancti petri in brandeburch* (das Wort *petri* ist aufgrund des in den Besitzvermerk hineingesetzten alten Bibliotheksstempels *Ex Biblioth. Regia Berolinensi* nur schwer lesbar); zur Provenienz: Wilmans ebd. S. 667; Wilmans Entzifferung des Besitzvermerks wurde zu Unrecht angezweifelt von Rose 1903, S. 864, Nr. 805.

45 LE 43–61. Der hier nicht genannte Amtsvorgänger ist Erzbischof Ruotger oder Rokker (1119–1125); das erwähnte Jahr 1125 ist nicht das Jahr, in dem Norbert zum Erzbischof gewählt wurde – dies geschah erst 1126 –, sondern Ruotgers Todesjahr. Beides, den Namen des Amtsvorgängers und das Wahljahr, kannte der Leitzkauer Kompilator jedoch nicht, da auch seine Quelle, die Vita Norberti, dies nicht mitteilt; dort heißt es nur (MGH SS 12, S. 693, Z. 22 – S. 694, Z. 1): *Anno dominicae incarnationis millesimo centesimo vigesimo quinto metropolis Saxoniae Parthenopolis orbata est suo antistite.* Übersetzung: »Im Jahr der Fleischwerdung des Herrn 1125 wurde die Metropolitanstadt Sachsens, Magdeburg, ihres Bischofs beraubt.« Die Zitate dieses Textstücks in M stammen aus dem Anfang von cap. 18 der Vita Norberti (Fassung A); zu LE 43–49, 49–54, 54f. und 55–61 vgl. MGH SS 12, S. 693, Z. 22 – S. 694, Z. 6 (passim), S. 694, Z. 15–19, 24–26 und 27–34.

46 LE 62–64. Die Ansiedlung der Leitzkauer Prämonstratenserkanonie noch zu Lebzeiten Norberts ist von dem Kompilator erfunden, um die Bedeutung Leitzkaus zu steigern, andernfalls wäre die Leitzkauer Kanonie ein Jahr älter als der Konvent von St. Marien zu Magdeburg, dessen Tochtergründung sie jedoch ist; s. die Widerlegung der Angaben der Fundatio durch Kahl 1964, S. 131–133, 146f., 406 und seine Argumentation zugunsten 1138/39 als Gründungszeit einer Leitzkauer Prämonstratenserkanonie S. 133–147 mit Zusammenfassung S. 160f.; s. auch Scholl 1999, S. 40 mit Anm. 3. Eine Übersetzung der Passage bietet Kahl 1964, S. 146f. (auch abgedruckt bei Scholl 1999, S. 40, Anm. 2).

47 LE 65f. Das Todesdatum stimmt mit dem der Vita Norberti überein, vgl. MGH SS 12, S. 703, Z. 9–11.

48 LE 67–76. Der Kompilator setzt die Wahl ein Jahr zu früh an; sie fand erst 1138 statt; s. Curschmann 1906, S. 98, Anm. 2 und S. 99, Anm. 1; G. Wentz in: Abb/Wentz 1929, S. 25. Widerlegung

schließlich – ohne Jahresangabe – von der Gründung eines »wunderschönen Klosters« *in monte Liezeka* zu Ehren der Jungfrau Maria durch Bischof Wigger, der hier als zwölfter Brandenburger Bischof bezeichnet wird,[49] und der Vollendung des Baus mit Hilfe Markgraf Albrechts (1134–1170).[50] Die diesbezügliche Formulierung *promotione, consilio et auxilio bonorum et pecuniarum domini Adelberti marchionis*[51] ist wieder im Vorgriff auf den folgenden Text gewählt ebenso wie der anschließende Überleitungssatz *Qui marchio est primus et summus eiusdem fundator, aduocatus et defensor et dominus istius prouincie, vt priuilegia testantur, vt sequitur.*[52] Durch den relativischen Anschluss *Qui marchio* ist der Satz eng mit dem vorangehenden verknüpft, durch die Bezeichnung Albrechts als *primus et summus … fundator* des Leitzkauer Stifts aber auch mit der folgenden Urkunde, auf die der Verweis *vt sequitur* direkt hinführt.

In dieser Urkunde bzw. dem Anfang einer Urkunde Markgraf Albrechts und seines Sohnes Otto[53] präsentieren sich die beiden Markgrafen als Förderer der Leitzkauer Stiftskirche[54] und als *primi et summi eiusdem ecclesie … aduocati,*[55] das heißt als erste und oberste Vögte Leitzkaus. Die Eigenschaft des obersten Vogts ist jedoch nur einer der Aspekte, die der Kompilator im Vorfeld genannt hatte, den angekündigten Beweis der Rolle Albrechts als *primus et summus … fundator* bleibt er schuldig.

Auch die nächste Urkunde hängt eng mit dem Wunsch des Leitzkauer Kompilators zusammen, die markgräfliche Beteiligung an der Gründung der Leitzkauer Stifts-

---

der übrigen in diesem Textstück gemachten Angaben, insbesondere der Existenz einer Bestätigung des Leitzkauer Bischofswahlprivilegs durch Papst Innozenz II., s. Kahl 1964, S. 143f. und 693f.

49 Zur Zählung Wiggers s. S. 28 mit Anm. 86.

50 LE 77–82. Auch die Angaben in diesem Textstück sind nicht glaubwürdig, s. Kahl 1964, S. 144, 694f., Anm. 119 und S. 917f., Anm. 11; Scholl 1999, S. 65f.

51 LE 79f. Übersetzung: »mit Förderung, Rat und Hilfe an Gütern und Geld Markgraf Albrechts«.

52 LE 81f. Übersetzung: »Und dieser Markgraf ist der erste und oberste Gründer ebendieses [erg.: Stifts], sein Vogt und Verteidiger und der Herr dieses Sprengels, wie die Urkunden beweisen, wie folgt.« Der Verweis *vt priuilegia testantur* bezieht sich offenbar auf die beiden folgenden Urkunden, LE 83–94 und 99–115, obwohl die zweite Urkunde auch noch eine eigene Einleitung mit Verweis hat; s. auch S. 29, Anm. 97 zu LE 230.

53 LE 83–94. Die Urkunde, in deren weiterem Verlauf es um die Ordnung der Vogteiverhältnisse der Leitzkauer Kirche geht, wurde zu Beginn des Jahres 1162 in Magdeburg ausgestellt. Erhalten ist nur eine Abschrift des 16. Jahrhunderts: Brandenburg, Domstiftsarchiv, BDK 1510/1446, 1^r–2^r. Drucke: CDB I 24, S. 323f., Nr. 2 (nach Georg Wilhelm von Raumer, Ungedruckte brandenburgische Urkunden aus der Zeit Markgraf Albrechts des Bären, in: Neues Allgemeines Archiv 1, 1836, S. 373f.); Partenheimer 2003, S. 327f., Anm. 1334. Regesten: Krabbo/Winter 1910–55, S. 62, Nr. 316 mit Datierung [Januar – März] 1162; Schössler 1998, S. 433–435, Nr. B 5. Druck des Auszugs in M: CDB I 10, S. 73f., Nr. 7. In M wird das Ausstellungsjahr nicht genannt, sicherlich bewusst, da es dem Kompilator darauf nicht ankam. Auf diese Weise fällt auch nicht auf, dass sich die Urkunde mit ihrer Datierung in das Jahr 1162 nicht in die Chronologie der Texte einfügt.

54 LE 89–93 *Eo deuotionis intuitu … prouidere decreuimus paci et quieti ecclesie sancte Dei genitricis Marie in monte Liezeka, que … nouis temporibus nostris* [sc. *Alberti et Ottonis*] *et consiliis et auxiliis promota est edificiis, religione et personis.* Übersetzung: »Darum haben wir aus frommer Verehrung … beschlossen, … für den Frieden und die Ruhe der Kirche der hl. Muttergottes Maria auf dem Berge Leitzkau zu sorgen, die … in jüngster Zeit durch unseren Rat und unsere Hilfe hinsichtlich der Gebäude, des Ordens und der Personen gefördert worden ist.« Auf diese Stelle hatte der Kompilator in der Vorbereitung auf die Urkunde LE 81f. bereits angespielt.

55 LE 93f.

kirche hervorzuheben. Ein eigener Einleitungssatz dient der Ankündigung dieser Urkunde: *De consecratione et de dote eiusdem ecclesie per dominum Wiggerum episcopum et dominum Adelbertum marchionem et de translatione canonicorum regularium ab ecclesia beati Petri, apostolorum principis, <in> villa Liezeka ad ecclesiam beate Marie virginis in monte Liezeka patet in priuilegio, vt sequitur.*[56] Bei dem angekündigten Privileg handelt es sich um einen Auszug aus einer ansonsten nicht überlieferten Urkunde Erzbischof[57] Wichmanns von Magdeburg (1152/54–1192), worin dieser bekundet, dass er gemeinsam mit Bischof Wigger die Leitzkauer Stiftskirche auf dem Berge in Gegenwart Markgraf Albrechts und dessen Frau und Kindern geweiht habe,[58] und zwar am 9. September 1155, wie aus der anschließenden chronikalischen Notiz hervorgeht.[59] Auch dieser Urkundenauszug enthält nicht das, was der Verbindungssatz des Kompilators verspricht, denn es ist lediglich davon die Rede, dass Albrecht und seine Familie bei der Weihe anwesend waren. Erneut wird an diesem Beispiel das Vorgehen des Leitzkauer Kompilators deutlich: In seinen kleinen Texten und Verbindungsgliedern lenkt er die Fundatio in die von ihm beabsichtigte Richtung und fügt Urkunden ein, die dem Ganzen einen Anstrich von Objektivität verleihen sollen, aber als Beweisinstrumente seiner vorangehenden Aussagen bei genauer Betrachtung in keiner Weise taugen.

Mit der Weihe im Jahr 1155 ist das Ende der eigentlichen Fundatio ecclesiae Letzkensis erreicht. Wie schon am Ende des Bischofskatalogs lässt der Leitzkauer Kompilator auch hier noch eine Schlussbetrachtung folgen.[60] Darin versichert er nach Art eines Geschichtsschreibers, er habe die Wahrheit »in helles Licht rücken« wollen, und benennt in der Reihenfolge ihres Vorkommens in der Fundatio fünf konkrete Punkte, um die es ihm dabei gegangen sei: *Cartha*[61] *supradicta ex priuilegiis est collecta, vt veritas elucidatur*[62]*, per quem prouincia ista de gentilitate ad Christianitatem*

56 LE 95–98. Übersetzung: »Über die Weihe und die Ausstattung ebendieser Kirche durch Bischof Wigger und Markgraf Albrecht und über die Umsetzung der Regularkanoniker von der Kirche des hl. Petrus, des Apostelfürsten, im Dorf Leitzkau zur Kirche der hl. Jungfrau Maria auf dem Berge Leitzkau wird alles in der Urkunde deutlich, wie folgt.«

57 Wichmann wird in der Intitulatio LE 99 nur als Bischof (*episcopus*) bezeichnet, ebenso im Schlusssatz der eigentlichen Fundatio LE 121.

58 LE 99–115. Druck: SELLO 1891, S. 248f.; Druck des Anfangs des Urkundenauszugs aus M: SCHOLL 1999, S. 63f. (mit Übersetzung in Anm. 3); außerdem gibt es in CDB I 10, S. 71, Nr. 3 einen noch stärker verkürzten und mit Ausstellungsdatum 13.9.1155 versehenen Abdruck (nach Samuel Buchholtz, Versuch einer Geschichte der Churmarck Brandenburg, Teil 1, Berlin 1765, S. 421, Nr. 19, der als Quelle angibt: »Aus der Süßmilchischen Sammlung«). Regest: KRABBO/WINTER 1910–55, S. 46, Nr. 245. Zu dem Urkundenauszug in M s. KAHL 1964, S. 137, 139, 686, Anm. 60, S. 688, Anm. 82; PARTENHEIMER 2003, S. 129 mit Anm. 1115.

59 LE 116f.; der Text wird auch erwähnt bei KRABBO/WINTER 1910–55, S. 46, Nr. 244. Zum Problem des Datums s. KAHL 1964, S. 703f., Anm. 197 und S. 850, Anm. 113; SCHOLL 1999, S. 63, Anm. 2.

60 LE 118–123; Übersetzung s. Anm. 68.

61 Das Wort *cartha* wird hier in der Bedeutung »Schrift, Schriftstück« gebraucht; zu dieser Bedeutung s. MLATWB 2, Sp. 524f.; NIERMEYER 2002, S. 228. An allen anderen Stellen in der Leitzkauer Textsammlung, LE 7, 33 und 71, bedeutet *cartha* »Urkunde« (MLATWB 2, Sp. 523f.; NIERMEYER 2002, S. 228f.), wobei stets die Urkunde Bischof Hartberts von 1114 gemeint ist.

62 Indikativ und Konjunktiv wechseln in diesem Satz einander ab, wie es im mittelalterlichen Latein

est conuersa[63], *qualiter Wiggerus Brandenburgensis primus electus episcopus*[64], *qui huius ecclesie primus sit fundator*[65], *quod ad consecrandam ecclesiam Magdeburgensis episcopus per episcopum Brandenburgensem et marchionem Adelbertum est inuitatus et multum rogatus*[66] *et quod sub marchionis defensione aut custodia*[67] *ecclesia Lieze*[*e*]*kensis est constituta.*[68] An der Auswahl der Punkte wird nochmals deutlich, dass der Leitzkauer Kompilator vor allem den Anteil Markgraf Albrechts an der Gründung des Leitzkauer Stifts aufzeigen wollte. Diesem Aspekt sind drei der fünf Punkte gewidmet. Dass der Leitzkauer Konvent durch die Wahl Wiggers zum Bischof von Brandenburg die Prärogative eines Domkapitels erhielt[69] und Bischofssitz war, stand für den Kompilator dagegen offenbar nicht im Vordergrund.[70] Das Thema

---

nicht ungewöhnlich ist; s. Stotz 1998, S. 412. Nicht auszuschließen ist jedoch, dass manche Form wie z. B. *elucidatur* statt des zu erwartenden *elucidetur* auf den Schreiber von M zurückgeht.

63 Die indirekte Frage – hier mit Indikativ konstruiert – zielt auf Bischof Hartbert, insbesondere auf den Anfang seiner Urkunde von 1114 (LE 8–12; CDB I 10, S. 69, Nr. 1, Z. 1–4); zur Formulierung s. S. 26.

64 Der Satz zielt auf LE 71–74. Mit *primus* ist entweder gemeint, dass Wigger der erste Brandenburger Bischof nach der Wiedereinrichtung des Bistums war oder dass er der erste Brandenburger Bischof war, der dem Prämonstratenserorden angehörte; zu dieser Auffassung vgl. die Chronica Maderi Holder-Egger 1880, S. 484, Sp. 1, Z. 40–43: *Hic* [sc. *Wiggerus*] *fuit, antequam eligeretur, prepositus Sancte Marie Magdeburgi ordinis Premonstratensis et primus illius ordinis episcopus Brandeburgensis.* Übersetzung: »Dieser war, bevor er gewählt wurde, Propst von St. Marien in Magdeburg, das dem Prämonstratenserorden gehörte, und er war der erste Brandenburger Bischof aus jenem Orden.«

65 Kahl 1964, S. 145 und S. 695, Anm. 124 nimmt fälschlich an, dass der mit *qui* eingeleitete Satz ein auf *Wiggerus* bezogener Relativsatz ist, vermutet ebd. S. 696, Anm. 132 dahinter sogar eine »nachträgliche Überarbeitung«. Sein Irrtum erklärt sich jedoch ganz einfach dadurch, dass er ungeprüft aus Riedel 1862, S. 285, Z. 26 das Verb *fuit* anstelle des in M eindeutig überlieferten *sit* übernimmt. Der *qui*-Satz ist also ein von *elucidatur* abhängiger indirekter Fragesatz, der auf Markgraf Albrecht zielt (»damit die Wahrheit in helles Licht gerückt wird, ... wer der erste Gründer dieser Kirche ist«). Als *primus fundator* der Leitzkauer Stiftskirche wird Albrecht von dem Leitzkauer Kompilator LE 81 bezeichnet.

66 Dies bezieht sich auf den Auszug aus der Weiheurkunde Erzbischof Wichmanns von 1155, insbesondere auf die Passage LE 99–102.

67 Dies bezieht sich nochmals allgemein auf den Überleitungssatz und den Urkundenauszug LE 81–94, insbesondere auf LE 81 und 89.

68 Übersetzung: »Die obige Schrift ist aus Urkunden zusammengestellt, damit die Wahrheit in helles Licht gerückt wird, durch wen diese Region vom Heidentum zum Christentum bekehrt wurde, wie Wigger zum ersten Brandenburger Bischof gewählt worden ist, wer der erste Gründer dieser Kirche ist, dass der Magdeburger Bischof zur Weihe der Kirche durch den Brandenburger Bischof und Markgraf Albrecht eingeladen und vielfältig gebeten worden ist und dass die Leitzkauer Kirche unter Verteidigung und Schutz des Markgrafen eingerichtet worden ist.«

69 Zu Leitzkau als provisorischem Domkapitel siehe z. B. Sello 1891, S. 246, 249; Krabbo 1904, S. 2; G. Wentz in: Abb/Wentz 1929, S. 109; F. Bünger in: Bünger/Wentz 1941, S. 173; Kahl 1964, S. 151–153, 160; Kahl 1966, S. 70–73; Scholl 1999, S. 41f., 50–70 (passim); Kurze 1999a, S. 27; Ertl 2002, S. 12; Schössler/Gahlbeck 2007, S. 230.

70 Ansonsten hätte er wohl Wiggers Urkunde aus dem Jahr 1139 erwähnt, in der dem Leitzkauer Propst das Archidiakonat, die Stellvertretung des Bischofs, das Archipresbyterat und das Bischofswahlrecht übertragen wurden (Potsdam, BLHA, Rep. 10A Domkapitel Brandenburg, Nr. 29, 2^r–$2a^r$. Druck: CDB I 10, S. 70, Nr. 2. Regest: Beck 2001, S. 183, Nr. 1259). Zu dieser Urkunde s. Kahl 1964, S. 138–142 mit Anm.; Scholl 1999, S. 39–42 (mit Übersetzung der Urkunde S. 39f., Anm. 1). Die Nichterwähnung der Urkunde in der Leitzkauer Textsammlung erklärt Kahl 1964, S. 144 damit, dass der Kompilator die Bedeutung Wiggers für Leitzkau bewusst übergeht.

klingt nur in dem zweiten der fünf Punkte an, in dem *qualiter*-Satz, der auf die Stelle der Fundatio zielt, an der davon die Rede ist, dass die Leitzkauer Kanoniker mit Wigger erstmals einen Brandenburger Bischof wählten,[71] und an der in einer Art Zusatz erwähnt wird, dass ihnen durch Papst Innozenz II. (1130–1143) das Bischofswahlrecht konfirmiert wurde.[72] Mit der Schlussbetrachtung schließt der Leitzkauer Kompilator jedoch nicht nur die eigentliche Fundatio ecclesiae Letzkensis ab, sondern stellt zugleich eine Verknüpfung mit dem Folgetext, dem Tractatus de urbe Brandenburg, her, indem er in der üblichen Art und Weise eine Formulierung daraus aufgreift, diese jedoch an den neuen Kontext anpasst. Der Satz *per quem prouincia ista de gentilitate ad Christianitatem est conuersa* entstammt nämlich dem Explicit des Traktats, dessen Worte *qualiter de gentilitate ad Christianitatem conuersa est*[73] sich dort aber nur auf die Burg Brandenburg beziehen.

Der Tractatus de urbe Brandenburg ist deutlich abgesetzt. Chronologisch fügt er sich durchaus passend an das letzte Stück der eigentlichen Fundatio, die Weihe der Leitzkauer Stiftskirche 1155, an, da das darin geschilderte Hauptereignis, die Wiederinbesitznahme der Brandenburg durch Markgraf Albrecht, im Jahr 1157 stattfand und die im Anschluss daran berichteten Aktivitäten Bischof Wilmars (um 1161–1173) im Bistum Brandenburg in das Jahr 1165 fallen. Dem Traktat geht eine aus zwei Sätzen bestehende elfzeilige Passage voraus,[74] die im ersten Satz eine allgemeingültige Betrachtung zur Geschichtsschreibung und in einem sehr verschachtelten zweiten Satz kurze Angaben zum Autor und Inhalt der Schrift enthält. Da der Beginn des ersten Satzes *Post annorum transitum sepe nascitur questio preteritorum* vom Anfang des Traktats inspiriert ist[75] und der zweite Satz strukturell sowohl der Schlussbetrachtung der Fundatio als auch dem Explicit des Tractatus ähnelt,[76] mit dem es auch inhaltliche Übereinstimmungen gibt, muss man den gesamten Vorspann dem Leitzkauer Kompilator zuschreiben, der diese Überleitungstechnik auch sonst anwendet. Als Verfasser des Traktats wird *Henricus ... dictus de Antwerpe* genannt, von dem berichtet wird, dass er Prior des Brandenburger Domstifts unter Propst Alberich war. Diese Angabe ermöglicht eine zeitliche Einordnung, denn Alberich hatte sein Amt von 1216/17 bis 1231 inne, und ein Prior Heinrich, der üblicherweise mit Heinrich von Antwerpen identifiziert wird, ist am Domstift zwischen 1216/17

---

71 LE 71–74 *tunc .. canonici regulares supradicte ecclesie in villa Liezeka ... primo Wiggerum ... in episcopum Brandenburgensem elegerunt.* Übersetzung: »da wählten die Regularkanoniker der oben erwähnten Kirche im Dorf Leitzkau ... erstmals Wigger ... zum Brandenburger Bischof«. Das Adverb *primo* ist missverständlich. Es bedeutet nämlich nicht, dass sie Wigger zum ersten Mal zum Bischof von Brandenburg wählten, sondern dass sie zum ersten Mal einen Bischof von Brandenburg wählten, und zwar Wigger.

72 LE 75f. Zur Glaubwürdigkeit der Konfirmation Innozenz' II. s. Anm. 48.

73 LE 217f. und kritischer Apparat zu TR 1–3.

74 M 57^{v}, Z. 10–20. Edition LE 124–129. Zu dieser Passage s. S. 57f. und 61.

75 Vgl. TR 4f. *Innumeris annorum circulis ab vrbe Brandeborch condita temporibus paganorum principum misere sub paganismo euolutis.* Übersetzung: »Nachdem in unzähligen Kreisläufen von Jahren seit der Gründung der Burg Brandenburg die Zeiten der heidnischen Fürsten elendig unter dem Heidentum vergangen waren«.

76 Vgl. LE 118–123 (Schlussbetrachtung) und 217–219 (Explicit).

und 1227/30 bezeugt.[77] Da der Einleitungstext aus der Rückschau formuliert ist, so dass Alberichs Präpositur und Heinrichs Priorat schon beendet waren, ergibt sich die Zeit um 1230 als Terminus post quem sowohl für seine Entstehung als auch für die Einfügung des Traktats in die Leitzkauer Textsammlung.[78] Für die Aufnahme in die Leitzkauer Textsammlung wurde der Traktat »leitzkautauglich« gemacht, indem er mit Zusätzen versehen wurde, die sämtlich von Leitzkau handeln.[79] Dass es in dem Traktat um Leitzkau geht, kündigt schon der Vorspann an, in dem es bezüglich des Inhalts heißt, Heinrich von Antwerpen habe aufgezeichnet, *qualiter vrbs Brandenburg primum expulsis inde Sclauis modo teneatur a Christianis et quod sancti Petri ecclesia eiusdem vrbis sit filia sancte Marie in Liezeka.*[80] Durch den *quod*-Satz, durch den das Leitzkau-Thema gleichberechtigt neben die Themen Vertreibung der Slawen und Christianisierung der Brandenburg tritt, soll von Anfang an das Verhältnis zwischen dem Leitzkauer Marienstift und dem Brandenburger Domstift klargestellt werden. Dahinter steht die Absicht, für Leitzkau die domkapitularen Rechte zu postulieren, die es nach der Wahl Bischof Wiggers bis zur Einsetzung des Domkapitels auf der Brandenburg 1161 besaß.[81] Entsprechend wird auch im Traktat selbst keine Gelegenheit ausgelassen, auf die Rolle Leitzkaus als Mutterkloster des Domstifts Brandenburg hinzuweisen, wie beim Vergleich der Weimarer und Magdeburger Fassung noch gezeigt werden wird.[82] Der Traktat endet mit dem Umzug der Stiftsherren auf die Brandenburg und der Gründung des Brandenburger Doms im Jahr 1165 durch Bischof Wilmar, den Bischof, mit dem der nächste Text der Leitzkauer Textsammlung beginnt. Bevor dieser jedoch einsetzt, folgt noch das Explicit des Traktats, das erneut eine kurze Inhaltsgabe – diesmal ohne Erwähnung Leitzkaus – enthält: *Explicit tractatus de vrbe Brandenburgk, qualiter de gentilitate ad Christianitatem conuersa est ac postmodum a Sackone, principe Polonie, nocturno <silencio> supplantata, sed tandem a marchione Adelberto diutina obsidione requisita.*[83]

Noch auf derselben Zeile schließt ein weiterer Bischofskatalog an, der mit Wilmar beginnt und mit Joachim II. von Münsterberg (1545–1560), dem ersten evangelischen

---

77 Zu Propst Alberich und Prior Heinrich s. S. 58–60.

78 Siehe auch Sello 1888a, S. 3; Kahl 1964, S. 869, Anm. 27.

79 Als Erster erkannte Sello 1888a, S. 4, 5f., 22, 32, dass der Traktat interpoliert ist, seither ist es anerkannte Forscheransicht; siehe z. B. van Niessen 1900, S. 569; Treiter 1930, S. 16f.; Kahl 1964, S. 7, 143, 145f., 477–482, 513, 582, Anm. 7; Backmund 1972, S. 120, Anm. 131; Ertl 2002, S. 33; Giese 2011, S. 73f.

80 LE 126–128. Übersetzung: »dass die Burg Brandenburg, nachdem zuerst die Slawen von dort vertrieben worden sind, jetzt im Besitz der Christen ist und dass die Kirche des hl. Petrus derselben Burg eine Tochtergründung von St. Marien in Leitzkau ist«. Zur Einleitung eines indirekten Aussagesatzes mit *qualiter* (»dass«) s. Stotz 1998, S. 400f.

81 Zu Leitzkau als provisorischem Domkapitel s. S. 25 mit Anm. 69.

82 Siehe S. 41f.

83 LE 217–219; s. auch den kritischen Apparat zu TR 1–3. Übersetzung: »Es endet der Traktat über die Burg Brandenburg, wie sie vom Heidentum zum Christentum bekehrt wurde und später von Sacko (= Jaczo/Jacza), einem Fürsten Polens, in der Stille der Nacht hinterlistig erobert, doch schließlich von Markgraf Albrecht durch lange Belagerung zurückgewonnen wurde.« Zu diesem Explicit s. S. 44 und 60.

Bischof, endet.[84] Dieser Katalog ist die Fortsetzung bzw. Teil 2 des Katalogs der ersten elf Brandenburger Bischöfe vom Anfang der Leitzkauer Textsammlung. Dass darin Bischof Wigger (1138–1160), der zwischen Ludolf, dem letzten in Teil 1 genannten Bischof, und Wilmar amtierte, nicht aufgeführt wird, geschah bewusst, da er im vorangehenden Traktat mehrmals vorkommt,[85] davon einmal sogar mit Zählung als *Wiggerus … xii Brandenburgensis episcopus*.[86] Der Traktat kann also gewissermaßen als Ersatz für den Eintrag Wiggers im Katalog gelten.

Teil 2 des Bischofskatalogs ist kein einheitliches Gebilde, sondern weist mehrere Schichten auf.[87] Zu der ältesten Schicht gehören die Bischöfe Nr. 13–16, das heißt Wilmar (um 1161–1173), Siegfried I. (1173–1180), Baldram (1180–1190) und Alexius (1190/91–1192).[88] Sie sind mit römischen Zahlen durchnumeriert und mit einer kurzen Beschreibung versehen. Zusammen mit den elf Bischöfen vom Anfang der Leitzkauer Textsammlung wird hier ein älterer Bischofskatalog fassbar, der in Bischof Alexius' Amtszeit 1190/91–1192 oder unter seinem Nachfolger Norbert zwischen 1192/93 und 1205 entstand. Ihn verknüpfte der Leitzkauer Kompilator mit dem vorangehenden Tractatus de urbe Brandenburg, indem er bei Bischof Wilmar einen Rückverweis anbrachte: *Wilmarus xiii Brandenburgensis episcopus, quondam prepositus secundus, vt supra dictum est*.[89] Dass bei *prepositus secundus* nicht der Ort Leitzkau als Wirkungsstätte Propst Wilmars erwähnt wird,[90] erklärt sich entweder durch die flüchtige Arbeitsweise des Kompilators, der dies als Angehöriger des Leitzkauer Konvents für selbstverständlich erachtete, oder dadurch, dass er davon ausging, dass ein Leser dies nach der Lektüre des Tractatus de urbe Brandenburg noch im Kopf hatte.

Die zweite Schicht von Teil 2 des Brandenburger Bischofskatalogs umfasst die Bischöfe 17–34 von Norbert (1192/93–1205) bis Stephan Bodeker (1421–1459).[91] Ihre Zählung erfolgt mit supralinear angebrachten arabischen Zahlen, die aber möglicherweise eine Zutat des Schreibers von M sind. In der Regel werden nur die Namen der Bischöfe genannt, es gibt allerdings zwei Ausnahmen: Zum einen findet sich bei Dietrich (Nr. 26), der in den 1290er Jahren Elekt von Brandenburg, ansonsten aber Propst von Leitzkau war,[92] der Zusatz *huius ecclesie prepositus*, zum

---

84 LE 220–234.

85 LE 148 und 153.

86 LE 192; s. auch die Konjektur *duodecimi* für überliefertes *diadecima* (LE 154) bei Sello 1888a, S. 9, Z. 22. Zur Zählung der Brandenburger Bischöfe s. S. 82–84.

87 Dies erkannten unter anderem schon Sello 1888a, S. 2f.; Sello 1888c, S. 3f.; Treiter 1930, S. 16, Anm. 42.

88 LE 220–224.

89 LE 220f. Übersetzung: »Wilmar, der 13. Brandenburger Bischof, einst der zweite Propst, wie oben gesagt worden ist«. Der Verweis zielt auf LE 196–200. Zur Zählung Wilmars als 13. Bischof s. S. 45 mit Anm. 216, S. 68 und 83.

90 Man würde beispielsweise das Genitivattribut *huius ecclesie* erwarten, wie es sich im Bischofskatalog LE 226 findet: *Theodericus, huius ecclesie prepositus*.

91 LE 224–229. Es fehlen drei Bischöfe, nämlich Dietrich I. (1347/49–1365), Heinrich II. (1393–1406) und Johannes II. von Waldow (1415–1420); zu ihnen G. Wentz in: Abb/Wentz 1929, S. 40, 41f. und 43–46; Escher 2001, S. 76f. und 343.

92 Zu seiner Person s. G. Wentz in: Abb/Wentz 1929, S. 35; F. Bünger in: Bünger/Wentz 1941, S. 187.

anderen werden bei dem 34. und letzten Bischof Stephan Bodeker Abstammung und Sedenz angegeben: *Stephanus, doleatoris filius. Hic sedit in cathedra episcopali annis xxxviii.*[93] Durch die Angabe der Sedenz ergibt sich auch die Datierung dieser zweiten Bischofsgruppe: Sie wurde nach Stephan Bodekers Tod 1459, aber vor dem Tod seines Nachfolgers Dietrich III. von Stechow 1472 hinzugefügt.[94] Dass bei Stephan Bodeker das Ende des Bischofskatalogs vorgesehen war,[95] zeigt sowohl der folgende Satz, in dem die Bischöfe dieses Teils einer zusammenfassenden Betrachtung unterzogen werden, als auch die R.I.P.-Formel: *Pontifices supradicti multa bona exhibuerunt ecclesie Liezekensi tam in confirmatione priuilegiorum quam in donatione bonorum, vt priuilegia testantur. Anime eorum et anime omnium fidelium defunctorum requiescant in pace. Amen.*[96] Ebenso wie bei Teil 1 des Bischofskatalogs schließt der resümierende Satz nicht nur Teil 2 ab, sondern kündigt zugleich die folgende Urkunde an, eine Urkunde Bischof Balduins von Brandenburg (1205/06–1216/17).[97] Der Satz hat also Scharnierfunktion. Überleitungssatz und Folgetext sind auch hier wieder in der Weise verklammert, dass bereits Formulierungen aus dem folgenden Text vorweggenommen werden. Dies betrifft in diesem Fall den Ausdruck *in confirmatione priuilegiorum*.[98]

Ursprünglich wird sich die Urkunde Bischof Balduins von Brandenburg unmittelbar angeschlossen haben, in M wird jedoch zunächst der Bischofskatalog fortgesetzt.[99] Diese dritte Schicht des Bischofskatalogs hat jedoch mit dem Leitzkauer Kompilator nichts mehr zu tun, sondern gehört zu der Abschrift aus der Mitte des 16. Jahrhunderts. Deren Schreiber trug nach dem Wort *Amen* die auf Stephan Bodeker folgenden Brandenburger Bischöfe Nr. 35–41 von Dietrich III. von Stechow (1459–1472) bis zu dem zeitgenössischen Joachim II. von Münsterberg (1545–1560) nach, was aber

93 LE 228f. Übersetzung: »Stephan, Sohn eines Böttchers. Dieser saß 38 Jahre auf dem Bischofsstuhl.« Als Sohn eines Böttchers, lat. *doleator*, trug Stephan den Zunamen Bodeker. Zu Stephan Bodeker s. G. Wentz in: Abb/Wentz 1929, S. 46–49; Wigger 1992, S. 1–96.

94 Backmund 1972, S. 124 unterteilt diese Bischofsgruppe ohne Angabe von Gründen in einen Teil »bis nach Mitte des 13. Jahrhunderts« und einen »Zusatz bis 1459«.

95 Darauf wies schon Sello 1888a, S. 2f. und 1888c, S. 3 hin.

96 LE 229–231. Übersetzung: »Die genannten Bischöfe haben der Leitzkauer Kirche viel Gutes getan, sowohl bei der Bestätigung von Urkunden als auch besonders bei der Schenkung von Gütern, wie die Urkunden beweisen. Ihre Seelen und die aller verstorbenen Christen mögen in Frieden ruhen. Amen.«

97 Der Plural *priuilegia* (LE 230) im Verweissatz bezieht sich auf die Urkunde Bischof Balduins und die darin eingeschlossene zweite Urkunde, ungeachtet der Tatsache, dass das Inserat einen eigenen Verweis (LE 251 *in priuilegio, vt sequitur*) hat. Derselbe Gebrauch von *privilegia* auch LE 82; s.dazu S. 23, Anm. 52.

98 Die Wörter *in donatione bonorum* haben keine Entsprechung im folgenden Text. Es findet sich zwar auf dem Blatt nach der Leitzkauer Textsammlung (M 64r), das auf das zur Leitzkau-Lage gehörige Blatt M 64a aufgeklebt ist (s. Anm. 19), die Abschrift einer Leitzkau betreffenden Schenkungsurkunde, in der die Wörter *donauimus proprietatem omnium bonorum predictorum pariter et ipsa bona* vorkommen, doch hat diese Urkunde mit der Leitzkauer Textsammlung nichts zu tun. Sie wurde am 20.5.1378 in Möckern von Graf Albrecht von Lindow ausgestellt (CDA 4, S. 369f., Nr. 523) und betrifft das *Herren-Henninghes-holt*, das zwischen Dornburg und Pretzien gelegene Gehölz des Ritters Henning Rike. Die textliche Übereinstimmung ist zufällig.

99 LE 232–234.

nicht mehr in Leitzkau geschah, da das Stift bereits aufgelöst war,[100] sondern in der erzbischöflichen Registratur in Magdeburg.[101] Formal glich der Schreiber die Darstellung der Bischöfe an die der zweiten Schicht an, indem er nur die Namen erwähnte und darüber die Zählung mit arabischen Ziffern anbrachte. Um spätere Bischöfe noch anfügen zu können, ließ er nach *Ioachimus, dux Munsterbergensis* den Rest der Seite leer und begann erst auf dem Verso mit der im Scharniersatz angekündigten Urkunde.

Ungewöhnlich ist, dass Balduins Urkunde mit einer eigenen Überschrift *Confirmatio priuilegiorum data a Baldewino Brandenburgensi episcopo* eingeleitet wird, die noch dazu hinsichtlich ihrer Schriftgröße so gestaltet ist, dass sie in der Hierarchie auf derselben Stufe wie die Überschrift zur Leitzkauer Textsammlung steht. Nach der Ankündigung *vt priuilegia testantur* im Scharniersatz wäre eine solch üppige Überschrift gar nicht nötig. Zu erklären ist dies nur so, dass die Überschrift vom Schreiber von M hinzugefügt wurde, der hier einen Neuanfang setzen wollte, nachdem er durch den Nachtrag der Bischöfe Nr. 35–41 und die Freilassung des Rests der Seite den Zusammenhang von Scharniersatz und Urkunde zerstört hatte. Unterhalb der Überschrift stehen Auszüge aus einer sonst nicht überlieferten Urkunde Bischof Balduins von ungefähr 1207,[102] in der dieser dem Leitzkauer Stift alle Besitzungen konfirmiert und bekanntgibt, dass der Leitzkauer Propst in allen Kirchen zwischen Elbe und Ihle die Seelsorge, das Archidiakonat und die Stellvertretung des Bischofs innehat: *Sciendum quoque est, quod prepositus ecclesie beate Marie in monte Liezeka a predecessoribus nostris simulque a nobis curam animarum et archidiaconatum tenet et vicem episcopi gerit in omnibus ecclesiis, que inter Albiam et Ilam continentur.*[103] Zur Untermauerung des Privilegs der Stellvertretung des Bischofs wird ein Text aus einer späteren Urkunde inseriert, auf den ein Überleitungssatz hinführt: *Istum articulum*

100 Der letzte Propst, Joachim Barsewisch, verließ das Stift 1537. Einzelheiten zum Ende des Stifts Leitzkau s. A. F. Riedel in: CDB I 10, S. 67f.; Sello 1891, S. 256–260; F. Bünger in: Bünger/Wentz 1941, S. 183f.; Scholl 1999, S. 70f.; Richter 2005, S. 48.

101 Siehe S. 18.

102 LE 235–249. Druck der Urkundenauszüge auch bei Sello 1891, S. 251f. Die Datierung der Urkunde stammt von Sello 1888a, S. 1, Anm. 1. Die Auszüge stimmen weitgehend mit Bischof Baldrams Bestätigungsurkunde für Leitzkau aus der Zeit um 1187 (zur Datierung: Sello 1891, S. 250f., Anm. 3; Curschmann 1906, S. 235, Anm. 1) überein, von der nur eine Abschrift des 16. Jahrhunderts existiert, die ursprünglich dem Domstiftsarchiv Brandenburg gehörte, von diesem aber 1955 an das BLHA Potsdam abgegeben wurde. Signatur: Potsdam, BLHA, Rep. 10A Domkapitel Brandenburg, Nr. 29, 9r–9br. Druck: CDB I 10, S. 76–78, Nr. 10. Regesten: Krabbo/Winter 1910–55, S. 91, Nr. 458; Beck 2001, S. 185f., Nr. 1272. Eine auffällige Abweichung von der Urkunde Baldrams ist die Erwähnung von »Rauchhühnern« (LE 245 *pullos fumigales*) innerhalb der Zusammenstellung der Zehnteinnahmen Leitzkaus; zu dieser Abgabe, die das nahe gelegene Prödel (*Predele*) dem Stift Leitzkau bis 1414 zu erbringen hatte, s. die Leitzkauer Urkunde in Dresden, Sächsisches Staatsarchiv, HStA, 10001 Ältere Urkunden, Nr. 5640 vom 29.6.1414 (Leitzkau tritt die *Rokhunre* an das Zisterzienserinnenkloster Plötzky ab); die Rauchhühner erwähnt auch F. Bünger in: Bünger/Wentz 1941, S. 194.

103 LE 246–249. Übersetzung: »Wissen muss man auch, dass der Propst der Kirche der hl. Maria auf dem Berge Leitzkau von unseren Vorfahren und zugleich von uns die Seelsorge und das Archidiakonat innehat und die Stellvertretung des Bischofs in allen Kirchen ausübt, die zwischen Elbe und Ihle liegen.«

›tenet et gerit vicem episcopi‹ declarat Ericus archiepiscopus Magdeburgensis in priuilegio, vt sequitur.[104] Das Inserat ist ein Auszug aus einer ebenfalls anderweitig nicht bezeugten Urkunde Erzbischof Erichs von Magdeburg (1283–1295) von 1287/91, in der das Stellvertreterrecht des Leitzkauer Propstes in allen Facetten dargelegt und *tam sede vacante, quam non vacante* bestätigt wird.[105] Auf neuer Zeile und eingerückt beginnt danach mit den Worten *Hoc quoque opere precium visum est huic pagine inserere*[106] ein kurzer Text, von dem man zunächst meinen könnte, dass er ein Überleitungstext ist,[107] der in Wirklichkeit aber ein weiterer Auszug aus der Bestätigungsurkunde Bischof Balduins ist und die Feststellung enthält, dass der Leitzkauer Propst bei der Wahl des Bischofs von Brandenburg die zweite Stimme nach dem Brandenburger Dompropst hat und danach die Konventualen beider Stifte den Bischof frei wählen dürfen.[108] Nach diesem Auszug endet der Balduin-Erich-Urkundenblock ohne eine abschließende Bemerkung.

Der letzte Text ist ein »beiläufiger Nachtrag«[109], in dem mitgeteilt wird, dass Bischof Wigger am 2. September 1140 die Kirche – hier *templum*[110] – zu Ehren der Heiligen Petrus, Bartholomäus und anderer *in antiqua villa Lietzeka* weihte.[111] Damit muss die Weihe gemeint sein, die vorgenommen wurde, nachdem Wigger die Pfarrkirche Bischof Hartberts zur Stiftskirche des Prämonstratenserkonvents aus- und umgebaut hatte.[112] In der eigentlichen Fundatio war dieses Ereignis nicht erwähnt worden.[113] Es

---

104 LE 250. Übersetzung: »Diesen Punkt ›er hat die Stellvertretung des Bischofs inne und übt sie aus‹ erklärt der Magdeburger Erzbischof Erich in der Urkunde, wie folgt.«

105 LE 252–274. Druck des Überleitungssatzes und des Urkundenauszugs auch bei Sello 1891, S. 255f. Regest: Reg. archiep. Magdeb. 3, 1886, S. 670, Nr. 574. Zur Datierung der Urkunde: Sello 1891, S. 254f., Anm. 2; s. auch Sello 1888a, S. 1, Anm. 1.

106 LE 275. Übersetzung: »Auch dies schien lohnend in diese Urkunde einzufügen.«

107 Dies nahm offenbar Riedel 1862 an und übernahm daher dieses Textstück S. 288, Z. 17–22 in seine Ausgabe, obwohl er den ersten Teil (LE 235–249) nicht abgedruckt hatte.

108 LE 275–280. Auch diese Passage findet sich nur in der um 1187 ausgestellten Bestätigungsurkunde Bischof Baldrams (s. Anm. 102) und wird daher von Sello 1888a, S. 1, Anm. 1 auch als »Auszug aus der Bestätigung Leitzkaus durch Bischof Balderam 1186/1188« angesehen. Da jedoch der Anfang der Urkunde Balduins identisch mit der Baldrams war, darf man auch für die Fortsetzung Balduin als Aussteller annehmen, nicht zuletzt aus Gründen der Chronologie. Im Druck liegt auch diese Passage nur aus der Urkunde Baldrams vor: CDB I 10, S. 77, Nr. 10, Z. 17–21; vgl. auch das Teilstück bei Scholl 1999, S. 60 (mit Übersetzung in Anm. 3).

109 Kahl 1964, S. 144.

110 Die Verwendung von *templum* (LE 282) anstelle von *ecclesia* oder *basilica* ist wohl als Rückgriff auf die Urkunde Bischof Hartberts anzusehen, s. LE 19–21 *in loco capitali, qui Lezka nunccupatur …, templa struximus.* Übersetzung: »In dem Hauptort, der Leitzkau genannt wird …, habe ich Gotteshäuser errichten lassen.« Zum Plural *templa* s. Anm. 41.

111 LE 281–283. In der ausführlichen Datumsangabe *Anno dominice incarnationis M c xl, indictione tercia, concurrente †xiii, quarto Nonas Septembris* ist die Zahl *xiii* (LE 281) falsch, da die Konkurrenten nur von 1 bis 7 reichen; korrekt wäre die Zahl *i*; zu diesem Problem s. Curschmann 1906, S. 101, Anm. 6; Kahl 1964, S. 698, Anm. 151.

112 Siehe dazu Curschmann 1906, S. 101; Kahl 1964, S. 144f., 149, 461–464, 698f., Anm. 151 und 155; Scholl 1999, S. 45–50. Kahl 1964, S. 464 hält das Weihedatum trotz des Fehlers bei den Jahreskennzeichen für »voll glaubwürdig«.

113 Kahl 1964, S. 144f. begründet dies damit, dass der Kompilator bestrebt gewesen sei, die Bedeutung Wiggers für Leitzkau herunterzuspielen.

hätte dort auch nicht zu der Behauptung gepasst, dass die ersten Regularkanoniker bereits 1128, noch zu Lebzeiten Norberts, an der Peterskirche im Dorf Leitzkau ankamen,[114] die notwendigerweise schon eine Weihe erfahren haben musste. Dass der Leitzkauer Kompilator die Notiz anfügte, ist daher nicht wahrscheinlich. Eher stammt sie von einem späteren Bearbeiter oder Schreiber, der einen Hinweis auf die Weihe der Peterskirche vermisste und einen entsprechenden Satz aus eigener Kenntnis oder aus einer uns unbekannten Quelle anfügte. Die Formulierung *in antiqua villa Lietzeka* könnte auf einen größeren zeitlichen Abstand vom Geschehen deuten.[115] Mit dieser Notiz über die Weihe der Pfarrkirche endet die Leitzkauer Textsammlung ebenso abrupt wie sie begonnen hatte.

Der Aufbau und die Datierung der Leitzkauer Textsammlung

Die Inhaltsübersicht zeigt, dass die Leitzkauer Textsammlung nicht so ungeordnet ist, wie es auf den ersten Blick scheint. Deutlich zeichnen sich zwei Textkomplexe ab. Der erste Textkomplex ist planmäßig angelegt, und zwar so, dass der Brandenburger Bischofskatalog die beiden Kernstücke, das heißt die eigentliche Fundatio ecclesiae Letzkensis und den Tractatus de urbe Brandenburg mit ihren Ereignissen von 1114 bis 1165, umschließt. Diese Komposition spricht dafür, dass der Leitzkauer Kompilator, der als Autor des ersten Textkomplexes gelten kann, ein »Werk« mit einem gewissen literarischen Anspruch schaffen wollte, wenngleich die Ausführung denkbar schlecht ist. Obwohl dieses Werk keiner Literaturgattung eindeutig zuzuordnen ist, steht es doch mit seinen Kernstücken der Geschichtsschreibung am nächsten. Es zielt darauf ab, die Einbindung Leitzkaus in die Brandenburger Bistumsgeschichte und seine enge Verbindung mit einzelnen Bischöfen deutlich zu machen, das Alter und die Bedeutung der Leitzkauer Kirche aufzuzeigen, die markgräfliche Förderung der Leitzkauer Kirche herauszustreichen und das Brandenburger Domstift als Tochtergründung Leitzkaus zu erweisen.[116] Die Schwierigkeit bei diesem Textkomplex besteht nur darin, sein Ende zu bestimmen. Bei Bischof Alexius († 1192) endet zwar die erste Schicht von Teil 2 des Bischofskatalogs,[117] die Bischofsreihe läuft aber weiter bis zum Ende der zweiten Schicht, das heißt bis zu Stephan Bodeker († 1459), wo durch die R.I.P.-Formel und das schließende *Amen* ein Ende markiert ist.[118] Man muss daher zunächst davon ausgehen, dass der erste Textkomplex nach Stephan Bodekers Tod 1459 zusammengestellt wurde.

---

114 LE 62f. *Anno dominice incarnationis M c xxviii aduentus canonicorum regularium ad ecclesiam beati Petri in villa Liezeka*. Übersetzung: »Im Jahr der Fleischwerdung des Herrn 1128 Ankunft der Regularkanoniker an der Kirche des hl. Petrus im Dorf Leitzkau.«

115 Für die Abfassung der Notiz zieht Kahl 1964, S. 698, Anm. 153 (in Verbindung mit S. 696, Anm. 132) sogar das 15. oder 16. Jahrhundert in Betracht.

116 Die genannten Punkte stimmen großenteils mit denen überein, die Ertl 2002, S. 34f. aufzählt, wobei er allerdings das Thema des Bischofswahlrechts der Leitzkauer Kanoniker stärker vertreten sieht.

117 LE 223f.

118 LE 231.

Der zweite Textkomplex wird in dem Scharniersatz angekündigt, der zwischen Stephan Bodeker und der R.I.P.-Formel steht.[119] Auch für ihn gilt daher vorläufig, dass er erst nach 1459 angefügt wurde. Kompositorisch, inhaltlich und chronologisch passt er nicht zu dem ersten Teil. Er ist lediglich ein Anhang mit Auszügen zweier Urkunden von ungefähr 1207 und 1287/91,[120] die zwei wichtige Rechte des Leitzkauer Propstes betreffen, sein Recht, den Bischof von Brandenburg zu vertreten, und sein Recht, bei der Bischofswahl als zweiter nach dem Dompropst seine Stimme abzugeben. Damit berührt der Anhang ein Thema, das im 13. Jahrhundert immer wieder Gegenstand von Auseinandersetzungen zwischen Leitzkau und Brandenburg war, nämlich die Frage, welche domkapitularen Rechte dem Leitzkauer Kapitel nach der Erhebung des Brandenburger Kapitels zum Domkapitel im Jahr 1161 noch zustanden.[121]

Dass die Leitzkauer Textsammlung die Funktion hatte, die älteren Rechte des Leitzkauer Kapitels gegenüber dem Brandenburger Domkapitel darzulegen und rechtliche Ansprüche Leitzkaus zu begründen und urkundlich abzusichern, steht außer Frage. In der historischen Forschung wurde dabei stets ausschließlich auf das Bischofswahlrecht abgehoben und eine Verbindung zwischen der Leitzkauer Textsammlung und dem Dauerkonflikt um das Leitzkauer Bischofswahlrecht im 13. Jahrhundert hergestellt. Zumeist wurde der Text – ausgehend von den Ausführungen Georg Sellos 1888 – in das Ende des 13. Jahrhunderts datiert.[122] Sello sah den Ausstellungszeitraum der Urkunde Erzbischof Erichs von Magdeburg, das heißt den Zeitraum 1287/91, als Terminus post quem für die Kompilation an und vermutete einen Zusammenhang mit den Ereignissen im Bistum Brandenburg Anfang der 1290er Jahre nach dem Tod Bischof Heidenreichs († 1290/91).[123] Damals hatte es einen langwierigen Streit um die Nachfolge gegeben, weil der Leitzkauer Propst Dietrich, den das Brandenburger und Leitzkauer Kapitel gewählt hatten, von Erzbischof Erich nicht anerkannt worden war.[124] Es kam zu einem Prozess an der römischen Kurie, der jedoch keine Entscheidung brachte.[125] Erst Jahre später, am 9. August 1296, wurde der in Rom

119 LE 229f.; zum Scharniersatz s. S. 29.

120 LE 235–280.

121 Siehe zum Thema z. B. SELLO 1888C, S. 23–25; SELLO 1891, S. 250–256; KRABBO 1904, S. 3–6; G. Wentz in: ABB/WENTZ 1929, S. 109f.; F. Bünger in: BÜNGER/WENTZ 1941, S. 173–175; SCHOLL 1999, S. 60–62; SCHÖSSLER/GAHLBECK 2007, S. 232.

122 SELLO 1888A, S. 3 »Ende des 13. Jahrhunderts«; SELLO 1888C, S. 3 »ca. 1293 bis 1296«; TREITER 1930, S. 16 »kompiliert vielleicht Ende 13. Jahrhunderts, augenscheinlich unter Verwendung älterer Notierungen«; F. Bünger in: BÜNGER/WENTZ 1941, S. 166 »um 1300 entstanden«; KAHL 1964, S. 6 »wohl gegen Ende des dreizehnten Jahrhunderts in diesem Stift [d. h. Leitzkau] zusammengestellt«; SCHICH/STRZELCZYK 1997, S. 16 »aus dem Ende des 13. Jahrhunderts«; PARTENHEIMER 2007, S. 121 »wohl zwischen 1293 und 1297«.

123 Nach G. Wentz in: ABB/WENTZ 1929, S. 34 starb Heidenreich »wahrscheinlich Ende 1291«, nach ESCHER 2001, S. 73 »vermutlich Ende 1290«. Sellos Datierungen »ca. Anfang 1293« (SELLO 1888A, S. 3), »etwa um die Mitte 1293« (SELLO 1888C, S. 25, Anm. 3) und »im Laufe des Jahres 1293« (SELLO 1892, S. 526) sind auf jeden Fall zu spät.

124 Im Bischofskatalog LE 225f. wird Dietrich bezeichnenderweise dennoch als Bischof aufgelistet: *26. Theodericus, huius ecclesie prepositus.*

125 Kenntnis von diesem Prozess haben wir einzig durch ein Notariatsinstrument, ausgestellt am 1.5.1297 in Rom, in dem Leo de Prato, Notar des Kardinaldiakons Napoleone Orsini von S. Hadrian,

weilende Lübecker Dompropst Volrad durch Papst Bonifatius VIII. (1294–1303) zum Bischof von Brandenburg providiert.[126] Sello zufolge wäre es möglich, dass sich das Leitzkauer Kapitel »eine historische Übersicht seiner Rechte bei der Bischofswahl« zusammenstellen ließ, um für den Prozess »historisches Beweismaterial« für seine Ansprüche zu liefern.[127] Da jedoch in diesem Prozess der Elekt Dietrich sowie das Leitzkauer und Brandenburger Kapitel gemeinsam als Kläger gegen Erzbischof Erich von Magdeburg auftraten, ist es fraglich, ob das Bischofswahlrecht überhaupt Gegenstand der Klage war.[128]

Einen anderen Zusammenhang stellte Thomas Ertl 2002 her. Er brachte die »Ursprungsfassung«[129] – darunter versteht er Teil 1 des Bischofskatalogs, die eigentliche Fundatio ecclesiae Letzkensis und den Tractatus de urbe Brandenburg[130] – mit einer Untersuchung zum Anspruch Leitzkaus auf das Bischofswahlrecht in Verbindung, die der Brandenburger Bischof Heinrich I. (1263–1277/78)[131] im Auftrag Papst Clemens' IV. (1265–1268) 1265 durchführte.[132] Ertl deutete die Ursprungsfassung als »Kampfschrift« der Leitzkauer Kanoniker »gegen das Streben des Domkapitels nach dem exklusiven Bischofswahlrecht«[133], mit der sie Bischof Heinrich von der Vorrangstellung des Stifts Leitzkau überzeugen wollten.[134] Gegen Ertls Annahme einer mit dem Tractatus endenden Ursprungsfassung ist jedoch einzuwenden, dass die im Anschluss an den Tractatus genannten Bischöfe Wilmar bis Alexius – wie oben gezeigt wurde – zu demselben Bischofskatalog wie die Bischöfe Thietmar bis Ludolf vom Anfang des Textes gehören,[135] so dass die Ursprungsfassung auf jeden Fall bis zu Alexius († 1192), eher aber sogar bis zu Bischof Otto (1251/52–1261) oder Heinrich selbst reichen müsste. Aber auch der Charakter als Kampfschrift ist nicht überzeugend: Die Fundatio und der Tractatus gehören zur erzählenden Literatur,

---

den Empfang von 46 Goldgulden für eine Abschrift der Prozessakte quittiert, die im Auftrag des Propstes und Domkapitels Brandenburg angefertigt worden war. Original mit Siegel: Brandenburg, Domstiftsarchiv, U. 94. Druck: CDB I 8, S. 187, Nr. 126. Regest: Schössler 1998, S. 77f., Nr. 96. Zum Prozess s. A. F. Riedel in: CDB I 8, S. 75; Sello 1888a, S. 3; Ertl 2002, S. 36.

126 Siehe dazu A. F. Riedel in: CDB I 8, S. 74f.; Sello 1888a, S. 3; Sello 1892, S. 526f.; G. Wentz in: Abb/Wentz 1929, S. 35f.; Ertl 2002, S. 36. Regest der Bulle vom 9.8.1296: RI VI, 2 n. 752.

127 Sello 1888a, S. 2 und 3; ähnlich Backmund 1972, S. 123.

128 Ertl 2002, S. 36 nimmt an, »daß sich der erzbischöfliche Widerstand vermutlich nicht gegen das Wahlgremium, sondern gegen Formfehler bei der Wahl oder Mängel des Kandidaten gerichtet hatte« und lehnt einen Zusammenhang mit dem Prozess an der römischen Kurie gänzlich ab.

129 Ertl 2002, S. 34.

130 Ertl 2002, S. 33.

131 Zu seiner Person s. Sello 1892, S. 525; G. Wentz in: Abb/Wentz 1929, S. 32f.; Escher 2001, S. 72.

132 Wie aus einem Schreiben des Papstes vom 27.9.1265 hervorgeht, erfolgte die Untersuchung auf Bitten des Brandenburger Propstes und Domkapitels, s. CDB I 8, S. 166, Nr. 92. Zu den Ereignissen im Bistum Brandenburg im Vorfeld der Untersuchung (Doppelwahl nach dem Tod Bischof Ottos 1261, Prozess vor der römischen Kurie, päpstliche Konfirmation des Brandenburger Elekten Heinrich 1263) s. A. F. Riedel in: CDB I 8, S. 73; Sello 1892, S. 525; G. Wentz in: Abb/Wentz 1929, S. 32f.; Ertl 2002, S. 16f.

133 Ertl 2002, S. 35.

134 Ertl 2002, S. 32–35.

135 Siehe S. 27f.

von einer Kampfschrift würde man dagegen erwarten, dass ihr Autor sein Anliegen deutlich zum Ausdruck bringt und vehement vertritt. Man vermisst ferner einen eigenen Anfang. Es ist schwer vorstellbar, dass die Leitzkauer Kanoniker eine für Bischof Heinrich bestimmte Kampfschrift mit den Worten *Hii adepti sunt pontificale decus Brandenburgensis ecclesie*[136] einleiteten, die auf ihn als Bischof von Brandenburg befremdlich wirken mussten. Ebenso problematisch ist der Schluss, denn weder das Explicit des Traktats noch die Einträge des Bischofskatalogs eignen sich als Ende einer Kampfschrift. Auch die vier Stellen in der eigentlichen Fundatio, an denen der Text mitten im Satz mit einem *etc.* abbricht,[137] sprechen dagegen, dass es sich um eine fertig ausgearbeitete Schrift handelt, wie es zu erwarten wäre, wenn sie an Bischof Heinrich I. als Adressaten gerichtet gewesen wäre.

So wie sich der Text in M darbietet, stößt jede Datierung der Leitzkauer Textsammlung ins 13. Jahrhundert auf Schwierigkeiten, da die Texte so eng miteinander verflochten sind und insbesondere die Bischofsreihe der zweiten Schicht des Bischofskatalogs so homogen ist, dass sich Bischof Stephan Bodekers Todesjahr 1459 als Terminus post quem sowohl für den großen ersten Textkomplex als auch für den Urkundenanhang, das heißt den zweiten Textkomplex, ergibt.[138] Es stellt sich jedoch die Frage, welches Interesse in den 1460er Jahren an der Leitzkauer Textsammlung bestanden haben sollte. Themen wie die Vorrangstellung Leitzkaus, die Stellvertretung des Bischofs und das Bischofswahlrecht waren in dieser Zeit längst nicht mehr aktuell.[139] Das einzig Bemerkenswerte, was in dieser Zeit – noch unter Bischof Stephan Bodeker – über Leitzkau berichtet wird, ist der Diebstahl zahlreicher Stiftsurkunden durch vier Leitzkauer Stiftsherren, der offenbar aus finanziellen Gründen erfolgte.[140] Auch der Gedanke, dass die Betonung der Rolle Markgraf Albrechts als Beschützer, Förderer und Wohltäter Leitzkaus in der eigentlichen Fundatio dem Kurfürsten als Vorbild dienen und ihn zur Unterstützung des Stifts anregen sollte, ist für das 15. Jahrhundert, als Leitzkau schon zur Bedeutungslosigkeit herabgesunken

136 LE 1. Übersetzung: »Diese erlangten die Bischofswürde der Brandenburger Kirche.«

137 LE 49, 50, 54, 61; alle Stellen stammen aus der Vita Norberti; s. S. 22, Anm. 45.

138 Eine Entstehung der Leitzkauer Textsammlung im 15. Jahrhundert nimmt offenbar tatsächlich Winter 1865, S. 135 an.

139 Die Auseinandersetzungen zwischen Leitzkau und Brandenburg um das Bischofswahlrecht endeten um 1300, im 14. Jahrhundert hatte das Brandenburger Domkapitel das alleinige Wahlrecht. Seit Ende des 14. Jahrhunderts nahm der landesherrliche Einfluss bei der Bischofswahl immer mehr zu und mündete schließlich 1447 darin, dass Kurfürst Friedrich II. von Brandenburg (1440–1471) vom Papst das Nominationsrecht erhielt; s. G. Wentz in: Abb/Wentz 1929, S. 108f.; Ertl 2002, S. 37; Schössler/Gahlbeck 2007, S. 232f.

140 Außer *Etlike ... priuilege* wurden auch noch *umbeschreuen permynten briue met des capittels angehangen Ingesegel* entwendet. Die Tat ist durch ein Schreiben Stephan Bodekers an den Bürgermeister von Zerbst bezeugt, der darin aufgefordert wird, seine Bürger davor zu warnen, *dat sy sodanne priuilege nicht thu sich nehmen Ouk vp sulke vmbeschreuen briue vnd des capittels Ingesegel alleyne sich neyns verschriuen adir quitiren laten*; StA Zerbst II 25; s. dazu F. Bünger in: Bünger/Wentz 1941, S. 173 und 179. Die vier Stiftsherren sind *Johann Ranfft*, *Jacob Erkenbrecht*, *Lam* und *Merten*, von denen der erste wenig später Propst, der zweite Prior von Leitzkau wurde, so dass ihr Vergehen wohl nicht als allzu schwer erachtet wurde; zu den beteiligten Personen s. Bünger ebd., S. 187, 189 und 190.

war, abwegig.[141] Solange jedoch kein überzeugender Anlass für die Entstehung der Leitzkauer Textsammlung im 15. Jahrhundert gefunden ist, muss man nach einer Erklärung suchen, die es ermöglicht, an der Datierung ins 13. Jahrhundert, wie sie aus inhaltlichen und sachlich-historischen Gründen einzig plausibel ist und wie sie auch Sello und Ertl aus gutem Grund vertreten, festzuhalten. Dazu müsste man das Jahr 1459 als Terminus post quem aufgeben, was nur möglich ist, wenn man die Verbindung von Stephan Bodeker, Scharniersatz und R.I.P.-Formel am Ende von Teil 2 des Bischofskatalogs löst und verschiedene Entstehungsstufen annimmt.

Von den vielen denkbaren Möglichkeiten sollen hier zwei beispielhaft aufgeführt werden, wobei ausdrücklich auf den spekulativen Charakter beider Lösungsversuche hingewiesen werden muss. Die einfachste Lösung wäre, den Zeitraum 1287/91, das heißt den Ausstellungszeitraum von Erzbischof Erichs Urkunde, als Terminus post quem für die Zusammenstellung der Leitzkauer Textsammlung anzunehmen. Der Schreiber, der nach 1459 eine Abschrift anfertigte, hätte dann den Brandenburger Bischofskatalog, der in seiner Vorlage mit Bischof Heidenreich († 1290/91) oder mit dem wohl um 1292 gewählten, aber nicht konfirmierten Dietrich[142] endete, bis zu Bischof Stephan Bodeker nachgetragen und dabei den Scharniersatz und die R.I.P.-Formel an das neue Ende des Katalogs hinter Bischof Stephan Bodeker verschoben, an das sich der Anhang mit den Auszügen aus den Urkunden Bischof Balduins von ungefähr 1207 und Erzbischof Erichs von 1287/91 anschloss. In diesem Fall wäre die Leitzkauer Textsammlung im Vorfeld der Wahl von Bischof Heidenreichs Nachfolger Anfang der 1290er Jahre entstanden.[143]

Der zweite Lösungsversuch berücksichtigt die unterschiedlichen Schwerpunkte und Zielsetzungen des ersten und zweiten Textkomplexes und hat schon allein aus diesem Grund größere Wahrscheinlichkeit für sich. Er geht davon aus, dass Teil 2 des Bischofskatalogs nur bis zu einem der vor 1287/91, das heißt vor Bischof Heidenreich amtierenden Brandenburger Bischöfe reichte und dort mit dem resümierenden Satz *Pontifices supradicti multa bona exhibuerunt ecclesie Liezekensi* und der R.I.P.-Formel schloss. Hier wäre das Ende des ersten Textkomplexes erreicht. Bei der Festlegung des Bischofs, bei dem der Schnitt anzusetzen ist, müsste man in jedem Fall beachten, dass der Tractatus de urbe Brandenburg, der ein Teil des ersten Textkomplexes ist, frühestens um 1230 herum eingefügt worden sein kann.[144] Außerdem kann die tendenziöse Bearbeitung des Traktats zugunsten Leitzkaus erst in einem gebührenden

141 Eine solche Funktion schreibt beispielsweise Schmid 1987, S. 627f. den Fundationes monasteriorum Bavariae zu, die um 1390 zusammengestellt wurden.

142 Dietrich wird zwar schon 1287 in einem Ablassbrief Erzbischof Erichs (CDB I 13, S. 129f., Nr. 4. Regest: Reg. archiep. Magdeb. 3, 1886, S. 212, Nr. 558) als Bischof von Brandenburg bezeichnet, jedoch handelt es sich bei der Jahreszahl *M CC LXXXVII* gewiss um einen Lese- bzw. Schreibfehler Riedels oder seiner Quelle (CDB I 13, S. 130 »Aus alter Copie«) für 1292 (M CC LXXXXII); s. G. Wentz in: Abb/Wentz 1929, S. 35.

143 Eine Lösung dieser Art schwebte offenbar Sello 1888a, S. 3 vor, der von zwei Leitzkauer Konventsmitgliedern als »Verfassern« der Leitzkauer Textsammlung ausging, von denen der eine um 1300, der andere nach 1459 tätig war; s. auch F. Bünger in: Bünger/Wentz 1941, S. 166.

144 Siehe S. 27.

Abstand nach 1230 vorgenommen worden sein, wenn sie glaubwürdig sein sollte. Unter dieser Voraussetzung kämen die 1260er oder 70er Jahre in Frage, das heißt die Amtszeit Bischof Heinrichs I. (1263–1277/78), in der auch eine Klärung über Leitzkaus Anspruch auf Mitwirkung an der Bischofswahl herbeigeführt wurde.[145] Man könnte also annehmen, dass der Bischofskatalog mit Bischof Heinrich I. endete.[146] Die Anfügung des zweiten Textkomplexes, des Balduin-Erich-Urkundenblocks, wäre in einem zweiten Schritt nach 1287/91 erfolgt. Dabei wäre der resümierende Satz *Pontifices supradicti multa bona exhibuerunt ecclesie Liezekensi* durch die *tamquam*-Korrelation[147] zum Scharniersatz erweitert und an das Ende des aktualisierten Bischofskatalogs verschoben worden. Wenn der Urkundenanhang die Position des Leitzkauer Propstes hinsichtlich des Rechts der Bischofsstellvertretung *tam sede vacante, quam non vacante*[148] und des Bischofswahlrechts stärken sollte, käme dafür einzig die Sedisvakanz nach dem Tod Bischof Heidenreichs († 1290/91) in Frage. Bei der Abschrift nach 1459 wäre dann als letzter Schritt noch der Bischofskatalog bis zu Stephan Bodeker fortgeführt und möglicherweise die Weihenotiz am Ende der Textsammlung angefügt worden.[149]

Trotz der Plausibilität dieses zweiten Rekonstruktionsversuchs muss man sich bewusst sein, dass alle Überlegungen zur Entstehung und Datierung der Leitzkauer Textsammlung ein Spiel mit vielen Unbekannten sind. Rätselhaft bleibt auch, welchem Zweck die ungewöhnliche Schrift dienen sollte. Aufgrund ihrer geringen Qualität ist es ausgeschlossen, dass sie als Beweisinstrument oder Gutachten an offizieller Stelle, beispielsweise vor Gericht, vorgelegt werden sollte oder vorgelegt wurde. Vielmehr handelt es sich – zumindest bei dem ersten Textkomplex – um ein Stück Geschichtsschreibung, genauer um ein Stück Geschichtsfälschung[150], geschrieben bzw. kompiliert von einem nur mäßig talentierten Leitzkauer Konventualen mit dem Ziel, das höhere Alter und die älteren Rechte Leitzkaus gegenüber dem Brandenburger Domstift herauszustreichen.[151] Ob das »Werk« des Leitzkauer Kompilators möglicherweise irgendeinen Einfluss darauf hatte, dass der Leitzkauer Propst und das Kapitel bei der Wahl von Heinrichs Nachfolger, Bischof Gebhard (1278/79–1287), einmalig zur Bischofswahl zugelassen wurden,[152] lässt sich nicht

145 Siehe oben S. 34.

146 Sollten in dem Leitzkauer Bischofskatalog die Einträge zu einem Bischof erst nach dessen Tod vorgenommen worden sein, wäre der Schnitt allerdings schon bei Bischof Otto (1251–1261) anzusetzen.

147 LE 229f.

148 LE 265.

149 Zur Weihenotiz s. S. 31f.

150 Allgemein zur literarischen Fälschung s. SPEYER 1971, S. 27–29.

151 Ähnlich sieht KAHL 1964, S. 6 in der Textsammlung »eine Denkschrift, die wohl gegen Ende des dreizehnten Jahrhunderts in diesem Stift zusammengestellt wurde, um strittige Vorrechte gegenüber dem Brandenburger Domkapitel darzutun, und die später noch gewisse Ergänzungen erfuhr«.

152 Dies geht aus einer Urkunde vom 11.1.1279 hervor, die unmittelbar nach Gebhards Wahl oder jedenfalls nicht lange danach in Brandenburg ausgestellt wurde (CDB I 10, S. 83f., Nr. 16. Regest: SCHÖSSLER 1998, S. 60, Nr. 69 mit Tagesdatum 12.1.). Darin versprechen der Leitzkauer Propst Dietrich und das Leitzkauer Kapitel, dass sie aus der Tatsache, dass sie zu der Bischofs-

beweisen.[153] Es gibt keinerlei Hinweise darauf, dass die Schrift außerhalb Leitzkaus gelesen wurde. Ihre schlechte Qualität spricht eher dafür, dass sie nur für den internen Gebrauch im Stift bestimmt war. Am Ende der Untersuchung der Leitzkauer Textsammlung bleiben daher sehr viele Fragen offen. Durch die Entdeckung der Weimarer Handschrift ist es jedoch wenigstens möglich, neue Erkenntnisse über das Hauptstück der Leitzkauer Textsammlung, den Tractatus de urbe Brandenburg, zu gewinnen und dessen ursprünglicher Fassung näherzukommen.

Der Tractatus de urbe Brandenburg in der Weimarer Handschrift

Der Tractatus de urbe Brandenburg steht am Beginn des zweiten Teils des Brandenburg-Faszikels in der Weimarer Handschrift. Der Text hebt sich im Schriftbild deutlich von dem ersten Teil ab, da das Incipit, das über fünf Zeilen reicht,[154] etwa 2,5 cm eingerückt ist. Das Incipit hat die übliche Form eines Inhaltstitels, enthält also das, was heutzutage als Titel des Traktats verwendet wird, und eine kurze Inhaltsangabe. Ausgerechnet beim Abschreiben des Titels ist dem Schreiber ein Fehler unterlaufen, denn er schreibt *tractatus ab vrbe Brand'*.[155] Die Präposition *ab*, die nicht zur Bezeichnung eines Gegenstandes, über den gehandelt wird (»über, von, in Betreff«), verwendet werden kann,[156] erklärt sich als Influenzfehler,[157] der sich mit Hilfe des Explicit von M leicht in *de* korrigieren lässt,[158] so dass der korrekte Titel »Tractatus de urbe Brandenburg« lautet. Unter *vrbs* ist dabei die Burgstadt, das heißt die Burganlage mit der dazugehörigen Siedlung, zu verstehen.[159] Dennoch wird sowohl im Untersuchungsteil als auch in der Übersetzung der Einfachheit halber nur von »der Burg Brandenburg« oder »der Brandenburg« gesprochen. Der Titel »Tractatus de captione urbis Brandenburg«, den man in der Forschungsliteratur bisweilen findet,[160] beruht nicht auf handschriftlicher Überlieferung, sondern stammt von dem Herausgeber der Magdeburger Fassung des Traktats in den Monumenta Germaniae Historica, Oswald Holder-Egger.[161] Da es sich um einen frei erfundenen Titel handelt, der noch dazu den Inhalt und die Intention des Werks nicht exakt trifft, sollte er nicht mehr verwendet werden.

---

wahl zugelassen worden sind, keinen Rechtsanspruch für künftige Wahlen ableiten werden. Zur Datierung von Gebhards Wahl s. Sello 1888c, S. 24f.; Sello 1892, S. 525f.; G. Wentz in: Abb/Wentz 1929, S. 33.

153 Einen Zusammenhang erwägt Ertl 2002, S. 35.

154 W 278v, Z. 29–33.

155 Zum Problem der Auflösung der Abkürzung *Brand'* s. S. 107, Anm. 2.

156 Zur Verwendung von *a(b)* im Mittellatein s. MlatWb 1, Sp. 2–4.

157 Der Fehler ist unter dem Einfluss des Textbeginns *Innumeris annorum circulis ab vrbe Brandeborch condita temporibus … euolutis* (TR 4f.) entstanden, wo *ab* innerhalb des Präpositionalgefüges *ab vrbe … condita* temporal (»von – an, seit«) gebraucht wird.

158 Siehe den kritischen Apparat zu TR 1–3.

159 Zu dieser Bedeutung s. Biermann 2009, S. 108f.

160 Zum Beispiel bei Backmund 1972, S. 119; Kurze 1990, Sp. 1070; Kurze 2002, S. 171; Repfont/H S. 33; Giese 2011, S. 73.

161 Siehe Holder-Egger 1880, S. 482.

Der Inhalt des Tractatus de urbe Brandenburg in W

Der Traktat, wie ihn die Handschrift W bietet, handelt davon, dass Pribislaw/Heinrich († 1150), ein zum Christentum übergetretener Slawe,[162] gemäß rechtmäßiger Nachfolge in seiner Familie die Herrschaft über die Brandenburg und das ganze angrenzende Gebiet erlangte (TR 4–9).[163] Wann dies geschah, wird nicht berichtet,[164] wie überhaupt mit Zeitangaben äußerst zurückhaltend umgegangen wird.[165] Als Anhänger des christlichen Glaubens bemühte sich Pribislaw/Heinrich, sein Volk vom heidnischen Götzendienst abzubringen und zum Christentum zu bekehren.[166] Da er keinen natürlichen Erben hatte, setzte er Markgraf Albrecht (um 1100–1170)[167] zum Erben seiner Herrschaft ein und schenkte dessen Sohn Otto (um 1128–1184) bei der Taufe als Patengeschenk die südlich der Havel gelegene Zauche (TR 10–14).[168] Im Laufe der Zeit verband sich Pribislaw/Heinrich mit vielen deutschen Fürsten in Freundschaft,[169] drängte die Götzendiener zurück und rottete die Räuber weitgehend aus[170]. Als er auf diese Weise ringsum Ruhe hergestellt hatte, führte er zusammen mit seiner Frau Petrissa[171] ein gottgeweihtes Leben (TR 15–17). Auf Anraten und mit Hilfe Bischof Wiggers von Brandenburg (1138–1160) holte er Prämonstratenser-Chorherren von einer Peterskirche – ein Ort wird hier nicht genannt – in sein Territorium, siedelte sie

---

162 Zu Pribislaw/Heinrich s. KAHL 1964, S. 26–76, 85–90, 102–105, 189–191, 206–225, 327–336 et passim; zur schnellen Information siehe z. B. KÖHN/PARTENHEIMER 2002B, S. 315f. Zur Annahme des christlichen Namens Heinrich und zum Zeitpunkt des Übertritts s. KAHL 1964, S. 26f.

163 Die hier gegebene Inhaltsangabe ist eine Paraphrase, die eng am lateinischen Wortlaut orientiert ist.

164 Die neuere Forschung setzt diesen Vorgang 1127 oder kurz danach an; s. PARTENHEIMER 2003, S. 36 mit Anm. 199; PARTENHEIMER 2007, S. 67f., 125; PARTENHEIMER 2010, S. 36f. (an beiden Stellen auch zu den machtpolitischen Verhältnissen); LINDNER 2012, S. 40f.

165 Lediglich am Ende des Traktats in TR 56f., 66f. und 73 erfolgt eine zeitliche Einordnung durch die Nennung dreier konkreter Daten.

166 BACKMUND 1972, S. 121 zufolge wird die Rolle Pribislaws/Heinrichs bei der Christianisierung übertrieben.

167 Albrecht wird im gesamten Traktat und ebenso im Incipit nur als *marchio Albertus* oder *Adelbertus* bezeichnet (TR 3, 13, 24, 32, 37, 48, 57); der Beiname *Vrsus* kommt nicht vor.

168 Diese beiden Verfügungen soll Pribislaw/Heinrich neueren Forschungen zufolge höchstwahrscheinlich schon zwischen 1123 und 1125, d. h. vor seinem Herrschaftsantritt auf der Brandenburg, gemacht haben, wohl in der Absicht, Albrecht für seine Pläne zu gewinnen; s. ASSING 1995, S. 16–22, 37–40, 45 (= ASSING 1997, S. 143–150, 167–170, 176); PARTENHEIMER 2003, S. 36–38, 46; PARTENHEIMER 2007, S. 67f., 121f.; PARTENHEIMER 2010, S. 36. KAHL 1964, S. 30 datiert das Taufgeschenk dagegen »zwischen 1127 und 1130, wahrscheinlich näher der ersten als der zweiten Zahl«, ähnlich S. 69; ebenso LINDNER 2012, S. 41. Welches Gebiet genau mit *totam Zugam, terram … meridionalem Obule* (TR 13f.) gemeint ist, wird unterschiedlich interpretiert; s. KAHL 1964, S. 608, Anm. 40; ASSING 1995, S. 39 (= ASSING 1997, S. 169); PARTENHEIMER 2003, S. 38 mit Anm. 213; PARTENHEIMER 2007, S. 67.

169 Siehe dazu LINDNER 2012, S. 48f.

170 Unter Götzendienern und Räubern sind nach KAHL 1964, S. 84 die religiösen und politisch-militärischen Gegner zu verstehen; ebd. S. 29 deutet er die Götzendiener als »die Kräfte, die sich … nur schwer mit dem neuen Fürsten abzufinden vermochten« und die Räuber als »politische Gegner, die den bewaffneten Widerstand fortsetzten« bzw. als »Partisanen«.

171 Dass Pribislaws/Heinrichs gottesfürchtige Frau nach Petrus, dem Schutzpatron der Brandenburger Diözese, benannt ist, dürfte kein Zufall sein; s. auch KAHL 1964, S. 85.

an der St.-Gotthardt-Kirche in der Vorstadt der Brandenburg an und übertrug ihnen zum Lebensunterhalt großzügig Güter aus der Fülle seines Besitzes (TR 18–21).[172] Obwohl er König war,[173] stellte er die königlichen Insignien aus Liebe zu Gott gern hintan und brachte am Reliquienschrein des hl. Petrus die Krone seines Reiches und die seiner Frau aus freien Stücken Gott dar (TR 21–23).[174] Als sein Ende nahte, erinnerte er seine Frau daran, die Brandenburg nach seinem Tod Markgraf Albrecht zu übergeben, so wie er es versprochen hatte (TR 24–27). Nachdem Pribislaw/Heinrich gestorben war,[175] hielt die Witwe seinen Tod drei Tage lang geheim und rief unterdessen Markgraf Albrecht herbei (TR 28–33). Dieser kam mit einer starken Schar Bewaffneter, nahm die Brandenburg gleichsam nach Erbrecht in Besitz[176] und hielt ein ehrenvolles Leichenbegängnis für Pribislaw/Heinrich ab (TR 34–36). Er vertrieb die heidnische Bevölkerung – Raubgesindel und Götzendiener[177] – und überließ die Bewachung der Burg kriegserprobten Vertrauensmännern, und zwar sowohl Slawen als auch Deutschen (TR 36–40). Die Kunde von diesen Ereignissen erreichte Jaczo (um 1125/30–1176)[178], einen Onkel Pribislaws/Heinrichs, der damals in Polen fürstliche Herrschaft ausübte.[179] Der empfand großen Schmerz über den

---

172 Siehe dazu Kahl 1964, S. 236–243 und 247–272, insbesondere S. 270–272 (Datierung der Ansiedlung der Prämonstratenser in das Jahr 1147 vor Beginn des Wendenkreuzzugs); Kahl 1966, S. 74f.; Scholl 1999, S. 48, Anm. 4, und S. 54f.; Partenheimer 2007, S. 126f.

173 Zu Pribislaw/Heinrich als *rex* s. Kahl 1964, S. 37–76 (Verleihung des Königstitels an Pribislaw/Heinrich durch König Lothar 1127); dagegen Assing 1995, S. 23–27 (= Assing 1997, S. 152–156), Partenheimer 2003, S. 43 mit Anm. 256 und Partenheimer 2007, S. 68 (Verleihung des Königstitels 1134); Gaethke 2000, S. 70–111 et passim (Pribislaw/Heinrich ist König nach Stodoranenrecht); Lindner 2012, S. 41 (gibt als Forschungsmeinung wieder, dass die Erhebung Pribislaws/Heinrichs zum König durch Lothar 1129 stattfand). Myśliński 1986, S. 29 ist dagegen der Ansicht, dass Pribislaw/Heinrich den Königstitel »selbst angenommen und auf ihn unter dem politischen Druck von Sachsen verzichtet« hat.

174 Im Zusammenhang des Textes in W muss das Kronopfer in St. Gotthardt lokalisiert werden, während es der Fassung in M zufolge in Leitzkau stattfand. Zum Kronopfer allgemein und speziell im Tractatus s. Kahl 1964, S. 70, 189–191, 206–225 und 234f., der dieses Ereignis in das Vorfeld des Wendenkreuzzuges 1147 datiert; dagegen Assing 1995, S. 27–29 und 36 (= Assing 1997, S. 156–158 und 167), Partenheimer 2003, S. 77 mit Anm. 618 und S. 105 und Partenheimer 2007, S. 69 und 126f., die das Kronopfer 1138/39 ansetzen. Myśliński 1986, S. 29 ist der Ansicht, dass die Niederlegung der Krone eine Forderung Bischof Wiggers war.

175 Den Pöhlder Annalen zufolge geschah dies 1150; s. MGH SS 16, S. 85, Z. 2f. zum Jahr 1150: *Heinricus de Brandeburg obiit, cuius heres factus est marchio Adelbertus.* Übersetzung: »Heinrich von Brandenburg starb, und sein Erbe wurde Markgraf Albrecht.« Zum Tod Pribislaws/Heinrichs siehe z. B. Kahl 1964, S. 821, Anm. 2; Partenheimer 2003, S. 111f.

176 Die Brandenburg war eigentlich altes Reichsgut. Zu den Besitzverhältnissen der Brandenburg s. S. 55f.

177 Zu diesen Begriffen s. Anm. 170.

178 Jaczo ist identisch mit dem slawischen Fürsten Jacza (auch Jaxa) von Köpenick (um 1125/30–1176) bzw. dem polnischen Fürsten Jaksa von Miechów. Er war ebenso wie Pribislaw/Heinrich ein zum Christentum übergetretener Slawe. Zu seiner Person s. insbesondere Lindner 2012, S. 50–54, 67–87, 169–171 (Zeittafel) et passim; zur schnellen Information siehe z. B. Köhn/Partenheimer 2002a, S. 195f.; einen guten Forschungsüberblick gibt Kluge 2009, S. 18–23 (der allerdings selbst S. 22 und 39 die Identität mit Jaksa von Miechów anzweifelt).

179 Diese neutrale Formulierung als Übersetzung des lateinischen *in Polonia tunc temporis principantis* (TR 41f.) wählt auch Lindner 2012, S. 50, 74. Die Bedeutung des Partizips *principans* ist umstritten; Kahl 1964, S. 355–358 zufolge stand Jaczo an der Spitze eines Vasallenstaates.

Tod seines Neffen[180] und jammerte sehr, weil er erkannte, dass er trotz seines engen Verwandtschaftsgrades für immer um das Erbe der Brandenburg betrogen sei (TR 41–45). Nach kurzer Zeit drang er nachts mit einem großen Heer polnischer Kämpfer in die Brandenburg ein, nachdem er die Leute auf der Burg bestochen hatte und diese ihm die Tore geöffnet hatten (TR 45–47).[181] Daraufhin sammelte Markgraf Albrecht mit Hilfe Erzbischof Wichmanns von Magdeburg (1152/54–1192) und weiterer Fürsten und Edler ein großes Heer, rückte gegen die Brandenburg vor und belagerte sie an drei Stellen. Da der Ort stark befestigt war, zog sich die Belagerung lange hin (TR 48–54). Nach vielem Blutvergießen auf beiden Seiten übergaben die Verteidiger die Brandenburg gezwungenermaßen an Markgraf Albrecht, nachdem ihnen mit Handschlag freier Abzug zugesichert worden war. So erhielt Markgraf Albrecht die Brandenburg am 11. Juni 1157 zurück, zog mit großem Gefolge in die Burg ein, pflanzte an erhöhter Stelle ein Banner auf und dankte Gott für den Sieg (TR 54–60). Acht Jahre später überführte Wilmar (um 1161–1173), der 14. Bischof von Brandenburg, auf Anraten Markgraf Albrechts und anderer am 8. September die Prämonstratenser-Chorherren, die in der St.-Gotthardt-Kirche in der Vorstadt der Brandenburg lebten, in feierlicher Prozession an seinen Bischofssitz auf der Brandenburg und übertrug ihnen die Dörfer Garlitz, Mützlitz, Buckow und Kieck, um ihre Zustimmung zu dem Umzug zu gewinnen (TR 61–70).[182] Am 11. Oktober desselben Jahres legte Bischof Wilmar auf der Burg den Grundstein für eine Peterskirche auf einem Fundament von 24 Fuß (TR 71–73).[183]

Vergleich der Fassungen des Tractatus de urbe Brandenburg in W und M

In der Weimarer Fassung des Tractatus de urbe Brandenburg wird das Prämonstratenserstift Leitzkau an keiner Stelle erwähnt. Damit bestätigt sich, was auch ohne Kenntnis der Weimarer Handschrift schon oft vermutet wurde: Die Leitzkau-Passagen des Traktats in M gehören nicht zur Originalfassung, sondern sind interpoliert.[184] Durch W lässt sich der Umfang der Interpolationen in der Magdeburger Fassung jetzt genau bestimmen: Die erste Interpolation findet sich dort, wo davon die Rede ist, dass Pribislaw/Heinrich Prämonstratenser-Chorherren an der St.-Gotthardt-Kirche

180 Die verwandtschaftliche Beziehung zwischen Jaczo und Pribislaw/Heinrich ist unklar. Die Umdeutung von *auunculi* (TR 42) und *nepotis* (TR 43) in der Weise, dass Pribislaw/Heinrich als Onkel Jaczos anzusehen ist, wie sie Kahl 1964, S. 353f., Partenheimer 2003, S. 308, Anm. 1152, Lindner 2012, S. 75f. und andere vertreten, mag zwar sachlich plausibel sein, überzeugt aber sprachlich nicht.

181 Die relative Zeitangabe *breui tempore* (TR 45) bietet keinerlei Hinweis für die Datierung. Wann Jaczo die Brandenburg einnahm, wird kontrovers diskutiert. Kahl 1964, S. 358–368 nimmt das Jahr 1153 an, ebenso Kluge 2009, S. 29f. und 37f.; Partenheimer 1994, S. 193 spricht sich für das Frühjahr 1157 aus und engt dies später auf März 1157 ein, s. Partenheimer 2003, S. 133 mit Anm. 1156, Partenheimer 2007, S. 73 und Partenheimer 2010, S. 41; ähnlich Lindner 2012, S. 170 (»1157, Frühjahr?«), dort S. 22 und 50f. auch zum Anlass des Angriffs. Einen guten Überblick über die Forschungsmeinungen seit ca. 1830 gibt Partenheimer 1994, S. 152–162.

182 Zur Glaubwürdigkeit dieser Partie s. S. 44f.

183 Zur Grundsteinlegung s. Kahl 1964, S. 404f. und 881–883, Anm. 129.

184 Siehe S. 27, Anm. 79.

in der Vorstadt der Brandenburg ansiedelte. Hier fügt der Interpolator nicht nur den Namen des Initiators *rex Heinricus* und den Hinweis ein, dass die Chorherren zuvor in Leitzkau ansässig waren, sondern nennt sogar die Namen aller neun Chorherren der Erstlingskongregation und zählt die Gegenstände auf, die sie aus Leitzkau mitbrachten, darunter Bücher und Messgewänder.[185] Die Mitteilung, dass diese Ansiedlung auf Anraten Bischof Wiggers von Brandenburg geschah, nutzt der Interpolator außerdem für eine Apposition, in der er Wigger als den Gründer der Marienkirche auf dem Berge Leitzkau bezeichnet.[186] Bei der Erwähnung des Kronopfers Pribislaws/Heinrichs heißt es in M *et supradicti regis diadema adhuc in Liezeka vsque hodie cernitur,*[187] ein Zusatz, der im Übrigen den großen zeitlichen Abstand des Interpolators zum Geschehen verrät. Eine größere Passage fügt er nach Abschluss der Schilderung der Wiederinbesitznahme der Brandenburg durch Markgraf Albrecht 1157 ein. Darin werden unter anderem der Tod Bischof Wiggers, seine Beisetzung in der Leitzkauer Marienkirche[188] und die Wahl Wilmars, des zweiten Leitzkauer Propstes, zum Bischof von Brandenburg durch die Leitzkauer Kanoniker berichtet.[189] Schließlich finden sich in der Partie, die von der Verlegung des Domkapitels von St. Gotthardt auf die Brandenburg durch Bischof Wilmar handelt, in M vier kleinere Interpolationen, die an Leitzkaus Rolle als Mutterstift erinnern,[190] so wie es im Vorspann angekündigt war.[191]

Nachdem dank der Weimarer Fassung des Tractatus feststeht, welche Passagen in M als Interpolationen zu gelten haben, lässt sich auch zeigen, dass es der Leitzkauer Kompilator selbst war, der den Traktat interpolierte. Einige Formulierungen und Eigenheiten seines Stils finden sich nämlich in den Interpolationen der Magdeburger Fassung des Traktats wieder. In der ersten Interpolation erinnern die Worte *canonicos ... in villa Liezeke constitutos*[192] an *canonici ... in villa Liezeka ... constituti* der Fundatio ecclesiae Letzkensis.[193] Ebenso erklärt sich die dortige Formulierung *auxilio et consilio*, die neben *hortatu et ope domini Wiggeri* pleonastisch ist,[194] mit Blick auf den Sprachgebrauch des Leitzkauer Kompilators, der in seinen Eigentexten zweimal die Kombination *consilio et auxilio* verwendet.[195] Auch der viermalige Gebrauch von *supradictus* in den Interpolationen[196] entspricht seiner Vorliebe für Rückverweise mit Hilfe dieses Partizips.[197]

---

185 LE 143–147.

186 LE 148f. Dass Wigger der *fundator* der Leitzkauer Marienkirche war, steht im Einklang mit LE 77–79, aber zugleich im Widerspruch zu LE 81, wo Markgraf Albrecht *primus et summus eiusdem fundator* genannt wird; s. auch S. 25, Anm. 65.

187 LE 154f. Übersetzung: »und die Krone des genannten Königs ist bis heute in Leitzkau zu sehen«. Zum Verbleib der Krone s. KAHL 1964, S. 70f.

188 Zu Wiggers letzter Ruhestätte s. KAHL 1964, S. 513–515.

189 LE 192–200.

190 LE 205f., 207f., 208, 209.

191 Siehe LE 127f. *quod sancti Petri ecclesia eiusdem vrbis sit filia sancte Marie in Liezeka.*

192 LE 143f.

193 LE 67–69.

194 LE 147f.

195 LE 47 und 80.

196 LE 154 *supradicti regis*, 173 *supradicti nobilis sepulti*, 201 *supradicte vrbis* und 209 *in supradictam vrbem.*

Wie der Leitzkauer Kompilator vorging, soll am Beispiel der ersten Interpolation gezeigt werden. Ausgehend von dem schlichten Satz *Hic canonicos beati Petri, apostolorum principis, ordinis Premonstratensis ortatu et ope Wigeri, episcopi Brandeburgensis, primum accersiuit*[198] ersetzte er am Satzbeginn zunächst das Demonstrativum *Hic* durch *Illustris … rex Heinricus* und fügte vor *beati Petri* das Wort *ecclesie* ein, verdeutlichte also in beiden Fällen den Text seiner Vorlage. Darauf schloss er an das Akkusativ-Objekt *canonicos* das Participium coniunctum *in villa Liezeke constitutos* und die Apposition mit den Namen der neun Kanoniker an, brachte die Dinge, die jene *de Liezeka* mitnahmen, in einem lose angebundenen Ablativus absolutus unter, von dem er wiederum die Gerundivkonstruktion *ad faciendum conuentum in Brandenburgk* abhängen ließ, erweiterte die beiden adverbial gebrauchten Ablative *ortatu et ope* unnötigerweise durch Hinzunahme von *auxilio et consilio*, fügte an *Wigeri, episcopi Brandeburgensis* eine weitere Apposition, nämlich *fundatoris ecclesie beate Marie virginis in monte Liezeka*, und ergänzte das Prädikat um die Ortsangabe *de villa Liezeka*, was den Wechsel von *accersiuit* zu *vocauit* nach sich zog[199]. So ergab sich der Satz: *Illustris itaque rex Heinricus ecclesie beati Petri, apostolorum principis, canonicos ordinis Premonstratensis in villa Liezeke constitutos videlicet Wiggerum, Walterum, Gerardum, Iohannem, Fliquinum, Sigerum, Hilderadum, Moisen et Martinum assumptis secum libris de Liezeka et preparamentis, calicibus, apparatu escarum et summa pecunie ad faciendum conuentum in Brandenburgk auxilio et consilio, hortatu et ope domini Wiggeri, episcopi Brandenburgensis, fundatoris ecclesie beate Marie virginis in monte Liezeka, de villa Liezeka primum vocauit.*[200] Der Kompilator arbeitete nach dem Baukastenprinzip. Er war bemüht, durch Satzerweiterungen möglichst viele Fakten unterzubringen und vor allem den Namen *Liezeke* bzw. *Liezeka* so oft wie möglich zu erwähnen – im Beispielsatz allein viermal. Auf diese Weise brachte er monströse Satzgebilde zustande, die stilistisch ohne jeden Wert sind. Das Beispiel zeigt mit aller Deutlichkeit, dass der Leitzkauer Kompilator einen Text in der Fassung, wie ihn W bietet, zur Vorlage hatte und diesen durch Zusätze erweiterte. Jeglicher Gedanke, dass umgekehrt der Text der Weimarer Fassung durch Exzerpierung der Magdeburger Fassung entstanden sein könnte, diese also eine frühere Textstufe repräsentiert, erübrigt sich.[201]

---

197 LE 71 *supradicte ecclesie*, LE 116 *ecclesia supradicta*, LE 118 *Cartha supradicta*, LE 229 *Pontifices supradicti*.

198 TR 18f. Übersetzung: »Dieser holte zuerst die Kanoniker des hl. Petrus, des Apostelfürsten, aus dem Prämonstratenserorden auf Ermahnung und mit Hilfe Wiggers, des Brandenburger Bischofs, herbei.«

199 Siehe dazu Anm. 231.

200 LE 143–149. Übersetzung: »Daher rief der erlauchte König Heinrich zuerst die Kanoniker der Kirche des hl. Petrus, des Apostelfürsten, aus dem Prämonstratenserorden, die im Dorf Leitzkau ansässig waren, nämlich Wigger, Walter, Gerhard, Johannes, Flikwin, Siger, Hilderad, Moises und Martin, nachdem sie aus Leitzkau Bücher, Messgewänder, Kelche, Essgeschirr und Geld zur Errichtung eines Konvents in Brandenburg mit sich genommen hatten, mit Hilfe und Rat, auf Ermahnung und mit Unterstützung Wiggers, des Bischofs von Brandenburg, des Gründers der Marienkirche auf dem Berg Leitzkau, aus dem Dorf Leitzkau herbei.«

201 Völlig abwegig ist die Vermutung von Backmund 1972, S. 120, der Leitzkauer Kompilator habe eine ausführlichere ursprüngliche Fassung »für seine Zwecke tendenziös zurechtgestutzt«.

Die Interpolationen des Brandenburger Anonymus in W

Die Umformung des Textes in M zugunsten Leitzkaus ist offensichtlich. Möglicherweise hat der Tractatus de urbe Brandenburg aber auch schon zuvor eine Erweiterung erfahren.[202] Anlass zu dieser Vermutung gibt das Incipit in W: *Incipit tractatus de*[203] *vrbe Brand', qualiter de gentilitate in Christianitatem primum conuersa sit et postmodum a Iaczone, principe Polonie, supplantata, sed tandem a marchione Adelberto diutina obsidione acquisita.*[204] Auffällig ist, dass hier nur die Christianisierung der Brandenburg, die Besetzung der Burg durch den Fürsten Jaczo von Polen und ihre endgültige Inbesitznahme durch Markgraf Albrecht erwähnt werden, nicht aber die Verlegung des Domkapitels von der St.-Gotthardt-Kirche in der Brandenburger Vorstadt auf die Brandenburg und die Grundsteinlegung des Brandenburger Doms durch Bischof Wilmar am Ende des Traktats. Das Explicit in M, das nahezu identisch ist mit dem Incipit in W, nennt ebenfalls nur die ersten drei Ereignisse.[205] Es stellt sich daher die Frage, ob der Schlussteil mit den Aktivitäten Bischof Wilmars im Jahr 1165 (TR 61–73) tatsächlich zum originalen Traktat gehört. Sie stellt sich umso mehr, als der letzte Satz des Albrecht-Teils (TR 56–60) einen perfekten Schlusssatz bilden würde. In der Schilderung der Rückgewinnung der Brandenburg kulminiert das Geschehen und wird durch die Nennung des konkreten Datums abgeschlossen, so dass man nichts vermissen würde, wenn der Text hier endete.[206] Daher ist es nötig, den Wilmar-Teil genauer anzuschauen.

Als Erstes fallen einige offenkundige Fehler und Ungereimtheiten auf: Die Behauptung, dass den Prämonstratenser-Chorherren aus St. Gotthardt nach ihrer Umsiedlung an den Bischofssitz auf der Brandenburg am 8. September 1165 die Dörfer Garlitz, Mützlitz, Buckow und Kieck[207] übertragen wurden (TR 67f.), steht im Widerspruch zu Bischof Wilmars Urkunde aus dem Jahr 1161 über die Einsetzung des Domkapitels auf der Brandenburg, der sogenannten Gründungsurkunde,[208] und der zeitgleich ausgestellten und textlich weitgehend übereinstimmenden Bestätigungsurkunde Erz-

202 Diese Ansicht äußerten schon van Niessen 1900, S. 569f. und Treiter 1930, S. 16f., sie wurde jedoch von Kahl 1964, S. 582, Anm. 7 abgelehnt; s. auch ebd. S. 479, 885, Anm. 17, S. 919, Anm. 5 et passim.

203 Zu *de* s. den kritischen Apparat zu TR 1 und S. 38 mit Anm. 157.

204 TR 1–3. Übersetzung: »Es beginnt der Traktat über die Burg Brandenburg, wie sie zuerst vom Heidentum zum Christentum bekehrt wurde und später von Jaczo, einem Fürsten Polens, hinterlistig erobert, doch schließlich von Markgraf Albrecht durch lange Belagerung in Besitz genommen wurde.«

205 Siehe S. 27 mit Übersetzung in Anm. 83.

206 Am Ende des Satzes klingt außerdem die »Laus-Deo-Formel« an, mit der mittelalterliche Schreiber häufig ihre Arbeit abschlossen.

207 Zu diesen vier Dörfern, die ca. 20 km nördlich von Brandenburg liegen, s. G. Wentz in: Abb/Wentz 1929, S. 148f.

208 Brandenburg, Domstiftsarchiv, U. 3. Druck: CDB I 8, S. 104f., Nr. 15; Kurze 2011, S. 36–38 (mit Übersetzung S. 38–40). Regesten: Krabbo/Winter 1910–55, S. 60, Nr. 308; Schössler 1998, S. 1f., Nr. 1; Beck 2001, S. 183, Nr. 1260. Ausführlich zu dieser Urkunde s. Kahl 1964, S. 397–405; Kurze 2011, S. 29–36; zur Datierung auf Mitte März – Mitte Mai 1161 ebd. S. 31f. mit weiterer Literatur.

bischof Wichmanns von Magdeburg[209], wonach ihnen zumindest Garlitz, Mützlitz und Buckow schon bei diesem Anlass als Versorgungsgut geschenkt wurden.[210] Auch die Erwähnung des Dorfes Kieck zusammen mit den drei anderen Dörfern ist nicht korrekt, da Kieck nicht zur Erstausstattung gehörte, sondern erst später hinzukam.[211] Geradezu fadenscheinig ist schließlich die Begründung für die Übertragung der Dörfer, Bischof Wilmar habe die Kanoniker aus St. Gotthardt dadurch dem Umzug gegenüber geneigt machen wollen.[212] Die Ausstattung des neu gegründeten Domkapitels mit Grundbesitz und Einkünften hätte keiner Begründung bedurft, denn es war selbstverständlich, dass die Domkanoniker angemessen versorgt wurden.

Eine weitere Unstimmigkeit ist die Bezeichnung Wilmars als 14. Bischof von Brandenburg (TR 61f.).[213] In der Zeit, in der der Tractatus de urbe Brandenburg entstand, das heißt in den 1170er Jahren,[214] wurde Wilmar nämlich noch als 13. Bischof gezählt,[215] wie aus dem Schutzprivileg Markgraf Ottos II. für die Kanoniker des Domstifts Brandenburg hervorgeht, das am 28. Mai 1197, also lange nach der Abfassung des Traktats, ausgestellt wurde.[216]

---

209 Brandenburg, Domstiftsarchiv, U. 4. Druck: CDB I 8, S. 105f., Nr. 16; UB Erzstift Magdeburg 1937, S. 378–380, Nr. 303. Regesten: Krabbo/Winter 1910–55, S. 61, Nr. 309; Schössler 1998, S. 2f., Nr. 2; Beck 2001, S. 183, Nr. 1261.

210 Außer Garlitz, Mützlitz und Buckow werden in beiden Urkunden auch noch Bultitz und Gorne genannt.

211 Urkundlich wird Kieck erstmals in der 1174/76 ausgestellten Bestätigungsurkunde Bischof Siegfrieds I. von Brandenburg als domkapitularischer Besitz erwähnt; Brandenburg, Domstiftsarchiv, U. 9. Druck: CDB I 8, S. 109f., Nr. 22, hier S. 109, Z. 17. Regesten: Krabbo/Winter 1910–55, S. 82, Nr. 420; Schössler 1998, S. 6–8, Nr. 8; Beck 2001, S. 184, Nr. 1266. Kahl 1964, S. 884, Anm. 134 datiert die Schenkung Kiecks »ungefähr zwischen 1166 … und 1173«, Gahlbeck/Schössler 2007, S. 275 »zwischen 1161 und 1165«. In derselben Reihenfolge wie im Wilmar-Teil werden die vier Dörfer einschließlich der in W nicht genannten Dörfer Bultitz und Gorne in der Bestätigungsurkunde Kaiser Friedrichs I. vom 1.7.1179 genannt: *villas etiam Garsliz, Muceltiz, Bultiz, Bukowe, Gorne, Kyk*; Brandenburg, Domstiftsarchiv, U. 10. Druck: CDB I 8, S. 111f., Nr. 24, hier S. 111, Z. 13f.; MGH DD F I.3, S. 340f., Nr. 781, hier S. 341, Z. 4. Regesten: Krabbo/Winter 1910–55, S. 83, Nr. 428; RI IV, 2, 3 n. 2502; Schössler 1998, S. 8f., Nr. 9; Beck 2001, S. 184f., Nr. 1267; ferner in der Bestätigungsurkunde Bischof Siegfrieds II. vom 28.12.1216: *Garzeliz, Museliz, Bukowe, Bultiz, Kik et Gorne*; Brandenburg, Domstiftsarchiv, U. 27. Druck: CDB I 8, S. 132–137, Nr. 48, hier S. 134, Z. 2; Partenheimer 2013, S. 28–37, hier S. 32, Z. 8. Regesten: Krabbo/Winter 1910–55, S. 118, Nr. 558; Schössler 1998, S. 28–33, Nr. 26; Beck 2001, S. 188, Nr. 1284. Übersetzung: Partenheimer 2013, S. 15–28.

212 Schon Kahl 1964, S. 782, Anm. 183 bemerkte: »Die Begründung, die der *ut*-Satz enthält, ist mehr als merkwürdig und läßt auf Flickwerk des Leitzkauer Kompilators schließen.«

213 In W ist zwar nur *quartus* überliefert, das aber die Richtung für die Konjektur *quartus <decimus>* weist. Die Einfügung von *decimus* ist mit Blick auf *Wilmarus xiiii*^{us} in der Bischofschronik in W (BR 53) gerechtfertigt.

214 Zur Datierung s. S. 56.

215 Zur Zählung der Bischöfe von Brandenburg s. S. 82–84.

216 Brandenburg, Domstiftsarchiv, U. 19. Druck: CDB I 7, S. 468–470, Nr. 1, hier S. 469, Z. 2f. *Wilmarus pie memorie Brandeburgensis ecclesie tercius decimus episcopus*. Regesten: Krabbo/Winter 1910–55, S. 101, Nr. 494; Schössler 1998, S. 22–24, Nr. 19; Beck 2001, S. 186, Nr. 1278. Allerdings ist darauf hinzuweisen, dass Krabbo »schwerwiegende Bedenken« inhaltlicher Art gegen die Echtheit der Urkunde vorbrachte, sie aber schließlich wegen des Siegels (s. dazu Sello 1887, S. 278, Nr. 6) doch für echt erklärte. Verdächtig ist die Urkunde jedoch gerade auch wegen der Angabe

Auch in sprachlich-stilistischer Hinsicht bietet der Wilmar-Teil Anhaltspunkte dafür, dass er nicht zum originalen Traktat gehört, sondern von einem Interpolator stammt: Nach der breit angelegten Darstellung der Ereignisse bis zur Wiederinbesitznahme der Brandenburg durch Markgraf Albrecht im Jahr 1157 (TR 4–60) wirkt der Text sehr gedrängt. Auf engem Raum werden viele Details – Personen, Orte, Daten und Maße – untergebracht. Anders als im Albrecht-Teil, in dem erst im letzten Satz ein konkretes Datum genannt wird, werden in dem kurzen Wilmar-Teil beide Ereignisse durch taggenaue Daten zeitlich fixiert. Der erste Satz ist zudem mit seinen zehn Zeilen (TR 61–70) nicht nur ungewöhnlich lang, sondern vor allem durch die Einfügung von Partizipialkonstruktionen und Nebensätzen so unübersichtlich, dass man sich den Hauptsatz *Wilmarus .... canonicos ordinis Premonstratensis ... in sedem episcopii sui ... collocauit*[217] mühsam zusammensuchen muss.

Unterstützung für die Auffassung, dass der Wilmar-Teil anderen Ursprungs als der Albrecht-Teil ist, bietet die Kurzfassung des Traktats in der Böhmischen Chronik des Přibík de Radenín, genannt Pulkawa († 1380). Dieser schrieb seine Chronik im Auftrag Kaiser Karls IV. und erweiterte sie um einen märkischen Teil, nachdem der Kaiser die Mark Brandenburg im Vertrag von Fürstenwalde 1373 erworben hatte. Die märkische Erweiterung besteht aus insgesamt 27 Abschnitten, die Pulkawa einer »Brandenburgischen Chronik« entnahm[218] und an jeweils chronologisch passender Stelle in die Böhmische Chronik einfügte.[219] Was auch immer sich hinter dem Titel »Brandenburgische Chronik« verbirgt – erhalten hat sich eine solche nicht –, die Kurzfassung des Traktats geht jedenfalls auf eine Fassung zurück, wie sie auch die Handschrift W bietet, das heißt auf einen Text ohne Leitzkau-Interpolationen, aber

---

einer Zählung des Bischofs, die ansonsten in Urkunden nicht üblich ist. Dieselbe Bezeichnung Wilmars als 13. Bischof findet sich sonst nur noch in der Urkunde Brandenburg, Domstiftsarchiv, U. 20 (Druck: CDB I 8, S. 123f., Nr. 36, hier S. 123, Z. 3f. Regesten: Krabbo/Winter 1910–55, S. 102, Nr. 498; Schössler 1998, S. 24, Nr. 20 und S. 249–251, Nr. 359; Beck 2001, S. 187, Nr. 1279), einer Fälschung aus dem Ende des 14. Jahrhunderts, die auf dem Pergament einer ausradierten echten Urkunde Ottos II. geschrieben wurde und deren Anfang wiederum auf der Vorlage des Schutzprivilegs vom 28.5.1197 beruht; s. Krabbo/Winter a. a. O.; Schössler 1998, S. 250. Zu dieser Urkunde s. auch S. 59, Anm. 296.

217 Übersetzung: »Wilmar hat ... die Kanoniker des Prämonstratenserordens ... an seinem Bischofssitz angesiedelt.«

218 Die Quellenbezeichnungen Pulkawas variieren leicht. Neben *Brandenburgensis cronica* (z. B. Emler 1893, S. 89, Sp. 1, Z. 3f.) finden sich auch *Cronica Brandeburgensis* (z. B. S. 113, Sp. 1, Z. 10f.), *Cronica Brandeburgensis marchie* (z. B. S. 192, Sp. 1, Z. 1f.), *Cronica marchie Brandemburgensis* (S. 155, Sp. 1, Z. 3f.) und *Cronica marchie* (z. B. S. 121, Sp. 2, Z. 12). Ob sich dahinter eine oder mehrere Chroniken verbergen, wird unterschiedlich gedeutet: Holder-Egger 1880, S. 469f., Sello 1888b, S. 114 und Sello 1888c, S. 10–13 gehen davon aus, dass es sich dabei um eine ca. 1280 geschriebene Märkische Fürstenchronik handelte, die im 14. Jahrhundert fortgesetzt wurde, während Hohensee 2001, S. 121 für die Abschnitte, die die spätere Zeit bis zu Markgraf Woldemars Tod 1319 behandeln, d. h. Abschnitte 24–27, »eine neue und nicht mit der früheren verbundene Vorlage« annimmt.

219 Siehe dazu Hohensee 2001, S. 116–121 (mit weiterführender Literatur). Druck der Abschnitte innerhalb der Böhmischen Chronik: Emler 1893, S. 15–193 passim (jeweils in eckigen Klammern); Separatdruck der Brandenburg-Abschnitte mit Gegenüberstellung des böhmischen Textes: Riedel 1862, S. 1–22.

mit Wilmar-Teil. Sie verteilt sich auf den dritten und vierten märkischen Abschnitt, wobei der dritte die Ereignisse des Albrecht-Teils bis zur Wiederinbesitznahme der Brandenburg am 11. Juni 1157 enthält,[220] der vierte den Wilmar-Teil mit Bischof Wilmars Maßnahmen zur Wiederherstellung der Brandenburg als Bischofssitz im Jahr 1165.[221] Einzig in diesem vierten märkischen Abschnitt wird als Quelle nicht eine *Brandenburgensis cronica*, sondern eine *Brandemburgensis episcopatus … cronica* genannt.[222] Auch wenn die Überlieferung der Stelle nicht eindeutig ist,[223] gibt die Quellenangabe zumindest einen Denkanstoß, denn der Wilmar-Teil mit seiner Aneinanderreihung von Daten und Fakten lässt sich durchaus mit dem Charakter einer Brandenburger Bischofschronik vereinbaren, wie sie aus zwei Textzeugen, der Chronica Maderi und dem Excerptum Goslariense,[224] erkennbar ist, in denen Abschnitte bzw. Fragmente von Abschnitten zu einigen Brandenburger Bischöfen erhalten sind. Überprüfbar ist die Quellenangabe bei Pulkawa allerdings nicht, da der Abschnitt zu Bischof Wilmar in beiden Textzeugen fehlt.[225]

Klarheit besteht jedoch darüber, welche Quellen dem Wilmar-Teil zugrunde liegen, denn hinter dem Text schimmern Formulierungen und markante Wörter dreier Urkunden des Domstifts Brandenburg durch, die noch immer im dortigen Stiftsarchiv aufbewahrt werden. Es sind dies die bereits erwähnte Gründungsurkunde Bischof Wilmars von 1161,[226] die in demselben Kontext ausgestellte Bestätigungsurkunde Erzbischof Wichmanns von Magdeburg[227] und eine weitere Urkunde Wilmars vom Anfang

220 Druck: Emler 1893, S. 89, Sp. 1, Z. 1 – Sp. 2, Z. 19; Riedel 1862, S. 2, Sp. 2, Z. 31 – S. 4, Sp. 2, Z. 8. Die Kurzfassung bewahrt den historiographisch-narrativen Charakter des Traktats und bietet ebenso wie dieser das Datum der Wiederinbesitznahme erst am Ende. Emler 1893, S. 89, Sp. 2, Z. 18f. interpungiert jedoch an dieser Stelle falsch, indem er das Datum zu der anschließenden Genealogie der Markgrafen von Brandenburg zieht; vgl. dagegen Riedel 1862, S. 4, Sp. 2, Z. 4–8: *Albertus … vrsus … recuperauit hoc* [sc. *castrum*], *anno videlicet M°. CLVII°. III idus Junii.*

221 Emler 1893, S. 105, Sp. 2, Z. 1–20; Riedel 1862, S. 5, Sp. 2, Z. 3–22.

222 Emler 1893, S. 105, Sp. 2, Z. 2f.; Riedel 1862, S. 5, Sp. 2, Z. 4f.

223 In der »besten Handschrift« (Sello 1888c, S. 9, Anm. 1), der des Władisław Czartoryski (14. Jh., 2. Hälfte), und in der böhmischen Übersetzung fehlt das Wort *episcopatus* bzw. das entsprechende böhmische Wort; dort steht nur *Brandemburgensis … Cronica* (Kętrzyński 1869, S. 322) bzw. *Bramburská kronika* (Riedel 1862, S. 5, Sp. 1, Z. 3f.). Daher misst Sello 1888c, S. 12f. der Quellenangabe *Brandemburgensis episcopatus … cronica* keinerlei Bedeutung bei. Es fragt sich allerdings, wie *episcopatus* in Pulkawas Text geraten sein soll; der umgekehrte Fall, dass *episcopatus* ausgefallen ist, hat weitaus größere Wahrscheinlichkeit für sich.

224 Zu den beiden Textzeugen s. S. 79f. mit Anm. 402 und 403.

225 Es gibt lediglich einen Eintrag zu Wilmar im Bischofskatalog der Leitzkauer Textsammlung (LE 220) und einen kurzen Abschnitt zu Wilmar in der zu den Brandenburgensia der Handschrift W gehörigen Brandenburger Bischofschronik (BR 53f.), die beide jedoch keinerlei Ähnlichkeit mit dem Wilmar-Teil haben.

226 Zur Gründungsurkunde s. S. 44 mit Anm. 208. Ähnliche Formulierungen wie in W finden sich CDB I 8, S. 104, Z. 1 *Ego Wilmarus, dei gratia Brandenburgensis ecclesie episcopus*, Z. 2–5 *in urbe cathedrali … honorem dei … exaltare decrevi*, Z. 8–11 *in urbe illa, scilicet Brandeburg, canonicos, secundum regulam beati Augustini sub norma Premonstratensis ordinis degentes, … institui et eis prebendas … contradidi*, Z. 11–13 *Dedi … eis et … confirmavi villas … Bukowe … Garzelize … Muceliz.*

227 Zur Bestätigungsurkunde s. S. 45 mit Anm. 209. Ähnliche Formulierungen wie in W finden sich CDB I 8, S. 105, Z. 2 *Wilmaro, Brandeburgensis ecclesie episcopo*, Z. 2f. *ut in urbe … cathedrali … honorem dei … exaltaret*, Z. 7–10 *Prefatus … Wilmarus, Brandeburgensis episcopus, … in urbe illa,*

des Jahres 1166, in der dieser die Überführung des Domkapitels auf die Brandenburg verkündet,[228] also genau das Ereignis, das auch im Wilmar-Teil geschildert und dort auf den 8. September 1165 datiert wird. Die textlichen Übereinstimmungen machen deutlich, dass der Interpolator ein Angehöriger des Brandenburger Domkapitels war, der Zugang zu den Urkunden hatte. Er hielt sich jedoch nicht sklavisch an ihren Wortlaut, sondern ging mit den Texten frei um, wie sich insbesondere an der Stelle *sedem cathedralem exaltare ... decreuerat* (TR 62f.) zeigt, die zwar auf Wilmars Worten *honorem dei ... exaltare decrevi* in der Gründungsurkunde basiert[229], in der aber *exaltare* durch den Wechsel des Objekts statt der übertragenen Bedeutung »erhöhen« die konkrete Bedeutung »errichten, aufrichten« hat.

Neben dieser großen Interpolation gibt es noch einige kleinere Stellen im Albrecht-Teil, die im Verdacht stehen, nachträglich in den Tractatus de urbe Brandenburg eingefügt worden zu sein. Die erste Stelle ist die, die von der Ansiedlung der Prämonstratenser-Chorherren an der St.-Gotthardt-Kirche in der Vorstadt der Brandenburg handelt (TR 18–21): *Hic canonicos beati Petri, apostolorum principis, ordinis Premonstratensis ortatu et ope Wigeri, episcopi Brandeburgensis, primum accersiuit et in ecclesia sancti Godehardi in suburbio Brandeburg collocauit eisque ad cottidianum victum ex habundancia sua large predia contradidit.*[230] Wieder werden auffällig viele Informationen auf engstem Raum untergebracht, wie es im Tractatus sonst nicht der Fall ist. Nicht vereinbar mit dem Stil des Autors ist auch, dass hier plötzlich von einem Petersstift als Herkunftsstätte der Prämonstratenser-Chorherren die Rede ist, ohne dass klar würde, an welchem Ort sich dieses Stift befand.[231] Vielmehr werden neu hinzukom-

---

scilicet Brandeburg, canonicos, secundum regulam beati Augustini sub norma Premonstratensis ordinis degentes, ... instituit et eis prebendas ... contradidit, Z. 10–13 *Dedit ... eis ... has illas* [!]: *Bukowe ... Garceliz ... Mucelitz.*

228 Brandenburg, Domstiftsarchiv, U. 7. Druck: CDB I 8, S. 107, Nr. 19. Regesten: Krabbo/Winter 1910–55, S. 68, Nr. 355; Schössler 1998, S. 4f., Nr. 5; Beck 2001, S. 184, Nr. 1264. Zur Datierung der Urkunde vor dem 7.1.1166 s. Curschmann 1906, S. 125, Anm. 1. Ähnliche Formulierungen wie in W finden sich CDB a. a. O., Z. 1–9 ... *ego Wilmarus, Brandeburgensis ecclesie episcopus, canonicos ordinis Premonstratensis, quos olim pie memorie eiusdem ecclesie episcopus Wigerus ante castrum Brandeburg in ecclesia beati Godehardi, scilicet in parrochia eiusdem ville, que dicitur Parduin, collocaverat, ... consilio ... Wigmanni ... et Brandeburgensis marchionis Adelberti, et marchionis Ottonis, filii eius, illos in ipsum castrum Brandeburg in sedem pontificalem ... transposui et ... auctoritate ... beati Petri, apostolorum principis, ... collocavi.* Auf die Anklänge des Wilmar-Teils an die Urkunde von 1166 wies schon Kahl 1964, S. 881, Anm. 129 hin.

229 CDB I 8, S. 104f., Nr. 15, hier S. 104, Z. 4f. Übersetzung: »habe ich beschlossen, ... die Ehre Gottes ... zu erhöhen«.

230 Übersetzung: »Dieser holte zuerst die Kanoniker des hl. Petrus, des Apostelfürsten, aus dem Prämonstratenserorden auf Ermahnung und mit Hilfe Wiggers, des Brandenburger Bischofs, herbei und siedelte sie an der Kirche des hl. Gotthardt in der Vorstadt der Brandenburg an und übergab ihnen für den täglichen Lebensunterhalt aus seinem Überfluss großzügig Güter.«

231 Anstelle von *Hic canonicos ... primum accersiuit* (TR 18f.) steht im Excerptum Goslariense *Hic ... vocans de Liezeke fratres ordinis Premonstratensis ...* (Holder-Egger 1880, S. 485, Sp. 2, Z. 4–7) und bei Pulkawa *Henricus ... canonicos beati Petri ... ordinis Premonstratensis ... de Lizeke primum vocans* (Emler 1893, S. 89, Sp. 1, Z. 20–24). Dennoch ist es aus philologischer Sicht unwahrscheinlich, dass in W die Ortsangabe *de Lizeke* vor *accersiuit* ausgefallen ist. Die Konstruktion *accersere* bzw. *accersire* (zur Form s. ThLL II, Sp. 448, Z. 50ff.) *aliquem de aliquo loco* ist im

mende Orte oder Personen stets mit erklärenden Zusätzen eingeführt.[232] Verdächtig ist außerdem der Satzanfang mit dem bloßen Demonstrativpronomen *Hic*, der ungeschickt[233] und im Tractatus singulär ist. Die Sätze des Traktats beginnen nämlich sonst durchgehend mit relativischem Satzanschluss[234] oder kopulativen, adversativen und konklusiven Konjunktionen[235], wie es in erzählender Literatur und bei einem sprachlich-stilistisch anspruchsvolleren Text auch zu erwarten ist. Erst beim zweiten Lesen versteht man, dass sich *Hic* auf Pribislaw/Heinrich bezieht.[236] Dass er es war, der die Prämonstratenser an der St.-Gotthardt-Kirche mit Unterstützung Bischof Wiggers ansiedelte, ist sonst nur im Excerptum Goslariense[237] und bei Pulkawa[238] belegt, zwei Texten, die ihrerseits auf den Tractatus in der Fassung, wie sie W repräsentiert, als Quelle zurückgehen und daher zu vernachlässigen sind. Die Aussage steht jedoch im Widerspruch zu der Urkunde Bischof Wilmars von 1166, einer der Urkunden, die bereits oben als Quelle für einige Formulierungen des Wilmar-Teils erkannt wurden.[239] In dieser Urkunde erwähnt Wilmar die *canonicos ordinis Premonstratensis, quos olim pie memorie eiusdem ecclesie episcopus Wigerus ante castrum Brandeburg in ecclesia beati Godehardi scilicet in parrochia eiusdem ville, que dicitur Parduin, collocaverat.*[240] Von Pribislaw/Heinrich als demjenigen, der die Ansiedlung der Prämonstratenser-Chorherren in St. Gotthardt vornahm, ist in der Urkunde nicht die Rede, vielmehr wird das Geschehen Bischof Wigger selbst zugeschrieben.[241]

Mittellatein sehr selten, im MLatWb 1, Sp. 876 wird sie nicht einmal erwähnt. Das Verb wird fast immer mit bloßem Akkusativobjekt (»jemanden herbeiholen«) gebraucht, z. B. Thietmar von Merseburg, Chronik 7, 68 (MGH SS rer. Germ. N. S. 9, S. 482, Z. 18–20) *mulier ... proximum accersivit presbiterum*; Helmold, Slawenchronik 1 (MGH SS rer. Germ. [32], S. 162, Z. 21f.) *dux accersivit comitem Adolfum*. Es ist daher vielmehr umgekehrt, dass im Excerptum Goslariense und bei Pulkawa die Herkunftsangabe *de Lizeke* eingefügt wurde, da der Text des Tractatus, den beide als Quelle benutzen, nicht verständlich war, und dieser Zusatz aus syntaktischen Gründen den Wechsel des Verbs *accersere* zu *vocare* nach sich zog; s. auch S. 43 zu LE 149.

232 Siehe z. B. TR 12 *filium ... eius* [sc. *marchonis Alberti*] *Ottonem*, TR 13f. *Zugam, terram videlicet meridionalem Obule*, TR 17 *cum Petrissa, sua* [sc. *Henrici*] *felice coniuge*, TR 41f. *Iaczonis in Polonia tunc temporis principantis, auunculi prelibati defuncti principis* [sc. *Henrici*].

233 Man würde eher eine erneute Zeitangabe erwarten, z. B. *tum* oder *paulo post*.

234 TR 7 *In qua vrbe*, TR 34 *Qui* und TR 48 *Quo audito*.

235 TR 10 *itaque*, TR 11 *Et*, TR 15, 24 *vero*, TR 21, 45 *Verum*, TR 26, 54 *Sed*, TR 28, 36, 57 *igitur*, TR 41 *autem*.

236 Offenbar hielt auch der Leitzkauer Kompilator das bloße *Hic* für problematisch, denn er ersetzte es durch das eindeutige *Illustris itaque rex Heinricus* (LE 143). Bei ihm gehören die Worte zu einer größeren Interpolation an dieser Stelle (LE 143–149); s. S. 43 und den kritischen Apparat zu TR 18.

237 Holder-Egger 1880, S. 485, Sp. 2, Z. 4–11; s. auch den Quellen-, Similien- und Testimonienapparat zu TR 18–20.

238 Die Stelle steht in der Kurzfassung des Albrecht-Teils. Druck: Emler 1893, S. 89, Sp. 1, Z. 19–25; s. auch den Quellen-, Similien- und Testimonienapparat zu TR 18–20.

239 Siehe S. 48 mit Anm. 228.

240 CDB I 8, S. 107, Nr. 19, hier Z. 2–4. Übersetzung: »die Kanoniker des Prämonstratenserordens, die einst Wigger, Bischof derselben [d. h. Brandenburger] Kirche, seligen Angedenkens vor der Burg Brandenburg in der Kirche des hl. Gotthardt, und zwar in dem Pfarrsprengel desselben Dorfes, das Parduin genannt wird, angesiedelt hatte«.

241 Ebenso in den auf dieser Urkunde beruhenden Schutzprivilegien Markgraf Ottos I. vom 2.11.1179 und Markgraf Albrechts II. vom 18.10.1209 (CDB I 8, S. 112f., Nr. 25 und S. 126–128, Nr. 40.

Deutlich sind aber die textlichen Übereinstimmungen. Sie lassen keinen Zweifel daran, dass auch dem *Hic*-Satz des Albrecht-Teils Wilmars Urkunde von 1166 als Quelle zugrunde liegt. Der Interpolator arbeitete den Satz aus der Urkunde jedoch so um, dass er Pribislaw/Heinrich zum Hauptakteur und Wigger lediglich zu seinem Ratgeber und Helfer machte. Mit Blick auf die Urkunde erklärt sich auch das zwischen *canonicos* und *ordinis Premonstratensis* eingeschobene Genitivattribut *beati Petri, apostolorum principis* (TR 18).[242] Der Interpolator entnahm diese vier Worte einer späteren Stelle der Urkunde,[243] an der es um die Ansiedlung der Prämonstratenser-Chorherren auf der Brandenburg unter dem Patrozinium des hl. Petrus, des Bistumspatrons, geht. Während sie dort jedoch durchaus passend sind, bereiten sie in W als zweites Genitivattribut neben *ordinis Premonstratensis* syntaktische Probleme. Das Genitivattribut *ordinis Premonstratensis* lässt sich nämlich jetzt sowohl auf *canonicos* (»Kanoniker aus dem Prämonstratenserorden«) als auch auf *beati Petri, apostolorum principis* (»der Kirche des hl. Petrus, des Apostelfürsten, die dem Prämonstratenserorden gehörte«)[244] beziehen – eine missverständliche Konstruktion, die im Übrigen den Leitzkauer Kompilator dazu veranlasste, an der Stelle seinerseits Veränderungen vorzunehmen.[245]

Die zweite kleinere verdächtige Stelle findet sich in dem Satz, in dem von dem Kronopfer Pribislaws/Heinrichs die Rede ist (TR 21–23). Der Verdacht richtet sich gegen die Wörter *ad scrinium reliquiis beati Petri inponendis*[246] (TR 22), durch die der Ort des Kronopfers Pribislaws/Heinrichs genau bezeichnet wird. Ein Reliquienschrein des hl. Petrus, der hier wie selbstverständlich erwähnt wird, kam jedoch im Traktat bisher noch nicht vor. Im Zusammenhang des Textes kann nur ein Petersschrein in

---

Regesten: Krabbo/Winter 1910–55, S. 84, Nr. 430 und S. 114, Nr. 545; Schössler 1998, S. 10f., Nr. 10 und S. 26f., Nr. 23; Beck 2001, S. 185, Nr. 1268 und S. 187, Nr. 1280) sowie in den Bestätigungsurkunden Bischof Baldrams von 1186, Bischof Siegfrieds II. vom 28.12.1216 und Papst Gregors IX. vom 14.12.1233 mit Inserat der Urkunde Siegfrieds II. (CDB I 8, S. 114f., Nr. 27, S. 132–137, Nr. 48 und S. 143, Nr. 57. Regesten: Krabbo/Winter 1910–55, S. 91, Nr. 457 und S. 118, Nr. 558; Schössler 1998, S. 12f., Nr. 12, S. 28–33, Nr. 26 und S. 41, Nr. 35; Beck 2001, S. 185, Nr. 1270, S. 188, Nr. 1284 und S. 189, Nr. 1291).

242 Zur Intention des Interpolators, den hl. Petrus hier einzufügen, s. S. 62.

243 CDB I 8, S. 107, Z. 8f. *auctoritate … beati Petri, apostolorum principis, cuius idem episcopatus est.* Übersetzung: »kraft der Ermächtigung … des hl. Petrus, des Apostelfürsten, dem ebendieses Bistum zugehört«.

244 Der Begriff *ecclesie* kann im Lateinischen ausgelassen werden. Zu diesem Typus der Ellipse s. Hofmann/Szantyr 1965, S. 61.

245 Er fügte vor *beati Petri* das Wort *ecclesie* ein und änderte außerdem die Wortstellung, so dass die Stelle in M lautet: *ecclesie beati Petri, apostolorum principis, canonicos ordinis Premonstratensis* (LE 143f.); s. die Übersetzung des gesamten Satzes in Anm. 200. Schich/Strzelczyk 1997, S. 35 und Partenheimer 2007, S. 127 fassen *ecclesie* fälschlich als Dativ auf (»für die Kirche des Apostelfürsten Petrus«), was jedoch inhaltlich und grammatikalisch gleichermaßen nicht möglich ist.

246 In M ist die Präposition *ad* ausgelassen, was die Herausgeber zu verschiedenen Konjekturen veranlasste; s. den kritischen Apparat zu TR 22. Nach Kahl 1964, S. 190 ist »die Stelle durch die Nachlässigkeit des Abschreibers [erg.: von M] derart hoffnungslos entstellt, daß der ursprüngliche Wortlaut sich jeder auch nur annähernd zuverlässigen Rekonstruktion entzieht«; vgl. auch ebd. S. 217. Einen Überblick über die Konjekturen gibt Kahl 1964, S. 724f., Anm. 6. Zur Übersetzung der Stelle s. Anm. 248.

St. Gotthardt gemeint sein,[247] wobei ein solcher allerdings nirgends bezeugt ist. Auch syntaktisch ist die Stelle bedenklich[248] und unterscheidet sich von der Art und Weise, wie im Tractatus de urbe Brandenburg ansonsten Gerundialia gebraucht werden.[249] Die inhaltlichen und sprachlichen Bedenken sprechen dafür, dass das Lokaladverbiale ein späterer Zusatz ist, der offenbar dem Wunsch des Interpolators entsprang, den symbolisch bedeutenden Akt des Kronopfers des Slawenfürsten Pribislaw/Heinrich mit dem Vorgängerstift des Domstifts und dem Bistumspatron Petrus zu verbinden.[250] In der ursprünglichen Fassung war der Satz in Übereinstimmung mit der auch ansonsten zu beobachtenden Erzählweise des Traktats räumlich und zeitlich allgemein gehalten und lautete lediglich: *Verum, quia rex erat, insignia regalia propter Deum libenti animo postposuit et dyadma regni sui et vxoris sue Deo ultroneus obtulit.*[251]

Eine weitere kleine Stelle im Albrecht-Teil ist so unauffällig, dass man erst auf den zweiten Blick darauf aufmerksam wird, dass sich hier eine Interpolation verbirgt. Die Rede ist von den Worten *post multam hinc inde sanguinis effusionem* (TR 54), die zu dem Satz gehören, in dem berichtet wird, wie die Brandenburg wieder in den Besitz Markgraf Albrechts gelangte, also zu dem Satz, der auf den 11. Juni 1157 als Kulminationspunkt des Traktats zusteuert. Eine Dramatisierung, wie sie die Worte bewirken, überrascht an diesem Punkt der Handlung nicht und ist erzähltechnisch geschickt. Die Bemerkung, dass auf beiden Seiten viel Blut vergossen wurde, passt allerdings nicht zu der sonstigen Schilderung der Ereignisse, die kein Kampfgeschehen kennt.[252] Vielmehr hören wir nur von einer langen Belagerung durch das von Albrecht

---

247 So verstehen diese Stelle auch der Autor des Wigger-Kapitels im Excerptum Goslariense (Holder-Egger 1880, S. 485, Sp. 2, Z. 4–12) und Pulkawa (Emler 1893, S. 89, Sp. 1, Z. 19 – Sp. 2, Z. 1), deren Texte auf den Tractatus in einer Fassung, wie sie auch W repräsentiert, zurückgehen. In der Magdeburger Fassung des Traktats wird das Kronopfer in einem eindeutig interpolierten Satz nach Leitzkau lokalisiert, s. dazu S. 40, Anm. 174 und S. 42.

248 Die wörtliche Übersetzung des zweiten Teiles des Satzes *et ad scrinium reliquiis beati Petri inponendis dyadema regni sui et vxoris sue Deo ultroneus obtulit* (TR 22f.) lautet: »und er [d. h. Pribislaw/Heinrich] brachte am Schrein für die hineinzulegenden Reliquien des hl. Petrus die Krone seiner Herrschaft und die seiner Frau aus freien Stücken Gott dar«. Etwas freier könnte man die fraglichen Worte folgendermaßen übersetzen: »am Schrein für die Aufbewahrung der Reliquien des hl. Petrus«.

249 Siehe die beiden am klassischen Latein orientierten Gerundivkonstruktionen TR 28f. *populum ad colenda ydola pronissimum* und TR 37 *Albertus libera rerum suarum disponendarum … facultate potitus* und das Gerundium TR 55f. *condicione firmata libere exeundi.*

250 Siehe dazu auch S. 62. Zum symbolischen Gehalt des Kronopfers im Mittelalter allgemein s. Kahl 1964, S. 191–206. Das Kronopfer Pribislaws/Heinrichs ist in mehrerlei Hinsicht singulär: Es ist im 12. Jahrhundert in Deutschland das einzige bezeugte Kronopfer eines Herrschers (ebd. S. 198) und insgesamt wohl das einzige eines slawischen, zumindest westslawischen Herrschers (ebd. S. 191).

251 Übersetzung: »Aber, obwohl er [d.h. Pribislaw/Heinrich] König war, setzte er die königlichen Insignien Gott zuliebe gern hintan und brachte die Krone seines Reiches und die seiner Frau aus freien Stücken Gott dar.«

252 Als einzige historische Quelle des 12. Jahrhunderts berichten die Pöhlder Annalen zum Jahr 1157 von ziemlich vielen Toten, darunter dem jungen Werner von Veltheim, einem Neffen Markgraf Albrechts; s. MGH SS 16, S. 90, Z. 9–12 *Adelbertus marchio Brandenburg … recepit, ubi consobrinum ipsius, iuniorem Wernerum de Veltheim, atrox gentilium phalanx cum aliis quam plurimis interemit.* Übersetzung: »Markgraf Albrecht gewann die Brandenburg … zurück, wo eine grässliche Schar von Heiden seinen Neffen, den noch jungen Werner von Veltheim, zusammen mit ziemlich vielen anderen tötete.«

zusammengezogene Heer und davon, dass die ausweglose Lage die Eingeschlossenen zum Aufgeben zwang, woraufhin eine Vereinbarung über freien Abzug getroffen und mit Handschlag bekräftigt wurde.[253] Die inhaltliche Diskrepanz erklärt sich mit Blick auf die Quelle des präpositionalen Ausdrucks, denn er ist der schon bekannten Gründungsurkunde Bischof Wilmars von 1161[254] entlehnt, in der die Rückkehr der Brandenburg in den Besitz der Christen – Markgraf Albrecht als Hauptakteur und das Datum des 11. Juni 1157 werden hier nicht erwähnt – als blutiges Ereignis beschrieben wird[255]: *at deo adiuvante et magno Christianorum labore cooperante cum multa sanguinis effusione nobilium nec non et aliorum ad possessionem Christianorum rediit* [sc. *urbs Brandenburg*].[256] Nahezu identisch ist der entsprechende Satz auch in der auf Wilmars Urkunde basierenden Bestätigungsurkunde Erzbischof Wichmanns von 1161[257]: *at deo adiuvante et nostro magno labore cooperante cum multa sanguinis effusione nobilium nec non et aliorum ad possessionem Christianorum rediit* [sc. *urbs Brandenburg*].[258] Wichmann ersetzte darin die Worte *magno Christianorum labore cooperante* durch *nostro magno labore cooperante*, bezeichnet sich also selbst als Mitstreiter[259], während seine Rolle in der Gründungsurkunde auf die eines Ratgebers bei der Einsetzung des Domkapitels auf der Brandenburg und der Teilung des Archidiakonats beschränkt ist.[260] Von hier aus erscheint nachträglich die Bemerkung im Traktat über Wichmanns Rolle bei der Rückgewinnung der Brandenburg in einem anderen Licht, also die Stelle, an der es heißt, Albrecht habe *ope et industria domini Wichmanni, metropolitani Magdeburgensis, et aliorum principum ac nobilium*[261] (TR 49f.)

253 TR 53–56. Den Aspekt einer geordneten Übergabe der Brandenburg statt eines großen Gemetzels stellen beispielsweise auch Curschmann 1906, S. 113f., Anm. 1 (dort auch eine Zusammenstellung der Quellentexte) und Lindner 2012, S. 23 in den Vordergrund.

254 Zur Gründungsurkunde s. S. 44, Anm. 208.

255 Schultze 1961, S. 78 bemerkt dazu: »In den Urkunden wird von vielem Blutvergießen gesprochen, ohne daß sich solches mit zeitlich bestimmbaren Vorgängen verknüpfen läßt«.

256 CDB I 8, S. 104, Nr. 15, Z. 6f. Übersetzung: »Aber mit Gottes Hilfe und mit großer und mühevoller Mitwirkung der Christen [wörtlich: «und indem die große Mühe der Christen mitwirkte»] kehrte sie [d. h. die Burg Brandenburg] unter großem Blutvergießen der Edlen und anderer in den Besitz der Christen zurück.«

257 Zu Wichmanns Bestätigungsurkunde s. S. 45, Anm. 209.

258 CDB I 8, S. 105, Nr. 16, Z. 5f. Übersetzung: »Aber mit Gottes Hilfe und mit meiner großen und mühevollen Mitwirkung [wörtlich: »indem meine große Mühe mitwirkte«] kehrte sie [d. h. die Burg Brandenburg] unter großem Blutvergießen der Edlen und anderer in den Besitz der Christen zurück.«

259 Vgl. auch die Pöhlder Annalen zum Jahr 1157, MGH SS 16, S. 90, Z. 9f.: *Adelbertus marchio Brandenburg, diu a Sclavis occupatam, maximo conprovincialium periculo Wicmanno Magdaburgensi presule cooperante recepit*. Übersetzung: »Markgraf Albrecht gewann die Brandenburg, die lange von den Slawen besetzt war, unter größter Gefahr seiner Landsleute zurück, wobei der Magdeburger Bischof Wichmann mitwirkte.« Zur Mitwirkung Wichmanns s. Kahl 1964, S. 518–528.

260 CDB I 8, S. 104, Nr. 15, Z. 2–5 *consilio Wigmanni, honorabilis Magdeburgensis archiepiscopi …, honorem dei innovare atque exaltare decrevi* und ebd., Z. 18–20 *dispensatione et consilio Wigmanni, Magdeburgensis archiepiscopi, … archidiaconatum episcopatus dividentes*. Übersetzungen: »auf Rat Wichmanns, des ehrwürdigen Magdeburger Erzbischofs … habe ich beschlossen, die Ehre Gottes zu erneuern und zu erhöhen» und «wobei wir mit Bewilligung und auf den Rat Wichmanns, des Magdeburger Erzbischofs, … das Archidiakonat des Bistums teilen«.

261 Übersetzung: »mit Hilfe und energischem Einsatz Wichmanns, des Magdeburger Erzbischofs, und anderer Fürsten und Edler«.

ein großes Heer zusammengezogen. Sie erinnert in Struktur und Wortwahl nicht nur an *ortatu et ope Wigeri, episcopi Brandeburgensis* (TR 18f.) aus dem ersten Zusatz des Albrecht-Teils, sondern vor allem an den zitierten Satz aus Wichmanns Urkunde.[262] Auch diese Passage ist daher dem Interpolator zuzuschreiben, der sie in den Traktat einfügte, um Erzbischof Wichmann an den Ereignissen zu beteiligen. Wie der Interpolator dabei vorging und welche Schwierigkeiten sich für ihn ergaben, lässt sich gut zeigen. Im originalen Traktat wurde die Wiederinbesitznahme der Brandenburg am 11. Juni 1157 allein als Verdienst Markgraf Albrechts dargestellt, der sich mit seinem Einzug auf der Burg und der Aufpflanzung eines Banners als Sieger gebärdet, auch wenn sich der Schlussakt unspektakulär auf dem Verhandlungsweg vollzog. Hier gab es für den Interpolator keine Möglichkeit, Erzbischof Wichmann unterzubringen. Daher fügte er ihn weiter oben an der Stelle ein, an der Albrecht auf die Nachricht von der Einnahme der Burg durch Jaczo zur Rückeroberung der Brandenburg rüstet und alles nach einer kriegerischen Auseinandersetzung aussieht (TR 48–51). Dies hat zur Folge, dass Wichmanns Mitwirkung im Traktat auf die Unterstützung Albrechts bei der Sammlung eines großen Heeres beschränkt ist, während er in der Bestätigungsurkunde, in der umgekehrt Markgraf Albrecht mit keinem Wort erwähnt wird, den Hauptanteil daran hat, dass die Brandenburg unter vielem Blutvergießen in den Besitz der Christen zurückkehrte. Beim schnellen Lesen des Traktats fällt jedoch gar nicht auf, dass Wichmann nur eine Nebenrolle zukommt, die im Übrigen dadurch noch geschmälert wird, dass der Interpolator die Genitivattribute aus dem Präpositionalausdruck der Urkunde *cum multa sanguinis effusione nobilium nec non et aliorum* herauslöst und in der variierten Form *et aliorum principum*[263] *ac nobilium* gleichberechtigt neben *Wichmanni* zu *ope et industria* stellt.

Als Ergebnis ist festzuhalten, dass alle Stellen des Traktats, die von den Brandenburger Bischöfen, dem Magdeburger Erzbischof Wichmann, dem Bistum Brandenburg oder einzelnen Kirchen handeln, interpoliert sind. Ihr Verfasser entnahm sie drei Urkunden des Brandenburger Domstifts, zwei Urkunden von 1161 und einer von 1166, auf die er als Angehöriger des Domkapitels Zugriff hatte. Dabei ging er so vor, dass er nicht ganze Sätze übernahm, sondern nur einzelne Formulierungen oder Satzteile herausgriff, die er wie Mosaiksteine in einen anderen syntaktischen und inhaltlichen Zusammenhang stellte und dadurch ihre Herkunft verschleierte. Der Umfang der Interpolationen ist unterschiedlich: Während der Wilmar-Teil als Ganzes angefügt wurde, sind im Albrecht-Teil einige kürzere Passagen interpoliert. Ihnen allen ist gemeinsam, dass sie sachliche Fehler enthalten und sprachlich-stilistisch hinter dem Originaltraktat zurückstehen. Im Albrecht-Teil bleibt dennoch ein Rest Ungewissheit,

262 Vgl. auch die Intitulatio dieser Urkunde CDB I 8, S. 105, Nr. 16, Z. 1f. *Ego Wichmannus, dei gratia metropolitane Magdeburgensis ecclesie archiepiscopus.*

263 Der Gebrauch von *aliorum principum* ist logisch schief, kommt aber auch anderweitig so vor; vgl. z. B. Wolfhere, Vita Godehardi prior (MGH SS 11, S. 182, Z. 49f.) *in presentia tam Romanorum quam et Theutiscorum episcoporum et aliorum principum* oder eine Urkunde Kaiser Friedrichs I. wohl vom Herbst 1174 (MGH DD F I.3, S. 126, Nr. 631, hier Z. 27f.) *in presentia multorum episcoporum et aliorum principum.*

wie viele und welche Stellen genau betroffen sind. Ebenso wie durch die Entdeckung der Handschrift W erst jetzt das Ausmaß der Leitzkauer Umarbeitung im Einzelnen deutlich geworden ist, lässt sich die Frage einer vorherigen Umarbeitung und Ergänzung des Traktats erst vollständig klären, wenn eine Handschrift gefunden werden sollte, die noch näher an das Original herankommt.

Da der Tractatus de urbe Brandenburg in der hier vorgelegten Edition nach der Handschrift W ediert wird, werden die Interpolationen im Text belassen, aber durch Kursivdruck abgesetzt. Zusätzlich wird im kritischen Apparat auf ihre Herkunft »ab alio auctore« hingewiesen.

Die Originalfassung des Tractatus de urbe Brandenburg und ihre Datierung

Nimmt man alle Stellen des Tractatus de urbe Brandenburg, die als Interpolationen angesehen werden müssen, aus dem Text der Weimarer Fassung heraus, bleibt abgesehen von einigen Unwägbarkeiten die Originalfassung übrig. Sie enthielt nur den Handlungsstrang von Pribislaw/Heinrich, Petrissa, Albrecht und Jaczo.[264] Erst jetzt lässt sich erkennen, dass hier ein sprachlich-stilistisch und erzähltechnisch versierter Geschichtsschreiber den Wechsel der Herrschaft von dem Slawenfürsten Pribislaw/Heinrich auf Markgraf Albrecht aus pro-askanischer Sicht darstellt. Dahinter steht offenbar die Absicht, die Inbesitznahme der Brandenburg durch Albrecht nachträglich zu legitimieren.[265] Um dies zu erreichen, lässt der Autor geschickt Hinweise auf die Besitzverhältnisse der Brandenburg in seine Erzählung einfließen, beginnend bei Pribislaw/Heinrich, von dem berichtet wird, dass er die Herrschaft über die Brandenburg und das angrenzende Gebiet *ex legittima successione parentele sue*[266] (TR 6f.) innehatte. Damit war die Voraussetzung dafür geschaffen, dass auch der nächste Schritt vom Leser des Traktats als rechtlich einwandfrei angesehen und nicht weiter hinterfragt wurde: Da Pribislaw/Heinrich keinen natürlichen Erben hatte, setzte er Markgraf Albrecht zum Erben seiner Herrschaft ein (TR 11f.). Auf diesen Vorgang wird im weiteren Verlauf der Erzählung noch mehrmals hingewiesen, als nächstes bei der Schilderung vom Tod des Slawenfürsten. Pribislaw/Heinrich erinnert nämlich seine Frau Petrissa auf dem Sterbebett daran, Markgraf Albrecht die Brandenburg nach seinem Tod zu überlassen, so wie er es ihm versprochen hatte (TR 24f.). Auch in dem Abschnitt, in dem berichtet wird, dass Petrissa nach dem Tod ihres Mannes erst drei Tage verstreichen ließ, bevor sie Albrecht herbeirief, wird dessen Rolle als Erbe nochmals ausdrücklich betont (TR 32). Wenn es kurz darauf heißt, dass Albrecht nach Pribislaws/Heinrichs Tod *vrbem Brandeborch velut hereditario iure possedit*[267]

---

264 Diese Auffassung vertrat schon VAN NIESSEN 1900, S. 569, der zwischen den drei Fassungen T[1] (Originaltraktat), T[2] (erweiterte Fassung, wie sie jetzt W repräsentiert) und T[3] (tendenziös zugunsten Leitzkaus umgearbeitete Fassung) unterschied; s. auch TREITER 1930, S. 16f.

265 Diese Vermutung äußerten schon KAHL 1954, S. 74f.; SCHULTZE 1954, S. 31 Nachtrag; SCHULTZE 1961, S. 76, 78; KAHL 1964, S. 46, 344; BACKMUND 1972, S. 120f.; ASSING 1995, S. 43f. (= ASSING 1997, S. 174f.); RICHTER 2005, S. 42.

266 Übersetzung: «aufgrund der rechtmäßigen Erbfolge in seiner Familie», d. h. so wie in seiner Familie die Nachfolge rechtlich geregelt war.

(TR 34f.), war dies für den Leser nur die Konsequenz aus dem Vorhergehenden und wurde von ihm ohne Weiteres akzeptiert, ebenso wie die in der Partizipialkonstruktion *libera rerum suarum disponendarum in vrbe Brandeborg facultate potitus*[268] (TR 37) enthaltene Feststellung über Albrechts uneingeschränktes Verfügungsrecht auf der Brandenburg. Dass er das Recht hatte, gegen Jaczo, einen Onkel Pribislaws/Heinrichs, der nach dessen Tod die Brandenburg für sich beanspruchte und besetzte, vorzugehen und ihm die Burg wieder abzunehmen (TR 48–60), bedurfte nach dieser Vorgeschichte keiner gesonderten Begründung mehr.

Diesem Konstrukt des Traktats widersprechen jedoch die historischen Tatsachen, denn Albrecht besaß keineswegs das Eigentum an der Brandenburg.[269] Die Brandenburg war vielmehr seit ottonischer Zeit Reichsburg. In der Gründungsurkunde des Bistums Brandenburg von 948/949[270] hatte König Otto I. dem Bischof die Hälfte der Brandenburg übertragen,[271] so dass sich seither König und Bischof den Besitz teilten. Zwar ging die Brandenburg beim Slawenaufstand von 983 wieder an die Heiden verloren und stand bis zum Jahr 1150 unter slawischer Herrschaft, nach der Inbesitznahme der Brandenburg durch Albrecht hatten der König bzw. Kaiser und der Brandenburger Bischof jedoch weiterhin Anspruch auf ihren jeweiligen Teil. Die Rechte des Reiches wahrte ein Burggraf, der als Beauftragter des Königs auf der Brandenburg eingesetzt wurde.[272] Auch Bischof Wilmar machte von seinem Recht

267 Übersetzung: »[erg. Albrecht] nahm die Brandenburg gleichsam nach Erbrecht in Besitz«.

268 Übersetzung: »nachdem er [d. h. Albrecht] das uneingeschränkte Verfügungsrecht auf der Brandenburg erlangt hatte«.

269 Zu den Besitzverhältnissen der Brandenburg s. Krabbo 1910a, S. 16f.; Schultze 1954, S. 14–21; Schultze 1961, S. 76–78; Assing 1995, S. 41–44 (= Assing 1997, S. 172–175); Partenheimer 2003, S. 141, 190f.; Lindner 2012, S. 28, 48, 57.

270 Brandenburg, Domstiftsarchiv, U. 1. Druck: MGH DD O I, S. 187–190, Nr. 105. Regest: Schössler 1998, S. 429f., Nr. B 1. Zur Unvereinbarkeit des Inkarnationsjahres 949 (*kal. octobr. anno incarnationis domini nostri Iesu Christi DCCCCXLVIIII*) mit den übrigen Bestandteilen des Datums (*indictione VI, anno vero regni domni Ottonis invictissimi regis XIII*[mo]), die auf das Jahr 948 führen, wurde oft hingewiesen, siehe z. B. Kurze 1999b, S. 20–22. Das Gründungsjahr ist seit den 1990er Jahren Gegenstand intensiver historischer Forschungen; mehrheitlich wird die Gründung des Bistums ins Jahr 948 gesetzt, daneben wird eine spätere Gründung (um 965) diskutiert; s. den Forschungsüberblick bei Partenheimer 2007, S. 27f. und S. 171f., Anm. 46; Bergstedt 2009, S. 352

271 MGH DD O I, S. 187–190, Nr. 105, hier S. 189, Z. 15f. *dimidiam partem praedictae civitatis aquilonalem et dimidiam partem insulae totius septentrionalem, in qua civitas eadem habetur constructa*. Übersetzung: »die nördliche Hälfte der vorgenannten Burg und die nördliche Hälfte der ganzen Insel, auf der ebendiese Burg errichtet ist«.

272 Der Zeitpunkt der Einsetzung ist umstritten. Nach mehrheitlicher Auffassung wurde der erste Burggraf schon um 1150 von König Konrad III. (1138–1152) bestellt, nach anderer Auffassung erst Anfang 1158 von Kaiser Friedrich I. Barbarossa (1152–1190). Urkundlich ist der Brandenburger Burggraf seit 1160 bezeugt; s. CDA 1, S. 333f., Nr. 457 *Bederic castellanus de Brandenburg* (vermutlich aus dem freiedlen Geschlecht der Grafen von Jabilinze). Regest: Krabbo/Winter 1910–55, S. 60, Nr. 307. Zum Brandenburger Burggrafen siehe z. B. Schultze 1954, S. 18–22; Schultze 1961, S. 77; Kahl 1964, S. 61f. (mit weiterer Literatur); Podehl 1975, S. 498, 500 et passim; Assing 1986, S. 105–107 (= Assing 1997, S. 47–49); Assing 1989, S. 26–28 (= Assing 1997, S. 74–76); Partenheimer 1994, S. 180–183 et passim; Assing 1995, S. 40–43 (= Assing 1997, S. 171–173); Partenheimer 2003, S. 141 mit Anm. 1209; Partenheimer 2007, S. 78.

Gebrauch und verlegte 1161 kurz nach seinem Amtsantritt den Bischofssitz auf die Brandenburg,[273] wenngleich es bis zur Umsiedlung der Domherren noch weitere vier Jahre dauerte. Albrecht und sein Sohn Otto I. gaben sich mit ihren markgräflichen Befugnissen jedoch nicht zufrieden. Nach Albrechts Tod im Jahr 1170 setzte Markgraf Otto I. alles daran, die »uneingeschränkte Hoheit«[274] und damit die volle Verfügungsgewalt über die Brandenburg zu erlangen.[275] Gewiss war dabei der Umstand hilfreich, dass Ottos Bruder Siegfried († 1184) von 1173 bis 1180 Bischof von Brandenburg war,[276] auch wenn Einzelheiten über sein Wirken als Bischof nicht bekannt sind.[277] Dass Otto die günstige politische Situation für seine Souveränitätsbestrebungen geschickt auszunutzen verstand, zeigt seine Urkunde vom 2. November 1179, in der er dem Domkapitel alle Besitzungen bestätigt, darunter an erster Stelle den Ort, *in quo dicta ecclesia* [sc. *cathedralis ecclesia*] *sita est, in urbe scilicet Brandeburg*, und in der er mit den Worten *Acta sunt hec a nobis in urbe nostra Brandeburg* schließt.[278] In diesen Kontext fügt sich der Tractatus de urbe Brandenburg passend ein, der in Form einer Erzählung dem Markgrafen Albrecht genau das Besitzrecht und die Verfügungsgewalt über die Brandenburg bestätigt, die sein Sohn und Nachfolger Otto I. erstrebte. Daher wird der Traktat unter Markgraf Otto I. in den 1170er Jahren verfasst worden sein.[279] Wem und in welchem Rahmen das Opusculum vorgelegt wurde und ob es Einfluss darauf hatte, dass Otto I. die Brandenburg 1179 als *urbs nostra* bezeichnet, lässt sich nicht klären.

---

273 Siehe die Gründungsurkunde S. 44 mit Anm. 208. Mit den darin getroffenen Verfügungen zugunsten der Kanoniker überschritt Wilmar allerdings seine Kompetenzen, da er noch nicht die Regalien von Kaiser Friedrich I. empfangen hatte; s. dazu Kahl 1966, S. 77f.; Kurze 2011, S. 35f.

274 Schultze 1954, S. 31.

275 Siehe dazu z. B. Schultze 1954, S. 20; Schultze 1961, S. 98f.; Schich 1993, S. 65f., 90f.; Assing 1995, S. 44 (= Assing 1997, S. 175); Partenheimer 2007, S. 79; Bergstedt 2007, S. 173f.

276 Zu seiner Person s. Gercken 1766, S. 91–95; A. F. Riedel in: CDB I 8, S. 70f.; Winter 1865, S. 305–308; Hahn 1869, S. 24–29; Sello 1892, S. 521f.; G. Wentz in: Abb/Wentz 1929, S. 26f.

277 Siegfried war während seines Episkopats häufig auf Reisen, unter anderem in Pavia (1176) und Rom (1179); er bemühte sich offenbar vor allem um die Erlangung des Bremer Archiepiskopats, nachdem er 1168 schon einmal in dieses Amt gewählt worden war, ohne es jedoch antreten zu können (Annales Stadenses MGH SS 16, S. 346, Z. 27–30); dies glückte ihm erst 1180 nach erneuter Wahl; s. Sello 1892, S. 521f.; G. Wentz in: Abb/Wentz 1929, S. 26.

278 Brandenburg, Domstiftsarchiv, U. 11. Druck: CDB I 8, S. 112f., Nr. 25, hier S. 112, Z. 14f. und S. 113, Z. 24. Übersetzungen: «[der Ort,] an dem die genannte Kirche [d. h. die Bischofskirche] liegt, nämlich auf der Burg Brandenburg» und »Dies ist geschehen durch uns in unserer Burg Brandenburg«. Regesten: Krabbo/Winter 1910–55, S. 84, Nr. 430; Schössler 1998, S. 10f., Nr. 10; Beck 2001, S. 185, Nr. 1268.

279 Diese Datierung vertreten auch Treiter 1930, S. 15 »wohl um 1170/75«; Schultze 1954, S. 31 Nachtrag; Schultze 1961, S. 78; Kahl 1964, S. 6, 46f., 145, 775f., Anm. 118; Assing 1995, S. 44, Anm. 253 (= Assing 1997, S. 175, Anm. 253) »in den Jahren um 1170 entstanden«; Kurze 2002, S. 171 »ca. 1170/1180«; s. auch Holder-Egger 1880, S. 471 »ante exitum s. XII, fortasse iam ante a. 1180«. Andere sehen dagegen den Tod Erzbischof Wichmanns im Jahr 1192 als Terminus post quem an, siehe z. B. Partenheimer 1994, S. 169 »nach 1192«, 171 »1195/96« und Lindner 2012, S. 50 »nach 1192«. Einen Überblick über die vorgeschlagenen Datierungen gibt Partenheimer 1994, S. 167f.

Der Autor des Tractatus de urbe Brandenburg

Erst jetzt, nachdem Umfang, Intention und Datierung des originalen Traktats feststehen oder zumindest weitgehend eingegrenzt sind, stellt sich die Frage nach dessen Autor. Ein Autorname ist einzig in der Leitzkauer Textsammlung der Handschrift M überliefert. Sie nennt einen ansonsten unbekannten *Henricus ... de Antwerpe* und gibt einige Informationen über seine Person und die Umstände, unter denen er den Traktat geschrieben haben soll. Diese Angaben stehen in der Passage, die dem Traktat vorangestellt ist und mit den Worten *ita scribens* direkt auf ihn hinführt. Ihr Text lautet: *Post annorum transitum sepe nascitur questio preteritorum, si res ipsa non fuerit scribentis testimonio confirmata. Henricus itaque dictus de Antwerpe sub Alurico preposito prior in Brandenburg, qualiter vrbs Brandenburg primum expulsis inde Sclauis modo teneatur a Christianis et quod sancti Petri ecclesia eiusdem vrbis sit filia sancte Marie in Liezeka, sicut cunctis legentibus in sequenti patet pagina, cum esset ephebus, dictauit, ita scribens.*[280] Dem zweiten Satz zufolge stammte Heinrich aus Antwerpen, das heißt aus Flandern, muss aber schon in jungen Jahren nach Brandenburg gekommen sein, da er den Tractatus de urbe Brandenburg – der Titel wird hier allerdings nicht genannt – als »Ephebe«[281] schrieb. Er gehörte also offensichtlich zu den Flamen, die nach 1157 dem Ruf Markgraf Albrechts folgten, sich im ostelbischen Raum anzusiedeln.[282] Aus dem Satz geht weiter hervor, dass Heinrich von Antwerpen unter dem Brandenburger Dompropst Alberich das Amt des Priors innehatte. Durch diese Angabe lässt sich seine Lebenszeit näher eingrenzen, denn über Alberich wird in einer der überlieferten Fassungen der Brandenburger Bischofschronik, der Chronica Maderi,[283]

---

280 LE 124–129. Übersetzung: »Nach dem Ablauf von Jahren stellt sich oft die Frage nach dem Vergangenen, wenn die Sache selbst nicht durch das Zeugnis eines Schreibenden bestätigt worden ist. Daher hat Heinrich, genannt von Antwerpen, Prior in Brandenburg unter Propst Alberich, aufgezeichnet, als er ein junger Mann war, dass die Burg Brandenburg, nachdem zuerst die Slawen von dort vertrieben worden sind, jetzt im Besitz der Christen ist und dass die Kirche des hl. Petrus derselben Burg eine Tochtergründung von St. Marien in Leitzkau ist, wovon sich alle Leser in der folgenden Schrift überzeugen können (wörtlich: «so wie es allen Lesern in der folgenden Schrift offenbar ist»), wobei er folgendermaßen schrieb: [Es folgt der Traktat].« Die Passage ist öfter abgedruckt, z. B. Giesebrecht 1875, S. 502; Riedel 1862, S. 285, Z. 30–35; Holder-Egger 1880, S. 482, Z. 37–40; Sello 1888a, S. 8; Schich/Strzelczyk 1997, S. 34 (mit Übersetzung S. 35); Partenheimer 2007, S. 122 (mit Übersetzung S. 123). Das Verb *dictare*, das eigentlich ein Frequentativum von *dicere* ist (»immer wieder sagen«), wird hier in der Bedeutung »aufzeichnen, niederschreiben« verwendet; zu dieser Bedeutung s. MlatWb 3, Sp. 598, Z. 32–35; Niermeyer 2002, S. 433. Zu *qualiter* (»dass«) s. Anm. 80.

281 Das griechische Wort ἔφηβος steht im klassischen Athen für einen jungen Mann von achtzehn bis neunzehn Jahren; s. Oscar W. Reinmuth, Art. »Ephebia«, in: Der Kleine Pauly, Bd. 2 (1967), Sp. 287–291, hier Sp. 287. Hans-Joachim Gehrke, Art. »Ephebeia«, in: Der Neue Pauly, Bd. 3 (1997), Sp. 1071–1075, hier Sp. 1071, definiert die Ephebeia dagegen als die Zeit zwischen zwölf und zwanzig Jahren. Im Mittelalter ist der Begriff synonym mit *adulescens* und steht ganz allgemein für einen jungen Mann zwischen Kindheit und Mannesalter.

282 Zur Ansiedlung von Flamen unter Markgraf Albrecht, s. Krabbo 1910a, S. 13f.; Backmund 1972, S. 119, Anm. 128; Schulze 1979, S. 78f., 123; Partenheimer 2003, S. 144f.; Schich 2001, S. 23f., 28–33. Die wichtigste Quelle zum Thema ist Helmold, Slawenchronik 89 (MGH SS rer. Germ. [32], S. 174, Z. 23 – S. 175, Z. 4).

283 Zur Chronica Maderi s. S. 79f.

im Abschnitt zu Bischof Siegfried II. (1216/1217–1221) Genaueres berichtet: *Hic* [sc. *Sifridus*] *de preposito factus episcopus, fratrem suum carnalem Alvericum canonicum Magdeburgensem, virum literatum et providum, qui ordinem Cisterciensem assumpserat in Lenin, in novitiatu recepit et sibi in prepositura substituit anno Domini 1217, 14. Kal. Iulii* (= 18. Juni). *Qui prepositus ecclesie presidens utiliter annis 13, mensibus 10, ad ordinem Cisterciensem in Lenin rediit anno Domini 1231, 9. Kal. Maii* (= 23. April) *et ibidem in domino* <...>.[284] Alberich war demnach Magdeburger Domherr und lebte offenbar als Novize im Zisterzienserkloster Lehnin.[285] Er war der Bruder des Brandenburger Dompropstes Siegfried. Als dieser nach dem Tod Bischof Balduins – die Brandenburger Bischofschronik nennt den 31. Mai 1217 als Todestag[286] – Bischof von Brandenburg wurde, machte er Alberich am 18. Juni 1217 zu seinem Nachfolger im Amt des Dompropstes. Alberich bekleidete dieses Amt dreizehn Jahre und zehn Monate, das heißt über Siegfrieds Tod 1221 hinaus bis weit in Gernands Episkopat (1222–1241) hinein. Am 23. April 1231 zog er sich in das Kloster Lehnin zurück und starb dort.[287] Auch wenn die Daten im Detail problematisch sind, da Alberich schon in zwei Urkunden vom 28. Dezember 1216 und 2. Februar 1217 in der Zeugenliste als Dompropst bezeichnet wird,[288] genügt es für den vorliegenden Zusammenhang zu wissen, dass er von 1216/17 bis 1231 Dompropst von Brandenburg war, denn damit ist ein Anhaltspunkt gewonnen für Heinrich von Antwerpens Priorat am Brandenburger Domstift.

Tatsächlich findet sich in den beiden erwähnten Urkunden von 1216 und 1217 unter den Zeugen unmittelbar neben dem Dompropst Alberich ein *Heinricus prior*. Dieser Heinrich wird in der Forschung allgemein mit Heinrich von Antwerpen identifiziert, ungeachtet der Tatsache, dass er dort nur mit seinem Vornamen genannt wird. Weitere Urkunden, in denen Prior Heinrich als Zeuge fungiert, datieren vom 13. Januar 1219[289],

---

284 Holder-Egger 1880, S. 485, Z. 29–34. Übersetzung: »Dieser [d.h. Siegfried] nahm, nachdem er vom Propst zum Bischof geworden war, seinen leiblichen Bruder Alberich, einen Magdeburger Kanoniker, einen wissenschaftlich gebildeten und umsichtigen Mann, der dem Zisterzienserorden in Lehnin beigetreten war, noch während des Noviziats auf und machte ihn am 18. Juni 1217 zu seinem Nachfolger in der Präpositur. Und dieser stand der Kirche als Propst in nützlicher Weise dreizehn Jahre und zehn Monate vor, kehrte am 23. April 1231 zum Zisterzienserorden in Lehnin zurück und <starb> dort.« Die Jahreszahl *1231* in Z. 34 ist eine Konjektur Holder-Eggers für *MCCXXI*, das bei Mader 1678, S. 275 steht. Sie beruht auf der Angabe, dass Alberich dreizehn Jahre und zehn Monate Propst war.

285 So versteht diese Stelle in der Bistumschronik auch Warnatsch 2000, Bd. 1, S. 174, 337, Anm. 71 und S. 403.

286 Mader 1678, S. 275; Holder-Egger 1880, S. 485, Z. 24; vgl. auch die Edition der Bischofschronik in W BR 60. Zu Balduins Todesdatum s. S. 88–90.

287 Am Ende des Abschnitts über Bischof Siegfried II. ist nach *et ibidem in domino* das Verb *obiit* oder *mortuus est* zu ergänzen.

288 CDB I 8, S. 132–137, Nr. 48, hier S. 136, Z. 23 und CDB I 24, S. 328, Nr. 7, hier Z. 22. Zu diesem Problem s. S. 88f. mit weiteren Angaben zu den beiden Urkunden in Anm. 454 und 456.

289 Brandenburg, Domstiftsarchiv, BDK 1508/1441 (= Kop. I), 155^{rv}. Druck: CDB I 10, S. 193, Nr. 23. Regesten: Bauer 1913, S. 135, Nr. 2; Schössler 1998, S. 35, Nr. 28; Warnatsch 2000, Bd. 2, Nr. 43.

aus dem Jahr 1220[290] und vom 5. Juni 1226[291]. Zum letzten Mal begegnet sein Name in einer Urkunde Bischof Gernands vom 4. Februar 1227[292]. Da in der nächsten erhaltenen Urkunde, in der ein Brandenburger Domprior erwähnt wird, einer Urkunde Gernands vom 25. Juli 1230, ein *Jacobus prior* neben Propst Alberich als Zeuge auftritt,[293] muss man wohl davon ausgehen, dass Prior Heinrich in der Zwischenzeit gestorben ist.[294] Ob Heinrich vor Übernahme des Priorats schon Stiftsherr des Brandenburger Domkapitels war,[295] wie zwei Urkunden Markgraf Ottos II. von 1197[296] und vom 6. Januar 1204[297] sowie eine Urkunde Markgraf Albrechts II. vom 18. Oktober 1209[298] nahelegen, desgleichen, ob er möglicherweise identisch

290 Brandenburg, Domstiftsarchiv, U. 28. 29. Druck: CDB I 8, S. 137f., Nr. 50. Regesten: Schössler 1998, S. 35f., Nr. 29; Beck 2001, S. 188, Nr. 1286.

291 Brandenburg, Domstiftsarchiv, U. 31. Druck: CDB I 8, S. 140f., Nr. 53. Regesten: Schössler 1998, S. 38f., Nr. 32; Beck 2001, S. 188, Nr. 1287. In dieser Urkunde wird Heinrich nicht nur unter den Zeugen erwähnt, sondern auch in der Dispositio unter den Begünstigten: Bischof Gernand schenkt Propst Alberich, Prior Heinrich und dem Domkapitel Brandenburg das Dorf Gapel (*Gople*) zur Herstellung von Lichten für die Kirche.

292 Brandenburg, Domstiftsarchiv, U. 32. Druck: CDB I 8, S. 141f., Nr. 54. Regesten: Schössler 1998, S. 39f., Nr. 33; Beck 2001, S. 188, Nr. 1288.

293 Transsumpt in der Urkunde Potsdam, BLHA, Rep. 10B Zisterzienserkloster Lehnin – Urkunden Nr. 71 vom 4.9.1442. Druck: CDB I 10, S. 277, Nr. 185. Regest: Beck 2001, S. 478, Nr. 3334. Druck und Regesten der Urkunde vom 25.7.1230: CDB I 10, S. 197f., Nr. 31; Bauer 1913, S. 44, Nr. 5b; Warnatsch 2000, Bd. 2, Nr. 61; Beck 2001, S. 468, Nr. 3265. *Jacobus* erscheint seinerseits in einer Urkunde Bischof Gernands vom 10.1.[1234] als Alberichs Nachfolger auf dem Brandenburger Propsteistuhl mit dem Prior *Etchelo* an seiner Seite. Brandenburg, Domstiftsarchiv U. 21. Druck: CDB I 8, S. 144, Nr. 58. Regest: Schössler 1998, S. 41f., Nr. 36; zum Jahr ebd. S. 40f., Anm. 2 und S. 42, Anm. 1 (»kurz nach 1230«).

294 Theoretisch könnte Heinrich auch in das Kapitel zurückgetreten sein, wie es Mitte des 13. Jahrhunderts für den Prior Heinrich von Ribbeck bezeugt ist. Von den rund 60 Brandenburger Domprioren machten zwölf von dieser Möglichkeit der Resignation Gebrauch, jedoch mit Ausnahme Heinrichs von Ribbeck alle erst in späterer Zeit, vor allem im 15. Jahrhundert, s. G. Wentz in: Abb/Wentz 1929, S. 99 und 123–125.

295 Siehe Schillmann 1875, S. 96; Sello 1888a, S. 4 mit Anm. 3; G. Wentz in: Abb/Wentz 1929, S. 128; Schössler 1998, S. 24, Nr. 20 und S. 25, Nr. 21.

296 Brandenburg, Domstiftsarchiv, U. 20. Druck: CDB I 8, S. 123f., Nr. 36, hier S. 124, Z. 21f. *Riquinus, Walterus, Heynricus, Cesarius, canonici ecclesie Brandeburgensis.* Regesten: Krabbo/Winter 1910–55, S. 102, Nr. 498 (»1197 ... nach Mai 28, spätest. Anfang Nov.«); Schössler 1998, S. 24, Nr. 20 und S. 249–251, Nr. 359; Beck 2001, S. 187, Nr. 1279. Die Urkunde ist zwar eine Fälschung des 14. Jahrhunderts, aber die Zeugen entstammen nach Krabbo/Winter a.a.O. »einer verlorenen (oder vernichteten) echten Urk. des Jahres 1197«; s. auch Schössler a.a.O. S. 250. Zu dieser Urkunde s. auch S. 46 mit Anm. 216.

297 Brandenburg, Domstiftsarchiv, BDK 1509/1442 (= Kop. II), S. 223f. Druck: Gercken 1766, S. 403–405, Nr. 28 (Gercken lag noch die originale Pergamenturkunde des Domstiftsarchivs vor); CDB I 8, S. 125, Nr. 38, hier Z. 25f. *Walterus, prior in Brandeburg, Heynricus, ibidem canonicus.* Regesten: Krabbo/Winter 1910–55, S. 106f., Nr. 519 (»Die Urkunde ist entstanden durch Interpolation einer echten Vorlage«); Schössler 1998, S. 25, Nr. 21. Assing 1993, S. 142 mit Anm. 36 und S. 154, Anm. 85 sieht die Urkunde als Fälschung an.

298 Brandenburg, Domstiftsarchiv, U. 22. Druck: CDB I 8, S. 126–128, Nr. 40, hier S. 127, Z. 38f. *Gunzellinus, Brandeburgensis prepositus et archidiaconus, Heinricus camerarius, Theodericus scholasticus, Rodolfus cellerarius, Gernotus, Heinricus, sacerdotes et Brandenburgenses canonici.* Regesten: Krabbo/Winter 1910–55, S. 114, Nr. 545; Schössler 1998, S. 26f., Nr. 23; Beck 2001, S. 187, Nr. 1280.

mit einem *Heinricus camerarius*[299] oder einem *Heinricus custos*[300] ist, soll in diesem Zusammenhang nicht weiter erörtert werden.

Wenn es stimmt, dass Prior Heinrich mit dem in M genannten Autor Heinrich von Antwerpen identisch ist und dieser schon als junger Mann von wohl höchstens zwanzig Jahren in Brandenburg war und dort seinen Traktat schrieb, müsste er in den 1150er Jahren in Flandern geboren worden sein, wäre um 1170 nach Brandenburg gekommen, hätte in den 70er Jahren in der Regierungszeit Markgraf Ottos I. den Tractatus de urbe Brandenburg verfasst, wäre spätestens 1216/17 Prior des Brandenburger Domstifts geworden und mit 70 bis 75 Jahren zwischen 1227 und 1230 gestorben. Dies wäre zwar möglich, doch müsste man dann annehmen, dass Heinrich von Antwerpen in jungen Jahren zunächst Markgraf Otto I. nahestand, bevor er Mitglied des Brandenburger Domkapitels wurde. Denn der Traktat zeigt deutlich eine pro-askanische Tendenz zugunsten der landesherrlichen Bestrebungen Markgraf Ottos I. und stellte damit geradezu einen Affront gegen das Brandenburger Domstift dar, da hierin die Besitzrechte des Stifts an der Brandenburg völlig außer Acht gelassen werden. Dass ausgerechnet ein späterer Konventuale diesen den Interessen des Domstifts gänzlich entgegenwirkenden Text geschrieben haben soll, ist jedoch nicht glaubhaft, selbst wenn man berücksichtigt, dass Ottos Bruder Siegfried in der Entstehungszeit des Traktats Bischof von Brandenburg war.[301] Es lohnt jedoch nicht, in der Biographie des Autors nach einer Erklärung für diesen Sinneswandel zu suchen, denn es gibt generelle Bedenken gegen den Vorspann des Traktats in M.

Schon bei der Analyse der Leitzkauer Textsammlung war festgestellt worden, dass die Einleitung zum Traktat dem Leitzkauer Kompilator zuzuschreiben ist.[302] Sie verdrängte das ursprüngliche Incipit, das nach üblicher Art mittelalterlicher Handschriften nur aus einem Inhaltstitel bestand. Dieses Incipit ging jedoch nicht verloren, sondern findet sich mit nahezu demselben Wortlaut wie das Incipit von W als Explicit am Ende des Traktats,[303] wurde von dem Leitzkauer Kompilator also nur umgestellt, wodurch in M der Titel *tractatus de vrbe Brandenburgk* erst am Ende erscheint. Man muss daher davon ausgehen, dass auch die Vorlage bzw. die Vorlagen von W und M – die Trennfehler beweisen, dass W und M voneinander unabhängig sind – nur den Inhaltstitel ohne Autornamen boten, und zwar als Incipit zu Beginn des Textes. Die Tatsache, dass der Name Heinrich von Antwerpen nur in der Leitzkauer Textsammlung vorkommt, die sich bekanntlich nicht gerade durch eine verlässliche Darstellung auszeichnet, legt den Verdacht nahe, dass es sich um einen fingierten Autor handelt.

---

299 Siehe die vorige Anm. Dass Dignitäre wie Kämmerer oder Kustoden später Prioren oder gar Pröpste wurden, kam durchaus vor; zahlreiche Beispiele finden sich bei G. Wentz in: Abb/Wentz 1929, S. 114–147 passim, insbesondere aus dem 12./13. Jahrhundert S. 114f., 123 und 128f.

300 Brandenburg, Domstiftsarchiv, BDK 1508/1441 (= Kop. I), 33^{v} (Urkunde Bischof Balduins vom 25.12.1207). Druck: CDB I 8, S. 126, Nr. 39, hier Z. 7f. *Gunzelinus, prepositus Brandenburgensis et archidiaconus, Baldevinus, eiusdem ecclesie prior, Heinricus custos.* Regest: Schössler 1998, S. 25f., Nr. 22 (dort auch zur Datierung).

301 Zu Siegfrieds Episkopat s. S. 56 mit Anm. 276f.

302 Siehe S. 26.

303 LE 217–219; s. auch den kritischen Apparat zu TR 1–3.

Vertraut mit der Brandenburger Bistumsgeschichte und dem urkundlichen Material, hätte der Leitzkauer Kompilator geschickt den echten Domprior Heinrich mit dem erfundenen *Henricus ... dictus de Antwerpe* verknüpft. Die dahinter stehende Absicht liegt auf der Hand: Wenn ein junger Mann, der später Prior des Brandenburger Domstifts wurde, bezeugte, dass ebendieses Stift eine Tochtergründung des Leitzkauer Stifts war, so stand dadurch unumstößlich fest, dass Leitzkau gegenüber Brandenburg die älteren Rechte besaß, was für so wichtige Fragen wie die Teilnahme Leitzkaus an der Bischofswahl von großer Bedeutung war. Der zweite Satz des Vorspanns – er beginnt mit den Worten *Henricus itaque dictus de Antwerpe* – wurde dabei bewusst so konstruiert, dass dem Leser zunächst suggeriert wird, Heinrich von Antwerpen habe den Traktat als Brandenburger Domprior geschrieben, bevor am Ende die Information, dass das Werk in Wirklichkeit ein Jugendwerk von ihm ist, durch den Temporalsatz *cum esset ephebus* unauffällig nachgeschoben wird.[304] Diese Angabe war jedoch nicht nur aus Plausibilitätsgründen notwendig, um den Domprior von dem pro-askanisch eingestellten Autor zu trennen, sondern diente auch noch einem anderen Zweck: Durch die Verlagerung der Abfassung der Schrift in die Jugend des Autors rückt dieser in größere Nähe zum Geschehen, so dass sein Zeugnis dadurch glaubwürdiger ist. Dies erinnert an den Beglaubigungsapparat in Proömien fiktionaler und historiographischer Literatur, die mit der Beibringung eines Augenzeugen einen Wahrheitsanspruch verbinden.[305] In dieselbe Richtung weist auch der erste Satz des Vorspanns. Obwohl er nur den allgemeingültigen Gedanken enthält, dass nach langer Zeit oft die Frage auftaucht, wie sich ein Ereignis in der Vergangenheit zugetragen hat, wenn es nicht durch schriftliches Zeugnis festgehalten wurde,[306] impliziert die Anknüpfung des folgenden Satzes mit *Henricus itaque dictus de Antwerpe ... dictauit*, dass Heinrich von Antwerpen genau derjenige ist, der für die im Traktat geschilderten Ereignisse dieses Zeugnis liefert. Die darin ausgedrückte Wahrheitsbeteuerung, die durch das Versprechen des *sicut*-Satzes, dies werde allen Lesern im folgenden Text klar werden,[307] noch verstärkt wird, gehört zur Exordialtopik in fiktionaler Literatur ebenso wie in der Geschichtsschreibung.[308]

In der Summe führen die Argumente und Beobachtungen inhaltlicher und sprachlich-stilistischer Art zu dem Ergebnis, dass der Leitzkauer Kompilator den Autor Heinrich von Antwerpen erfunden und dies durch Mittel der Echtheitsbeglaubigung und Mischung von Echtem und Gefälschtem geschickt kaschiert hat. Wer der echte Autor war, muss offenbleiben. Nur so viel ist klar: Er war ein im klassischen Latein geschulter Geschichtsschreiber der zweiten Hälfte des 12. Jahrhunderts, der die Ansichten Markgraf Ottos I. von Brandenburg unterstützte und den Tractatus de urbe Brandenburg in den 1170er Jahren für ihn schrieb oder sogar in seinem Auftrag verfasste.[309]

---

304 Die deutsche Übersetzung der Passage in Anm. 280 kann diese Satzstellung nicht nachahmen.

305 Siehe dazu Schulz 1909, S. 16–23; Simon 1952, S. 136–138; Speyer 1971, S. 50–56.

306 LE 124f.; s. auch S. 57 mit Anm. 280.

307 LE 128; s. auch S. 57 mit Anm. 280.

308 Siehe dazu Schulz 1909, S. 5–14; Simon 1952, S. 133–135; Speyer 1971, S. 60f.

309 Schultze 1954, S. 31 vermutet, dass der Traktat »als Unterlage für die Bestrebungen des Markgrafen« dienen sollte, vgl. auch Schultze 1961, S. 78 »Da der ... Traktat ... die gleiche Tendenz

Die Weimarer Fassung des Tractatus de urbe Brandenburg und ihre Datierung
Abschließend bleibt zu klären, aus welcher Zeit die interpolierte Fassung des Tractatus de urbe Brandenburg in der Weimarer Handschrift stammt und welche Absicht der Brandenburger Anonymus mit seinen Interpolationen verfolgte. Wie bereits gezeigt, fügte er in den Traktat aus drei Stiftsurkunden von 1161 und 1166 Textpartien unterschiedlichen Umfangs ein,[310] in denen es um die Brandenburger Bischöfe Wigger und Wilmar und um den Magdeburger Erzbischof Wichmann geht, die alle drei in der originalen Fassung mit keinem Wort erwähnt worden waren. Als ersten Anknüpfungspunkt wählte er die christliche Gesinnung und Lebensführung Pribislaws/Heinrichs. Sie prädestinierte den Slawenfürsten für die Rolle des Gründers des Prämonstratenserstifts St. Gotthardt im Suburbium der Brandenburg (TR 18–21). Über diesen Umweg konnte der Interpolator auch Bischof Wigger ins Spiel bringen, selbst wenn er dafür in Kauf nahm, dass die Ansiedlung der Prämonstratenser-Chorherren an der St.-Gotthardt-Kirche nicht wie in seiner Quelle, der Urkunde von 1166, durch Wigger selbst, sondern nur *ortatu et ope Wigeri* (TR 18) erfolgte. Die Präzisierung, dass es sich um Kanoniker einer Peterskirche, *canonicos beati Petri, apostolorum principis* (TR 18), handelte,[311] nahm er vor, um eine Verbindung zu Petrus, dem Patron des Bistums Brandenburg, zu schaffen, den er zugleich zum Bindeglied seiner Interpolationen machte. Dies zeigt die folgende Interpolation, in der er das Kronopfer Pribislaws/Heinrichs am Reliquienschrein des Apostelfürsten lokalisiert (TR 22). Ein drittes Mal begegnet Petrus am Ende des interpolierten Wilmar-Teils, und zwar dort, wo berichtet wird, dass Wilmar auf der Brandenburg eine Petersbasilika, *basilicam beati Petri, apostolorum principis* (TR 72), gründete.

Zusammengenommen ergeben die Interpolationen des Brandenburger Anonymus gewissermaßen eine kleine Geschichte der Wiederherstellung des Bistums Brandenburg in der Mitte des 12. Jahrhunderts. Sie wurden dem originalen Traktat, der sich als besitzrechtliche Abhandlung der Brandenburg im Gewand einer Erzählung erwies,[312] ein- bzw. angefügt, um diesem – ganz im Sinne des Verbs *interpolare* – »eine neue Form zu geben«[313]. Es überlagern sich aber nicht nur die zwei Themen Besitzrechtsgeschichte und Bistumsgeschichte, sondern es stoßen vor allem unterschiedliche Interessen aufeinander, die des pro-askanischen Autors und die des pro-episkopalen Interpolators.

Die Absicht des Interpolators ist offenkundig. Er wollte die auf Markgraf Albrecht und den Herrschaftswechsel auf der Brandenburg konzentrierte Darstellung lockern und die Brandenburger Bischöfe in den Umwandlungsprozess integrieren, der sich um 1150 herum auf der Brandenburg vollzog. Auch die Interpolation zu Erzbischof

---

aufweist, die Rechte der Askanier an der Brandenburg zu begründen, drängt sich die Vermutung auf, daß der Traktat für den Markgrafen angefertigt und vielleicht dem Kaiser auf dem Hoftag vorgelesen wurde«.

310 Siehe S. 47f. und 52f.

311 Siehe dazu S. 48 und 50.

312 Siehe dazu S. 54–56.

313 Das Verb *interpolare* bedeutet eigentlich »einem alten Kleidungsstück durch Hinzufügung eine schönere, neue Form geben«, vgl. ThLL VII 1, Sp. 2244, Z. 11–14.

Wichmann (TR 49f.) geht in dieselbe Richtung. Durch sie wollte der Interpolator erreichen, dass das Vorgehen gegen Jaczo nicht mehr als Alleingang Markgraf Albrechts erschien, sondern dass Albrechts erzbischöflichem Rivalen eine Mitwirkung an der Rückgewinnung der Brandenburg zugewiesen wurde.

Die interpolierte Fassung des Traktats richtet sich also gegen die Markgrafen von Brandenburg, die genau mit dem Argument, dass das Land allein durch ihr Verdienst den Heiden entrissen worden sei, einen großen Teil des Kirchenzehnten beanspruchten. Erstmals begegnet dieses Argument in einer Bulle Papst Innozenz' III. (1198–1216) vom 26. März 1210, in der es um die von Markgraf Albrecht II. (1205–1220) geplante Gründung eines bistumsfreien, direkt dem Papst unterstellten Kollegiatstiftes in einem größeren, wüst liegenden Gebiet – wohl im östlichen Grenzland der Mark – ging, für dessen Bau, Unterhalt und Schutz der Markgraf zwei Drittel des Zehnten einbehalten wollte.[314] Der Papst referiert zu Beginn der Bulle, dass ihm seitens Albrechts II. zu Gehör gebracht worden sei, dass dieser vorhabe, *cum non modica terrae pars ad marchiam suam pertinens per suos et fratris ac patris avique sui labores de manibus eruta paganorum sterilis iaceat et inculta, ipsam ad cultum redigere ac de colonis fidelibus ... stabilire.*[315] Auch die Besoldung von Rittern aus den Zehnteinnahmen hatte Albrecht II. dem Papst gegenüber damit gerechtfertigt, dass das zu besiedelnde Gebiet geschützt werden müsse vor dem Angriff der Slawen *fidem catholicam impugnantium vel ecclesiasticam unitatem aut terram ipsam occupare volentium pro eo, quod patres eorum, cum essent pagani, per eundem marchionem vel progenitores ipsius ab ea fuerunt potenter eiecti.*[316] Den Alleinanspruch der Brandenburger Markgrafen auf die Entpaganisierung des Landes, der aus beiden Stellen der Bulle spricht, und ihr daraus abgeleitetes Recht auf die Einbehaltung des Zehnten suchte der Brandenburger Anonymus zu entkräften, indem er die Interpolationen in den Tractatus einfügte und diesen dadurch gewissermaßen zu einer bischöflichen Gegendarstellung machte.

Dennoch stammen die Interpolationen sehr wahrscheinlich nicht aus der Zeit um 1210. Damals kam es nämlich noch gar nicht zu einem Zerwürfnis zwischen dem Markgrafen und dem Bischof von Brandenburg wegen der Verwendung des Zehnten. Im Gegenteil, Bischof Balduin (1205/06–1216/17) gab sogar seine Zustimmung zu Albrechts Plan, wie Innozenz III. in der Bulle ausdrücklich betont.[317]

314 Zu dieser Bulle s. Sello 1892, S. 545; Curschmann 1906, S. 338f.; Schultze 1961, S. 118f. Druck der Bulle: Baluze 1682, S. 419f. Die Bulle war an Abt Florentinus von Sittichenbach und den Halberstädter Domdekan Burchard gerichtet, die untersuchen sollten, ob das Gebiet wirklich verlassen sei und die heidnischen Bewohner von dort vertrieben seien.

315 Baluze 1682, S. 419, Sp. 2, Z. 36–43. Übersetzung: »da ein nicht unbeträchtlicher zu seiner Markgrafschaft gehörender Teil des Landes, der durch seine und seines Bruders sowie seines Vaters und Großvaters Mühen den Händen der Heiden entrissen worden sei, wüst und unbebaut liege, diesen zu kultivieren und durch christliche Siedler zu festigen«.

316 Baluze 1682, S. 420, Sp. 1, Z. 4–9. Übersetzung: »die den katholischen Glauben bzw. die christliche Einheit bekämpften oder das Land selbst besetzen wollten, weil ihre Väter durch denselben Markgrafen [d. h. Albrecht II.] oder seine Vorfahren wirksam daraus vertrieben worden seien, da sie Heiden waren«.

317 Baluze 1682, S. 420, Sp. 1, Z. 37–40 *cum et hoc dilectus filius procurator venerabilis fratris nostri Brandeburgensis episcopi* [*sc. Balduini*] *acceptaverit in nostra praesentia constitutus.* Übersetzung: »da

Auch als die Markgrafen in der Folgezeit den Zehnten aus dem in Rede stehenden Gebiet einbehielten, ohne ihre Zusagen eingehalten zu haben, regte sich von Bischofsseite kein Widerspruch.[318] Zum Streit wuchs sich die Angelegenheit erst Anfang der 1230er Jahre unter Albrechts Nachfolgern, den Markgrafenbrüdern Johann I. (1220–1267) und Otto III. (1220–1267), aus, als diese den Zehnten auch für ein großes neu erworbenes Gebiet beanspruchten.[319] Dagegen setzte sich Bischof Gernand (1222–1241) zur Wehr und wandte sich zur Klärung der Angelegenheit an Papst Gregor IX. (1227–1241).[320] Aus einer Bulle des Papstes vom 18. Februar 1234[321] geht hervor, dass Gernand vor der römischen Kurie die Argumente aus dem Ersuchen Albrechts II. von 1210 wiederholte,[322] um zu beweisen, dass dieser schon damals die Absicht hatte, die Brandenburger Kirche um den Zehnten zu betrügen.[323] Die von Albrecht II. als Grund für die Einbehaltung des Zehnten vorgebrachte *liberatio terre de manibus paganorum* sei frei erfunden, denn im ganzen Land gäbe es keine Heiden mehr, sondern nur noch Christen. In Wahrheit sei es Albrecht nur um die Unterwerfung seiner Widersacher gegangen, die sich unter der christlichen Bevölkerung befanden.[324]

---

dies [d.h. den Plan Albrechts II.] ja auch der geliebte Sohn, der Prokurator unseres geschätzten Bruders, des Brandenburger Bischofs, der sich in unserer Gegenwart eingefunden hat, gebilligt hat«. Zur Interpretation dieses Teils der Bulle s. Sello 1892, S. 545f. und 548; Curschmann 1906, S. 339.

318 Siehe die Bulle Papst Gregors IX. vom 18.2.1234 oder kurz danach: *quod dicti marchiones* [sc. *Johannes et Otto*] *a proauorum suorum temporibus in ea libertate, episcopis dicti loci* [sc. *Brandenburg*] *scientibus et non contradicentibus, semper possederint terras suas, quod usque ad hec tempora decimas non soluerunt*. Übersetzung: »dass die genannten Markgrafen von den Zeiten ihrer Vorfahren her mit Wissen der Bischöfe des genannten Ortes und ohne dass diese widersprachen, ihre Lande immer in dieser Freiheit besaßen, dass sie bis in die jetzige Zeit keine Zehnten zahlten«. Druck: Rockinger 1863, S. 275f., Nr. 7, hier S. 275, Z. 9–13; CDB I 8, S. 144f., Nr. 59, hier S. 144, Z. 5–8 (mit leicht abweichendem Text). Zu dieser Bulle s. S. 65f. mit Anm. 330.

319 Der darüber entstehende Streit wird üblicherweise als Brandenburger Zehntstreit bezeichnet; zu diesem Konflikt und seiner in das Jahr 1210 zurückreichenden Vorgeschichte s. Sello 1892, S. 545–548; Curschmann 1906, S. 336–343; Schultze 1961, S. 118–127.

320 Zur Abfolge der Ereignisse s. Sello 1892, S. 547f.; Curschmann 1906, S. 341–343; Schultze 1961, S. 119f.

321 Brandenburg, Domstiftsarchiv, U. 36 und Transsumpt in U. 40–42. Druck: CDB I 8, S. 146f., Nr. 62; Schuchard 1987, S. 13–16 (mit Übersetzung). Regesten: Krabbo/Winter 1910–55, S. 135, Nr. 617; Schössler 1998, S. 437f., Nr. B 7; Beck 2001, S. 189, Nr. 1293.

322 CDB I 8, S. 146, Z. 3–7 ist nahezu wörtlich aus der Bulle Innozenz' III. von 1210 (Baluze 1682, S. 419, Sp. 2, Z. 38–42) übernommen.

323 CDB I 8, S. 146, Z. 17 *ut dictam ecclesiam* [sc. *Brandeburgensem*] *fraudaret decimis*.

324 CDB I 8, S. 146, Z. 20–24. Gregor IX. referiert Gernands Aussage: *Cum autem iam dicto predecessori nostro* [sc. *Innocenti III.*] *tam super conficta liberatione terre de manibus paganorum, cum non sint nisi fideles in ea, quorum impugnationis occasio non de infidelitate sed de subtractione subiectionis ab imperio procedebat, quam de constructione conventualis ecclesie marchio memoratus* [sc. *Albertus II.*] *falso suggesserit* … Übersetzung: »Da der erwähnte Markgraf aber schon meinem genannten Vorgänger sowohl über die erfundene Befreiung des Landes aus den Händen der Heiden, obwohl es dort nur Gläubige gibt – die Gelegenheit diese anzugreifen rührte nicht daher, dass sie ungläubig waren, sondern dass sie sich der Unterwerfung unter seine Herrschaft entzogen – als auch über den Bau einer Stiftskirche falsch berichtet habe, …« Dass Gernand hier Papst Gregor IX. gegenüber die Tatsachen gehörig verdrehte, macht Sello 1892, S. 547 deutlich.

In diese Phase des Zehntstreits fügen sich die Interpolationen des Brandenburger Anonymus gut ein. Mit Blick auf Gernands Behauptung, es gäbe keine Heiden mehr im Land, ließe sich auch erklären, warum Bischof Wilmar zu Beginn des Wilmar-Teils als derjenige dargestellt wird, *qui … vrbem contra insidias paganorum munire decreuerat.*[325] Auch gegen Ende des Wilmar-Teils betont der Interpolator unter Verwendung auffallend intensiver Ausdrücke, die Prämonstratenser-Chorherren seien an den Bischofssitz auf der Brandenburg umgesiedelt worden, *quatenus eliminatis omnibus idolorum spurciciis Deo laudes inibi incessabiliter redderentur, vbi iam per multa annorum milia demoniis invtiliter seruiebatur.*[326] Beide Passagen sind nicht den Stiftsurkunden von 1161 und 1166 entnommen, auf denen der Wilmar-Teil großenteils basiert,[327] sondern stammen von dem Interpolator selbst. Sie dienen dazu, ganz im Sinne Gernands die Themen Heidenangriffe und Heidenkult als ein für alle Mal erledigt darzustellen und somit der Argumentation der Markgrafen die Grundlage zu entziehen.

Dass die Interpolationen im Zusammenhang mit dem Brandenburger Zehntstreit stehen und von einem Interpolator stammen, der Bischof Gernand nahestand, dürfte deutlich geworden sein. Ob sie jedoch schon im Vorfeld der Bulle Gregors IX. vom 18. Februar 1234 eingefügt wurden oder erst zwischen 1234 und dem 28. Oktober 1237, dem Tag, an dem der Zehntstreit durch einen Vergleich zwischen Bischof Gernand und den Markgrafen Johann I. und Otto III. beendet wurde,[328] ist kaum zu entscheiden. Im ersten Fall könnte der interpolierte Tractatus de urbe Brandenburg im Prozess vor der römischen Kurie zur Unterstützung der bischöflichen Position vorgelegt worden sein. Er hätte dann vielleicht sogar Einfluss darauf gehabt, dass der Papst sich der Ansicht Gernands von der Unrechtmäßigkeit der Zehnterhebung durch die Markgrafen anschloss. Den Eindruck der frühzeitigen Parteinahme Gregors IX. gewinnt man jedenfalls aus zwei seiner Bullen, der bereits erwähnten vom 18. Februar 1234[329] und einer weiteren etwa der gleichen Zeit angehörenden,[330]

---

325 TR 62f. Übersetzung: »der beschlossen hatte …, die Burg gegen die hinterlistigen Angriffe der Heiden zu schützen«.

326 TR 68–70. Übersetzung: »damit nach Beseitigung aller unflätigen Götzenbilder Gott genau dort unablässig gelobt würde, wo schon viele tausend Jahre lang den Dämonen nutzlos gedient wurde«.

327 Siehe dazu S. 47f.

328 Der Vergleich ist inseriert in die Bestätigungsurkunde Bischof Ekkehards, Dompropst Rudolfs und Domscholaster Ernsts von Merseburg vom 28.2.1238, die in drei Ausfertigungen (Brandenburg, Domstiftsarchiv, U. 40–42) erhalten ist. Druck der Bestätigungsurkunde: CDB I 8, S. 151–154, Nr. 67, inserierter Vergleich vom 28.10.1237 ebd. S. 152, Z. 2 – S. 154, Z. 12; SCHUCHARD 1987, S. 13–25, inserierter Vergleich ebd. S. 17–24, Z. 171–458 (mit Übersetzung). Regesten: KRABBO/WINTER 1910–55, S. 143, Nr. 648 (Bestätigungsurkunde) und S. 142f., Nr. 645 (Vergleich); SCHÖSSLER 1998, S. 44, Nr. 39 und S. 443f., Nr. B 10 (Bestätigungsurkunde) sowie S. 438–443, Nr. B 9, hier S. 439–442 (Vergleich); BECK 2001, S. 190, Nr. 1297 (Bestätigungsurkunde) und Nr. 1296 (Vergleich).

329 Siehe S. 64 mit Anm. 321.

330 Druck: CDB I 8, S. 144f., Nr. 59 (nach der Fassung im Baumgartenberger Formelbuch); ROCKINGER 1863, S. 275f., Nr. 7 (nach der Fassung in der Sächsischen Summa prosarum dictaminis und der Summa dictaminum Ludolfs von Hildesheim). Regest: KRABBO/WINTER 1910–55, S. 136, Nr. 618 (dort auch zum Zusammenhang mit der Bulle vom 18.2.1234).

in denen er Delegierte – in der erstgenannten Bulle sind dies Bischof, Dompropst und Domscholaster von Merseburg, in der zweiten zwei Bischöfe[331] – beauftragt, die Markgrafen zur Herausgabe der Zehnten zu veranlassen. Der Hinweis, dass dies nach vorheriger sorgfältiger Untersuchung erfolgen solle,[332] ändert nichts an der Tatsache, dass die Meinung des Papstes schon vor Auftragserteilung feststand. Im zweiten Falle könnte der interpolierte Traktat den päpstlichen Delegierten zur Kenntnis gebracht worden sein, um ihnen die bischöfliche Sichtweise näherzubringen und sie auf Gernands Seite zu ziehen. Sollte dies noch vor der Anhörung der streitenden Parteien durch die Delegierten am 28. Juni 1234 geschehen sein,[333] hätte er nichts bewirkt, denn zu einer Lösung des Zehntstreits kam es dabei nicht. Vielmehr beharrten die Markgrafen offenbar auf ihrem Recht der Zehnterhebung, so dass der Papst in seiner Bulle vom 30. August 1234[334] den Auftrag an die Delegierten dahingehend abänderte, *quatenus ad compositionem amicabilem inter eos, si fieri potest, interponatis efficaciter partes vestras.*[335] Auch wenn es daher in den folgenden drei Jahren, die bis

---

331 Gemäß der in der Summa dictaminum Ludolfs von Hildesheim überlieferten Bulle waren dies *B magdeburgensi et C nuenburgensi episcopis*, s. Rockinger 1863, S. 275, Anm. 1. Im Baumgartenberger Formelbuch (CDB I 8, S. 144f., Nr. 59) und in der Sächsischen Summa prosarum dictaminis (Rockinger 1863, S. 275f., Nr. 7) fehlt die Eingangsformel; zum Problem der Adressaten s. Curschmann 1906, S. 341 (Curschmann vermutet Erzbischof Burkhard von Magdeburg und Bischof Ekkehard von Merseburg als Adressaten); Krabbo/Winter 1910–55, S. 136, Nr. 618 (»vielleicht Engelhard von Naumburg und Eckehard von Merseburg«).

332 CDB I 8, S. 146, Nr. 62, Z. 28–34 *nos … discretioni vestre … mandamus, quatinus, diligentius inquisita super premissis omnibus veritate, si rem inveneritis ita esse, nobiles viros, Johannem et Ottonem, marchiones Brandeburgenses, ut … desistant a vendicatione huiusmodi decimarum et illas episcopum ac ecclesiam Brandeburgensem, ad quam de iure pertinere noscuntur, percipere libere sine aliqua difficultate permittant, monere prudenter et efficaciter curetis inducere.* Übersetzung: »Wir … überlassen eurer Weisheit, dass ihr, wenn ihr nach sorgfältiger Untersuchung des Wahrheitsgehaltes all dessen, was vorausgeschickt worden ist, herausgefunden habt, dass die Sache sich so verhält, dafür Sorge tragt, die edlen Männer Johann und Otto, die Brandenburger Markgrafen, klug zu ermahnen und nachdrücklich zu veranlassen, dass sie … von dem Anspruch auf derartige Zehnten ablassen und gestatten, dass der Bischof und die Brandenburger Kirche, der sie bekanntlich von Rechts wegen gehören, jene frei ohne irgendeine Schwierigkeit einziehen.« Vgl. auch die zweite Bulle CDB I 8, S. 144f., Nr. 59, hier S. 145, Z. 3–6 und Rockinger 1863, S. 276, Z. 7–13 (mit abweichendem Text).

333 Zu diesem Termin zitierten die Delegierten die Markgrafen nach Magdeburg. Druck der Zitation: CDB I 8, S. 145, Nr. 60 (s. auch Rockinger 1863, S. 278, Nr. 10 mit abweichendem Text). Regest: Krabbo/Winter 1910–55, S. 136, Nr. 619. Als Begründung für die Vorladung trugen die Delegierten vor: *Quoniam igitur mandatum apostolicum nec possumus nec volumus cum aure surda preterire, cui in omnibus et per omnia tenemur obedire, … vos citamus.* Übersetzung: »Da wir das Mandat des Papstes, dem wir in allem und für alle Zeiten gehorchen müssen, weder mit taubem Ohr übergehen können noch wollen, … laden wir euch vor.« Die Markgrafen sagten ab und schickten einen mit den nötigen Vollmachten ausgestatteten Stiftsherrn als Prokurator; s. die beiden Entschuldigungsschreiben CDB I 8, S. 145, Nr. 61 (s. auch Rockinger 1863, S. 279, Nr. 12 mit abweichendem Text) und Rockinger 1863, S. 278f., Nr. 11 (nicht in CDB). Regesten: Krabbo/Winter 1910–55, S. 136f., Nr. 621 und 620.

334 Transsumpt in Brandenburg, Domstiftsarchiv, U. 40–42. Druck: CDB I 8, S. 149, Nr. 64; Schuchard 1987, S. 16f. (mit Übersetzung). Regesten: Krabbo/Winter 1910–55, S. 137, Nr. 622; Schössler 1998, S. 438, Nr. B 8; Beck 2001, S. 189f., Nr. 1295.

335 CDB I 8, S. 149, Z. 5f.; Schuchard 1987, S. 16, Z. 140–143. Übersetzung: »dass ihr euch, wenn es möglich ist, nachdrücklich für einen freundschaftlichen Vergleich zwischen ihnen einsetzt«.

zum Zustandekommen des Vergleichs am 28. Oktober 1237 vergingen, nicht mehr um eine Entscheidung zugunsten einer der beiden Parteien, sondern nur um eine gütliche Einigung ging, könnte der interpolierte Traktat auch in dieser Zeit noch eingebracht worden sein, um eine für den Bischof günstigere Ausgestaltung des Vergleichs zu erreichen. Ob der Tractatus freilich in irgendeiner Weise dazu beitrug, dass die Markgrafen in dem Vergleich anerkannten, *ius et proprietatem decimarum bonorum suorum in Brandeburgensi dyocesi sitorum tam in novis quam in veteribus terris ad ius et proprietatem Brandeburgensis ecclesie pertinere*,[336] muss dahingestellt bleiben. Als pro-episkopale Reaktion auf die von den Markgrafen erhobenen Ansprüche auf den Zehnten als Gegenleistung für die Christianisierung des Landes hat der interpolierte Traktat aber auf jeden Fall zu gelten, wenn man ihm nicht nur einen rein historiographischen Wert zumessen will.

Die Datierung der Interpolationen des Brandenburger Anonymus in die 1230er Jahre lässt sich noch durch zwei weitere Beobachtungen stützen. An erster Stelle ist der präpositionale Ausdruck *in suburbio Brandeburg* (TR 19f. und 65) zu nennen, durch den die Lage der St.-Gotthardt-Kirche näher bestimmt wird. Diese Bezeichnung für das gegenüber der Brandenburg gelegene Siedlungsgebiet ist singulär. In der der Stelle zugrunde liegenden Urkunde Bischof Wilmars von 1166[337] heißt es stattdessen *in ecclesia beati Godehardi scilicet in parrochia eiusdem ville, que dicitur Parduin*[338]. Auch in den Urkunden der nächsten Jahrzehnte wird St. Gotthardt stets als »Kirche in Parduin« bezeichnet,[339] zum letzten Mal in einer Bestätigungsurkunde Gregors IX. für das Brandenburger Domkapitel vom 27. Februar 1234.[340] Danach begegnet der Name *Parduin* nur noch einmal in dem erwähnten Vergleich vom 28. Oktober 1237, allerdings nicht in Zusammenhang mit St. Gotthardt, sondern in einer Partie, in der die Grenzen der Domimmunität genau festgelegt werden.[341] Ab 1241 ist nur noch von

336 CDB I 8, S. 151–154, Nr. 67, hier S. 152, Z. 4–6; Schuchard 1987, S. 17, Z. 175–180. Übersetzung: »dass Recht und Eigentum an den Zehnten ihrer in der Brandenburgischen Diözese gelegenen Güter in den alten und neuen Landen zum Recht und Eigentum der Brandenburgischen Kirche gehören«. Die Markgrafen behielten jedoch bis zum Aussterben ihrer Linie den Nießbrauch der Zehnten. Zu dem Vergleich von 1237 s. S. 65 mit Anm. 328.

337 Siehe S. 48, Anm. 228.

338 CDB I 8, S. 107, Nr. 19, hier Z. 3f. – Zu Parduin s. Assing 1989, S. 22–26 (= Assing 1997, S. 70–74); Schich 1993, S. 53–63; Fritze 1993, S. 107–115 und 124f.; Schich 2009, S. 442–444.

339 Siehe die Urkunden von 1173 (CDB I 8, S. 109, Nr. 22, hier Z. 9f.) *ipsam … beati Godehardi in Parduwin ecclesiam*, vom 1.7.1179 (S. 111f., Nr. 24, hier S. 111, Z. 11f.) *ecclesiam S. Godehardi in Pardwin*, vom 2.11.1179 (S. 112f., Nr. 25, hier S. 112, Z. 5) *in ecclesia beati Godehardi in civitate Parduwin*, von 1186 (S. 114f., Nr. 27, hier S. 114, Z. 10f.) *in ecclesia sancti Godehardi in villa Parduwin*, vom 29.5.1188 (S. 117–119, Nr. 30, hier S. 118, Z. 7) *ecclesiam beati Godehardi in Pardewin*, vom 11.6.1196 (Dolista 1981, S. 158, Z. 21) *ecclesiam beati Godehardi in Pardewin*, vom 18.10.1209 (CDB I 8, S. 126–128, Nr. 40, hier S. 126, Z. 11 und S. 127, Z. 7f.) *in ecclesia beati Godehardi in civitate Parduin* und *ecclesiam beati Godehardi in civitate Parduin* und vom 28.12.1216 (S. 132–137, Nr. 48, hier S. 133, Z. 22f.) *ecclesiam … beati Godehardi in forensi villa Pardwin*.

340 CDB I 8, S. 147–149, Nr. 63, hier S. 147, Z. 13 *ecclesiam beati Godehardi in Pardwin*, wobei diese Passage allerdings wörtlich der Bestätigungsurkunde vom 11.6.1196 (s. vorige Anm.) entnommen ist.

341 CDB I 8, S. 151–154, Nr. 67, hier S. 153, Z. 4 *usque ad portam, que ducit versus Parduin*. Übersetzung: »bis zu dem Tor, das nach Parduin führt«.

der *antiqua* oder *vetus civitas*, der Altstadt, die Rede, die der *nova civitas*, der Neustadt, gegenübergestellt wird.[342] Falls man also nicht annehmen will, dass der Interpolator die allgemeine Formulierung *in suburbio Brandeburg* wählte, um die Herkunft der Stelle aus der Urkunde von 1166 zu verschleiern, könnte man die Bezeichnung als Hinweis darauf werten, dass der alte Name *Parduin* zum Zeitpunkt der Einfügung der Interpolation allmählich außer Gebrauch kam.

Das zweite Detail, das darauf hindeutet, dass die Interpolationen in die Zeit Gernands gehören, ist die Zählung Wilmars als 14. Brandenburger Bischof (TR 61f.). Diese Zählung anstelle der alten, bei der Wilmar als 13. Brandenburger Bischof gezählt wurde,[343] findet sich ebenso in der Brandenburger Bischofschronik, die, wie noch näher gezeigt werden wird,[344] vermutlich gegen Ende von Gernands Pontifikalzeit verfasst wurde. Auch in der ersten Interpolation des Tractatus gibt es eine auffällige Übereinstimmung mit der Bischofschronik. Sie besteht in dem Satzanfang mit *Hic* (TR 18), der in der obigen Untersuchung dazu beitrug, dass der Satz über die Ansiedlung der Prämonstratenser an der St.-Gotthardt-Kirche als Zusatz des Brandenburger Anonymus erkannt wurde.[345] In der als Chronica Maderi bezeichneten Fassung der Brandenburger Bischofschronik[346] beginnen von den sechzehn Sätzen elf mit stereotypem *Hic*,[347] und auch in der noch näher vorzustellenden Brandenburger Bischofschronik der Weimarer Handschrift[348] werden mehr als die Hälfte der Sätze mit *Hic* eingeleitet.[349] Durch beide Merkmale, die Bischofszählung und das Demonstrativum *Hic* am Satzanfang, rücken die Interpolationen des Brandenburger Anonymus und die Brandenburger Bischofschronik näher zusammen, und es wäre nicht verwunderlich, wenn sich herausstellte, dass der Interpolator und der Verfasser der Brandenburger Bischofschronik ein und dieselbe Person sind. Ohne Kenntnis der originalen Brandenburger Bischofschronik kommt man jedoch in dieser Frage nicht weiter.

---

342 Siehe die Zeugenreihe einer Urkunde von 1241 *Petrus et Giselbertus, prefecti antique civitatis Brandenburg, … Nicolaus prefectus nove civitatis* (CDB I 8, S. 154f., Nr. 68, hier S. 155, Z. 5f. Regest: Schössler 1998, S. 46, Nr. 42); zuvor begegnen die Bezeichnungen Alt- und Neustadt schon einmal in der zweiten Fassung der Urkunde vom 28.12.1216 (bei der Regelung der Palmsonntagsprozession) *omnes utriusque civitatis tam nove quam veteris clerici et laici* (CDB I 8, S. 132–137, Nr. 48, hier S. 136, Anm. 1, Z. 2; Partenheimer 2013, S. 35, Z. 26f. Regest: Schössler 1998, S. 33–35, Nr. 27; zu dieser Urkunde s. auch unten S. 88f. mit Anm. 454).

343 Siehe dazu S. 45 mit Anm. 216.

344 Siehe dazu S. 93–95.

345 Siehe S. 49.

346 Siehe dazu S. 79f.

347 Holder-Egger 1880, S. 484, Sp. 1, Z. 40 und 44, S. 485, Sp. 1, Z. 1, 17, 20bis, 24, 26, 29, 37, S. 486, Z. 2.

348 BR 6–80; s. dazu S. 79–92.

349 Von den fünfunddreißig Sätzen beginnen zwanzig mit *Hic*: BR 27, 32, 37, 43, 47bis, 50 etc. Auffällig ist, dass die *Hic*-Sätze erst bei Bischof Wigo, dem vierten Brandenburger Bischof, beginnen, während die Sätze der ersten drei Bischofsabschnitte mit *Iste* eingeleitet werden, s. BR 10, 13, 18, danach noch einmal BR 34 bei Bischof Luizo.

Zusammenfassung der Ergebnisse zum Tractatus de urbe Brandenburg

Die vorangehenden Untersuchungen zum Tractatus de urbe Brandenburg ergeben kurz gefasst Folgendes:

- Der Tractatus de urbe Brandenburg entstand in den 1170er Jahren unter Markgraf Otto I. von Brandenburg. Die originale Fassung ist nicht erhalten, lässt sich aber rekonstruieren.
- Der Tractatus erzählt die Geschichte der Brandenburg von der Übernahme der Herrschaft durch Pribislaw/Heinrich bis zur endgültigen Inbesitznahme durch Markgraf Albrecht am 11. Juni 1157. Als handelnde Personen treten nur Pribislaw/Heinrich, seine Frau Petrissa, Markgraf Albrecht und Jaczo auf.
- Der Tractatus enthält viele Hinweise zu den Besitzverhältnissen der Brandenburg, die zusammengesetzt eine Geschichte des Besitzrechts der Brandenburg aus proaskanischer Sicht ergeben.
- Der Tractatus diente dem Zweck, die Inbesitznahme der Brandenburg durch Markgraf Albrecht nachträglich zu legitimieren.
- Der Autor des Tractatus ist nicht bekannt. Er war ein mit dem klassischen Latein vertrauter Geschichtsschreiber aus dem Umfeld Markgraf Ottos I.
- In den 1230er Jahren, das heißt in der Zeit des Brandenburger Zehntstreits, wurden in den Tractatus mehrere Passagen eingefügt, die von den Brandenburger Bischöfen Wigger und Wilmar sowie dem Magdeburger Erzbischof Wichmann handeln. Diesen Zustand repräsentiert die Weimarer Fassung des Traktats.
- Die Quellen der Interpolationen sind drei Urkunden des Domstifts Brandenburg, und zwar die Gründungsurkunde Bischof Wilmars von 1161, die dazugehörige Bestätigungsurkunde Erzbischof Wichmanns von 1161 und eine Urkunde Wilmars vom Anfang des Jahres 1166.
- Der interpolierte Traktat hatte die Funktion, im Zehntstreit die Sichtweise des Brandenburger Bischofs Gernand zu untermauern und die Argumentation der Markgrafen Johann I. und Otto III. zu entkräften, die mit Hinweis auf ihr alleiniges Verdienst an der Christianisierung des Landes einen großen Teil des Zehnten beanspruchten.
- Der Interpolator war ein Angehöriger des Brandenburger Domstifts, der Zugang zu den Urkunden hatte. Er stand in enger Beziehung zu Bischof Gernand.
- Der interpolierte Tractatus wurde im Prämonstratenserstift St. Marien in Leitzkau erneut mit Interpolationen versehen, und zwar mit solchen, die das Stift und seine Rolle als Mutterkloster des Brandenburger Domstifts betreffen. Diesen Zustand repräsentiert die Magdeburger Fassung des Traktats.
- Die Leitzkau-Interpolationen sollen den Vorrang und die älteren Rechte Leitzkaus gegenüber dem Brandenburger Domstift aufzeigen in der Absicht, dem Leitzkauer Stift die domkapitularen Rechte, insbesondere das Bischofswahlrecht, zu sichern.
- Die Leitzkau-Interpolationen stammen aus der Zeit der Auseinandersetzungen zwischen Leitzkau und Brandenburg um das Bischofswahlrecht in der zweiten Hälfte des 13. Jahrhunderts, wohl am ehesten aus den 1260er oder 70er Jahren.

- Der zugunsten Leitzkaus umgearbeitete Tractatus ist Teil der Leitzkauer Textsammlung, die ein Angehöriger des Leitzkauer Konvents aus Urkunden, einer Heiligenvita und eigenen chronikalischen Texten kompilierte. Der Leitzkauer Kompilator fügte auch die Leitzkau-Interpolationen ein.
- Der Autor Heinrich von Antwerpen, der einzig im Vorspann zum Tractatus in der Leitzkauer Textsammlung genannt wird, wurde von dem Leitzkauer Kompilator erfunden, um dem Werk größere Glaubwürdigkeit zu verschaffen.

Die übrigen Texte des Brandenburg-Faszikels in der Weimarer Handschrift

Die Chronica principum de semine Billingi

Der erste Teil des Brandenburg-Faszikels (W 274ʳ–278ᵛ) setzt ohne Überschrift mit den Worten *Fuit in partibus Saxonie quidam vir nomine Billingus*[350] ein. Dies entspricht dem Anfang der Chronica principum Saxoniae, einem nur unzureichend erforschten Werk, bestehend aus einer Chronik der sächsischen Herzöge von dem Billunger Hermann († 973) bis zu dem Askanier Albrecht I. (1212–1260) und einer Genealogie der Markgrafen von Brandenburg, die ausgehend von den Eltern Albrechts des Bären (1157–1170), der Billungerin Eilika und dem Askanier Otto dem Reichen († 1123), bis zu den Markgrafenbrüdern Johann I. (1220–1266) und Otto III. (1220–1267) und ihren Nachfahren reicht.[351] Diese Chronik war bisher einzig aus einer Goslarer und Trierer Handschrift (G und T) bekannt.[352] Mit der Handschrift W kommen nun gleich zwei neue Textzeugen hinzu, denn außer dem Brandenburg-Faszikel, Faszikel 19, bietet auch Faszikel 20 eine Sächsische Fürstenchronik,[353] die unter der Überschrift *Chronica ducum Saxonie* den ersten Teil des Werkes enthält, und zwar in einer mit G übereinstimmenden Fassung.[354] Die Fürstenchronik vom Anfang des

350 CHR 1. Übersetzung: »Es war einmal in Teilen Sachsens ein Mann namens Billing.«

351 Zu diesem Werk s. Holder-Egger 1880, S. 468–470; Holder-Egger 1892, S. 164–168, 172–176; Kellner 2004, S. 367–370; Repfont/C S. 148.

352 Goslar, StA, Inv.-Nr. B 4146, 80ʳᵃ–87ᵛᵇ, 14. Jh. (= G) und Trier, StB, Ms. 1999/129, 12ʳ–32ᵛ, 14. Jh. (= T). Edition der Fürstenchronik nach G: Heinemann 1865, S. 7–29; Holder-Egger 1880, S. 472–480; Edition nach T (sog. Chronica principum Saxoniae ampliata): Holder-Egger 1896, S. 28–34. Edition des zweiten Teils der Chronik, der Genealogie der Markgrafen von Brandenburg, nach T und G: Sello 1888b, S. 117–127 (= Kapitel 1–11). Handschriftenbeschreibung von G: Kapp 1994, S. 90–92; Kapp 2001, S. 263–265; Handschriftenbeschreibung von T: Holder-Egger 1892, S. 161, 169–171; Keuffer/Kentenich 1914, S. 66f. Ein großes zusammenhängendes Stück der Sächsischen Fürstenchronik, das ziemlich genau Holder-Egger 1880, S. 474, Z. 12 – S. 476, Z. 19 entspricht, verbirgt sich außerdem bei Mader 1678, S. 270–274 unter der Überschrift »Pars genealogiæ ducum Brunsvicensium et Luneburg ex fragmento quodam vetusto chronici Brandeburgensis« (Wiederabdruck bei Leibniz 1710, S. 18f. und A. F. Riedel in: CDB IV 1, S. 272–274). Mader 1678, Praefatio S. [VII] zufolge war das Textstück einem Exemplar einer Chronik des Dietrich Engelhus (um 1362–1434) angehängt, ohne dass bekannt wäre, um was für ein »Exemplar« es sich handelte; s. dazu Holder-Egger 1880, S. 468, Anm. 3.

353 Zu diesem Neufund s. die Handschriftenbeschreibungen von C. Meckelnborg in: Bentzinger/Meckelnborg 2001, S. 25 und in: Meckelnborg/Riecke 2011, S. 492.

354 W 283ʳ–287ʳ; im Folgenden wird für diesen Text das Siglum Wi verwendet. Der Text entspricht weitgehend Holder-Egger 1880, S. 472–476.

Brandenburg-Faszikels repräsentiert dagegen eine neue Fassung. Ihr Text weicht sogleich im Anschluss an die zitierten Anfangsworte ab, die Chronik ist außerdem anders aufgebaut, hat einen viel geringeren Umfang und setzt andere Akzente. Der Autor oder vielmehr Kompilator ist bemüht, durchgehend die genealogische Verbindung der behandelten Personen mit dem Geschlecht der Billunger aufzuzeigen. Hinweise auf die Abstammung einzelner Fürsten *de semine Billingi* ziehen sich wie ein roter Faden durch den gesamten Text. Um diese neue Fassung von der in G, T und im 20. Faszikel von W (= Wi) überlieferten zu unterscheiden, wird sie im Folgenden als »Chronica principum de semine Billingi« oder vereinfachend als »Billunger Fürstenchronik« bezeichnet. Auf eine eingehende inhaltliche und überlieferungsgeschichtliche Untersuchung der neuen Fassung muss hier jedoch verzichtet werden. Sie soll aber im Folgenden wenigstens kurz vorgestellt werden. Im Anhang befindet sich außerdem die Editio princeps[355] als Grundlage für weiterführende Forschungen.

Die Billunger Fürstenchronik beginnt mit einer längeren Einleitung über den Ursprung des sächsischen Geschlechts der Billunger (CHR 1–13), die stilistisch so ausgefeilt und mit Bibelzitaten so üppig ausgeschmückt ist, dass sie ungekürzt aus einer Quelle, vielleicht einer Billungerchronik, entnommen zu sein scheint. In dieser Einleitung heißt es: *deus optimus ... hunc Billingum in hoc mundo sic venustauit, vt de lumbis eius nec solum comites et duces procederent, verumeciam reges, pontifices et imperatores, sicut ex sequentibus apparebit.*[356] Damit ist das Thema abgesteckt: Es geht um die bedeutenden Nachkommen aus dem Geschlecht des Billing.

Zu Beginn der Darstellung der Billunger greift der Autor ein letztes Mal auf eine Bibelstelle zurück, denn in den Worten *Cognouit Billingus vxorem suam et peperit filium et nomen ei Herman imponunt*[357] klingt der bekannte Satz *Cognovit quoque adhuc Adam uxorem suam et peperit filium vocavitque nomen eius Seth* aus den ersten Kapiteln des Buches Genesis an[358]. Mit Hermann († 973) beginnt die Reihe der sächsischen Herzöge aus dem Geschlecht Billings. Von ihm wird in einer längeren Passage (CHR 14–33) berichtet, dass er zunächst Stellvertreter König Ottos I. in Sachsen und von 964 bis 984 *dux* war[359]. Dabei stützt sich die Darstellung ebenso wie im Folgenden großenteils auf die Slawenchronik Helmolds von Bosau (um 1120 – nach 1177).[360] Im Anschluss an Hermann werden seine Nachfahren und Nachfolger im Herzogtum,

355 Siehe Anhang II S. 149–159.

356 CHR 2–8. Übersetzung: »der vortreffliche Gott ... schmückte diesen Billing in dieser Welt so, dass aus seinen Lenden nicht nur Grafen und Fürsten hervorgingen, sondern auch Könige, Päpste und Kaiser, wie aus dem Folgenden deutlich werden wird«.

357 CHR 14. Übersetzung: »Billing erkannte seine Frau, und sie gebar einen Sohn, und sie nennen ihn Hermann.«

358 Gn 4,25. Übersetzung: »Adam erkannte noch einmal seine Frau, und sie gebar einen Sohn und nannte ihn Set.«

359 Die Daten sind nicht korrekt, stimmen aber mit denen der Chronica principum Saxoniae überein, s. HOLDER-EGGER 1880, S. 473, Z. 1–6 und HOLDER-EGGER 1896, S. 28, Z. 20–24.

360 Dies betrifft Ereignisse bis ca. 1170. Die Stellen, in denen Helmold als Quelle diente, sind im Quellenapparat der Edition (S. 151–157) aufgeführt. Zu Helmolds Slawenchronik als Quelle der Chronica principum Saxoniae s. HOLDER-EGGER 1880, S. 469 und die Nachweise am Rande der Edition von G ebd. S. 472–475.

die vier sächsischen Herzöge *Benno* († 1011), *Bernardus* († 1058), *Ordolphus* († 1072) und *Magonus* († 1106), in eigenen Abschnitten abgehandelt (CHR 34–67).[361] Mit *Magonus* bzw. Magnus, der keine Söhne hatte, erlischt das Geschlecht der Billunger in der männlichen Linie. Entsprechend kommentiert der Autor den Übergang der sächsischen Herzogswürde an den Nicht-Billunger *Luderus*, das heißt an Lothar von Supplingenburg (1106–1137), mit folgenden Worten: *et ita ducatus Saxonie a semine Billingi est translatus post tempus aliquod ad semen pristinum reuocandus.*[362]

Kurz nach Beginn des Abschnitts über *Luderus* wird ein genealogischer Exkurs eingeschaltet, in dem die Nachkommen Graf Adolfs von Schauenburg († 1130) aufgeführt werden, eines Lehnsmannes Lothars, dem er die Grafschaft Stormarn übergeben hatte (CHR 75–85).[363] Als Terminus post quem ergibt sich für die Entstehung dieses Exkurses die Zeit um 1260.[364] Im Anschluss daran kehrt der Autor zwar wieder zur Darstellung Lothars zurück, schweift aber mehrfach zu Kaiser Heinrich V. (1106/1111–1125) und dessen Nachkommen ab, bis er sich mit den Worten *Nunc autem ad propositum redeamus* zum Thema zurückruft.[365]

Bevor der Abschnitt zu dem nächsten sächsischen Herzog, Lothars Schwiegersohn[366] Heinrich dem Stolzen (1137–1139), einem Welfen, beginnt, fügt der Autor

361 In G, T und Wi werden dagegen die ersten elf sächsischen Herzöge von Hermann bis zu Albrecht I. († 1260) in einem Zug vorgestellt; Druck nach G (unter der Überschrift *Cronica principum Saxonie*): Holder-Egger 1880, S. 472, Z. 31 – S. 476, Z. 41; Druck nach T (unter der Überschrift *Genealogia ducum Saxonie*): Holder-Egger 1896, S. 28, Z. 13 – S. 31, Z. 39. In T sind die Herzöge durchgezählt (jeweils in Rot): *Primus dux, Secundus dux – Dux xi*^{us}, in Wi *Dux secundus, Dux tercius – Dux vndecimus*. Der achte Herzog, Albrecht der Bär, der von 1138 bis 1142 die sächsische Herzogswürde innehatte, wird in dieser Reihe in allen drei Textzeugen ausgelassen.

362 CHR 70f. Übersetzung: »und so wurde die sächsische Herzogswürde vom Geschlecht des Billing [erg.: auf Lothar von Supplingenburg] übertragen, um nach einiger Zeit an das alte Geschlecht zurückgebracht zu werden«. Dieser Satz findet sich mit nahezu identischer Formulierung auch in G, T und Wi 284^{r}, Z. 15–17; Druck nach G: Holder-Egger 1880, S. 473, Z. 35f.; Druck nach T: Holder-Egger 1896, S. 28, Z. 53f.

363 Auch G, T und Wi 284^{r}, Z. 23 – 284^{v}, Z. 25 haben an der entsprechenden Stelle einen Schauenburg-Exkurs, der allerdings umfangreicher ist, s. den Druck des Exkurses nach G: Holder-Egger 1880, S. 473, Z. 40 – S. 474, Z. 11, nach T (dort mit eigener Überschrift *Comites de Scowenburch*): Holder-Egger 1896, S. 29, Z. 5–21. Bei Mader 1678, S. 270–274 findet sich der Schauenburg-Exkurs nicht; der Text setzt erst unmittelbar danach ein.

364 Das späteste sicher datierbare erwähnte Ereignis ist die Hochzeit einer Enkelin Graf Adolfs IV. von Schauenburg und Holstein, Sophia von Dänemark, mit Bernhard I. von Anhalt, die am 3.2.1258 stattfand; s. CHR 80–82 *Mechthildem filiam duxit dux Abel, filius regis Dacie, et genuit ex ea filiam* [sc. *Sophiam*], *quam duxit comes Bernardus, filius comitis Henrici de Annhalt*. Noch etwas später, um 1260, ist die unmittelbar darauf erwähnte Hochzeit von Sophias Bruder, Erich I. von Schleswig, mit Margarete, der Tochter Fürst Jaromars II. von Rügen, anzusetzen; s. CHR 82f. *et filium nomine Ericum ducem, qui duxit filiam Germari, principis Ranorum seu Rugianorum* [sc. *Margaretham*]. In G reicht der Exkurs dagegen bis 1281 (Hochzeit Gerhards I. von Holstein-Itzehoe mit Adelheid von Montferrat), in T bis 1285 (Tod Adelheids von Montferrat am 13.2.1285); s. Holder-Egger 1880, S. 474, Z. 10f. und Holder-Egger 1896, S. 29, Z. 21.

365 CHR 99. Übersetzung: »Jetzt will ich aber zum Thema zurückkehren.« Vgl. die Parallelüberlieferung in G, T und Wi 284^{v}, Z. 25, wo die Admonitio jedoch unmittelbar nach dem Schauenburg-Exkurs steht. Druck der Stelle nach G: Holder-Egger 1880, S. 474, Z. 11, nach T: Holder-Egger 1896, S. 29, Z. 23. In T 16^{v}, Z. 7 sind die Worte *Nunc ad propositum* in Rot geschrieben, haben also gliedernde Funktion.

eine Passage ein, die für das Folgende entscheidend ist, weil darin erstmals die beiden Töchter von Herzog Magnus, Wulfhild (um 1075–1126) und Eilika (um 1081–1142), erwähnt werden, die die Linie der Billunger kognatisch fortführen (CHR 100–102). Wenn der Autor daher bezüglich des Übergangs der Herzogswürde an Heinrich bemerkt *et ita rediit ducatus Saxonie ad semen Billingi*[367], trifft dies insofern zu, als Heinrich der Sohn Wulfhilds und somit billungischer Abstammung ist. Die Betrachtung der Nachkommen Herzog Heinrichs führt auf Kaiser Friedrich I. Barbarossa (CHR 112–114), der hier als Heinrichs Enkel bezeichnet wird, obwohl er in Wirklichkeit sein Neffe ist,[368] was aber nichts an der Tatsache ändert, dass auch er mit Wulfhild kognatisch verwandt ist. Auf diese Weise gehören also Welfen ebenso wie Staufer gleichermaßen dem *semen Billingi* an.

In einem neuen Abschnitt wendet sich der Autor der zweiten Tochter von Herzog Magnus, Eilika, zu, die den Askanier Graf Otto von Ballenstedt († 1123) heiratete.[369] Dieser Ehe entstammt Markgraf Albrecht der Bär,[370] dessen zahlreiche Nachkommen – auch sie allesamt Billunger über die kognatische Linie – bis in die spätere Regierungszeit der Markgrafenbrüder Johann I. (1220–1266) und Otto III. (1220–1267) hinein aufgeführt werden.[371] Als Terminus post quem für die Entstehung dieser Genealogie können die Jahre 1263/64 gelten.[372]

---

366 Im Text wird Heinrich zweimal fälschlicherweise als *socer* (»Schwiegervater«) statt als *gener* (»Schwiegersohn«) bezeichnet (CHR 106 und 162), ebenso in den Handschriften G, T, Wi und bei Pulkawa (ed. Emler 1893, S. 89, Z. 27); s. die Apparatnotiz zu CHR 106.

367 CHR 107. Übersetzung: »und so kehrte die sächsische Herzogswürde an das Geschlecht des Billing zurück«. Vgl. auch die entsprechende Stelle in G: Holder-Egger 1880, S. 474, Z. 26 *In isto* [sc. *Henrico*] *redit ducatus ad semen Billingi* (ebenso in Wi 285r, Z. 18) und in T: Holder-Egger 1896, S. 29, Z. 38 *In isto ad semen Bilingi redit ducatus.*

368 Der Fehler rührt daher, dass Barbarossas Mutter *Iutta* gemäß CHR 104f. die Tochter Heinrichs des Stolzen ist, während sie in Wirklichkeit seine Schwester ist. Dieselbe genealogische Folge findet sich auch in der Chronica principum Saxoniae; s. Holder-Egger 1880, S. 474, Z. 32f. und Holder-Egger 1896, S. 29, Z. 45f.

369 Dass auch Otto von Ballenstedt für eine kurze Zeit im Jahr 1112, von März bis Juni, Herzog von Sachsen war, wird in der Chronik nicht erwähnt.

370 CHR 117f. *Secundam … filiam Magonis ducis Saxonie Eilecham nomine duxit Otto comes Asscharie et genuit ex ea Albertum Vrsum.* Übersetzung: »Die zweite Tochter des Herzogs Magnus von Sachsen heiratete Graf Otto von Aschersleben und zeugte mit ihr Albrecht den Bären.«

371 CHR 118–160. In G und T ist die Genealogie der Markgrafen von Brandenburg anders angelegt und hat einen größeren Umfang, s. den Druck der Genealogie nach G: Holder-Egger 1880, S. 477, Z. 1 – S. 480, Z. 16, nach T: Holder-Egger 1896, S. 31, Z. 41 – S. 34, Z. 52 und zuvor schon Sello 1888b, S. 117–127 (mit den abweichenden Lesarten von G im kritischen Apparat). In T hat die Genealogie eine eigene Überschrift in Rot: T 23r *Incipit genealogia illustrium marchionum de Brandeburch*, in G 84r ist der Platz für eine Überschrift ausgespart. Sello 1888b, S. 111 und 115 bezeichnet die Genealogie als »Chronica Marchionum Brandenburgensium« bzw. »Märkische Fürstenchronik« und 1888c, S. 10 als »Brandenburgische Fürstenchronik«, deren Fortsetzung (bis 1319) sich in den märkischen Abschnitten Pulkawas erhalten hat; s. Sello 1888b, S. 127–132. In Wi ist die Genealogie nicht mehr enthalten; der Text endet Wi 287r mit dem elften sächsischen Herzog Albrecht I. († 1260).

372 Das späteste erwähnte Ereignis ist die Hochzeit Adelheids von Braunschweig, einer Enkelin Markgraf Albrechts II., mit Landgraf Heinrich I. von Hessen im Jahr 1263, s. CHR 128f. *et Alheydem, quam duxit Henricus de Hassia, filius filie beate Elisabeth.* Das Datum der Hochzeit wird unterschiedlich angegeben: »vor 26.3.1263« (Europäische Stammtafeln. N.F. Bd. 1,1, Marburg

Nachdem die Genealogie der askanischen Billunger mitten in einem Satz zu Hedwig von Ballenstedt († 1203), einer Tochter Albrechts des Bären, abbricht,[373] beginnt in W auf neuer Zeile und deutlich eingerückt ein zweiter Chronikteil, in dem nicht mehr die sächsischen Herzöge, sondern die Kaiser und Könige das Gerüst bilden (CHR 161–266). Der Text setzt bei der Königswahl Lothars von Supplingenburg im Jahr 1126[374] ein und endet mit den beiden Königen des Interregnums, Richard von Cornwall (1257–1272) und Alfons von Kastilien (1257–1273).[375] Dieser Teil scheint aus einer Kaiserchronik zu stammen. Möglicherweise darf man als Quelle des Kompilators die *Cronica imperatorum* erblicken, auf die in der Chronica principum Saxoniae verwiesen wird,[376] ohne dass klar wäre, welches Werk sich hinter diesem Titel verbirgt.[377] Eingestreut in die Kaiserdarstellungen finden sich aber auch hier Passagen zu den sächsischen Herzögen, und zwar zu dem bereits abgehandelten Heinrich dem Stolzen (1137–1139) und seinem Sohn Heinrich dem Löwen (1142–1180) sowie zu Bernhard (1180–1212) und seinem Sohn Albrecht I. (1212–1260). Dabei wird zweimal auch auf die Billunger Bezug genommen, zum einen bei der Erwähnung des Übergangs der sächsischen Herzogswürde von Heinrich dem Löwen, dem Enkel Wulfhilds, auf

---

1998, Taf. 19), »vor 10.9.1263« (Neue Deutsche Biographie, Bd. 8, Berlin 1969, S. 355). Umgekehrt wird der jüngste Sohn Markgraf Ottos III. von Brandenburg, Otto VI., gen. der Kleine, der sehr wahrscheinlich zwischen dem 3. und 17.11.1264 geboren wurde, in W nicht erwähnt. Die ersten fünf Kinder Ottos III. sind dagegen alle aufgeführt, s. CHR 137f. *Et Otto* [sc. *Otto III.*] *vero … duxit vxorem Beatricem, filiam regis Bohemie, et genuit ex ea Iohannem, Ottonem* [sc. *Ottonem V.*], *Albertum et duas filias, Conegundam et Mechtildem.* Zum Geburtsjahr Ottos VI. s. Sello 1881, S. 123; Krabbo/Winter 1910–55, S. 218, Nr. 905 und S. 505, Nr. 1876; G. Abb in: Abb/Wentz 1929, S. 274; Warnatsch 2000, Bd. 1, S. 403.

373 CHR 160. *Hedewigem, filiam Alberti Vrsi, duxit Otto marchio Misnensis et genuit ex ea.* Vor der Erwähnung Hedwigs von Ballenstedt werden die zahlreichen Kinder Graf Heinrichs I. von Anhalt († 1252), eines Enkels Albrechts des Bären, aufgeführt, darunter als letztes ebenfalls eine Hedwig († 1259), die 1242 Herzog Boleslaw II. von Schlesien heiratete (CHR 158f. *Hedewigem, quam duxit Buczslaus, unus ducum Polonie*).

374 Dieses Jahr findet sich auch in der Parallelüberlieferung in G, T und Wi 285r, Z. 11f., s. den Druck nach G: Holder-Egger 1880, S. 474, Z. 22f., nach T: Holder-Egger 1896, S. 29, Z. 34.

375 In G, T und Wi gibt es viele Übereinstimmungen mit diesem Text, sie sind allerdings mosaiksteinartig verteilt auf die Abschnitte zu den sächsischen Herzögen ab Lothar von Supplingenburg; s. Holder-Egger 1888 ab S. 474, Z. 22, Holder-Egger 1896 ab S. 29, Z. 34 und Wi ab 285r, Z. 11.

376 Der Verweis steht an einer Stelle, an der es um den Wechsel der Herrschaft von Kaiser Otto IV. zu Friedrich II. geht. Im Anschluss an den Satz *Qui* [sc. *Fridericus*] *successit Ottoni existens 23 annorum* (Übersetzung: »Und dieser folgte Otto im Alter von 23 Jahren.«) heißt es dort: *De quibus require in cronicis imperatorum.* Druck nach G: Holder-Egger 1888, S. 475, Z. 1f., nach T: Holder-Egger 1896, S. 30, Z. 6; in Wi findet sich die Stelle 285v, Z. 6f.; s. auch Mader 1678, S. 271, Z. 21. Wenn in T im Anschluss an diesen Satz die rote Überschrift *De regibus Romanorum* folgt, so zeigt dies, dass der Schreiber von T den Text falsch verstanden hat. Der relativische Anschluss *De quibus* bezieht sich nämlich auf das Vorhergehende, nicht auf das Folgende, außerdem ist *quibus* hier als Neutrum, nicht als Maskulinum aufzufassen. Die korrekte Übersetzung lautet daher: »Darüber forsche in der Kaiserchronik nach«, d. h. der Leser wird aufgefordert, Näheres zu dem Thronstreit der Kaiserchronik zu entnehmen.

377 Während Heinemann 1865, S. 14, Anm. 3 der Ansicht war, dass damit das Chronicon pontificum et imperatorum des Martin von Troppau (wohl vor 1230–1278) gemeint sei, bemerkt Holder-Egger 1880, S. 469, Z. 26 »sed qui fuerit iste liber, reperire non potui«.

Bernhard (1180–1212), den Enkel Eilikas, wo es heißt *et ita translatus est ducatus Saxonie de semine Wilfildis ad semen sororis sue, domine Eylekis, et in ea usque hodie perseuerat*[378], zum anderen im Abschnitt, in dem die Nachkommen Heinrichs des Löwen (1142–1180) aufgeführt werden, darunter Herzog Otto I. von Braunschweig und Lüneburg, der Mechthild, eine Tochter Albrechts des Bären, heiratete. Zu dieser Verbindung eines Welfen mit einer Askanierin bemerkt der Autor: *Et ita inter se commixti sunt semen Wilfidis et Eilekis.*[379]

Bislang betrafen die expliziten Hinweise auf das *semen Billingi* nur die Herzöge, während die genealogische Verbindung mit den Billungern bei den Königen und Kaisern des zweiten Chronikteils nicht eigens erwähnt wurde, obwohl auch sie entweder staufische Billunger sind wie Konrad III., Friedrich I. Barbarossa, Heinrich VI., Philipp von Schwaben und Friedrich II. oder welfische wie Otto IV. Dass auch sie *de lumbis Billingi* hervorgingen, wie es in der Einleitung (CHR 2–8) feierlich verkündet worden war, wird erst gegen Ende des Kaiserteils bei der Erwähnung des Landgrafen von Thüringen und Gegenkönigs Heinrich Raspe IV. (1241/46–1247) deutlich, der aus dem Hause der Ludowinger stammte und somit kein Billunger war, wie ausdrücklich betont wird: *Anno domini M° cc xlvi Henricus lantgrauius Thuringie imperiali a semine Billingi cepit deficere forte in posteris in aliquo reparando.*[380] Für den Rest der Chronik bleibt es dabei, dass die Könige nicht dem *imperiale semen Billingi* angehören.

Wie bereits erwähnt, endet die Billunger Fürstenchronik mit dem Interregnum, als nach dem Tod König Wilhelms von Holland († 1256) im Jahr 1257 sowohl Richard von Cornwall als auch Alfons von Kastilien von den Kurfürsten gewählt wurden (CHR 262–264).[381] An dieser Stelle nimmt der Text eine eigentümliche Wendung, denn hier tritt der Autor plötzlich selbst hervor. Er scheint noch nichts Genaues über die Wahl Alfons' von Kastilien zu wissen,[382] was darauf schließen lässt, dass die Doppelwahl noch nicht allzu lange her ist, so dass der Text vermutlich bald nach 1257 abgefasst worden ist. Eine zeitliche Nähe zu den Ereignissen würde auch die Heftigkeit erklären, mit der der Autor im Schlusssatz die Bestechlichkeit und Verdorbenheit der Kurfürsten bei der Königswahl anprangert: *Inter istos, qui*

378 CHR 216–218. Übersetzung: »und so ist die sächsische Herzogswürde vom Geschlecht Wulfhilds auf das Geschlecht ihrer Schwester Eilika übertragen worden und ist bis heute bei ihr geblieben«. Zu *in ea* s. den kritischen Apparat zu CHR 218.

379 CHR 237. Übersetzung: »Und so sind das Geschlecht Wulfhilds und Eilikas untereinander vermischt worden«.

380 CHR 257. Übersetzung: »Im Jahr des Herrn 1246 endete mit Landgraf Heinrich von Thüringen das kaiserliche Geschlecht des Billing, um vielleicht in Zukunft in einem anderen wiederhergestellt zu werden.«

381 Dies wird auch in der Chronica principum Saxoniae berichtet im Abschnitt über Herzog Heinrich den Stolzen, in den ein kleiner Kaiserexkurs eingefügt ist. Der Text weicht jedoch erheblich ab und reicht außerdem über das Interregnum hinaus bis zur Wahl Rudolfs von Habsburg 1273 und seinem Sieg über Ottokar II. von Böhmen am 26.8.1278. Druck nach G: Holder-Egger 1880, S. 475, Z. 4–12; Druck nach T: Holder-Egger 1896, S. 30, Z. 10–16; s. auch Wi 285^v, Z. 12–26.

382 CHR 263f. *sed ab aliis rex Hyspanie dicitur electus et expectatur, vt veniat.* Übersetzung: »aber es heißt, andere hätten den König von Spanien [d. h. Alfons von Kastilien] gewählt, und man wartet darauf, dass er kommt«.

manus principum melius vnxerit, vix preualebit forte deo sibi resistente et venalitatem et auariciam principum detestante, qui honorem dei in electione non respiciunt, sed tantum sue auaricie consulunt.[383] Mit dieser gezielten Kritik an der aktuellen politischen Situation setzt der Autor einen markanten Schlusspunkt, rundet den Text ab und gibt ihm zum Abschluss eine persönliche Note.

Die Datierung der Billunger Fürstenchronik um 1260 lässt sich auch noch von anderer Seite stützen. Im Abschnitt über Kaiser Heinrich VI. (1191–1197) wird in einem Exkurs über die Herzöge von Braunschweig und Lüneburg Herzog Albrecht der Große (1252–1279) als noch lebend bezeichnet.[384] Die scheinbar beiläufige Bemerkung *qui adhuc vivit* ist für die Datierung der Billunger Fürstenchronik sehr hilfreich. Vielleicht kann man außerdem den Hinweis, dass er *cum fratribus suis* – damit sind seine Brüder Johann und Konrad gemeint – regierte, für eine nähere Eingrenzung nutzen, denn Johann wurde erst 1257 nach Erreichen der Volljährigkeit Mitregent, während umgekehrt Konrad 1259 mit der Übernahme der Bremer Dompropstei aus der Regierung ausschied. Dieses Zeitfenster würde gut zu dem Ende der Chronik passen.

Zusammenfassend lässt sich vorläufig so viel sagen, dass der erste Teil des Brandenburg-Faszikels eine anspruchslose Chronik mit auffälliger Konzentration auf den Stamm der Billunger ist. Sie ist zusammengesetzt aus verschiedenen chronikalischen und genealogischen Texten, die Ende der 1250er bis Anfang der 60er Jahre verfasst wurden und die ein Kompilator bald darauf, also wohl noch in den 60er Jahren, notdürftig zu einem Ganzen vereint hat.[385]

Die Brandenburgensia

Der zweite Teil des Brandenburg-Faszikels beginnt mit dem Tractatus de urbe Brandenburg, an den sich vier Brandenburgensia anschließen, die nicht zu jenem gehören und auch nicht von demselben Autor stammen. Es sind sehr einfache, kurze Texte, die sich mit der Mark Brandenburg, dem Bistum Brandenburg und verschiedenen mit Brandenburg zusammenhängenden Ereignissen beschäftigen. Sie wurden in den 1260er oder spätestens 70er Jahren zusammengestellt, gehören also in dieselbe Zeit wie die Chronica principum de semine Billingi im ersten Teil des Brandenburg-Faszikels. Nichts deutet darauf hin, dass sie einen aktuellen Anlass haben, sie scheinen

383 CHR 264–266. Übersetzung: »Unter diesen beiden wird kaum der obsiegen, der die Hände der (Kur-)Fürsten besser geschmiert hat, weil Gott sich ihm vielleicht widersetzt und die Käuflichkeit und Gier der (Kur-)Fürsten verabscheut, die die Ehre Gottes bei der Wahl nicht berücksichtigen, sondern sich nur um ihre eigene Gier kümmern.«

384 CHR 238f. *Et obiit Otto* [d.h. Herzog Otto I. von Braunschweig und Lüneburg, gen. das Kind] *anno domini M° cc lii … Et ei successit Albertus, filius eius, qui adhuc viuit, cum fratribus suis.* Übersetzung: »Und Otto starb im Jahr des Herrn 1252. … Und ihm folgte Albrecht, sein Sohn, der noch lebt, zusammen mit seinen Brüdern.«

385 An zwei Stellen finden sich Verweise auf Stellen innerhalb des Textes: CHR 102 wird mit den Worten *et datus est ducatus Saxonie Ludero comiti, vt dictum est* auf CHR 69f. verwiesen. In der Kaiserchronik wird CHR 237 bezüglich der zahlreichen Kinder Herzog Ottos I. von Braunschweig und Lüneburg (1235–1252) und seiner Ehefrau Mathilde von Brandenburg († 1261) mit den Worten *de quibus supra dictum est* auf die Erwähnung dieser Kinder im genealogischen Exkurs der Nachfahren Eilikas in CHR 127–131 verwiesen.

vielmehr der Neigung eines Kompilators zur Sammlung und Systematisierung von Fakten zu entspringen.

Catalogus principum Brandenburgensium

Den ersten Text der Brandenburgensia nimmt man bei flüchtiger Lektüre kaum wahr, da er im Schriftbild nicht abgehoben ist. Er beginnt W 281^{r}, Z. 14 auf derselben Zeile, auf der der Tractatus de urbe Brandenburg endet, lediglich durch ein etwas größeres Spatium getrennt, wie es in diesem Faszikel der Weimarer Handschrift an Satzanfängen häufiger zu beobachten ist.[386] Ob das Kapitelzeichen, das am rechten Rand von W 281^{r} auf der Höhe dieser Zeile angebracht ist, von dem Schreiber des Faszikels oder einer späteren Hand stammt, ob also der Schreiber selbst den Beginn eines neuen Textes markieren wollte oder erst ein späterer Benutzer bemerkte, dass hier ein neuer Text einsetzt, lässt sich nicht feststellen. Dieser erste, nur sieben Zeilen umfassende Text beginnt mit der Ankündigung *Hii fuere principes seculares Brandemborg* (BR 1)[387] und enthält eine Aufzählung der Fürsten in Brandenburg von Pribislaw/Heinrich († 1150) bis zu den Markgrafenbrüdern Johann I. (1220–1266) und Otto III. (1220–1267).[388] Die schlichte Aufzählung wird sogleich zu Beginn nach der Erwähnung von *Henricus Prebeszlaus rex in Brand'* (BR 1) durch eine kurze erzählende Passage unterbrochen, in der es heißt: *Hic* [sc. *Henricus Prebeszlaus*] *sine herede decessit et sic ad imperatorem deuolutum hoc regnum in marchiam redegit et sequentibus contulit.*[389] Die beiden Sätze bieten große Probleme, denn sie widersprechen in allen Punkten dem, was im vorangehenden Tractatus de urbe Brandenburg berichtet wird: Die Worte *Hic sine herede decessit* treffen nicht zu, da Pribislaw/Heinrich schon zu Lebzeiten Markgraf Albrecht zum Erben seiner Herrschaft einsetzte.[390] Sie ließen sich allenfalls halten, wenn man *sine herede* in dem Sinne verstehen würde, dass Pribislaw/Heinrich ohne männlichen Nachkommen starb.[391] Noch größere Schwierigkeiten bereitet der mit *et sic* beginnende Satz, in dem Pribislaw/Heinrich weiterhin Subjekt ist. Demnach hätte dieser sein Reich, das an den Kaiser – mit *imperator* müsste hier

---

386 Zum Beispiel unmittelbar darauf W 281^{r}, Z. 15 vor *Henricus Prebeszlaus* (Edition BR 1), Z. 18 vor *Otto pater sequentis* (Edition BR 3), Z. 24 vor *Brandeburgensis episcopatus* (Edition BR 8).

387 Zum Textanfang mit *Hii* s. auch BR 6 und den Beginn der Leitzkauer Textsammlung LE 1. Zur möglichen Einfügung von *in* vor *Brandemborg* s. den kritischen Apparat zu BR 1.

388 BR 1–5.

389 BR 1–3. Übersetzung: »Dieser [d. h. Pribislaw/Heinrich] starb ohne Erben, und so [d. h. auf diese Weise] machte er dieses Königreich, das an den Kaiser zurückgefallen war, zur Mark und übergab es den folgenden Personen.«

390 TR 11f. *Et cum non haberet heredem, marchionem Albertum heredem sui principatus instituit.* Übersetzung: »Und da er keinen Erben hatte, setzte er Markgraf Albrecht als Erben seiner Herrschaft ein.«

391 Ein Beispiel für diesen Gebrauch von *heres* bietet die Chronica principum Saxoniae CHR 100–102 *Magonus dux Saxonie duxerat vxorem Sophiam, filiam regis Vngarorum, et genuit ex eadem duas filias, videlicet Eylecham et Wilfidem, et ita mortuus est sine herede, et datus est ducatus Saxonie Ludero comiti.* Übersetzung: »Herzog Magnus von Sachsen hatte Sophia, die Tochter des Königs der Ungarn, geheiratet und hatte mit ihr zwei Töchter, Eilika und Wulfhild; und so starb er ohne Erben, und die sächsische Herzogswürde ging an Graf Lothar.«

König Konrad III. gemeint sein – zurückgefallen war bzw. das sonst an den Kaiser zurückgefallen wäre, zur Mark gemacht und den nachfolgend genannten Personen übertragen. Dass dies sachlich und historisch falsch ist, bedarf keines Beweises. Auch *imperator* kommt als Subjekt von *redegit* und *contulit* nicht in Frage und wäre überdies neben *ad imperatorem deuolutum hoc regnum* auch syntaktisch ausgeschlossen oder nur mit größten sprachlichen Verrenkungen möglich. Wenn in der darauf folgenden Aufzählung *Otto, pater sequentis*, das heißt Otto, der Vater Albrechts des Bären, als erster Markgraf von Brandenburg bezeichnet wird, so ist auch dies nicht zutreffend: Otto war zu keinem Zeitpunkt Markgraf oder *princeps secularis* in Brandenburg, sondern Graf von Ballenstedt und für kurze Zeit Herzog von Sachsen.[392] Außerdem starb er schon 1123, Pribislaw/Heinrich jedoch erst 1150.[393] Da die inhaltlichen und sprachlichen Probleme der Partie *Hic sine herede decessit – Otto pater sequentis* (BR 1–3) so gravierend sind, dass ihr Text nicht geheilt werden kann, wird sie in der Edition in Cruces gesetzt. Ob sie von einer anderen Stelle durch Irrtum des Kopisten hierher geraten ist oder ob der Kopist den Text schon in seiner Vorlage so vorfand, lässt sich nicht entscheiden. Unklar bleibt auch, ob ursprünglich ein anderer Text an dieser Stelle stand oder ob nach *Henricus Prebeszlaus rex in Brand'* (BR 1) sofort die Markgrafenreihe mit *Albertus Vrsus pater sequentis* einsetzte. Erwägenswert wäre im ersten Fall, dass wenigstens die Worte *Hic sine herede decessit et sic* (BR 1f.) zum ursprünglichen Textbestand gehörten[394] und der folgende Text einen Satz verdrängte, der davon handelte, dass die Herrschaft in Brandenburg nach Pribislaws/Heinrichs Tod an Markgraf Albrecht als Erben überging.

Als Quelle des Catalogus principum Brandenburgensium kann man trotz der Schlichtheit des Textes eine Genealogie der Markgrafen von Brandenburg in der Art vermuten, wie sie in der Goslarer und Trierer Handschrift als Teil der Sächsischen Fürstenchronik vorliegt[395] oder wie sie dem Excerptum chronicae principum Saxoniae einer jetzt in Potsdam aufbewahrten Handschrift des 16./17. Jahrhunderts (= P) zugrunde liegt.[396] Dies zeigt sich beispielsweise an dem Beginn *Henricus Prebeszlaus*

---

392 Otto wurde im März 1112 von Kaiser Heinrich V. (1106–1125) zum Herzog von Sachsen ernannt, verlor dieses Amt jedoch im Juni desselben Jahres wieder, da der Kaiser die Herzogswürde Lothar von Supplingenburg zurückgab. Zu Otto von Ballenstedt s. Partenheimer 2007, S. 61f.

393 Zum Tod Pribislaws/Heinrichs s. S. 40, Anm. 175.

394 Vgl. den Zusatz zu Markgraf Otto II. *hic sine liberis decessit* (BR 4). Zu der Verbindung *decessit* bzw. *mortuus est et sic* vgl. z. B. Breve Chronicon de rebus Siculis, MGH SS rer. Germ. [77], S. 50, Z. 11–15 *qui Guillhelmus* [d. h. Wilhelm II. Herzog von Apulien, Kalabrien und Sizilien, Sohn von Roger Borsa, † 1127] … *in iuvenili etate sine herede decessit et sic tota terra eorum ad regem Rogerium Sicilie* [d. h. Roger II.] … *revoluta est*; Henricus Surdus, Chronica, MGH SS rer. Germ. N. S. 1, S. 51, Z. 1f. *Hic* [d. h. Johann I. Herzog von Niederbayern † 1340] *anno sequenti post obitum patris* [d. h. Heinrich II. Herzog von Niederbayern] *mortuus est et sic ducatus totus inferioris Bawarie devolvitur ad Ludwicum* [d. h. Ludwig IV. der Bayer].

395 Zu den beiden Handschriften s. S. 70 mit Anm. 352.

396 Potsdam, BLHA, Ms. 63, 52^r–56^v (alte Signaturen: Berlin, KB, 4° 114; Berlin, Preußisches Geheimes Staatsarchiv, X. HA Pr. Br., Rep. 16 III j 1). Der Text ist eine Abschrift des Friedrich Dionysius († 1626; 1575 Diakon in Luckenwalde, 1584 Diakon in Jüterbog, 1586–1626 Pfarrer in Schlenzer bei Jüterbog) *ex antiquo Codice* (P 52^r) vermutlich des Klosters Zinna. Drucke: Paul

rex in Brand' (BR 1), der zwar letzten Endes aus dem Tractatus de urbe Brandenburg stammt, aber über den Umweg der Genealogie der Markgrafen von Brandenburg in den Brandenburger Fürstenkatalog in W gelangt sein wird.[397] Aber auch die in Cruces gesetzte Partie (BR 1–3) erinnert an eine Stelle in der Genealogie.[398] Nicht völlig auszuschließen ist natürlich auch, dass der Text in der überlieferten Form von dem Kompilator stammt, der die vielen Träger der Namen Heinrich, Otto und Albrecht verwechselte,[399] wobei die sprachlichen Probleme aber weiterhin bestehen blieben. Zeitlich lässt sich der Brandenburger Fürstenkatalog gut einordnen. Durch den Gebrauch des Perfekts in dem einleitenden Satz *Hii fuere principes seculares Brandemborg* steht fest, dass das Todesjahr des an letzter Stelle genannten Otto III., das heißt das Jahr 1267, der Terminus post quem für seine Abfassung ist. Teil 1 des Brandenburg-Faszikels und der Brandenburger Fürstenkatalog liegen zeitlich also nahe beieinander.

Chronica episcoporum Brandenburgensium

Auf die *principes seculares* folgt als zweiter Text eine Chronik der Brandenburger Bischöfe von Thietmar (948/949–965/968) bis Otto (1251/52–1261).[400] Eine neue Bischofschronik ist eine willkommene Bereicherung der historischen Quellen, da bislang außer dem Bischofskatalog der Leitzkauer Textsammlung[401] nur zwei fragmentarische Textzeugen einer Brandenburger Bischofschronik bekannt sind, die sogenannte Chronica Maderi mit Abschnitten zu den Bischöfen Wigger (1138–1160), Siegfried I.

Jakob Eckhard: Duo perantiqua monumenta ... ex agro Jutrebocensi eruta ..., quibus accesserunt scriptores rerum Jutrebocensium, Wittenberg [u. a.] 1734, S. 136–142; CDB IV 1, S. 276–282 (unter dem Titel »Fragment einer Brandenburg-Brietzenschen Chronik«); Holder-Egger 1880, S. 480–482 (ohne Annales Britzenses); zur Handschrift und zum Text s. A. F. Riedel in: CDB IV 1, S. XXIII–XXVII; Holder-Egger 1880, S. 470f.; Sello 1888c, S. 10f.

397 Die Genealogien in G, T und P beginnen alle mit Pribislaw/Heinrich, vgl. Holder-Egger 1880, S. 477, Z. 2 (G) und Holder-Egger 1896, S. 31, Z. 42 (T) *rex Henricus dictus Pribezlaus* und Holder-Egger 1880, S. 480, Z. 35f. (P) *fuit in Brandenburg quidam rex, qui Slavice dicebatur Pribislaus.*

398 An der Stelle in der Genealogie geht es um Graf Heinrich von Tangermünde († 1192), einen Sohn Markgraf Ottos I. von Brandenburg: *Henricus. Hic marchiam citra Albiam ... possidens liberos non habebat ... obiit anno Domini 1192 ... et sic principatus Marchie ad Ottonem* [d. h. Markgraf Otto II.] *et Albertum* [d. h. Markgraf Albrecht II.] *iure hereditario est devolutus*; Druck: Holder-Egger 1880, S. 477, Z. 33–43 (G) und Holder-Egger 1896, S. 32, Z. 29–36 (T); sehr ähnlich ist auch Holder-Egger 1880, S. 481, Z. 20–27 (P); vgl. auch Pulkawa, Emler 1893, S. 116, Sp. 1, Z. 24–29. Zur Formulierung vgl. auch eine weitere Stelle in P, an der es in Anlehnung an Widukinds Sachsengeschichte (Widuk. gest. 3,49) von König Otto I. heißt: *Idem Otto coronatus est anno 955, et tunc primum devolutum est imperium Romanorum a Francis ad Almanos*; Druck: Holder-Egger 1880, S. 480, Z. 26f.; s. auch die folgende Anm.

399 Dies geschah beispielsweise in P zu Beginn des Textes, wo auf *Albertus, pater Ottonis*, d. h. auf Markgraf Albrecht, den Vater Markgraf Ottos I., der Abschnitt zu Kaiser Otto I. folgt, s. Holder-Egger 1880, S. 480, Z. 20–27, und im Abschnitt zu Markgraf Otto II., in dem Graf Heinrich von Tangermünde (s. vorige Anm.) fälschlich als Nachfolger Ottos II. genannt wird; s. ebd. S. 481, Z. 18f.: *Hic* [d. h. Markgraf Otto II.] *obiit anno Domini 1186, et principatus Marchiae est devolutus ad fratrem suum Henricum.*

400 BR 6–80.

401 Siehe zu diesem Bischofskatalog S. 19f. und 28–30.

(1173–1180), Balduin (1205/06–1216/17), Siegfried II. (1216/17–1221) und Gernand (1222–1241), die Joachim Johann Mader (1626–1680) 1678 in seinen Antiquitates Brunsvicenses »ex fragmento quodam vetusto chronici Brandeburgensis« abdruckte,[402] und das sogenannte Excerptum Goslariense mit einem Abschnitt über Bischof Wigger, das in derselben Goslarer Handschrift (= G) steht, die auch die Sächsische Fürstenchronik überliefert.[403] Zur Unterscheidung von diesen beiden Textzeugen wird die Bischofschronik in W im Folgenden als Chronica Wimariensis bezeichnet. Diese drei Textzeugen haben trotz mancher Übereinstimmungen im Zahlenmaterial und in den Formulierungen mehr Trennendes als Gemeinsames, hängen also nicht voneinander ab, gehen aber auf dieselbe Quelle zurück. Keiner von ihnen kann jedoch beanspruchen, die originale Brandenburger Bischofschronik zu sein.

Der Text der Chronica Wimariensis setzt W 281^{r} auf derselben Zeile (Z. 21) ein, auf der der Brandenburger Fürstenkatalog endet, ist allerdings von der Schreiberhand durch ein Kapitelzeichen im Text abgesetzt. Die als Titelersatz fungierenden Worte *Hii adepti sunt decus pontificale Brandeborgensis ecclesie* (BR 6) ähneln einerseits dem Anfang des Brandenburger Fürstenkatalogs,[404] stimmen aber vor allem bis auf eine Wortumstellung mit dem Anfang des Bischofskatalogs zu Beginn der Leitzkauer Textsammlung in M überein.[405] In W schließt sich an *Brandeborgensis ecclesie* jedoch noch ein Relativsatz an, in dem berichtet wird, dass Otto I., der hier fälschlich als *Otto Rufus imperator* bezeichnet wird,[406] die Brandenburger Kirche dreißig Jahre vor dem Magdeburger Bistum zum Kathedralsitz erhoben hat (BR 6f.). Nach dem Demonstrativum *Hii* am Satzanfang, das auf das Folgende verweist, erwartet man eigentlich den sofortigen Beginn der Bischofsreihe. Stattdessen folgt jedoch ein Satz, in dem nochmals von der Gründung des Bistums durch Otto I. die Rede ist, diesmal mit konkreter Nennung

---

402 Mader 1678, S. 274–276, die Angabe über die Quelle ebd. S. 270. Wiederabdruck bei Leibniz 1710, S. 19f. und A. F. Riedel in: CDB IV 1, S. 274f. Die Abschnitte schließen bei Mader unmittelbar an ein Teilstück der Chronica principum Saxoniae an (= Holder-Egger 1880, S. 474, Z. 12 – S. 476, Z. 19); s. dazu Anm. 352. Edition der Abschnitte zu den Brandenburger Bischöfen unter dem Titel »Chronicae episcopatus Brandenburgensis fragmenta« bei Holder-Egger 1880, S. 484–486, wobei der Abschnitt zu Bischof Wigger auf S. 484f. in Sp. 1 steht; s. auch die Edition der einzelnen Abschnitte unter dem Titel »Fragmenta chronicae episcoporum Brandenburgensis« bei Sello 1888c, S. 37–52 passim. Zur Überlieferung und zum Werk: Holder-Egger 1880, S. 472; Sello 1888c, S. 8–33; Repfont/C S. 99f.

403 Goslar, StA, Inv.-Nr. B 4146 (14. Jh., Anfang), 79^{ra-rb}; zur Handschrift s. Anm. 352. Über der Spalte 79rb steht in Rot die Überschrift *Excerptum cronice brandeburgensis*. Edition des Excerptum Goslariense: Holder-Egger 1880, S. 484f., Sp. 2; Sello 1888c, S. 39 (Cap. 1. B.). Im Anschluss an das Exzerpt stehen in G folgende Texte: G 79^{va-vb} drei Exzerpte aus einer Chronik der Magdeburger Erzbischöfe, und zwar zu Wilbrand (1235–1253), Wichmann (1152/54–1192) und Norbert (1126–1134), G 80ra–87vb die Chronica principum Saxoniae (s. dazu Anm. 352), G 87vb zwei Notizen zur Gründung des Erzbistums Magdeburg im Jahr 968 und des Bistums Brandenburg im Jahr 938; s. auch die Handschriftenbeschreibungen Kapp 1994, S. 91f. und Kapp 2001, S. 264.

404 BR 1; s. auch S. 77.

405 LE 1; s. auch S. 19 mit Anm. 35.

406 Otto I. war zur Zeit der Gründung des Bistums Brandenburg noch König des Ostfrankenreichs, den Beinamen *Rufus* trug außerdem nicht er, sondern sein Sohn, Kaiser Otto II.

des Gründungsjahres 948[407] und mit Erwähnung des Gründungsbischofs Thietmar (BR 8f.). Dies erklärt sich vermutlich dadurch, dass der Ankündigungssatz *Hii adepti sunt* ... von dem Kompilator stammt, der die Brandenburgensia zusammenstellte, während man in dem darauffolgenden Satz den Einleitungssatz einer oder vielleicht sogar der originalen Brandenburger Bischofschronik erblicken muss, die dem Kompilator vorlag. Wie dieser vorging, lässt sich an dem Abschnitt zu dem dritten Bischof, Volkmar I. (980 – nach 983), zeigen. Dort geht es um den Slawenaufstand vom Juni 983, in dessen Verlauf die Slawen das Bistum Brandenburg überfielen (BR 19–26).[408] Die Kenntnis dieses Ereignisses verdanken wir Thietmar von Merseburg (975–1018), der in seiner Chronik Folgendes berichtet: *Transactis ... trium spaciis dierum Sclavorum conspirata manus Brandeburgiensem episcopatum, XXX annos ante Magadaburgiensem constitutum, cum iam prima sonaretur, invasit.*[409] Dieser Satz wurde in die Brandenburger Bischofschronik übernommen, allerdings nicht direkt aus Thietmar von Merseburg, sondern aus dem Annalista Saxo (Mitte 12. Jh.),[410] der seinerseits in großem Umfang aus Thietmar schöpfte[411] und Thietmars Satz nahezu wörtlich übernahm.[412] In W heißt es jedoch nur: *et transactis trium dierum spaciis Brandeburgensem episcopatum constitutum, cum iam prima sonaretur, inuasit.*[413] Der Kompilator ließ das Subjekt *Sclavorum conspirata manus* weg, wahrscheinlich bewusst, da er dies nach dem vorangegangenen *Slaui* (BR 19) als überflüssig ansah, vergaß dann aber das singularische Prädikat *inuasit* in *inuaserunt* zu ändern, so dass ein falscher Text stehen blieb.[414] Auch die Auslassung *XXX annos ante Magadaburgiensem* geht eindeutig auf den Kompilator zurück. Dieser hatte die Information, dass das Bistum Brandenburg dreißig Jahre vor dem Bistum Magdeburg gegründet wurde, schon in seinem Ankündigungssatz untergebracht, so dass er sie aus dem Abschnitt zu Volkmar I. herausnahm. Dabei ging er jedoch ohne die nötige Sorgfalt vor und ließ das Partizip *constitutum* stehen, das ohne die Zeitangabe keinen Bezugspunkt hat.[415] Auch im Anschluss an diese Stelle ist bei dem Kompilator einiges durcheinandergeraten. Während es beim Annalista Saxo ebenso wie schon bei Thietmar von Merseburg heißt, dass Bischof Volkmar

---

407 Zur Gründungsurkunde und zum Gründungsjahr des Bistums Brandenburg s. Anm. 270.

408 Zum historischen Zusammenhang s. PARTENHEIMER 2007, S. 36f.

409 Thietmar von Merseburg, Chronik 3,17. Druck: MGH SS rer. Germ. N. S. 9, S. 118, Z. 20–23. Übersetzung: »Drei Tage später drang beim Läuten der Prim ein verschworener Haufen von Slawen in das Bistum Brandenburg ein, das dreißig Jahre vor dem Magdeburger errichtet worden war.«

410 Dies ergibt sich aus dem Kontext dieses Satzes, der dem Annalista Saxo (MGH SS 37, S. 235, Z. 3–10) nähersteht als Thietmar von Merseburg (MGH SS rer. Germ. N. S. 9, S. 118, Z. 17–30). Zum Annalista Saxo als Quelle der Chronica Wimariensis s. S. 84 mit Anm. 431.

411 Gemäß NASS 1996, S. 143 beruhen »im Berichtszeitraum von 967 bis 1018 insgesamt 77% des Textes auf Thietmar«, im gesamten Werk »etwa 21%«. Einzelheiten zur Chronik Thietmars von Merseburg (Fassung 1 und 2) als Quelle des Annalista Saxo s. NASS 1996, S. 143–178.

412 Annalista Saxo MGH SS 37, S. 235, Z. 4–7.

413 BR 21f.

414 In der Edition BR 22 wird *inuasit* beibehalten, da man mit der Konjektur *inuaserunt* nur den Kompilator verbessern würde; s. auch den kritischen Apparat zu BR 22.

415 Daher wird auch in diesem Fall *constitutum* im Text belassen; s. auch den kritischen Apparat zu BR 22.

bereits vor dem Überfall der Slawen geflohen war, sein Schirmer Dietrich mit seinen Kriegern am Tag des Überfalls mit knapper Not entkam, die dortigen Priester gefangen genommen wurden, Dodilos Leichnam geschändet und der gesamte Kirchenschatz geplündert wurde,[416] finden sich diese Elemente in W in veränderter Reihenfolge. Dies liegt daran, dass der Kompilator den Satz *Clerus capitur* (BR 23), der in seiner Quelle auf den Ablativus absolutus *et defensore eius Theoderico ac militibus ipsa die vix evadentibus* folgt, mitten in die Partizipialkonstruktion hineinstellte, so dass die Stelle bei ihm *et defensore eius Theoderico. Clerus capitur militibus vix euadentibus* lautet. Er setzt außerdem den Ablativus absolutus mit den Worten *et thesauris ecclesie distractis* (BR 24) fort, erwähnt also die Plünderung des Kirchenschatzes vor der Schändung von Dodilos Leichnam, so dass sich in der Chronica Wimariensis folgender Ablauf ergibt: Bischof Volkmar und sein Schirmer Dietrich fliehen bei dem Überfall der Slawen, die Priester werden gefangen genommen, die Krieger entkommen mit knapper Not, die Schätze der Kirche werden geplündert und Dodilos Leichnam wird geschändet. Einen Grund für die Änderung des Ablaufs der Ereignisse gibt es nicht. Die Stelle ist vielmehr ein weiterer Beleg dafür, dass der Kompilator sehr nachlässig arbeitete und die Elemente aus seiner Quelle willkürlich zusammensetzte. Insgesamt lehrt die Betrachtung des Volkmar-Abschnitts, dass man dem Text der Bischofschronik in W mit größter Skepsis begegnen muss.

An die beiden Einleitungssätze schließen sich Abschnitte zu den Bischöfen Nr. 1–23, Thietmar bis Otto, an. Der Text ist fortlaufend geschrieben, die einzelnen Bischöfe werden jedoch durch kleine Spatien abgesetzt. Aufgrund des schlechten Überlieferungszustandes der Handschrift W ist die Bischofsreihe nicht komplett, so dass einige Bischöfe fiktiv gezählt werden müssen: Der Abschnitt zu Bischof Baldram (1180–1190), Nr. 16, fehlt völlig, bei Bischof Alexius (1190/91–1192), dessen Text ziemlich verstümmelt ist, vermisst man die Zahl 17, von seinem Nachfolger Norbert, dem 18. Bischof, ist nur die Angabe der Sedenz erhalten, und bei Otto (1251/52–1261), dem letzten erwähnten Bischof, fehlt die Zahl 23.

Bei einem Vergleich mit dem Bischofskatalog der Leitzkauer Textsammlung in M, der, wie oben gezeigt wurde,[417] eine nahezu lückenlose und weit über W hinausgehende Reihe Brandenburger Bischöfe in verschiedenen Entstehungsstufen bietet, ergibt sich bezüglich der Abfolge der Bischöfe Folgendes: Die Bischöfe Nr. 1–11, Thietmar bis Ludolf († 1137), stimmen mit denen von M überein mit Ausnahme einer Vertauschung der Bischöfe Volkward und Dankward, die in W als Nr. 6 und 7 gezählt werden, in M dagegen als Nr. 7 und 6.[418] Der an zwölfter Stelle genannte

---

416 Vgl. Annalista Saxo MGH SS 37, S. 235, Z. 6–10 und Thietmar von Merseburg MGH SS rer. Germ. N. S. 9, S. 118, Z. 23–29. Beide Stellen sind im Quellen-, Similien- und Testimonienapparat zu BR 19–26 zitiert.

417 Siehe S. 19f. und 28–30.

418 Auch Bresslau 1888, S. 390–393 und 397 setzt Dankward vor Volkward an, insbesondere aufgrund Volkwards Stellung im Chronicon Hildeshemense MGH SS 7, S. 848, Z. 6. Ihm folgen Sello 1892, S. 518 und G. Wentz in: Abb/Wentz 1929, S. 22f., der als Amtszeit für Dankward »vor 1049 Okt. 19 – c. 1063«, für Volkward »zwischen 1063 und 1068« angibt.

Lambert, der, wie die Bischofschronik in Übereinstimmung mit dem Annalista Saxo berichtet, zwar zum Bischof gewählt, aber vor der Weihe im Jahr 1138 erschlagen wurde,[419] wird in M ausgelassen.[420] Von Wigger bis Otto differieren daher die Nummern in W gegenüber dem Bischofskatalog in M um plus eins, so dass die Bischöfe Nr. 13–23 den Bischöfen Nr. 12–22 in M entsprechen.[421]

Die unterschiedliche Zählung in der Brandenburger und Leitzkauer Tradition schlägt sich auch in den beiden Handschriften des Tractatus de urbe Brandenburg nieder: Im interpolierten Wilmar-Teil der Handschrift W wird Wilmar als Bischof Nr. 14 gezählt, an der entsprechenden Stelle der zugunsten Leitzkaus überarbeiteten Fassung der Handschrift M dagegen als Nr. 13.[422] Dies war zumindest bis Ende des 12. Jahrhunderts auch in Brandenburg die offizielle Zählung.[423] In Leitzkau behielt man demnach die alte Zählung bei, während die neue Zählung in die Brandenburger Bischofschronik einfloss,[424] nachdem dort die Partie über Lambert aus dem Annalista Saxo eingearbeitet worden war. Auch die beiden anderen Textzeugen der Brandenburger Bischofschronik, die Chronica Maderi und das Excerptum Goslariense, zählen Wigger als Nr. 13, die Chronica Maderi des Weiteren Siegfried I. als Nr. 15, Balduin als Nr. 19 und Siegfried II. als Nr. 20.[425] Aus der Brandenburger Bischofschronik wurde die Zählung der Bischöfe in die Gesta archiepiscoporum Magdeburgensium übernommen.[426] Dort werden in den Abschnitten zu den Magdeburger Erzbischöfen Konrad I. (1134–1142) bis Wilbrand (1235–1253)[427] jeweils die von diesen ordinierten Brandenburger Bischöfe formelhaft mit Namen und Zählung aufgeführt, angefangen von Wigger, dem 13. Brandenburger Bischof,[428] bis zu Ruotger (1241–1251), dem 22. Brandenburger Bischof,[429] während die Brandenburger Bischöfe vor Wigger nur

---

419 Siehe den Quellen-, Similien- und Testimonienapparat zu BR 43–46. Das in BR 44f. erwähnte Detail, dass Lambert nach seiner Wahl nach Rom gereist sei, weil der Erzbischof von Magdeburg ihn nicht habe ordinieren wollen, wird sonst nirgends berichtet. Zu Lambert s. Bresslau 1888, S. 395; Sello 1892, S. 518; G. Wentz in: Abb/Wentz 1929, S. 24.

420 Die Berücksichtigung Lamberts hätte auch der Darstellung des Leitzkauer Kompilators widersprochen, wonach Wigger bereits 1137 zum Bischof gewählt worden war; s. LE 67–74.

421 Zur unterschiedlichen Zählweise s. Sello 1888c, S. 15–17.

422 Siehe TR 61f. mit kritischem Apparat zur Stelle und LE 201f.

423 Siehe dazu S. 45 mit Anm. 216.

424 Siehe auch Sello 1888c, S. 16; Sello 1892, S. 518.

425 Der Anfang des Abschnitts zu Bischof Gernand, der gewiss eine Zählung enthielt, fehlt in der Chronica Maderi.

426 Darauf wiesen schon Hertel 1879, S. 219 und Sello 1888c, S. 15 und 17–19 hin; s. auch die Praefatio zur Edition der Gesta von W. Schum in: MGH SS 14, S. 367.

427 Konrad I. gehört noch zum ersten Teil der Gesta (bis 1142), die folgenden Erzbischöfe dagegen zur ersten Fortsetzung mit der Darstellung der Erzbischöfe von 1143–1371 (MGH SS 14, S. 416, Z. 7 – S. 443, Z. 23), die wohl bald nach 1371 entstand, wie aus MGH SS 14, S. 443, Z. 22f. hervorgeht.

428 Der Satz über die Ordination Wiggers durch Erzbischof Konrad I., mit dem der erste Teil der Gesta endet (MGH SS 14, S. 416, Z. 4f.), wurde von dem Autor der ersten Fortsetzung der Gesta (s. vorige Anm.) nachgetragen.

429 MGH SS 14, S. 416, Z. 4f. *Hic* [sc. *Conradus*] *ordinavit Wiggerum Brandeburgensem episcopum 13*, ebd., Z. 12f. *Hic* [sc. *Wichmannus*] *ordinavit Wilmarum 14., Sifridum 15. et Balderamum 16. et Allexium 17. Brandeburgenses episcopos*, S. 418, Z. 2 *Hic* [sc. *Ludolfus*] *ordinavit Norbertum 18. episcopum Brandeburgensem*, S. 420, Z. 5 – 421, Z. 1 *Hic itaque Albertus archiepiscopus ordinavit*

sporadisch und mit Ausnahme der ersten Amtsinhaber ohne Zählung aufgeführt werden.[430]

Die Abschnitte der Chronica Wimariensis beginnen einheitlich mit der Nennung des Bischofsnamens einschließlich möglicher alternativer Namensformen und der Zählung mit Ordinalzahl, zum Beispiel *Dodilo uel Dudelinus secundus* (BR 13) oder *Volcart uel Volcmarus tercius* (BR 19). Darauf werden Einzelheiten aus dem Leben des jeweiligen Bischofs geschildert. Bis in den Abschnitt Bischof Wiggers hinein ist ihnen die Herkunft aus historiographischen Quellen deutlich anzumerken, danach überwiegen bloße Angaben zu Wahl, Ordination, Sedenz und Tod der Bischöfe. Offenbar übernahm der Kompilator den Text der ihm vorliegenden Brandenburger Bischofschronik, kürzte ihn allenfalls, fügte aber wohl nichts selbst hinzu. Zumindest hat er außer in dem bereits erwähnten Abschnitt zu Bischof Volkmar I. keine Spuren hinterlassen. Für die Darstellung der ersten zwölf Bischöfe von Thietmar bis Lambert und den Anfang des Abschnitts über Bischof Wigger mit der Mitteilung über dessen Wahl zum Bischof im Jahr 1138 diente dem Verfasser der Bischofschronik der Annalista Saxo als Quelle,[431] für drei Notizen zu Thietmar, Wigo und Dankward benutzte er drei Urkunden Ottos I., Heinrichs II. und Heinrichs III. von 948/949, 1010 und 1051, auf die er als Angehöriger des Brandenburger Domstifts Zugriff hatte.[432] Der zweite

---

Baldewinum 19., Sifridum 20., Gevehardum 21. Brandeburgenses episcopos, S. 422, Z. 2f. *Hic* [sc. *Wilbrandus*] *ordinavit Rutcherum episcopum Brandeburgensem 22.* Zur Zählung Ruotgers vgl. auch das Fragmentum catalogi archiepiscoporum Magdeburgensium der Handschrift G: *Hic* [sc. *Wilbrandus*] *ordinavit Rutcherum 22. episcopum Brandenburgensem*; Druck: Holder-Egger 1880, S. 486, Z. 11f.

430 Eine Zählung haben nur die Bischöfe Nr. 2–5: MGH SS 14, S. 388, Z. 28f. *Dodilonem ipsius urbis* [sc. *Brandeburg*] *presulem secundum*, ebd., Z. 26 *Volcmaro tercio antistite*, S. 392, Z. 29 *Wigonem quartum*, S. 398, Z. 10 *Lussonem quintum*. Die Bischöfe Dankward, Volkward und Thiedo werden gar nicht erwähnt; Volkmar II., Hartbert und Ludolf werden erwähnt, aber ohne Zählung.

431 Ein Detailvergleich ergibt, dass alle Stellen, an denen der Annalista Saxo Brandenburger Bischöfe erwähnt (in der Reihenfolge der Bischöfe: MGH SS 37, S. 172, Z. 22f., S. 235, Z. 7, S. 213, Z. 2–7, S. 234, Z. 13–15, S. 235, Z. 3–10, S. 322, Z. 21–23, S. 364, Z. 17–19, S. 367, Z. 16f., S. 611, Z. 22–24), in die Chronica Wimariensis übernommen wurden. In allen Fällen steht der Text der Bischofschronik dem des Annalista Saxo weitaus näher als den Quellen, denen dieser die entsprechenden Passagen entlehnte, das heißt der Chronik Thietmars von Merseburg und der Vita Godehardi posterior des Wolfhere (s. die Anmerkungen von K. Naß zu den genannten Stellen in MGH SS 37). Über die verlorenen Nienburger (Berger) Annalen, die dem Annalista Saxo vermutlich als Quelle für die Informationen zu dem Elekten Lambert und Bischof Wigger dienten (s. K. Naß in: MGH SS 37, S. 611, Anm. 2), ist keine Aussage möglich. Ob der Brandenburger Anonymus die Reichschronik des Annalista Saxo an ihrem Entstehungsort, d. h. im östlichen Sachsen, vielleicht sogar in Magdeburg, las und ob ihm die Originalhandschrift (jetzt Paris, BN lat. 11851) vorlag – sie müsste dann Mitte des 13. Jahrhunderts noch an ihrem Entstehungsort gewesen sein –, ist ungewiss; zur Lokalisierung der Reichschronik s. Nass 1996, S. 368–370 und 375, zur Besitzgeschichte der Pariser Handschrift (spätestens seit 1292 in Würzburg, Anfang des 16. Jahrhunderts im Besitz des Johannes Trithemius [1462–1516], vor 1672 von den Maurinern von Saint-Germain-des-Prés erworben, von dort 1795/96 nach Paris überführt) ebd. S. 40–43, 376–380 und K. Naß in: MGH SS 37, S. XVIf.

432 Siehe den Quellen-, Similien- und Testimonienapparat zu BR 8f., 11, 28–31 und 37f. Die Urkunde von 948/949 und die von 1010 befinden sich noch immer im Domstiftsarchiv Brandenburg (U. 1 und U. 2), die Urkunde von 1051 ist im Kopialbuch I des Domstiftsarchivs (BDK 1508/1441, 26[rv]) überliefert. Regesten: Schössler 1998, S. 429–431, Nr. B 1–3. Zur Datierung der Urkunde Ottos I. auf 948/949 s. Anm. 270.

Satz des Abschnitts über Bischof Wigger, der von dessen Teilnahme am Wendenkreuzzug 1147 handelt, stammt aus den Annales Magdeburgenses.[433] Für den Rest des Abschnitts über Wigger sowie für die Bischöfe Wilmar (um 1161–1173) bis Otto (1251/52–1261) konnten keine historiographischen und chronikalischen Quellen ermittelt werden. Hier wird der Verfasser der Bischofschronik auf Urkunden, Inschriften und andere Materialien des Domstifts zurückgegriffen haben. Möglicherweise beruht manches aber auch auf mündlicher Überlieferung von Konventsmitgliedern oder eigener Kenntnis des Autors.

Das Datenmaterial zu den Bischöfen Wigger bis Otto hält manches Neue bereit, wobei jedoch Vorsicht geboten ist, da die römischen Jahreszahlen und die nach dem römischen Kalender angegebenen Tagesbezeichnungen bekanntermaßen sehr fehleranfällig sind. Es ist daher bisweilen unmöglich zu entscheiden, ob und wie man in den Text eingreifen soll. Dies gilt sogleich für Wiggers Todesdatum, das in W mit *anno domini Mº cº lixº iiº Nonas Ianuarii*, dem 4. Januar 1159, angegeben wird.[434] Fest steht, dass Wigger vor dem 13. August 1138 die Bischofsweihe empfing, da er in der Zeugenliste einer an diesem Tag ausgestellten Urkunde König Konrads III. erstmals als Bischof von Brandenburg bezeugt ist.[435] Unter der Voraussetzung, dass Wigger tatsächlich 21 Jahre, 4 Monate und 17 Tage im Amt war, wie es W und vier weitere Textzeugen, darunter die Chronica Maderi und das Excerptum Goslariense berichten,[436] kann das überlieferte Todesdatum nicht stimmen. Wigger hätte demnach nämlich spätestens am 18. August 1137 das Bischofsamt angetreten, was aber der Mitteilung im Abschnitt zu seinem Vorgänger Bischof Lambert widerspricht, wonach dieser 1138 zum Brandenburger Bischof gewählt wurde[437]. Den Tag vor den Nonen des Januar, das heißt den 4. Januar, als Todestag Wiggers kennt auch der Nekrolog des Prämonstratenserstifts Floreffe bei Namur,[438] ebenso der Leitzkauer Interpolator des Tractatus.[439] Auch die Cronica Montis Sereni deutet auf den Januar als Monat, in

---

433 Siehe den Quellen-, Similien- und Testimonienapparat zu BR 47–50. Vgl. auch Sello 1888c, S. 28 mit Anm. 2.

434 Siehe BR 51f. mit kritischem Apparat.

435 MGH DD K III, S. 23f., Nr. 14, hier S. 24, Z. 6 *Suicgerus Brandenburgensis episcopus*. Eine Urkunde vom 26.7.1138, die bisweilen als früheste Erwähnung Wiggers als Bischof angeführt wird (z. B. Sello 1892, S. 516), ist eine Fälschung; s. MGH DD K III, S. 21f., Nr. 13; G. Wentz in: Abb/Wentz 1929, S. 25.

436 Druck der Stelle in der Chronica Maderi Holder-Egger 1880, S. 484, Sp. 1, Z. 38f., im Excerptum Goslariense ebd. Sp. 2, Z. 37f., im Excerptum chronicae principum Saxoniae ebd. S. 481, Z. 4, in der Interpolation der Magdeburger Fassung des Tractatus de urbe Brandenburg am Ende des Albrecht-Teils LE 194f. Alle vier Textzeugen und W gehen auf eine gemeinsame Quelle zurück.

437 BR 43f. [sc. *Lambertus*] *anno gracie Mº <cº> xxxviii in Brandeborgensem episcopum est electus*. Der Chronologia abbatum Ilsineburgensium zufolge wurde Lambert bereits im Januar 1138 auf der Rückreise von Rom *in monte Paskahl (alias Special)* erschlagen und dort am 18. Januar bestattet (Druck: Gottfried Wilhelm Leibniz, Scriptorum Brunsvicensia illustrantium tomus III, Hannover 1711, S. 686, Z. 25–27).

438 Joseph Barbier: Nécrologe de l'abbaye de Floreffe de l'ordre de Prémontré au diocèse de Namur, in: Analectes pour servir à l'histoire ecclésiastique de la Belgique 13, 1876, S. 5–70, 190–286, hier S. 15f.

439 LE 192–194 *Wiggerus … obdormiuit … anno gracie M c lviii pridie Nonas Ianuarii*. Übersetzung: »Wigger … starb … im Jahr des Heils 1158 am 4. Januar.« Sello 1888a, S. 11, Z. 15 konjiziert

dem Wigger starb, denn die Notiz über seinen Tod steht zwischen zwei Ereignissen, die im Januar stattfanden, wobei allerdings Unklarheit über das Jahr herrscht.[440] Dagegen nennt das Excerptum Goslariense den Tag vor den Kalenden des Januar (= 31. Dezember) als Todestag, enthält darüber hinaus aber auch noch ein anderes Jahr als W: *Obiit M c lxi ... ii Kal. Ian.*[441] Unter Berücksichtigung des in der Brandenburger Diözese gebräuchlichen Nativitätsstils entspricht dies dem 31. Dezember 1160.[442] Dieses Todesjahr ergibt sich im Goslarer Exzerpt rechnerisch dadurch, dass dort zwar die Sedenz identisch mit W ist, der Beginn von Wiggers Episkopat aber erst 1139 angesetzt wird, was jedoch nicht zu dem Terminus ante quem 13. August 1138 für Wiggers Bischofsweihe passt. Bei Abwägung des Quellenbefundes käme für Wiggers Todesdatum wohl am ehesten der 4. Januar 1160 in Frage, der mit der Pontifikaldauer einigermaßen vereinbar wäre und auch angesichts der Überlieferungssituation in der Chronica Wimariensis in Erwägung zu ziehen ist. Der Schreiber von W schrieb nämlich zunächst *M° c° lxii°*, bemerkte beim Schreiben jedoch, dass er einen Fehler gemacht hatte, und strich *lxii°* durch. Am ehesten würde man vermuten, dass sein Fehler darin bestand, dass er zwischen *lx* und *ii°* ein Spatium vergessen, das heißt das Jahr *M° c° lx* und den Tag *ii° Nonas Ianuarii* nicht voneinander abgesetzt hatte. Statt des zu erwartenden *lx° ii°* schrieb er beim zweiten Anlauf jedoch *lix° ii°*, so dass

---

1160 pridie kalendas Januarii (= 31.12.1159), was allerdings nicht zu seinen Ausführungen ebd. S. 31 (»spätestens am 12. December 1159 gestorben«) passt. Eine Konjektur ist aber ohnehin an dieser Stelle in M unnötig, denn dass der Leitzkauer Interpolator als Todesjahr das Jahr 1158 nennt, hängt damit zusammen, dass er weiter vorn, in der eigentlichen Fundatio ecclesiae Letzkensis, Wiggers Wahl bewusst verfälschend bereits in das Jahr 1137 setzt (LE 74), aber die Pontifikaldauer belässt (LE 194f.); zur Wahl Wiggers s. S. 23 mit Anm. 48.

440 MGH SS 23, S. 152, Z. 7 *Wicherus Brandenburgensis episcopus obiit.* Der Satz steht in der Cronica Montis Sereni zum Jahr 1160, und zwar zwischen der Erwähnung des Konzils zu Pavia und der Einnahme und Zerstörung von Crema, die beide im Januar 1160 stattfanden. Da in der Cronica Montis Sereni aber der Annuntiationsstil (= Jahresbeginn am 25.3.) angewendet wird (s. ebd. S. 190, Z. 6 und die Einleitung von E. Ehrenfeuchter [1876] ebd. S. 135, Z. 14–17), gehören die Ereignisse des Januar nach dem Circumcisionsstil (= Jahresbeginn am 1.1.) eigentlich in das Jahr 1161.

441 G 79rb; Druck: Holder-Egger 1880, S. 484, Sp. 2, Z. 38f. Zwischen die Jahreszahl und die Tagesangabe ist in G das Participium coniunctum *sepultus in capella in castro Brand'* eingeschoben. Das Datum gehört jedoch als Ganzes eindeutig zu *obiit*, wie auch das Exzerpt der Sächsischen Fürstenchronik (s. die folgende Anm.) zeigt, meint also nicht etwa den Tag der Bestattung. Dies nahm Sello 1880a, S. 31 an, revidierte seine Ansicht aber einige Jahre später und vermutete, »daß der Abschreiber ... das in seiner Vorlage vielleicht am Rande nachgetragene Monatsdatum zuerst übersehen und dann an unrichtiger Stelle hinzugefügt habe«; s. Sello 1892, S. 519f.

442 Dieses Todesdatum bietet möglicherweise auch das Excerptum chronicae principum Saxoniae der Handschrift P (zu P s. Anm. 396). In P 53[r] heißt es zwar *et idem Ewigerius* [!] *obiit Anno 1161. Calend. Ianuarii* (= 1.1.1161), *et sepultus est in Capello* [!] *in Castro Brandenburgk* (Druck: CDB IV 1, S. 277, Z. 20f.; Holder-Egger 1880, S. 481, Z. 9), doch Sello 1892, S. 519f. vermutet, dass dort vor *Calend.* die Zahl *II* ausgefallen ist, so dass auch für P der 31.12.1160 anzunehmen wäre. Die Wigger-Passage dieses Exzerpts (CDB IV 1, S. 277, Z. 13–21; Holder-Egger 1880, S. 481, Z. 4–9) geht auf eine Fassung der Brandenburger Bischofschronik zurück, wie sie in der Chronica Maderi vorliegt, die selbst jedoch für die Klärung der Frage nach Wiggers Todesdatum nicht weiterhilft, da sich bei Mader 1678, S. 274, Z. 10 keine Tagesangabe, sondern nur die Jahreszahl *MCXLI* (= 1141) findet, die Holder-Egger 1880, S. 484, Sp. 1, Z. 39 in *1161* ändert.

sich die Frage stellt, ob die Zahl *lix^o^* die beabsichtigte Korrektur oder ein erneuter Schreibfehler ist. Folgende Erklärung bietet sich an: Nachdem der Schreiber rund zehn Zeilen zuvor bei der Angabe des Wahljahrs von Wiggers Amtsvorgänger Lambert die Zahl *xxxviii* und unmittelbar zuvor bei der Angabe von Wiggers Sedenz die Zahl *xxi* geschrieben hatte, nahm er an, seine Vorlage enthalte einen Additionsfehler und setzte daher die vermeintlich richtige Zahl *lix^o^* ein. Da in dem durchgestrichenen *lxii^o^* jedoch die Lesart der Vorlage erkennbar ist, lässt sich der Eingriff des Schreibers von W leicht rückgängig machen, so dass das in die Edition aufgenommene Datum *M^o^ c^o^ lx^o^ ii^o^ Nonas Ianuarii* (= 4. Januar 1160) das Richtige treffen dürfte.

Der Abschnitt über Bischof Wilmar ist sehr knapp gehalten. Das darin genannte Todesdatum, der 6. November 1173 (BR 54), war bisher nur aus einer Randnotiz in einem Kopiar des Domstiftsarchivs Brandenburg bekannt.[443] Die in W überlieferte Angabe zu Wilmars Sedenz *Hic sedit annos xxiii* (BR 54) ist trotz des relativierenden *ut credo* so offensichtlich falsch, dass die Korrektur durch Athetese eines *x* zu *xiii* gerechtfertigt erscheint. Zu Bischof Alexius bietet die Chronica Wimariensis die neue Information, dass er am 1. September gestorben ist (BR 57). Die dazu überlieferte Jahreszahl *M cc xii* kann jedoch nicht stimmen. Sie enthält einen Zahlendreher, der sich mit Hilfe der Chronik des Erfurter St. Petersklosters leicht in *M c xcii* korrigieren lässt.[444] Danach ist in W eine Lücke anzusetzen, denn die anschließende Sedenz von vierzehn Jahren und zwanzig Tagen (BR 58) betrifft bereits Alexius' Nachfolger Norbert, der – unter der Annahme, dass seine Wahl bald nach dem 1. September 1192 erfolgte[445] – mindestens bis Ende September 1206 im Amt gewesen sein muss.[446] Allerdings relativiert das zu der Zahl 14 hinzugefügte *vt credo* die Berechnung sogleich wieder. In der Tat ist Norberts Sedenz wohl etwas zu lang bemessen, jedenfalls wenn man die Fortsetzung des Textes betrachtet. Denn von dem auf Norbert folgenden Bischof Balduin heißt es, dass er sein Amt von der Wahl an gerechnet zehn Jahre und zehn Monate innehatte und *anno domini M cc^o^ xvii ii Kalendas Iunii*, das heißt am 31. Mai 1217, starb (BR 59f.).[447] Demnach müsste er am 31. Juli 1206 gewählt worden sein.

---

443 Brandenburg, Domstiftsarchiv, BDK 1508/1441 (= Kop. I), 29^r^; die Notiz befindet sich dort am Rand der 1174/76 ausgestellten Bestätigungsurkunde Bischof Siegfrieds I. (CDB I 8, S. 109f., Nr. 22); s. G. Wentz in: Abb/Wentz 1929, S. 26; Schössler 1998, S. 8 zu Nr. 8.

444 MGH SS rer. Germ. [42], S. 197, Z. 10f. (zum Jahr 1192) *obiit quoque Alexius Brandenburgensis episcopus, cui Norbertus successit.*

445 Die Sedenz muss in jedem Fall von Norberts Wahl an gerechnet sein, da die Weihe von Erzbischof Ludolf von Magdeburg vorgenommen wurde (s. Gesta archiepiscoporum Magdeburgensium, MGH SS 14, S. 418, Z. 2) und somit erst nach dessen Weihe am 16.5.1193 stattgefunden haben kann; s. dazu Sello 1892, S. 523; G. Wentz in: Abb/Wentz 1929, S. 28.

446 Das letzte Mal wird Norbert in einer Urkunde erwähnt, die vor dem 25.7.1205 ausgestellt wurde; Druck: CDB I 10, S. 189, Nr. 15 und S. 409f. s. n. Regesten: Krabbo/Winter 1910–55, S. 108f., Nr. 524 (ohne genauere Festlegung auf ein Datum innerhalb des Jahres 1205); Bauer 1913, S. 46, Nr. 10; Warnatsch 2000, Bd. 2, Nr. 27; zur Datierung s. Sello 1892, S. 523; G. Wentz in: Abb/Wentz 1929, S. 28.

447 Das letzte Mal wird Balduin in einer Urkunde vom 16.11.1216 erwähnt, die Erzbischof Albrecht I. von Magdeburg für das Kloster Lehnin ausstellte. Regesten: Reg. archiep. Magdeb. 3, 1886, S. 588, Nr. 338; CDB I 10, S. 192, Nr. 21b; Bauer 1913, S. 11, Nr. 6; Warnatsch 2000, Bd. 2, Nr. 40.

Auf welch schwankendem Boden man sich befindet, macht der Abschnitt zu Balduin in der Chronica Maderi deutlich. Sie nennt zwar ebenfalls den 31. Mai 1217 als Todesdatum Bischof Balduins, setzt dessen Amtsbeginn jedoch in das Jahr 1205 und gibt seine Sedenz mit elf Jahren, sieben Monaten und sechsundzwanzig Tagen an,[448] was auf den 5. Oktober 1205 als Tag der Bischofswahl führt.

Nicht weniger problematisch ist das Zahlenmaterial im Abschnitt zu Bischof Siegfried II., dem 20. Bischof. Zusätzlich weist hier auch der Text noch Korruptelen auf. Ihm lässt sich aber immerhin so viel entnehmen, dass Siegfried II. von der Weihe an drei Jahre, fünf Monate und zwölf Tage im Amt war, dass bis zur Weihe sieben Monate verstrichen, die Pontifikaldauer insgesamt *annos iiii*^{or} *3*^{bus} *ebdomadis minus*, das heißt vier Jahre abzüglich dreier Wochen, betrug und dass er am 12. Mai 1221 starb (BR 61–65).[449] Die Rechnung geht jedoch nicht ganz auf, da die Addition der ersten beiden Zeitangaben eine Gesamtsedenz von vier Jahren und zwölf Tagen und damit ungefähr einen Monat zu viel ergibt. Der Rechen- oder Schreibfehler verbirgt sich offenbar hinter einer der beiden Monatsangaben, nicht hinter der Sedenz, da auch Maders Chronik eine Pontifikaldauer Bischof Siegfrieds II. von knapp vier Jahren kennt.[450] Außerdem fügt sich die Gesamtpontifikaldauer zu den in W genannten Todesdaten der Bischöfe Balduin und Siegfried II., dem 31. Mai 1217 und dem 12. Mai 1221. Demnach wäre Siegfried II. am 2. Juni 1217, also kurz nach Balduins Tod, gewählt worden, seine Weihe hätte am 1. Dezember 1217 stattgefunden. Zu dem Wahldatum passt auch die Nachricht in der Chronica Maderi, dass Alberich seinem Bruder Siegfried am 18. Juni 1217 als Propst des Brandenburger Domstifts nachfolgte.[451] Dieses Datum zusammen mit den Angaben, dass Alberich die Präpositur dreizehn Jahre und zehn Monate bekleidete und sich am 23. April 1231 in das Kloster Lehnin zurückzog,[452] wurde bereits oben für die Untersuchung über Heinrich von Antwerpen als vermeintlichen Autor des Tractatus de urbe Brandenburg herangezogen.[453]

Das ganze Zahlengebäude zu den Bischöfen Balduin und Siegfried II. fällt jedoch beim Blick auf die Urkunden zusammen, da Siegfried II. schon vor Balduins Todestag, dem 31. Mai 1217, in zwei Brandenburger Urkunden als Bischof erscheint und auch Alberich in denselben beiden Urkunden bereits als Dompropst unter den Zeugen genannt ist. Die erste Urkunde, eine Bestätigungsurkunde Siegfrieds II. für

---

448 Holder-Egger 1880, S. 485, Z. 23f.

449 Ein konkretes Todesdatum Bischof Siegfrieds II. war bislang nicht bekannt; folgende Vermutungen wurden geäußert: Sello 1888c, S. 5 »Mitte des Jahres 1221«; Sello 1892, S. 524 »Ende 1220 oder Anfang 1221«, ebenso Krabbo 1904, S. 2.

450 *Sifridus XX. … sedit annis III. mensibus XI. diebus XXXIII*; Mader 1678, S. 275, Z. 13f. Die Tagesangabe *XXXIII* kann jedoch nicht stimmen, da sie die Anzahl der Tage eines Monats übersteigt; Holder-Egger 1880, S. 485, Z. 29 konjiziert *23* und erwägt zusätzlich im Apparat *28*, Sello 1888c, S. 45 konjiziert *30*. Wenn Maders Sedenzangabe identisch sein soll mit der in W, müsste man eine Zahl um zehn herum annehmen.

451 Holder-Egger 1880, S. 485, Z. 29–32.

452 Holder-Egger 1880, S. 485, Z. 32–34.

453 Siehe S. 58.

das Brandenburger Domkapitel,[454] trägt das Datum *anno ab incarnatione domini millesimo ducentesimo septimo decimo quinto Kalendas Ianuarii*, was bei Anwendung des Nativitätsstils dem 28. Dezember 1216 entspricht.[455] Die zweite Urkunde, ein Privileg Bischof Siegfrieds II. für das Kloster Lehnin, wurde am 2. Februar 1217 ausgestellt.[456] Da ihre Datierung über jeden Zweifel erhaben ist, muss Balduins Todesdatum, wie es die beiden Fassungen der Bischofschronik überliefern, falsch sein und mit ihm auch das Ernennungsdatum Alberichs aus Maders Chronik. Georg Sello versuchte, durch zwei Konjekturen die Daten der Chronica Maderi – einzig diese Fassung der Bischofschronik lag ihm bekanntlich 1892 vor – und der Urkunden in Einklang zu bringen. Bei der Monatsangabe in Balduins Todesdatum[457] änderte er *Iunii* in *Ianuarii*,[458] eine Konjektur, die sich bei abgekürzt geschriebenem *Iun.* und *Ian.* anbietet,[459] und erhielt so den 31. Dezember 1216 als Todestag Balduins.[460] Dadurch erreichte er, dass die Ausstellung einer Urkunde durch Balduins Amtsnachfolger Siegfried II. am 2. Februar 1217 kein Problem mehr darstellte, die Unvereinbarkeit mit

454 Brandenburg, Domstiftsarchiv, U. 27. Druck: CDB I 8, S. 132–137, Nr. 48; Partenheimer 2013, S. 28–37, Übersetzung und Erläuterungen ebd. S. 15–28. Regesten: Krabbo/Winter 1910–55, S. 118, Nr. 558; Schössler 1998, S. 28–33, Nr. 26; Beck 2001, S. 188, Nr. 1285. Von dieser Urkunde existiert eine teilweise erweiterte und veränderte zweite Fassung (Brandenburg, Domstiftsarchiv, U. 26), die das gleiche Datum, aber Ziesar (*Jesere*) als Ausstellungsort hat; sie ist in die Bestätigungsurkunde Papst Gregors IX. vom 14.12.1233 (Brandenburg, Domstiftsarchiv, U. 35) inseriert. In dieser zweiten Fassung fehlt allerdings unter anderem Propst Alberich unter den Zeugen. Druck: Gercken 1766, S. 412–421, Nr. 32; CDB a.a.O. mit den Textabweichungen der erweiterten Fassung in den Anmerkungen; Partenheimer 2013, S. 28–37 mit den Textabweichungen der erweiterten Fassung in anderer Schriftart; MGH Epp. saec. XIII 1, S. 460–464, Nr. 567. Regesten: Schössler 1998, S. 33–35, Nr. 27; s. auch ebd. S. 41, Nr. 35 (Urkunde Gregors IX. vom 14.12.1233); Beck 2001, S. 188, Nr. 1285 und S. 189, Nr. 1291.

455 Eine Begründung für die Datierung in das Jahr 1216 zusammen mit einer umfassenden Untersuchung der Urkunde liefert Curschmann 1906, S. 238–243 und 369–384. Diese Datierung vertreten unter anderem auch K. Rodenberg in: MGH Epp. saec. XIII 1 (1883), S. 464, Anm. 2; Krabbo 1904, S. 4; Krabbo/Winter 1910–55, S. 118 (zu Nr. 558); G. Wentz in: Abb/Wentz 1929, S. 29, 114 und 115; Schössler 1998, S. 28 und 33; Schössler/Gahlbeck 2007, S. 258; Partenheimer 2013, S. 14 und S. 27, Anm. 93. A. F. Riedel gibt CDB I 8, S. 132, Nr. 48 als Auflösung des Datums den 28.12.1217 an, S. 72 allerdings den 28.12.1216, was aber im Widerspruch zu S. 71 steht, wo er als Todestag Bischof Balduins den 31.5.1217 nennt.

456 Potsdam, BLHA, Rep. 10B, Zisterzienserkloster Lehnin – Urkunden Nr. 5. Druck: CDB I 24, S. 328, Nr. 7. Regesten: Bauer 1913, S. 11f., Nr. 7; Warnatsch 2000, Bd. 2, Nr. 42; Beck 2001, S. 467, Nr. 3261. Die Urkunde befand sich bis 1892 in der Urkundensammlung der Königlichen Universitätsbibliothek in Berlin, danach im paläographisch-diplomatischen Apparat des Historischen Seminars der Friedrich-Wilhelms-Universität Berlin (s. auch Curschmann 1906, S. 370, Anm. 2). Im Inventar dieser heute in der Zweigbibliothek Geschichte der Humboldt-Universität Berlin aufbewahrten Urkundensammlung von Aberle/Prescher 1997, S. 14 wird die Urkunde fälschlich als Kriegsverlust bezeichnet.

457 *Obiit 1217, pridie Kal. Iunii*; Mader 1678, S. 275, Z. 8f.; Holder-Egger 1880, S. 485, Z. 24; vgl. auch die Chronica Wimariensis BR 60.

458 Sello 1892, S. 524.

459 Siehe z. B. das Datum des Amtsbeginns Bischof Ruotgers, bei dem *Iunii* in *Ianuarii* geändert werden muss (BR 76).

460 Für Balduins Wahl ergäbe sich dann gemäß der Sedenzangabe in W (*annos decem et menses decem* BR 59f.) der 28.2.1206 bzw. gemäß der Sedenzangabe in der Chronica Maderi (*annis 11, mensibus 7, diebus 26*; Holder-Egger 1880, S. 485, Z. 23f.) der 5.5.1205.

der Bestätigungsurkunde Siegfrieds II. vom 28. Dezember 1216 blieb aber weiterhin bestehen. Doch auch hierfür hielt Sello eine Lösung bereit, indem er annahm, dass bei dem oben zitierten Ausstellungsdatum vor *quinto Kalendas Ianuarii* ein *decimo* ausgefallen ist, so dass die Urkunde nicht am fünften, sondern am fünfzehnten Tag vor den Kalenden des Januar, mithin am 18. Dezember 1217, ausgestellt wurde.[461] Dieser Harmonisierungsversuch ist aber nicht überzeugend, denn Sello bleibt die Erklärung schuldig, was mit den Daten zu Alberich in Maders Chronik geschehen soll. Auch die Auswirkungen auf die Sedenzangaben berücksichtigt er nicht.[462] Ebenso würde in der Chronica Wimariensis eine Vorverlegung von Balduins Todesdatum auf den 31. Dezember 1216 weitere Korrekturen nach sich ziehen. Da die Zahlen und Daten in W jedoch in sich weitgehend stimmig sind, besteht kein Grund, an ihnen etwas zu ändern. Vielmehr muss man davon ausgehen, dass sie von dem Autor der Brandenburger Bischofschronik stammen. Ob er möglicherweise Gründe für eine Verschiebung der Daten hatte, wäre gesondert zu untersuchen.

Im Abschnitt zu Siegfrieds Nachfolger Gernand, dem 21. Bischof, liegt dagegen ein offensichtlicher Rechenfehler vor. Dort wird berichtet, dass Gernand »im unteren Teil« (*in inferiori parte*) des Brandenburger Doms am 25. November 1235 in seinem dreizehnten Pontifikaljahr eine Krypta zu Ehren von Maria, Johannes dem Täufer, Maria Magdalena, Katharina und Livinus weihte (BR 69–75).[463] Die Jahreszahl *M^o^ cc xxi*, die zuvor als Jahr von Gernands Ernennung zum Bischof von Brandenburg genannt wurde (BR 68f.),[464] ist daher rechnerisch falsch und muss in *M^o^ cc xxii* geändert werden. Gestützt wird diese Konjektur durch drei Urkunden Papst Honorius' III. (1216–1227) vom 18. Mai 1222, in denen er Gernands Provision zum Bischof von Brandenburg mitteilt.[465]

---

461 Sello 1892, S. 524 und 551f. Einfacher wäre es gewesen, anzunehmen, dass die ausstellende Kanzlei nicht den Nativitätsstil anwandte, so dass die Urkunde am 28.12.1217 ausgestellt worden wäre. Dass der 25.12. nicht immer als Tag des Jahreswechsels berücksichtigt wurde, zeigen zwei Brandenburger Urkunden (Brandenburg, Domstiftsarchiv, U. 8 und BDK 1508/1441 [= Kop. I], 28^{v}), die beide das Datum *anno dominice incarnationis M^{o}. C^{o}. LXX°. V Kalendas Ianuarii indictione III.* tragen. Das wäre unter Berücksichtigung des Nativitätsstils der 28.12.1169; jedoch müssten die Urkunden wegen der Indiktion wohl in das Jahr 1170 gehören. Druck der Urkunden: CDB I 8, S. 108f., Nr. 21 und S. 108, Nr. 20. Regesten: Krabbo/Winter 1910–55, S. 77, Nr. 396 und 397 (mit ausführlicher Begründung der Datierung in das Jahr 1170); Schössler 1998, S. 5f., Nr. 6 und 7.

462 Kritik an Sellos Vorgehen übt auch Curschmann 1906, S. 369f., der S. 370 resümiert: »Die Chronik zeigt also hier [d. h. bezüglich des Todesdatums Bischof Balduins] abermals ihre vollständige Unzuverlässigkeit, soweit es sich um Zahlen handelt. Ihre Angaben sind daher auszuschalten; es wird kritisch richtig sein, sich nur an die Urkunden zu halten.«

463 In der Chronica Maderi (Holder-Egger 1880, S. 486, Z. 3–5) finden sich ähnliche Angaben: Dort ist es jedoch keine Krypta, sondern ein Altar in einer nicht näher bezeichneten Krypta, der den genannten Heiligen geweiht wird; außerdem wird als Tag der Weihe der 26.11. (*vi^{o} Kal. Dec.*) anstelle des 25.11. (*vii^{o} Kal. Dec.*) des Jahres 1235 genannt. Da der 25. November jedoch der Katharinentag ist, dürfte W das Richtige treffen. In der Forschung wird die bei Mader genannte Krypta mit der sogenannten Bunten Kapelle des Brandenburger Doms identifiziert; zur Bunten Kapelle s. C. Gertler in: Badstübner/Gertler 2006, S. 14–17.

464 Zu den Vorgängen, die zur Provision Gernands führten, s. insbesondere Sello 1888c, S. 5f.; Krabbo 1904, S. 2 und 4–9; G. Wentz in: Abb/Wentz 1929, S. 30; Ertl 2002, S. 15.

Auch der Abschnitt zu Bischof Ruotger, dem 22. Brandenburger Bischof, weist einige offensichtliche Fehler in den Datumsangaben auf, die in der Edition korrigiert werden. Am auffälligsten ist das Todesdatum, das mit *anno domini M° cc° nono Kalendas Ianuarii* angegeben ist (BR 77), was dem 24. Dezember 1200 entspricht. Das Jahr 1200 kann unmöglich stimmen. Welches Jahr jedoch innerhalb des 13. Jahrhunderts gemeint ist, lässt sich allein mit den Angaben in W nicht zuverlässig ermitteln, da auch das Datum von Ruotgers Amtsantritt *anno domini M° cc° xli° xv Kalendas Iunii*, das heißt der 18. Mai 1241, fehlerhaft ist (BR 76). Zu Hilfe kommt die Chronica Maderi, die ergänzende Daten zu W bietet. Mader zufolge starb Gernand am 14. Dezember 1241, woraufhin eine fünftägige Vakanz eintrat.[466] Das bedeutet, dass die Monatsangabe in W falsch ist und von *Iunii* bzw. abgekürztem *Iun.* in *Ianuarii* bzw. *Ian.* geändert werden muss.[467] Da Ruotger also nicht am 18. Mai, sondern am 18. Dezember 1241 zum Bischof gewählt wurde[468] und, wie W des Weiteren zu entnehmen ist, zehn Jahre und sechs Tage im Amt war, fällt sein Todestag auf den 24. Dezember 1251. Daher muss man bei Ruotgers Todesjahr die Zahl *li* nach *M° cc°* einfügen. Wenn die Vakanz, die nach seinem Tod im Bischofsamt eintrat, in der Chronica Wimariensis mit zwei Monaten und siebzehn Tagen angegeben wird (BR 78), käme man für den Amtsantritt von Ruotgers Nachfolger Otto auf den 12. März 1252.[469] Dies passt allerdings nicht mit dem Datum *anno domini M° cc° lii vii Nonas Marcii* zusammen, das sich in W für Ottos Amtsantritt findet (BR 79). Da der siebte Tag vor den Nonen des März mit den Kalenden des März identisch ist, die korrekterweise doch wohl als *Kalend. Marcii* bezeichnet worden wären, wenn tatsächlich der 1. März gemeint gewesen wäre, wird sich in der Tagesangabe nach dem römischen Kalender ein Fehler verbergen. Welches das richtige Datum ist, kann man nicht sagen. Paläographisch lässt sich jedenfalls nicht erklären, wie ein Schreiber anstelle von *iv Idus Marcii*, der römischen Tagesbezeichnung des errechneten 12. März, *vii Nonas Marcii* geschrieben haben soll. Auf das Datum von Bischof Ottos Amtsantritt folgt die Angabe, dass er

---

465 Die Urkunden sind zusammengestellt bei Krabbo 1904, S. 18f., Nr. 3–5. Die Weihe erfolgte in Alatri am 29.5.1222 durch Erzbischof Albrecht I. von Magdeburg, wie Krabbo ebd. S. 9 mit Anm. 5 nach Vorüberlegungen von Sello 1892, S. 524f. errechnete.

466 *Obiit autem* [sc. *Gernandus*] *anno Domini 1241, 19 Kal. Ian. et cessavit episcopatus dies 5.* Druck: Holder-Egger 1880, S. 485, Z. 36f.

467 Zu der nicht ungewöhnlichen Verwechslung von *Iun.* und *Ian.* s. S. 89.

468 Die Angabe der Vakanz in Maders Chronik führt auf den 19.12.1241. Ob hier ein kleiner Fehler vorliegt oder ob der Autor möglicherweise den Ausgangstag mitzählte, lässt sich nicht entscheiden.

469 Dies harmoniert mit der Urkunde Bischof Ottos vom 13.2.1258 (Brandenburg, Domstiftsarchiv, BDK 1508/1441 [= Kop. I], 48v–49r. Druck: CDB I 8, S. 164, Nr. 88. Regest: Schössler 1998, S. 51f., Nr. 54), die in dessen sechstes Pontifikaljahr fällt, so dass Ottos Episkopat nicht vor dem 14.2.1252 begonnen haben kann; s. Sello 1892, S. 525. Nicht zu berücksichtigen ist dagegen der 30.5.1251 als Terminus post quem, den G. Wentz in: Abb/Wentz 1929, S. 32 nennt. Er verweist dafür auf die Urkunde im Kopiar LHASA Magdeburg, Cop., Nr. 456a II, 8r (Abschrift um 1900), die jedoch eine falsche Jahreszahl bietet: *anno Domini M.CC.LXVI III. Kal. Julii* (= 29.6.1266) *pontificatus nostri anno quinto*. Die Korrektur in *1256*, die Wentz stillschweigend vorgenommen hat, ist zu unsicher. Das falsche Tagesdatum bei Wentz beruht im Übrigen auf einem Lesefehler: Statt *Iulii* las er *Iunii*. Die Angaben zu dieser Urkunde beruhen auf der Autopsie durch Wilhelm Klare, Magdeburg, im April 2014.

neun Jahre, sieben Monate und dreiundzwanzig Tage amtierte (BR 79f.). Ausgehend vom 12. März 1252 als Datum von Ottos Amtsbeginn ergibt sich der 4. November 1261 als Pontifikatsende. Sollte an der Tagesangabe in W zumindest *Nonas* richtig sein, Ottos Amtsantritt also zwischen dem 2. und 6. März (*vi – ii Nonas*) stattgefunden haben, läge das Pontifikatsende zwischen dem 25. und 30. Oktober 1261. Mit den Worten *et cessauit episcopatus* (BR 80) bricht der Text in W ab, die Angabe der exakten Dauer der Vakanz ist ausgefallen.[470]

Aus diesen letzten Angaben ergibt sich für die Chronica Wimariensis, dass sie erst nach der Wahl von Ottos Nachfolger Bischof Heinrich I. Ende 1261[471] abgefasst worden sein kann und daher in Heinrichs Amtszeit, das heißt zwischen 1261[472] und 1277/78, zu datieren ist. Dies passt zu dem ersten Text der Brandenburgensia, dem Brandenburger Fürstenkatalog, mit seinem Terminus post quem 1267 sowie zu Teil 1 des Brandenburg-Faszikels, der Chronica principum de semine Billingi, aus den 1260er Jahren. Die Brandenburger Bischofschronik entstand jedoch schon unter Bischof Gernand, wie in dem folgenden Exkurs gezeigt werden wird. Die Abschnitte der Chronica Wimariensis zu den Bischöfen Ruotger und Otto mit ihren rudimentären Angaben sind daher dem Kompilator der Brandenburgensia zuzuschreiben, der die Chronik bis in seine Zeit fortsetzte.

Exkurs zur originalen Brandenburger Bischofschronik und ihrer Datierung

Bislang galt die Brandenburger Bischofschronik als das Werk eines Zeitgenossen Bischof Gernands (1222–1241), der die Chronik unter Bischof Ruotger (1241–1251) schrieb.[473] Die Nähe zu Gernand schloss man daraus, dass dieser in der Chronica

---

470 Zu erwarten wäre ein Accusativus durativus; vgl. dazu im Abschnitt zu Bischof Ruotger *et cessauit episcopatus menses duos et dies xvii* BR 77f., ferner in der Chronica Maderi im Abschnitt zu Bischof Gernand *et cessavit episcopatus dies 5*; Druck: Holder-Egger 1880, S. 485, Z. 36f. Zwar wird *cessauit episcopatus* ebd., Z. 21f. im Abschnitt zu Bischof Siegfried I. absolut gebraucht, doch ist die Stelle nicht mit der vorliegenden vergleichbar, da *et cessauit episcopatus Brandeburgensis* dort bedeutet, dass Siegfrieds Brandenburger Episkopat aufhörte, weil er Erzbischof von Bremen wurde. Zum Gebrauch von *cessare* im Sinne von *vacare* (»unbesetzt sein«) s. MLatWb 2, Sp. 505, Z. 36–39, im Sinne von *desinere* (»aufhören«) ebd., Z. 4–10.

471 Dass die Wahl noch 1261 stattfand, bezeugen die Gesta archiepiscoporum Magdeburgensium MGH SS 14, S. 423, Z. 3f., aus denen auch hervorgeht, dass es zu einer Doppelwahl kam: *Ipse* [sc. *Ropertus de Quernforde*] *anno Domini 1261 parti Lyzkensi favens electum capituli Brandeburgensis* [sc. *Henricum*] *noluit confirmare, sed modis quibus potuit impedivit.* Einzelheiten zur Wahl – das Leitzkauer Kapitel wählte den Magdeburger Domherrn Albert, das Brandenburger Kapitel Heinrich I. – und zu dem daraufhin geführten Prozess an der römischen Kurie sind aus einem Schreiben Papst Urbans IV. (1261–1264), Orvieto, den 25.2.1263, an Albertus Magnus bekannt, mit dem er diesen beauftragte, die Wahl Heinrichs zu prüfen und zu bestätigen (Vat. Arch. Regg. Vat. 27, fol. 91v); Druck: Les registres d'Urbain IV. (1261–1264) … publ. … par Jean Guiraud, Tome 1, Paris 1901, S. 91, Nr. 333. Zu Bischof Heinrich s. G. Wentz in: Abb/Wentz 1929, S. 32f., 109f., 130; Ertl 2002, S. 16f.

472 Bis 1263 war Heinrich I. nur Elekt, seine Ordination erfolgte erst am 31.10.1263; s. Brandenburg, Domstiftsarchiv, U. 63. Druck: CDB I 8, S. 165, Nr. 90. Regesten: Schössler 1998, S. 53, Nr. 56; Beck 2001, S. 192, Nr. 1310.

473 Siehe Sello 1888c, S. 7f., insbesondere S. 8: »innere Gründe werden uns lehren, dass der Verfasser der Brandenburger Bischofs-Chronik zwar nicht unter Gernand schrieb, wohl aber als sein

Maderi als einziger Bischof eine Beschreibung erhält, die über das rein Faktische hinausgeht und seine Fähigkeiten und Charaktereigenschaften in einer Weise würdigt, wie es für diesen sachlich-nüchternen Text ungewöhnlich, aus dem Munde einer Person aus Gernands Umfeld aber erklärlich ist.[474] Die Datierung entnahm man ebenfalls Maders Chronik, die bis zum Ende der Vakanz nach Gernands Tod reicht, das heißt bis zur Wahl Ruotgers am 18. oder 19. Dezember 1241.[475] Dieselbe Entstehungszeit ist für die Brandenburger Bischofschronik, die ihre Spuren in den Gesta archiepiscoporum Magdeburgensium hinterlassen hat, vorauszusetzen, da die Reihe der gezählten Brandenburger Bischöfe dort mit Ruotger, dem 22. Bischof, endet und von diesem über die Ordination durch Erzbischof Wilbrand hinaus nichts weiter berichtet wird.[476] Beiden Texten liegt daher eine Bischofschronik aus Ruotgers Pontifikalzeit zugrunde. Wie sich am Textumfang der Chronica Maderi und an den gezählten Brandenburger Bischöfen in den Gesta zeigt, setzte diese Chronik erst bei Bischof Wigger, dem Erneuerer des Bistums Brandenburg, ein. Insofern ist zu bezweifeln, dass es sich bei ihr um die originale Brandenburger Bischofschronik handelte, denn von ihr würde man erwarten, dass sie alle Bischöfe von der Gründung des Bistums Brandenburg unter König Otto I. an umfasste, wie es in der Chronica Wimariensis der Fall ist. Man kann daher davon ausgehen, dass die Weimarer Chronik bezüglich des Umfangs der originalen Bischofschronik nähersteht und der Kompilator diese als Vorlage hatte. Auch hinsichtlich der Datierung der originalen Brandenburger Bischofschronik ist die Chronica Maderi nicht maßgeblich. Es lässt sich nämlich zeigen, dass die Bischofschronik schon unter Gernand entstand. Die außerordentlich ausführliche Mitteilung über die Weihe der Krypta im unteren Teil des Brandenburger Doms durch Gernand am 25. November 1235, die sich in der Chronica Wimariensis über neun Zeilen (W 280^{r}, Z. 2–10) erstreckt,[477] deutet darauf hin, dass dem Autor der Bischofschronik dieses Ereignis besonders wichtig war. Dass es zudem noch nicht lange zurücklag, geht aus der Zeitbestimmung *venerabilis patris nostri Iacobi prepositi*

Zeitgenosse von ihm vielseitige Anregung und fruchtbare Unterweisung empfangen haben muss.« Ähnlich zuvor schon Hertel 1879, S. 217f. und Holder-Egger 1880, S. 472; vgl. auch Kahl 1964, S. 6.

474 Holder-Egger 1880, S. 485, Z. 39 – S. 486, Z. 2 *Fuit enim homo mundus, dulcis, affabilis, studiosus et disciplinatus, adeo ut et ipsi filii nobilium mitterentur ad eum disciplina et moribus imbuendi. Cotidie pauperes et scolares ad mensam coram se posuit comedentes.* Übersetzung: »Er war nämlich ein so feiner, milder, leutseliger, eifriger und gebildeter Mann, dass sogar die Söhne der Adligen zu ihm geschickt wurden, damit sie in Wissenschaft und gutem Betragen unterrichtet würden. Täglich lud er Arme und Scholaren zu sich an den Tisch.«

475 Zum Datum s. S. 91 mit Anm. 466. Ruotger selbst wird in diesem Zusammenhang gar nicht genannt; er erscheint im Gernand-Abschnitt nur in seiner Funktion als Brandenburger Dompropst. Die entsprechende Stelle, an der höchstwahrscheinlich alle vier Dompröpste aus Gernands Amtszeit aufgezählt wurden, ist in Maders Chronik arg verstümmelt; es sind nur die Worte *Ruthgero prepositis* erhalten; s. Holder-Egger 1880, S. 485, Z. 36 mit Anm. 6.

476 Siehe dazu S. 83f. mit Anm. 429.

477 BR 69–75. Die Weihe wird auch in Maders Chronik erwähnt, nimmt dort aber weniger Platz ein, s. Holder-Egger 1880, S. 486, Z. 3–6. Zu den inhaltlichen Abweichungen der beiden Textzeugen s. S. 90, Anm. 463.

temporibus hervor.[478] Diese Angabe muss aus der originalen Brandenburger Bischofschronik stammen, denn das Pronomen *nostri*, das den Brandenburger Dompropst Jakob als noch im Amt befindlich kennzeichnet, trifft auf keinen Fall auf die Zeit zu, in der die Chronica Wimariensis entstand. Anders als der Verfasser der Chronica Maderi, der an der entsprechenden Stelle im Abschnitt zu Gernand das Wort *nostri* wegließ und nur *temporibus Iacobi prepositi* schrieb,[479] da Jakob schon zu seiner Zeit, das heißt unter Bischof Ruotger, nicht mehr Propst war, übernahm der Autor der Chronica Wimariensis das Pronomen unbedacht und bewirkte durch seine Nachlässigkeit, dass die originale Brandenburger Bischofschronik ziemlich zuverlässig bestimmt werden kann. Als Eckdaten stehen die Kryptaweihe am 25. November 1235 und eine Urkunde des Jahres 1241 fest, in der Jakobs Nachfolger Heinrich bereits als ehemaliger Dompropst bezeichnet wird.[480] Der Terminus ante quem für die Entstehung der Bischofschronik lässt sich jedoch noch weiter eingrenzen. Zum letzten Mal erscheint Propst Jakob in zwei Urkunden vom 2. April 1238,[481] in denen er als noch im Amt befindlich vorausgesetzt werden muss.[482] Damit kollidiert, dass in der Corroboratio der Urkunde vom 28. Februar 1238[483] – dies ist die Bestätigungsurkunde des oben erwähnten Vergleichs vom 28. Oktober 1237[484] – zwar Jakobs Siegel angekündigt wird,[485] aber nicht der Urkunde angehängt ist. Das angehängte Siegel ist vielmehr das seines Nachfolgers Heinrich,[486] der zum Zeitpunkt der Siegelung also schon neuer

---

478 BR 71f. Übersetzung: »in der Zeit unseres verehrten Vaters, des Propstes Jakob«.

479 Holder-Egger 1880, S. 486, Z. 5f.

480 CDB I 8, S. 154f., Nr. 68, hier Z. 7f. *Henrico, quondam preposito Brandeburgensi*. Aussteller der Urkunde ist Bischof Nikolaus von Riga (1229–1253). Regest: Schössler 1998, S. 46, Nr. 42. Zu Propst Heinrich s. G. Wentz in: Abb/Wentz 1929, S. 115.

481 Brandenburg, Domstiftsarchiv, U. 37/38 und U. 39. Druck: CDB I 8, S. 149f., Nr. 65 und 150f., Nr. 66. Aussteller beider Urkunden ist Erzbischof Wilbrand von Magdeburg (1235–1253). Regesten: Reg. archiep. Magdeb. 3, 1886, S. 498f., Nr. 1089 und S. 499f., Nr. 1090; Schössler 1998, S. 44f., Nr. 40 und S. 45f., Nr. 41.

482 Dies geht aus der Publicatio der ersten Urkunde hervor, s. CDB I 8, S. 149f., Nr. 65, hier S. 150, Z. 9–15: *Notum esse volumus, ... quod nos ... villam Mukede ..., quam vir venerabilis Jacobus, Brandeburgensis ecclesie prepositus, ab eisdem* [sc. *filiis Alverici de Grabowe*] *ad usus ecclesie sue ... comparavit, ... eidem preposito et conventui Brandeburgensi ... conferimus in proprium et donamus.* Übersetzung: »Wir [d. h. Erzbischof Wilbrand von Magdeburg] geben bekannt ..., dass wir ... das Dorf Mukede [d. h. Marquede] ..., das der verehrte Herr Jakob, der Propst des Brandenburger Doms, von denselben [d. h. den Söhnen Alberichs von Grabow] für sein Kapitel ... gekauft hat, ... ebendiesem Brandenburger Propst und Kapitel ... zum Eigentum übertragen und schenken.«

483 Brandenburg, Domstiftsarchiv, U. 40–42. Druck: CDB I 8, S. 151–154, Nr. 67; Schuchard 1987, S. 13–25 (mit Übersetzung). Regesten: Krabbo/Winter 1910–55, S. 143, Nr. 648; Schuchard 1987, S. 11f.; Schössler 1998, S. 443f., Nr. B 10.

484 Siehe S. 65 mit Anm. 328.

485 CDB I 8, S. 154, Z. 15–18 (s. auch Schuchard 1987, S. 25, Z. 467–474) *nos eam* [sc. *compositionem*] *auctoritate apostolica confirmamus, ipsam tam nostris quam venerabilis patris domini Ghernandi, Brandeburgensis episcopi, ac domini Jacobi prepositi ... sigillorum munimine roborantes.* Übersetzung: »bestätigen wir [d. h. Bischof Ekkehard, Dompropst Rudolf und Domscholaster Ernst von Merseburg] ihn [d. h. den Vergleich] mit päpstlicher Vollmacht und bekräftigen ihn durch die Befestigung sowohl unserer Siegel als auch der Siegel des verehrten Vaters Gernand, des Brandenburger Bischofs, und des Propstes Jakob«.

486 Das Propstsiegel ist nur an der Ausfertigung Brandenburg, Domstiftsarchiv, U. 41 erhalten, bei

Brandenburger Dompropst gewesen sein muss. Da die Siegelung nicht allzu lange nach Ausstellung der Urkunde erfolgt sein wird, kann man wohl davon ausgehen, dass Propst Jakob im Frühjahr 1238 starb.[487] Die originale Brandenburger Bischofschronik wurde daher in der Pontifikalzeit Gernands zwischen dem 25. November 1235 und dem Frühjahr 1238 verfasst.

Catalogus diversorum bellorum

Auf derselben Zeile, auf der der Bischofkatalog endet (W 280^r, Z. 17), beginnt nach einem Spatium im Umfang von vier bis fünf Buchstaben völlig unvermittelt der dritte Text, ein Katalog von Schlachten, der sich in zwei Teile untergliedern lässt. Im ersten Teil, BR 81–94, werden zunächst die drei großen Kämpfe gegen die Slawen um die Vorherrschaft auf der Brandenburg aufgezählt, nämlich die Eroberung der Brandenburg durch den ostfränkischen König Heinrich I. (919–936) im Winter 927,[488] die Belagerung und Einnahme der Brandenburg durch Markgraf Udo III. von der Nordmark († 1106) im Jahr 1100[489] und die endgültige Inbesitznahme durch Markgraf Albrecht im Jahr 1157, die auch Gegenstand des Brandenburg-Traktats ist. Die im Anschluss daran erwähnte Schlacht am Welfesholz am 11. Februar 1115 zwischen Kaiser Heinrich V. (1106–1125) und den sächsischen Fürsten unter Herzog Lothar von Sachsen (BR 87–90) passt weder inhaltlich noch chronologisch hierher und fügt sich auch mit ihrer Zählung *bellum septimum* eher zum zweiten Teil des Schlachtenkatalogs, in dem sie auch nochmals erwähnt wird. Es folgen die beiden bekannten mit der Feste Havelberg verbundenen kriegerischen Ereignisse, der Überfall der Lutizen auf Havelberg am 29. Juni 983 und die Einnahme Havelbergs durch die Söhne des Slawenfürsten Widikind bzw. Wirikind[490] im Jahr 1136 (BR 91–94). Im zweiten Teil des Schlachtenkatalogs, BR 95–106, werden sieben Schlachten des 11. und 12. Jahrhunderts aufgelistet. Die Schlachten sind von eins bis sieben durchnumeriert und werden teils als *bellum*, teils als *pugna* bezeichnet. Für jede Schlacht werden der Austragungsort und das taggenaue Datum nach dem römischen Kalender angegeben, wobei dem Schreiber bei den Zahlen besonders viele Fehler unterlaufen sind.[491] Bei den beiden ersten Schlachten und vielleicht auch bei der sechsten[492] werden

---

U. 40 und U. 42 fehlt es. Abbildung des Siegels Propst Heinrichs: Schuchard 1987, S. 27, Nr. 5 (Umschrift: *Henricus dei gratia Brandeburgensis prepositus*).

487 Siehe dazu Schuchard 1987, S. 10.

488 Erstmals wird dieses Ereignis in Widukinds Sachsengeschichte (Widuk. gest. 1,35, MGH SS rer. Germ. [60], S. 49, Z. 11 – S. 50, Z. 1) erwähnt, allerdings ohne Jahresangabe. In der historischen Forschung setzt man die Einnahme der Brandenburg gewöhnlich in den Winter 928/929; s. Partenheimer 2007, S. 19.

489 Der Annalista Saxo erwähnt Belagerung und Eroberung der Brandenburg sowohl zum Jahr 1100 als auch zu 1101 (s. den Quellen-, Similien- und Testimonienapparat zu BR 83f.); s. dazu Krabbo 1910b, S. 33.

490 Zu Widikind/Wirikind s. Kahl 1964, S. 90f. und 650f., Anm. 92 (dort auch zur Namensform).

491 Bei den ersten vier Schlachten, die alle in das 11. Jahrhundert gehören, setzt er bei der Angabe der Jahrhunderte überall die römischen Zahlen *M c* statt bloßem *M*, verlegt die Schlachten also fälschlich ins 12. Jahrhundert.

492 Der Text ist an der Stelle korrupt, s. BR 103 mit kritischem Apparat.

zusätzlich die Kriegsgegner genannt. Bei den ersten fünf Schlachten handelt es sich um die Schlachten König bzw. Kaiser Heinrichs IV. (1056–1105) gegen die Sachsen, die schon seit Brunos Buch vom Sachsenkrieg (um 1082) öfter mit einer Zählung versehen werden.[493] Es sind dies die Schlacht bei Nägelstedt am 9. Juni 1075, besser bekannt als Schlacht an der Unstrut, die Schlacht bei Mellrichstadt am 7. August 1078, bei der erstmals König Heinrich IV. und der Gegenkönig Rudolf von Rheinfelden aufeinandertrafen, die Schlachten bei Flarchheim am 26. Januar 1080[494] und an der Weißen Elster am 12. Oktober 1080[495], die ebenfalls zwischen Heinrich IV. und Rudolf ausgetragen wurden, und die Schlacht in der Vorstadt von Würzburg, üblicherweise Schlacht bei Pleichfeld genannt, am 6. Juni 1086[496]. Anstelle der Schlacht bei Gleichen, die am 24. Dezember 1088 stattfand und die in den Aufzählungen der Schlachten Heinrichs IV. üblicherweise als sechste und letzte genannt wird,[497] folgt in W an sechster Stelle die Schlacht bei Kulm im Osterzgebirge am 18. Februar 1126 zwischen König Lothar von Supplingenburg und Herzog Sobieslav I. von Böhmen. Die abschließende siebte Schlacht, die Schlacht am Welfesholz zwischen Kaiser Heinrich V. und den sächsischen Fürsten unter Herzog Lothar am 11. Februar 1115, fällt in mehrfacher Hinsicht aus dem Rahmen: Erstens fand sie vor der sechsten statt, so dass bei ihr als einziger nicht die chronologische Reihenfolge eingehalten wird, zweitens fehlt die Angabe des Tagesdatums, und drittens besteht ihre Beschreibung aus zwei Hexametern.[498] Wie oben erwähnt, findet sich eine Prosabeschreibung der Schlacht am Welfesholz mit taggenauem Datum, Ortsangabe, Nennung der Konfliktparteien und Zählung bereits im ersten Teil des Schlachtenkatalogs. Dennoch

---

493 Siehe den Quellen-, Similien- und Testimonienapparat zu BR 95ff.

494 In den frühesten Quellen wird die Schlacht bei Flarchheim auf den 27.1.1080 datiert, vgl. Bruno, Saxonicum bellum, cap. 117 (MGH Dt. MA 2, S. 111, Z. 2f.) und Annalista Saxo ad an. 1080 (MGH SS 37, S. 462, Z. 1f.), der 26.1.1080 findet sich auch in den Annales S. Petri Erphesfurtenses antiqui ad an. 1080 (MGH SS rer. Germ. [42], S. 15, Z. 1f.; s. auch S. 48, Z. 18 und S. 49, Z. 10f.).

495 Bruno, Saxonicum bellum, cap. 124 (MGH Dt. MA 2, S. 118, Z. 8) und Annalista Saxo ad an. 1080 (MGH SS 37, S. 465, Z. 9) nennen als Tag der Schlacht an der Weißen Elster *Idibus Octobris* (= 15.10.). Die fehlerhafte Angabe in W *iiii Ydus Octobris* (= 12.10.) erklärt sich dadurch, dass die Zahl 4, die eigentlich für die Zählung der Schlacht stand, mit der Zählung der Tage der Datumsangabe verwechselt wurde, so dass aus einem Text wie *Factum est hoc prelium quartum idibus Octobris* (Annalista Saxo a.a.O.) leicht die Datumsangabe in W *iiii Ydus Octobris* werden konnte. Dies geschah beispielsweise auch in den Annales S. Petri Erphesfurtenses antiqui ad an. 1084, wo es heißt *Quartum bellum fuit iuxta Elstra IIII. Idus Oct.* (MGH SS rer. Germ. [42], S. 15, Z. 9f.; s. auch S. 48, Z. 26f. und S. 49, Z. 18f.).

496 Dieses Datum nennen auch die Annales S. Petri Erphesfurtenses antiqui ad an. 1086 (MGH SS rer. Germ. [42], S. 15, Z. 11f.; s. auch S. 50, Z. 1 und S. 51, Z. 1).

497 Zum Beispiel Annales S. Petri Erphesfurtenses antiqui ad an. 1088 (MGH SS rer. Germ. [42], S. 15, Z. 14f.; s. auch S. 50, Z. 4f. und S. 51, Z. 4f.).

498 Der erste Vers mit der Jahresangabe *Anno milleno centeno ter quoque quino* findet sich auch in anderen metrischen Beschreibungen der Schlacht am Welfesholz, z. B. in den Gesta archiepiscoporum Magdeburgensium ad an. 1115 (MGH SS 14, S. 410, Z. 31) und in der Chronica principum Saxoniae ampliata (Holder-Egger 1896, S. 29, Z. 27). Der zweite Vers *Ad Catuli saltum magnum bellum fuit ortum* ist anderweitig nicht belegt; am nächsten kommt der Vers *Ad Catuli saltum belli cruor exit in altum*, der in der Chronica principum Saxoniae ampliata auf den Vers mit der Umschreibung des Jahres 1115 folgt (Holder-Egger 1896, S. 29, Z. 28).

ist es unwahrscheinlich, dass dieser Text hierher umzustellen ist, da er in Aufbau, Syntax und Umfang nicht zu dem festen Schema der ersten sechs Schlachten passt, also auch hier ein Fremdkörper wäre.

De terrae motu in Brandenburg anno domini 1201 facto
Der vierte und letzte Text, der sich in W 281^v^, Z. 15 unmittelbar an die beiden Verse über die Schlacht am Welfesholz anschließt, ist dem großen Erdbeben von 1201 gewidmet. Der Text besteht aus einem einzigen Satz,[499] der sich in W über zwölf Zeilen erstreckt, von denen knapp neun auf die Datumsangabe entfallen. Das Erdbeben fand am 4. Mai 1201 statt,[500] am Tag des Festes der Inventio crucis, das wegen des Zusammentreffens mit Christi Himmelfahrt in diesem Jahr vom 3. auf den 4. Mai verlegt worden war. Im Text wird behauptet, das Erdbeben habe sich in Brandenburg ereignet, was reine Fiktion ist. Da das Epizentrum im Liesertal in der Nähe von Gmünd in Kärnten lag,[501] kann man wohl davon ausgehen, dass das Erdbeben in Brandenburg nicht einmal gespürt wurde. Auch wenn Berichte über Erdbeben ebenso wie über andere Naturkatastrophen in mittelalterlichen Chroniken sehr beliebt waren, bleibt dennoch unklar, warum ausgerechnet dieses Erdbeben hier der Erwähnung für wert erachtet und mit Brandenburg in Verbindung gebracht wurde.

Die Abfolge der Brandenburgensia in der Weimarer Handschrift

Bei der Betrachtung der vier Brandenburgensia der Weimarer Handschrift, die sich an den Tractatus de urbe Brandenburg anschließen, wurde bislang außer Acht gelassen, dass ihre Abfolge erheblich gestört ist.[502] Auf den ersten Blick bemerkt ein Leser der Handschrift dies gar nicht, da der Anfang völlig unverdächtig ist: Auf das Incipit (W 278^v^, Z. 29–33 // TR 1–3) folgt der Traktat mit dem Einleitungssatz *Innumeris annorum circulis …* Schon nach zwanzig Zeilen tritt jedoch der erste Bruch ein, und zwar mitten in dem Satz, in dem davon die Rede ist, dass Pribislaw/Heinrich Prämonstratenser-Chorherren nach St. Gotthardt in die Vorstadt der Brandenburg holte. Nach den Worten *Hic canonicos beati Petri, apostolorum principi* (W 279^r^, Z. 11 // TR 18 mit Konjektur *principis*) geht es plötzlich mit der Brandenburger Bischofschronik weiter. Die anschließenden Worte *sui episcopatus per testamentum ab imperatore Ottone promeruit confirmari* gehören nämlich zur Darstellung Thietmars, des ersten Brandenburger Bischofs (W 279^r^, Z. 11f. // BR 11f.). Es folgt die komplette Bischofschronik von Dodilo bis Otto (W 279^r^, Z. 13 – 280^r^, Z. 17 // BR 13–80). Hieran schließen sich noch die ersten Worte des Schlachtenkatalogs an, bis der Text nach *Anno domini d cccc^o^ xxvii Henricus rex positus cassis* (W 280^r^, Z. 17f. // BR 81

499 BR 107–114.
500 Zusammenstellung der Quellentexte zu diesem Erdbeben s. Hammerl 1995, S. 366–368.
501 Zur Lokalisierung des Erdbebens s. Hammerl 1995, S. 358–365; Hammerl/Lenhardt 1997, S. 141f.
502 Dies trug vermutlich dazu bei, dass Spalatin die Texte nicht beachtete und sie bis heute unentdeckt blieben.

1^{r}	1^{v}	3^{r}	3^{v}	2^{r}	2^{v}	4^{r}	4^{v}
	TR 1–18	BR 11–46	BR 46–81	TR 18–51	TR 51–73 + BR 1–11	BR 81–114	

1 Binio-Theorie

mit Konjektur *positis castris*) ein zweites Mal abbricht. Die an dieser Stelle folgenden Worte *ordinis Premonstratensis ortatu et ope Wigeri ...* gehören wieder zum Tractatus de urbe Brandenburg (W 280^{r}, Z. 18f. // TR 18f.), der nunmehr mit der Ansiedlung der Prämonstratenser in der St.-Gotthardt-Kirche fortgeführt wird. Von da an läuft der Traktat ohne Unterbrechung bis zum Ende durch (W 280^{r}, Z. 18 – 281^{r}, Z. 14 // TR 18–73), gefolgt von dem kurzen Brandenburger Fürstenkatalog (W 281^{r}, Z. 14–21 // BR 1–5) und dem Beginn der Bischofschronik mit Einleitung und Beginn des Thietmar-Abschnitts (W 281^{r}, Z. 21–28 // BR 6–11). In dem unsinnigen, noch dazu von Schreiberfehlern durchsetzten Satz *Iste anno gracie d ccc^{o} xlix terminis tritis in gulacie cepit castrum Brandeburg* (W 281^{r}, Z. 27–29) verbirgt sich die letzte Bruchstelle: Die Worte *Iste anno gracie d ccc^{o} xlix terminis tritis* (Edition BR 10f. mit Konjekturen *d cccc^{o}* und *constitutis*) gehören zu Bischof Thietmar und damit zur Bischofschronik, die Worte *in gulacie cepit castrum Brandeburg* (Edition BR 81f. mit Konjektur *glacie*) gehören dagegen zum Schlachtenkatalog. Sie betreffen die Eroberung der Brandenburg im Jahr 927 durch König Heinrich I., der auch das Subjekt zu *cepit* ist. Der Schlachtenkatalog und der Abschnitt über das Erdbeben von 1201 beschließen den Text (W 281^{r}, Z. 27 – 281^{v}, Z. 26 // BR 81–114).

Der Anfang des Traktats und das Ende der Brandenburgensia stehen in W also an der richtigen Stelle, dazwischen sind jedoch zwei große Textstücke im Umfang von jeweils etwa 90 Zeilen vertauscht, so dass sich vier Textblöcke mit drei Bruchstellen ergeben.[503] Irgendwann im Verlauf der Überlieferung müssen die Blätter, die den Traktat und die Brandenburgensia enthielten, falsch gebunden worden sein, und zwar in folgender Weise: Die beiden vertauschten Textstücke mit jeweils etwa neunzig Zeilen verteilen sich je nach Schriftgröße und Format der Handschrift entweder auf ein Doppelblatt, dessen vier Seiten jeweils etwa 45 Zeilen hatten, oder – bei einer Handschrift im Quart- oder Oktavformat – auf zwei Doppelblätter, deren acht Seiten jeweils etwa 22–23 Zeilen hatten. Dabei muss es sich um das innerste Doppelblatt bzw. um die beiden innersten Doppelblätter einer Lage gehandelt haben. Fest steht außerdem, dass Anfang und Ende des Textes auf dem Doppelblatt standen, das die

503 Im kritischen Apparat der Edition wird über die Textumstellungen Rechenschaft abgelegt. Die Textblöcke entsprechen in der korrigierten Abfolge der Edition TR 1–18, TR 18–73 + BR 1–11, BR 11–81, BR 81–114.

1^r	1^v	4^r	4^v	5^r	5^v	2^r	2^v	3^r	3^v	6^r	6^v
	TR 1–18	BR 11–28	BR 28–46	BR 46–63	BR 63–81	TR 18–34	TR 34–51	TR 51–68	TR 68–73 + BR 1–11	BR 81 –108	BR 108 –114

2 Ternio-Theorie

vertauschten Textstücke umgab, wobei der Traktat wegen der geringen Textmenge vor der ersten Bruchstelle auf einem Verso begonnen haben muss. Foliiert man die Blätter durch, ergeben sich im ersten Fall zwei Doppelblätter 1/4 und 2/3, das heißt ein Binio, mit folgender Blattfolge (Abb. 1): 1^{rv} (mit Textbeginn auf 1^v), 3^{rv} / 2^{rv} (falsch eingebundenes Doppelblatt), 4^{rv} (mit Textende auf 4^r). Im zweiten Fall, bei einer Quart- oder Oktavhandschrift, wären es drei Doppelblätter 1/6, 2/5 und 3/4, das heißt ein Ternio, mit folgender Blattfolge (Abb. 2): 1^{rv} (mit Textbeginn auf 1^v), 4^{rv}, 5^{rv} / 2^{rv}, 3^{rv} (zwei falsch eingebundene Doppelblätter), 6^{rv} (mit Textende auf 6^v).

Wann die Vertauschung der Doppelblätter geschah, lässt sich nicht feststellen, sicher ist nur, dass der Schreiber von W im 15. Jahrhundert die Textblöcke bereits in dieser falschen Zusammensetzung vorfand. Nur so ist zu erklären, dass die drei Bruchstellen in W mitten auf den Seiten stehen. Es verwundert nicht, dass der Text an diesen Stellen stark entstellt ist.[504] Denn da hier syntaktisch und inhaltlich unvollständige Textstücke aneinanderstießen, ergab sich ein unverständlicher Text mit der Folge, dass Fehler und Unwörter wie *cassis* und *gulacie*[505] in den Text gerieten. Ob auch der Schreiber von W einen Anteil an diesen Korruptelen hat oder ob er diese Textstellen einschließlich der Korruptelen lediglich aus seiner Vorlage übernahm, lässt sich nicht entscheiden.

Zur Rezeption des Tractatus de urbe Brandenburg

In welchem Rahmen der originale Tractatus de urbe Brandenburg in der Zeit Markgraf Ottos I. von Brandenburg publiziert wurde, ist nicht bekannt. So viel ist jedoch sicher, dass es sich um eine abgeschlossene, eigenständige Schrift handelte. Auch die interpolierte Weimarer Fassung aus den 1230er Jahren[506] war ursprünglich ein selbständiges Werk. In der Handschrift W steht sie jedoch in engem Überlieferungskontext mit chronikalischen Texten zur Mark und zum Bistum Brandenburg aus den 1260er und 70er Jahren[507]. Sie ist dort umgeben von der Billunger Fürstenchronik und den kleineren Brandenburgensia, darunter dem kurzen Brandenburger Fürstenkatalog und

504 Die Bruchstellen aus W entsprechen TR 18/BR 11, BR 81/TR 18, BR 11/BR 81 der Edition.

505 Siehe den kritischen Apparat zu BR 81 und BR 81–114.

506 Zur Datierung s. S. 65–68.

507 Siehe S. 76, 79, 92.

einer Fassung der Brandenburger Bischofschronik, der Chronica Wimariensis. Auch die Magdeburger Fassung des Traktats mit ihren Leitzkau-Interpolationen, die am ehesten in die 1260er und 70er Jahre gehören,[508] steht innerhalb eines Brandenburger Bischofskatalogs und vertritt dort gewissermaßen die Stelle eines Eintrags zu Bischof Wigger, dessen Name im Katalog selbst ausgespart ist.

Die Kombination von Tractatus de urbe Brandenburg und Texten zu den Brandenburger Markgrafen und Bischöfen ist aber nicht auf W und M beschränkt. Es gibt weitere Beispiele, in denen allerdings nicht der ganze Traktat, sondern nur Teile daraus in verschiedene chronikalische Brandenburg-Texte eingefügt sind. Exzerpte aus dem Anfang des Tractatus finden sich in der Chronica Maderi und im Excerptum Goslariense, also in zwei Fassungen der Brandenburger Bischofschronik, jeweils im Abschnitt zu Bischof Wigger.[509] Dort werden Pribislaws/Heinrichs Vorgehen gegen den Götzenkult und die Einsetzung Markgraf Albrechts als Pribislaws/Heinrichs Erben in einem längeren Satz zusammengefasst, dessen einleitende Worte *Huius temporibus fuit in Brandenburg rex Heinricus*[510] bereits ihre Herkunft aus der erzählenden Literatur verraten. Formulierungen wie *idolum, quod in Brandeburgh fuit cum tribus capitibus, quod ... pro deo colebatur* oder *cum filium non haberet, Adelbertum marchionem ... heredem sui instituit principatus*[511] stammen eindeutig aus dem Tractatus[512]. An der Verwendung von *heredem* statt des in M überlieferten *successorem*[513] wird zudem deutlich, dass die Vorlage einen Text bot, der W nahestand. Dies bestätigt auch der daran anschließende, nur im Excerptum Goslariense überlieferte Satz, der von der Ansiedlung der Prämonstratenser an der St.-Gotthardt-Kirche in der Vorstadt der Brandenburg und der Niederlegung der Krone Pribislaws/Heinrichs am dortigen Petersschrein handelt,[514] zwei Ereignissen, die nicht dem originalen Tractatus angehören, sondern in den ersten beiden Interpolationen des Albrecht-Teils der Weimarer Fassung berichtet werden.[515]

508 Siehe S. 37.

509 HOLDER-EGGER 1880, S. 485, Sp. 1, Z. 5–14 (Chronica Maderi) und S. 484, Sp. 2, Z. 40 – S. 485, Sp. 2, Z. 3 (Excerptum Goslariense). Zu den beiden Fassungen s. S. 79f.

510 HOLDER-EGGER 1880, S. 485, Sp. 1, Z. 5–7 und S. 484, Sp. 2, Z. 40f. Übersetzung: »In dessen [d. h. Wiggers] Zeit gab es in Brandenburg König Heinrich.«

511 HOLDER-EGGER 1880, S. 485, Sp. 1, Z. 8–10, 12–14 und S. 484, Sp. 2, Z. 42–45, S. 485, Sp. 2, Z. 1–3. Übersetzungen: »[Dieser zerstörte] ein Götzenbild, das es in Brandenburg gab, mit drei Köpfen, das ... als Gott verehrt wurde«; »da er keinen Sohn hatte, setzte er Markgraf Albrecht ... als Erben seiner Herrschaft ein«.

512 Vgl. TR 7f. *In qua vrbe ydolum detestabile tribus capitibus inhonoratum ... quasi pro Deo colebatur,* TR 11f. *cum non haberet heredem, marchionem Albertum heredem sui principatus instituit.*

513 Siehe LE 137 und den kritischen Apparat zu TR 12.

514 HOLDER-EGGER 1880, S. 485, Sp. 2, Z. 4–12. *Hic* [sc. *Henricus*] *ecclesiam Brandenburgensem diu destructam auxilio Wigeri Brandenburgensis episcopi reformavit, et vocans de Liezeke fratres ordinis Premonstratensis, ipsos ... in suburbio in civitate Brandenburg in ecclesia sancti Petri, que nunc sancti Godehardi dicitur, collocavit et diadema regni beati Petri scrinio resignavit.* Übersetzung: »Dieser stellte mit Hilfe des Brandenburger Bischofs Wigger die lange zerstörte Brandenburger Kirche wieder her; er rief aus Leitzkau Brüder des Prämonstratenserordens herbei und siedelte sie .... in der Vorstadt der Brandenburg in der Kirche des hl. Petrus an, die jetzt St.-Gotthardt-Kirche heißt, und gab die Krone seines Reiches dem Schrein des hl. Petrus.« Das Demonstrativum *Hic* am Satzanfang ist hier ebenso missverständlich wie TR 18; s. dazu S. 49 mit Anm. 236.

Die Ausschmückungen, die diese Stellen später noch durch den Leitzkauer Interpolator erfahren haben[516], sind im Goslarer Exzerpt dagegen nicht zu finden. Wenn es darin abweichend von W heißt, Pribislaw/Heinrich habe die Prämonstratenser-Chorherren *de Liezeke* gerufen[517], ist dies nicht etwa durch Abhängigkeit von M zu erklären, sondern hängt mit dem auch sonst zu beobachtenden Streben des Autors dieser Fassung der Brandenburger Bischofschronik nach mehr Detailinformationen zusammen.[518]

Anklänge an den Tractatus de urbe Brandenburg gibt es auch zu Beginn des Excerptum chronicae principum Saxoniae der Handschrift P[519], wo der Reihe der Markgrafen von Brandenburg ein Abriss der Geschichte des Bistums Brandenburg von der Gründung unter König Otto bis zu Bischof Wigger vorangestellt ist.[520] Im Abschnitt zu Wigger, in dem Markgraf Albrecht – hier nur als *Ursus* bezeichnet – nebenbei mit abgehandelt wird, heißt es unter anderem: *Et his temporibus episcopi Wigeri anno 1139 fuit in Brandenburg quidam rex, qui Slavice dicebatur Pribislaus, sed post conversionem accepto baptismo Henricus appellatus est, qui neque filios neque filias habuit; marchionem principem, videlicet Ursum, in filii adoptionem optavit et in haeredem sui principatus instituit.*[521] Die Formulierungen sind jedoch der Wigger-Darstellung der Brandenburger Bischofschronik entnommen, wie sie bei Mader und im Goslarer Exzerpt vorliegt[522], stammen also nur indirekt aus dem Tractatus.

Anders verhält es sich mit der Rezeption des Tractatus in der Chronica principum Saxoniae der Handschriften G und T.[523] Dort ist zu Beginn der Genealogie der Markgrafen von Brandenburg, die den zweiten Teil des Textes bildet, eine Epitome des Albrecht-Teils des Traktats eingefügt. Sie steht an der Stelle, an der Albrecht der Bär erstmals erwähnt wird, das heißt im Anschluss an den Satz *Eylicham, secundam filiam ducis Magonis, duxit Otto comes Ascharie, et genuit ex ea Albertum Ursum.*[524] Sehr

515 TR 18–20 und 22; s. dazu S. 48f–51.

516 Siehe LE 143–155.

517 Holder-Egger 1880, S. 485, Sp. 2, Z. 6. Zu dieser Stelle s. o. S. 48f., Anm. 231.

518 Siehe die Bezeichnung des dreiköpfigen Götzenbildnisses als *Tryglav* und den Zusatz zu Markgraf Albrecht *dictum Ursum*; Holder-Egger 1880, S. 485, Sp. 1, Z. 9, 13 und S. 484, Sp. 2, Z. 44, S. 485, Sp. 2, Z. 2f.

519 Zur Handschrift P s. S. 78 mit Anm. 396.

520 Holder-Egger 1880, S. 480, Z. 21 – S. 481, Z. 9. Die Darstellung enthält viele inhaltliche Fehler und ist auch sprachlich erbärmlich; zur Einschätzung des Textes s. auch Sello 1888b, S. 112.

521 Holder-Egger 1880, S. 480, Z. 35–38. Übersetzung: »Und in dieser Zeit Bischof Wiggers im Jahr 1139 gab es in Brandenburg einen gewissen König, der auf Slawisch Pribislaus hieß, aber nach der Bekehrung, nachdem er die Taufe empfangen hatte, Heinrich genannt wurde, der weder Söhne noch Töchter hatte; den markgräflichen Fürsten, das heißt den Bären, nahm er an Sohnes statt an und setzte ihn zum Erben seiner Herrschaft ein.«

522 Siehe Holder-Egger 1880, S. 485, Sp. 1, Z. 5–14 und S. 484, Sp. 2, Z. 40 – S. 485, Sp. 2, Z. 3.

523 Zu den Handschriften G und T s. S. 70 mit Anm. 352.

524 Druck nach G: Holder-Egger 1880, S. 477, Z. 1, nach T: Holder-Egger 1896, S. 31, Z. 41f. Übersetzung: »Eilika, die zweite Tochter des Herzogs Magnus, heiratete Graf Otto von Aschersleben und zeugte mit ihr Albrecht den Bären«. In der Billunger Fürstenchronik in W schließt sich an diesen Satz sofort die Nachkommenschaft Albrechts an: CHR 117–119 *Secundam autem filiam Magonis ducis Saxonie Eilecham nomine duxit Otto comes Asscharie et genuit ex ea Albertum Vrsum. Albertus autem genuit Ottonem, primum marchionem Brandeborch.*

knapp wird darin die Handlung von der Einsetzung Albrechts als Erbe Pribislaws/Heinrichs bis zur Wiedereinnahme der Brandenburg am 11. Juni 1157 referiert: *Quem* (sc. *Albertum Ursum*) *rex Henricus dictus Pribezlaus factus christianus heredem sui constituit principatus, cum proprium non haberet heredem, et filium ipsius Ottonem primum de sacro fonte levavit et ei totam Zucham more patrini donavit. Pribezlao mortuo, Petrissa, uxor eius, virum inhumatum triduo reservavit, donec Albertus Ursus marchio veniret et urbem Brandeburch et totam terram possideret. Audiens hoc dominus Iacze dux Polonie, avunculus dicti regis, manu valida venit, et custodibus castri Brandeburch mercede corruptis, castrum Brandeburch recuperavit. Audito hoc, Albertus Ursus marchio Wichmanni archiepiscopi Magdeburgensis et nobilium fretus auxilio, castrum vallavit, tribus in locis exercitum adducens. Anno autem Domini 1157, tercio Idus Iunii castrum denuo acquisiverunt.*[525] Man könnte meinen, dass dieser schlichte Abriss der Handlung auf dem Originaltraktat beruht, doch an den Worten *Wichmanni archiepiscopi Magdeburgensis et nobilium fretus auxilio* wird deutlich, dass auch die Epitome einer Traktatfassung entnommen ist, die demselben Überlieferungszweig wie W angehört, da die Stelle, an der von Wichmanns Mitwirkung bei der Einnahme der Brandenburg die Rede ist, in W interpoliert ist.[526]

Eine Kurzfassung des Tractatus de urbe Brandenburg verknüpft mit einer Genealogie der Markgrafen von Brandenburg befindet sich auch in der Böhmischen Chronik Pulkawas († 1380), und zwar in den Abschnitten der märkischen Erweiterung, die Pulkawa nach 1373 in seine Chronik einfügte.[527] Die Kurzfassung des Albrecht-Teils steht zusammen mit den weiteren Angaben zu Markgraf Albrecht aus der Sächsischen Fürstenchronik[528] im dritten märkischen Abschnitt.[529] Sie ist umfangreicher als die Epitome in der Sächsischen Fürstenchronik und lehnt sich enger als diese an den Traktat an. Als Quelle nennt Pulkawa eine *Brandenburgensis cronica*. Der vierte Abschnitt enthält den Wilmar-Teil des Traktats.[530] Er ist in mehrfacher Hinsicht bemerkenswert: Erstens ist es das einzige Mal überhaupt, dass der Wilmar-Teil rezipiert wird. Zweitens handelt es sich weniger um eine Epitome als vielmehr um eine Abschrift, denn abgesehen davon, dass die Namen der zur Erstausstattung

525 Druck nach G: Holder-Egger 1880, S. 477, Z. 2–10, nach T: Holder-Egger 1896, S. 31, Z. 42–50. Übersetzung: »Diesen setzte König Heinrich, genannt Pribeslaus, nachdem er Christ geworden war, als Erben seiner Herrschaft ein, da er keinen eigenen Erben hatte, und hob dessen Sohn Otto I. aus dem heiligen Quell der Taufe und schenkte ihm als Pate die ganze Zauche. Als Pribeslaus gestorben war, bewahrte Petrissa, seine Frau, ihren Mann drei Tage unbestattet auf, bis Markgraf Albrecht der Bär kam und die Burg Brandenburg und das ganze Land in Besitz nahm. Als dies Jaczo, ein Fürst Polens, ein Onkel des erwähnten Königs, hörte, kam er mit einer starken Schar, und nachdem er die Wachen der Burg Brandenburg mit Geld bestochen hatte, nahm er die Burg Brandenburg ein. Als Markgraf Albrecht der Bär dies gehört hatte, schloss er im Vertrauen auf die Hilfe Wichmanns, des Erzbischofs von Magdeburg, und der Edlen die Burg ein, indem er das Heer an drei Stellen heranführte. Im Jahr des Herrn 1157, am 11. Juni, nahm er die Burg von neuem in Besitz.«

526 TR 49f.; s. dazu S. 52f.

527 Siehe dazu S. 46f.

528 Holder-Egger 1880, S. 477, Z. 14–21.

529 Emler 1893, S. 89, Sp. 1, Z. 1 – Sp. 2, Z. 19; Riedel 1862, S. 2, Sp. 2, Z. 31 – S. 4, Sp. 2, Z. 8.

530 Emler 1893, S. 105, Sp. 2, Z. 1–20; Riedel 1862, S. 5, Sp. 2, Z. 3–22.

des Domkapitels gehörenden Dörfer und die Abmessungen des Fundaments für den Brandenburger Dom weggelassen werden, ist der Text des Tractatus weitgehend übernommen. Drittens beruft sich Pulkawa einzig hier in den märkischen Abschnitten auf eine *Brandemburgensis episcopatus ... cronica* als Quelle.

Der Frage, was es mit diesen bei Pulkawa genannten Quellen auf sich hat, kann hier nicht nachgegangen werden, es zeigt sich jedoch, dass der Tractatus de urbe Brandenburg schon in den 1260er oder 70er Jahren seine Eigenständigkeit verlor und mit anderen Texten zur Mark und zum Bistum Brandenburg zusammengeführt wurde. Teile des Tractatus dienten außerdem dazu, die Darstellung Bischof Wiggers in der Brandenburger Bischofschronik oder Markgraf Albrechts in der Sächsischen Fürstenchronik aufzufüllen. Ob dies im Fall der Bischofschronik schon zur Zeit ihrer Entstehung unter Bischof Gernand um 1235/38[531] oder erst später geschah, lässt sich nicht mit Bestimmtheit sagen. Die Chronica Wimariensis, die in die 1260er oder 70er Jahre zu datieren ist,[532] kommt zumindest ohne Exzerpte aus dem Tractatus aus. Dasselbe gilt für die Epitome des Tractatus in der Sächsischen Fürstenchronik: In der neuen Fassung dieser Chronik in W, der Billunger Fürstenchronik der 1260er Jahre,[533] ist sie nicht anzutreffen, sondern nur in der Fassung der Handschrift G, für die das Jahr 1281 als Terminus post quem gilt,[534] und in der erweiterten Fassung in T, die sogar erst nach 1294 entstanden sein kann.[535] Zum letzten Mal wird der Tractatus zwischen 1373 und 1380 bei Pulkawa rezipiert, danach verliert sich seine Spur.

Bisherige Editionen des Tractatus de urbe Brandenburg

Da der Tractatus de urbe Brandenburg bislang nur durch die Handschrift M bekannt war, bildete allein sie die Grundlage für die bisherigen Editionen. Vermutlich war der Historiker Johann Christoph Becmann (1641–1717) der erste, der die Leitzkauer Textsammlung der Handschrift M und den darin enthaltenen Tractatus de urbe Brandenburg kannte, denn er zog die Magdeburger Handschrift offenbar als Quelle für seine 1710 erschienene »Historie des Fürstenthums Anhalt« heran.[536] Es vergingen jedoch 150 Jahre, bis der Text wiederentdeckt und der Gelehrtenwelt zugänglich gemacht wurde. Dies ist das Verdienst Adolph Friedrich Riedels (1809–1872), der die Leitzkauer Textsammlung unter dem Titel »Fragment einer Brandenburg-Leitzkauer Chronik« 1862 im letzten Band seines Codex diplomaticus Brandenburgensis abdruckte.[537] Dabei handelt es sich um eine Transkription[538] nahezu der gesamten

531 Zur Datierung s. S. 93–95.

532 Zur Datierung s. S. 92.

533 Zur Datierung s. S. 76.

534 Siehe dazu S. 72, Anm. 364, ferner Holder-Egger 1880, S. 470.

535 Siehe Holder-Egger 1896, S. 27 und S. 31, Z. 32.

536 Sello 1888a, S. 1f.; Wentz 1927, S. 35.

537 Riedel 1862, S. 283–288, der Tractatus darin S. 285–287.

538 Die Transkription wurde nach Auskunft Riedels in: CDB IV 1, S. XXVIII von Hermann Wedding (»Hülfsarbeiter des Magdeburger Provinzialarchivs«) angefertigt, der die Leitzkauer Textsammlung auch gefunden hatte.

Leitzkauer Textsammlung aus der Handschrift M 53^r–63^r, bei der lediglich eindeutige Schreibversehen stillschweigend korrigiert sind. Viele Fehler blieben jedoch stehen, neue kamen hinzu, so dass der Text von zweifelhaftem Wert ist. Nachdem Heinrich Hahn 1869 erstmals auf die Eigenständigkeit des inserierten Brandenburg-Traktats hingewiesen hatte,[539] erschien wenige Jahre später die erste separate Textausgabe. Diese Edition, die als Editio princeps des Brandenburg-Traktats zu gelten hat, besorgte Wilhelm von Giesebrecht (1814–1889) im Jahr 1875.[540] Sie befindet sich im Quellenanhang zum vierten Band seiner »Geschichte der deutschen Kaiserzeit«.[541] In demselben Jahr druckte Richard Schillmann den Text in seiner Abhandlung »Grundsteinlegung zum brandenburgisch-preußischen Staate« nach Giesebrecht ab.[542] 1880 übernahm Oswald Holder-Egger (1851–1911) Giesebrechts Edition in Band 25 der Reihe Scriptores der Monumenta Germaniae Historica.[543] Eine weitere Edition legte Georg Sello (1850–1926) 1888 vor.[544] Sie gilt bis heute als die maßgebliche Edition des Tractatus de urbe Brandenburg, erfüllt jedoch keineswegs die Anforderungen, die an eine kritische Ausgabe zu stellen sind.[545] 1998 wurde Sellos Edition von Tilo Köhn und Lutz Partenheimer für das Internet aufbereitet,[546] und zwar in der Weise, dass Sellos Text mit Digitalisaten der Blätter M 57^v–60^v verlinkt wurde. Darüber hinaus enthält die Internetpräsentation die Edition von Holder-Egger aus den Monumenta Germaniae Historica, eine Transkription des Textes der Handschrift M, eine deutsche Übersetzung des Traktats nach der Edition von Sello durch Lutz Partenheimer und eine lateinisch-deutsche Synopse von Sellos Text und Partenheimers Übersetzung. Diese Synopse ist auch 2007 im Quellenanhang von Partenheimers Monographie »Die Entstehung der Mark Brandenburg« wiederabgedruckt, allerdings nicht en bloc, sondern abschnittsweise eingepasst in die Chronologie der übrigen Quellentexte.[547]

---

539 Hahn 1869, S. 5f., Anm. 3.

540 Die Edition beruht auf Giesebrechts Autopsie der Handschrift M; s. Giesebrecht 1875, S. 502 (= 2. Aufl. 1877, S. 503).

541 Giesebrecht 1875, S. 504–507. Der Text der 2. Aufl. Giesebrecht 1877, S. 506–508 ist identisch mit der Editio princeps mit Ausnahme einer Textänderung S. 507, Z. 20, wo Giesebrecht das in M überlieferte *monitis et nouissimis* in *moniti in novissimis* ändert; s. den kritischen Apparat zu LE 160.

542 Schillmann 1875, S. 90–95 (Text in synoptischer Anordnung mit der Chronica principum Saxoniae und Pulkawa); der Abdruck des Traktats erfolgte offenbar in großer Eile, denn er weist viele grobe Fehler und Auslassungen auf. Bei Schillmann 1882 ist die Synopse der Quellentexte nicht enthalten, obwohl sich Schillmann 1875, S. 1–85 und 1882, S. 117–201 ansonsten nahezu seiten- und textgenau entsprechen, und zwar einschließlich der zahlreichen Fehler in den lateinischen Zitaten der Fußnoten.

543 Holder-Egger 1880, S. 482–484; s. die Einleitung S. 471, Z. 27–29: »V(ir) Cl(arissimus) de Giesebrecht … codice reviso Tractatum solum emendatius imprimi fecit, cuius editionem repetimus.«

544 Sello 1888a, S. 8–12 mit Erläuterungen S. 12–33.

545 Sello legt insbesondere keine Rechenschaft über die Herkunft seiner Lesarten ab. Viele Konjekturen, die er als seine eigenen ausgibt, stammen in Wahrheit nicht von ihm, sondern von den Editoren der früheren Ausgaben, insbesondere von Giesebrecht 1875.

546 golm.rz.uni-potsdam.de/hva/. Die Internetpräsentation entstand im Rahmen eines Projekts mit Studierenden der HU Berlin und der Universität Potsdam im Sommersemester 1997 und im Wintersemester 1997/98. Kleinere Änderungen wurden 2006 vorgenommen, s. golm.rz.uni-potsdam.de/hva/fr-help.html.

547 Partenheimer 2007, S. 121–151 passim.

Fast gleichzeitig mit der Internetpräsentation von Köhn und Partenheimer erschien 1997 eine weitere lateinisch-deutsche Ausgabe des Traktats in dem Heft »Slawen und Deutsche an Havel und Spree« von Winfrid Schich und Jerzy Strzelczyk.[548] All diesen jüngeren Publikationen liegt letzten Endes der Text der Editio princeps von 1875 zugrunde. Eine neue Edition des Traktats wurde seit längerem für notwendig erachtet, kam aber nie zustande.[549] Der Fund des Weimarer Textzeugen macht eine Neuedition des Tractatus de urbe Brandenburg nun aber unbedingt erforderlich.

---

548 Schich/Strzelczyk 1997, S. 34–41; die Übersetzung wurde von Andrea Schultze erstellt und von Winfried Schich durchgesehen; s. Vorwort S. 7.

549 Die von Kahl 1964, S. 581, Anm. 2 angekündigte kommentierte Neuausgabe ist nie erschienen; als Ersatz können Kahls ausführliche Kommentare zu den einzelnen Abschnitten des Tractatus und die Zitate der jeweiligen Passagen dienen, die über sein ganzes Hauptwerk und den Anmerkungsband verstreut sind; s. Register S. 984 unter »Heinrich (v. Antwerpen) OPr, Domprior zu Brandenburg, Chronist«. Umfangreiche Zitate bieten auch andere Forscher, teilweise mit Übersetzungen, z. B. Scholl 1999, S. 53f., 56, 58f. Eine Neuedition mahnte u. a. Kurze 1990, Sp. 1071 und 2002, S. 171 an.

EDITION UND ÜBERSETZUNG

Vorbemerkungen zur Edition und Übersetzung

Der Tractatus de urbe Brandenburg wird nach der Handschrift W ediert. Da der Weimarer Fassung eine deutsche Übersetzung gegenübergestellt wird, musste auf eine Synopse der Fassungen von W und M verzichtet werden. Die Magdeburger Fassung des Traktats findet sich jedoch in der Edition der Leitzkauer Textsammlung im Anhang I.[1]

Für die Edition des Tractatus und der Brandenburgensia der Weimarer Handschrift gelten folgende Grundsätze: Die Schreibweise des handschriftlichen Textes wird beibehalten; dies bedeutet also auch, dass u/v und i/j nicht normiert werden. Abbreviaturen werden jedoch aufgelöst.[2] Die Groß- und Kleinschreibung richtet sich nach modernen Regeln, so dass Satzanfänge und Eigennamen groß geschrieben werden, im kritischen Apparat folgt sie jedoch der handschriftlichen Überlieferung, weil dadurch unter Umständen Rückschlüsse auf die Entstehung eines Fehlers möglich sind. Die Interpunktion wird an moderne Konventionen angepasst, um dem Benutzer der Ausgabe das Verständnis des Textes zu erleichtern. Die Schreibweise der Eigennamen in W wird in der Regel beibehalten, auch wenn sie von M, der Parallelüberlieferung oder literarischen Quellen abweicht, es sei denn, es handelt sich bei der Namensform in W ganz offensichtlich um ein Schreibversehen.

Der kritische Apparat informiert über alle Abweichungen des edierten Textes von der Überlieferung in W, sofern nicht bereits im Text selbst die Überlieferungslage durch die Verwendung der entsprechenden kritischen Zeichen – spitze Klammern für Ergänzungen gegenüber dem Textbestand von W, eckige Klammern für Tilgungen – deutlich erkennbar ist.

Der zweite Apparat ist ein Quellen-, Similien- und Testimonienapparat. Er erhebt keinen Anspruch auf Vollständigkeit. Die Abkürzungen der Autoren und Werke richten sich nach Möglichkeit nach dem Abkürzungs- und Quellenverzeichnis des MLATWB, München ²1996, Quellenangaben aus den MGH folgen der Zitierweise der digitalen Ausgabe www.dmgh.de.

Die Abkürzungen, die in den Apparaten der Edition verwendet werden, sind auf S. 109 zusammengestellt und aufgelöst.

Bei der Edition des Tractatus de urbe Brandenburg gelten einige Besonderheiten: Die Interpolationen, die in den Text von W eingefügt sind,[3] sind kursiv gesetzt. Die Lesarten von M werden mit Ausnahme unbedeutender Orthographica im kritischen

1 Siehe S. 142–145 (LE 130–216).

2 Eine Ausnahme von dieser Regel bildet die Abkürzung *Brand'*. Da sich nämlich in W viele verschiedene Schreibweisen für Brandenburg finden (z. B. TR 37 *Brandeborg*, TR 52 *Brandenborch*, BR 1 *Brandemborg*, BR 82 *Brandeburg*), lässt sich nicht entscheiden, wie die Abkürzung zu vervollständigen ist.

3 Siehe dazu S. 44–54.

Apparat vollständig dokumentiert. Der kritische Apparat des Tractatus ist negativ angelegt, das heißt es wird vorausgesetzt, dass an den Stellen, an denen im Apparat für M eine falsche Lesart notiert wird, W die im Text abgedruckte Lesart hat. In den Fällen, in denen der nach W edierte Text mithilfe einer Lesart von M korrigiert wird, ist der kritische Apparat jedoch insoweit positiv, als auch die Lesart von M im Apparat angegeben wird, um Zweifel an der Lesart von M von vornherein auszuschließen. Die Herkunft der Konjekturen wird genau vermerkt. Stammt die Konjektur aus einer der bisherigen, einzig auf M beruhenden Editionen des Tractatus,[4] wird auf diese nur durch den Namen des jeweiligen Herausgebers verwiesen, zum Beispiel *Giesebrecht* oder *Sello*. Bestätigt sich durch die Weimarer Handschrift die Konjektur eines früheren Herausgebers,[5] wird dies im Apparat nicht erwähnt.

Bei der Edition der Brandenburgensia ist zu beachten, dass die in Kapitälchen gesetzten Titel nicht in der Weimarer Handschrift überliefert sind. Es sind Kunsttitel, die den Texten aus Gründen der Übersichtlichkeit vorangestellt wurden. Der Titel des Tractatus ist dagegen dem Incipit entnommen.

Die Übersetzung, die dem Tractatus de urbe Brandenburg und den Brandenburgensia gegenübergestellt ist, orientiert sich eng am lateinischen Text. Es wurde insbesondere versucht, die Konstruktion der teilweise sehr langen Sätze durchschaubar zu machen, um auch den mit der lateinischen Sprache weniger vertrauten Leser in die Lage zu versetzen, den Text nachzuvollziehen. Die möglichst exakte Umsetzung der lateinischen Syntax hat dabei Vorrang vor stilistischer Glätte. Für einige Wörter, deren spezielle Bedeutung im Traktat in der historischen Forschung umstritten ist, wie zum Beispiel *vrbs* (TR 1, 4, 6 etc.), *rex* (TR 21) oder *latrocinium* (TR 38), wird eine schlichte Übersetzung (»Burg«, »König«, »Räuberei«) gewählt, da eine terminologische Klärung in einer Übersetzung nicht zu leisten ist, sondern einem historischen Kommentar vorbehalten bleiben muss.

4 Siehe S. 103–105.

5 Beispielsweise ergänzte schon Riedel 1862, S. 286, Z. 1 das in M ausgelassene *non* (TR 11) und verbesserte ebd., Z. 32 das in M überlieferte *potius* stillschweigend in *potitus* (TR 37), die unsinnigen Lesarten *paganissimo* und *patrun* in M änderte schon Giesebrecht 1875 in *paganismo* (TR 5) und *patrini* (TR 14).

Tractatus de urbe Brandenburg

Sigla

W Wimariensis, ThHStA, EGA, Reg. O 157, 278^{v}–279^{r}, 280^{r}–281^{r}, saec. XV
M Magdeburgensis, LHASA, Cop., Nr. 390, 57^{v}–60^{v}, saec. XVI

In der folgenden Liste werden die Abkürzungen aufgeführt, die im textkritischen Apparat und im Quellen-, Similien- und Testimonienapparat verwendet werden. Abkürzungen von Substantiven stehen für alle Casus, z. B. diplom. für diploma, diplomate, diplomata etc.

a. d.	anno domini
ad an.	ad annum
add.	addidi(t), additum
adn.	adnotatio
alt. m.	altera manus
app. crit.	apparatus criticus
cf.	confer
cod.	codex
col.	columna
coll.	collato, collata, collatis
compend.	compendium
corr.	corrigere, correxi(t), correctum, correctura
del.	delere, delevi(t)
diplom.	diploma
dissert.	dissertatio
dub.	dubitanter
e. g.	exempli gratia
fort.	fortasse
i. e.	id est
i. mg.	in margine
ibid.	ibidem
ind.	indicavi(t)
induct.	inductum
l./lin.	linea
lac.	lacuna
litt.	littera
m.	manus
n.	numerus
om.	omisit, omissum, omissis
p.	pagina
propos.	proposui(t), propositum
recens.	recensio
s. v.	sub voce
saec.	saeculum
sc.	scilicet
scr.	scripsi(t)
scribend.	scribendum
sq.	sequens, sequentem
sup.	supra
suppl.	supplevi(t)
transp.	transposui(t)
v.	vide
vid.	videtur

Incipit tractatus de vrbe Brand', qualiter de gentilitate in Christianitatem primum conuersa sit et postmodum a Iaczone, principe Polonie, supplantata, sed tandem a marchione Adelberto diutina obsidione acquisita.

Innumeris annorum circulis ab vrbe Brandeborch condita temporibus paganorum
5 principum misere sub paganismo euolutis Henricus, qui Slauice Pribeslaus, Christiani nominis cultor, ex legittima successione parentele sue huius vrbis ac tocius terre adiacentis tandem Deo annuente sortitus est principatum. In qua vrbe ydolum detestabile tribus capitibus inhonoratum a deceptis hominibus quasi pro Deo colebatur et predonum asylum idem locus predicabatur.
10 Princeps itaque Henricus populum suum spurcissimo ritui ydolatrie deditum summe detestans omnimodis ad Deum conuertere studuit. Et cum non haberet heredem, marchionem Albertum heredem sui principatus instituit filiumque eius Ottonem de sacro fonte baptismatis suscipiens totam Zugam, terram videlicet meridionalem Obule, more patrini ei contulit.
15 Procedente vero tempore multis sibi Theutonicis principibus in amicicia copulatis feliciter ydolatris repressis et latrocinantibus aliquatenus extinctis, cum haberet requiem per circuitum, cum Petrissa, sua felice coniuge, optata pace Deo deuote militauit.

1–3 Incipit – acquisita *om.* M, *sed cf. Explicit in* M: Explicit tractus *(*tractatus *Giesebrecht)* de vrbe Brandenburgk, qualiter de gentilitate ad Christianitatem conuersa est, ac postmodum a Sackone *(*Jaczone *Giesebrecht)* principe polonie nocturno *(post* nocturno *suppl.* silencio *Sello)* supplantata, sed tandem a marchione Adelberto diutina obsidione requisita *(*re- *e corr.)* 1 de *scr. coll. Explicit in* M : ab W 2 tandem *scr. coll. Explicit in* M : tm *lin. sup.* m *add., i. e.* tantum *vel* tamen W 3 diutina *scr. coll. Explicit in* M : diuina W 4 In numeris M Brandenburg M 5 paganismo] paganissimo M sclauitie M pribesclaus M 6 ex legittima M : extigniaca W parentele sue successione *transp.* M 8 honoratum M : inhonestum *Pulkava* celebratur M : celebrabatur *Giesebrecht* 8–9 et predonum – predicabatur *om.* M 10 Idolatrie ritui *transp.* M 11 non *om.* M heredem + sibi principatus instituit, *sed induct.* W 12 Adelbertum M, *?an recte, sed v. l. 37* heredem *om. et post* instituit *add.* successorem M sui M : sibi W 13 Baptismatis fonte *transp.* M Zcucham M 14 patrini] patrun M contulit] tradidit M 15–16 copulatis feliciter] fideliter copulatis M 16 latronibus M aliquatenus *scr.* : aliquantulum *(etiam* M*) ex* aliquantulus *corr.* W 17 circuitum M : circuit W patrissa M felice] filia M

4–14 Innumeris – contulit] *cf. Chron. princ. Sax., Holder-Egger 1880, p. 477, l. 2–4 (cf. etiam Chron. princ. Sax. ampl., Holder-Egger 1896, p. 31, l. 42–44)* Quem *(sc.* Albertum Ursum*)* rex Henricus dictus Pribezlaus factus christianus heredem sui constituit principatus, cum proprium non haberet heredem, et filium ipsius Ottonem primum de sacro fonte levavit et ei totam Zucham more patrini donavit*; Chron. episc. Brand. cod. Mader., Holder-Egger 1880, p. 485, col. 1,*

Es beginnt der Traktat über die Burg Brandenburg, wie sie zuerst vom Heidentum zum Christentum bekehrt wurde und später von Jaczo, einem Fürsten Polens, hinterlistig erobert, doch schließlich von Markgraf Albrecht durch lange Belagerung in Besitz genommen wurde.

Nachdem in unzähligen Kreisläufen von Jahren seit der Gründung der Burg Brandenburg die Zeiten der heidnischen Fürsten elendig unter dem Heidentum vergangen waren, hat Heinrich, der auf Slawisch Pribislaw heißt, ein Anhänger des Christentums, aufgrund der rechtmäßigen Erbfolge in seiner Familie mit Gottes Zustimmung schließlich die Herrschaft über diese Burg und das ganze angrenzende Gebiet erlangt. In dieser Burg wurde ein abscheuliches Götzenbild, das durch drei Köpfe verunstaltet war, von den verblendeten Menschen gleichsam als Gott verehrt, und ebendieser Ort wurde als Zufluchtsstätte für Räuber gerühmt.
Daher verachtete Fürst Heinrich sein Volk, das dem übelsten Götzendienst ergeben war, aufs Heftigste, und bemühte sich, es auf alle Weise zu Gott zu bekehren. Und da er keinen Erben hatte, setzte er Markgraf Albrecht als Erben seiner Herrschaft ein, und als er dessen Sohn Otto aus dem heiligen Quell der Taufe hob, übertrug er ihm als Pate die ganze Zauche, das heißt das südliche Havelland.
Aber im Lauf der Zeit verbanden sich ihm viele deutsche Fürsten in Freundschaft. Und als er die Götzendiener glücklich unterdrückt und die Räuber weitgehend ausgerottet hatte, diente er, als er nunmehr ringsum Ruhe hatte, zusammen mit Petrissa,

l. 5–14 (cf. etiam cod. Goslar. ibid. p. 484, col. 2, l. 40 – p. 485, col. 2, l. 3) Huius temporibus fuit in Brandenburg rex Henricus, qui Slavice dicebatur Pribezlaus, qui christianus factus idolum, quod in Brandeburgh fuit cum tribus capitibus, quod Tryglav Slavice dicebatur et pro deo colebatur, et alia idola destruxit et idolatriam et ritum gentis sue detestans, cum filium non haberet, Adelbertum marchionem dictum Ursum heredem sui instituit principatus*; Annal. Palid. ad an. 1150, MGH SS 16, p. 85, l. 2sq.* Heinricus de Brandeburg obiit, cuius heres factus est marchio Adelbertus*; Excerpt. chron. princ. Sax., Holder-Egger 1880, p. 480, l. 35–38* Et his temporibus episcopi Wigeri anno 1139 fuit in Brandenburg quidam rex, qui Slavice dicebatur Pribislaus, sed post conversionem accepto baptismo Henricus appellatus est, qui neque filios neque filias habuit, marchionem principem, videlicet Ursum, in filii adoptionem optavit et in haeredem sui principatus instituit*; Pulk. chron., Emler 1893, p. 89, col. 1, l. 1–18* In illis diebus fuit quidam Henricus rex, Przibislaus slawonice nominatus, urbis Brandemburgensis et terrarum adiacencium … ex successione paterna obtinens principatum. Hic dum adhuc gens esset ibi permixta Slawonica et Saxonica deserviens ritibus paganorum, et in urbe Brandenburgensi ydolum tribus capitibus inhonestum ab incolis coleretur, iam christianus effectus et propter ydolatriam gentem illam summe detestans, dum heredem proximum non haberet, nolens ydolatris post mortem suam dictum relinquere principatum Albertum dictum Ursum … heredem instituit et natum suum primogenitum Ottonem de sacro fonte levavit, totam Zucham videlicet meridionalem obule donans eidem*; cf. etiam ibid. col. 2, l. 19sq.* Ottonem …, quem Przibislaus de sacro fonte levaverat 15–17 Procedente – militauit] *cf. Pulk. chron., Emler 1893, p. 89, col. 1, l. 18–21* Verum repressis aliqualiter ydolatris et pace terrarum disposita idem princeps Henricus cum uxore sua Petrissa Deo devote servivit.

Hic canonicos beati Petri, apostolorum principis, ordinis Premonstratensis ortatu et ope Wigeri, episcopi Brandeburgensis, primum accersiuit et in ecclesia sancti Godehardi in suburbio Brandeburg collocauit eisque ad cottidianum victum ex habundancia sua large predia contradidit. Verum, quia rex erat, insignia regalia propter Deum libenti animo postposuit et *ad scrinium reliquiis beati Petri inponendis* dyadema regni sui et vxoris sue Deo ultroneus obtulit.

Cum iam vero senio confectus deficere inciperet, vxorem suam marchioni Adelberto urbem Brandeborch post mortem suam, sicut promiserat, resignare fideliter commonuit. Sed febribus aliquamdiu correptus et dolore mortis pregrauatus sana mente in domino feliciter, ut speramus, obdormiuit.

Vidua igitur ipsius non immemor monitis eius nouissimis, cum sciret terre populum ad colenda ydola pronissimum, mal<l>ens Teutonicis terram tradere quam prophano cultui ydolorum vltra deseruire, sapientibus vsa consiliis maritum suum triduo mortuum nullo sciente preter familiarissimos inhumatum obseruauit et marchionem

18–21 Hic – contradidit] *haec verba tractatui de urbe Brandenburg postea ab alio auctore addita sunt; v. dissert. p. 48–50*   18 Hic canonicos] Illustris itaque Rex heinricus Ecclesie *et* Canonicos *post* principis M   principis *scr. coll.* M : principi + sui episcopatus per testamentum ab imperatore Ottone promeruit confirmari – Anno domini d cccc° xxvii Henricus rex positus cassis *(= BR 11–81)* W; *hunc textum falso in hunc locum insertum post* terminis tritis *(BR 11) transposui*   ordinis premonstratensis + in villa Liezeke constitutis *(*constitutos *Giesebrecht)* videlicet Wiggerum *(*Wigbertum *Sello)*, Walterum, Gerardum Iohannem fliquinum *(*Riquinum, *quod iam Giesebrecht in app. crit. dub. propos., Schillmann, Sello)*, Sigerum, hilderadum, Moisen et Martinum, assumptis secum libris de Liezeka, et preparamentis calicibus apparatu escarum et summa pecunie ad faciendum conuentum in Brandenburgk, auxilio et consilio M   ope] opere domini M   19 Brandeburgensis + fundatoris Ecclesie Beate Marie virginis in Monte Liezeka de villa Liezeka, de vil, *sed* de vil *induct.* M   accersiuit] vocauit M   et] eosque M   20 Brandenburg M   Ipsisque M   victum + in *(*et *Giesebrecht)* vestitum M   21 tradidit M   quia] quamvis *Giesebrecht coll. Pulkava (*licet rex esset*)* : qui *Riedel, sed nil mutandum; nam auctor noster verbo* quia *sensu concessivo (cf. Niermeyer 2002, p. 1146, s. v. 2) usus est, ut etiam l. 43*   22 et ad *(*ad *om.* M*)* scrinium *(*schr- W*)* reliquiis beati Petri inponendis] et scrinio reliquiarum beati Petri imponendum *Giesebrecht* : in scrinium cum reliquiis beati Petri imponendum *Holder-Egger* : et scrinio reliquiis beati Petri imponendis *Schillmann* : scrinio et reliquiis beati Petri imponendum *Sello; verba* ad – inponendis *tractatui de urbe Brandenburg postea ab alio auctore addita sunt; v. dissert. p. 50sq.*   23 Deo ultroneus *(sic scr.* : uł *[vel* nł*]* troneus W*)* obtulit] ad nutum atque arbitrium domini Wiggeri Episcopi diadecima *(*duodecimi, *quod iam Riedel dub. propos., Sello* : *del. Giesebrecht, Holder-Egger)* suum Regale *(*suum Regale *del. Giesebrecht, Holder-Egger, qui etiam hoc loco lac. ind.* : resignavit *Sello)* consensit *(*et concessit *Sello)* et supradicti Regis diadema adhuc In Liezeka vsque hodie cernitur M   24 confectus M : confessus W   25 vrbem M : urbemque W   Brandenburg M   sicut *om.* M   resignare *om.* M   commonuit M : commouit W   26 Sed] porro M   dolore mortis *om.* M   sana mente *om.* M   in domino *transp. post* speramus *(l. 27)* M   27 fideliter M   28 mo-

seiner glücklichen Frau, fromm Gott in ersehntem Frieden. *Dieser holte zuerst die Kanoniker des heiligen Petrus, des Apostelfürsten, aus dem Prämonstratenserorden auf Ermahnung und mit Hilfe Wiggers, des Brandenburger Bischofs, herbei und siedelte sie an der Kirche des heiligen Gotthardt in der Vorstadt der Brandenburg an und übergab ihnen für den täglichen Lebensunterhalt aus seinem Überfluss großzügig Güter.* Aber, obwohl er König war, setzte er die königlichen Insignien Gott zuliebe gern hintan und brachte *am Schrein für die Aufbewahrung der Reliquien des heiligen Petrus* die Krone seines Reiches und die seiner Frau aus freien Stücken Gott dar.
Als er aber, schon vom Alter geschwächt, hinfällig zu werden begann, erinnerte er seine Frau getreulich daran, Markgraf Albrecht die Burg Brandenburg nach seinem Tod zu überlassen, wie er es versprochen hatte. Und nachdem er eine Zeitlang vom Fieber heimgesucht und vom Todesschmerz niedergedrückt worden war, entschlief er bei klarem Verstand selig im Herrn, wie wir hoffen.
Seine Witwe dachte also sehr wohl an seine letzten Ermahnungen, und da sie wusste, dass die Bevölkerung des Landes sehr stark der Verehrung der Götzenbilder zuneigte, und sie das Land lieber den Deutschen übergeben als noch länger dem schändlichen Götzenkult dienen wollte, ließ sie auf weise Ratschläge hin ihren Mann, der schon drei Tage tot war, unbestattet, ohne dass jemand davon wusste außer den engsten Angehörigen,

nitis eius nouissimis] monitis et nouissimis M populum terre *transp.* M 29 pronum M malens W : *om.* M *(post* nouissimis *l. 28 add.* mallens *Giesebrecht,* et mallens *Sello)* prophano M : prono W 30 Idolorum cultui *transp.* M deseruire] consentire M suum + iam M 31 familiarissimos + suos M

18–20 Hic canonicos – collocauit] *ex diplom. Wilmari episc. Brand. 1166, CDB I 8, p. 107, l. 2–4, n. 19* canonicos ordinis Premonstratensis, quos olim pie memorie … episcopus Wigerus ante castrum Brandeburg in ecclesia beati Godehardi scilicet in parrochia eiusdem ville, que dicitur Parduin, collocaverat*; cf. etiam Chron. episc. Brand. cod. Goslar., Holder-Egger 1880, p. 485, col. 2, l. 4–11* Hic *(sc.* Henricus*)* ecclesiam Brandenburgensem diu destructam auxilio Wigeri Brandenburgensis episcopi reformavit, et vocans de Liezeke fratres ordinis Premonstratensis, ipsos … in suburbio in civitate Brandenburg in ecclesia sancti Petri, que nunc sancti Godehardi dicitur, collocavit*; Pulk. chron., Emler 1893, p. 89, col. 1, l. 19–25* idem princeps Henricus … canonicos beati Petri, apostolorum principis, ordinis Premonstratensis ope Vigerii, Brandenburgensis episcopi, de Lizeke primum vocans in ecclesia sancti Gothardi aput Brandemburg eos in suburbio collocavit. 21–23 Verum, quia – obtulit] *cf. Chron. episc. Brand. cod. Goslar., Holder-Egger 1880, p. 485, col. 2, l. 11sq.* et diadema regni beati Petri scrinio resignavit *(sc.* Henricus*); Pulk. chron., Emler 1893, p. 89, col. 1, l. 25 – col. 2, l. 1* Et licet rex esset, tamen tante devocionis extitit, ut abiectis regalibus dyadema regni sui et uxoris sue reliquiis obtulit beati Petri. 24–27 Cum iam vero – obdormiuit] *cf. Pulk. chron., Emler 1893, p. 89, col. 2, l. 1sq.* Demum idem princeps *(sc.* Henricus*)* consecutus senio moritur. 28–33 Vidua – aduocauit] *cf. Chron. princ. Sax., Holder-Egger 1880, p. 477, l. 4sq. (cf. etiam Chron. princ. Sax. ampl., Holder-Egger 1896, p. 31, l. 44)* Pribezlao mortuo, Petrissa, uxor eius, virum inhumatum triduo reservavit, donec Albertus Ursus marchio veniret*; Pulk. chron., Emler 1893, p. 89, col. 2, l. 3–9* Uxor vero sua Petrissa prudenter agens viri corpus inhumatum per triduum occultavit, mallens principatum favere Theotonicis, christianis tradere, quam cultoribus ydolorum. Nunciavit igitur Alberto predicto, ut veniat et principatum Brandemburgensem assumat.

Adelbertum, quem sibi heredem instituerat, vt vrbem suscepturus veniret, rem gestam indicans aduocauit.

Qui festinus in manu valida armatorum iuxta condictum veniens vrbem Brandeborch velut hereditario iure possedit et prefati principis Henrici exequias multorum nobilium obsequio iuxta magnificenciam principalem honorifice celebrauit. Igitur marchio Albertus libera rerum suarum disponendarum in vrbe Brandeborg facultate potitus paganos scelere latrocinii notatos et inmundicia ydolatrie infectos vrbe expulit ac viris bellicosis, Slauis et Teutonicis, quibus plurimum confidebat, vrbem custodiendam commisit.

Vbi autem huiuscemodi fama, qua nullum malum velocius, in auribus Iaczonis in Polonia tunc temporis principantis, auunculi prelibati defuncti principis, percrebruit, quam maxime de morte nepotis sui doluit et, quia proxima linea consanguinitatis defuncto iunctus erat, perpetuo se de vrbe exhereditatum considerans et in celum querulas voces effunde<n>s miserabiliter ingemuit. Verum breui tempore inhabitantibus vrbem pecunia corruptis proditam ab eis nocturno silencio cum magno exercitu Polonorum reseratis amicabiliter seris portarum intrauit.

Quo audito marchio Adelbertus a iuuentute sua strennue in bello exercitatus, quid facto opus esset, extemplo considerauit et expedicionem indicens *ope et industria*

34 festinans M Brandenburgk M 35 hereditario iure] hereditaria successione M principis Henrici] defuncti M 36 principalem] principis M celebrauit M : celebrant W Igitur] Ideo M 37 Adelbertus M, *?an recte, sed v. l. 12* in vrbe Brandeborg *om.* M; *haec verba in textu cod.* W *fort. interpolata sunt; nam auctor noster forma* Brandeborch *uti solet* potius M 38 paganorum M notatos M : vocatos W Inmunditie M 38–39 bellicosis viris *transp.* M 39 teutonicis et sclauis *transp.* M vrbem *om.* M 41 huiusmodi M Saxzonis M 42 temporis *om.* M principantis M : principatis W prelibati defuncti principis] supradicti nobilis sepulti M percrebruit *scr.* : percrepuit M : *om.* W 43 quam] per M quia] *ad sensum concessivum huius verbi v. app. crit. ad l. 21* 44 iunctus M : vinctus W 44–45 et in celum – effundens *om.* M 45 breui tempore] tempore breui elapso M 47 seris portarum] portis castri M intrauit + et homines Marchionis qui vrbem tradiderant, in poloniam ducens simulatorie captiuauit M; *haec verba fort. etiam ad textum tractatus de urbe Brandenburg pertinent, sed per homoioteleuton* intrauit – captiuauit *exciderunt* 48 In bello strennue *transp.* M 49 opus esset extemplo M : in templo opus esset W indicens] editenns, *sed* te *e corr.* M 49–50 ope – nobilium] *haec verba tractatui de urbe Brandenburg postea ab alio auctore addita sunt; v. dissert. p. 52sq.* 49 industria M : indulsa W

34–35 vrbem Brandeborch – possedit] *cf. Chron. princ. Sax., Holder-Egger 1880, p. 477, l. 5sq. (cf. etiam Chron. princ. Sax. ampl., Holder-Egger 1896, p. 31, l. 45)* urbem Brandeburch et totam terram possideret*; Pulk. chron., Emler 1893, p. 89, col. 2, l. 10–12* castrum Brandemburg, cuius

und rief Markgraf Albrecht herbei, den er als seinen Erben eingesetzt hatte, damit er zur Übernahme der Burg käme, wobei sie ihn über das Geschehene in Kenntnis setzte. Und dieser kam, wie vereinbart, sofort in Begleitung einer starken Schar Bewaffneter, nahm die Brandenburg gleichsam nach Erbrecht in Besitz und hielt unter Teilnahme vieler Edler das Leichenbegängnis des erwähnten Fürsten Heinrich ehrenvoll ab, ganz wie es fürstlicher Pracht entsprach. Nachdem Markgraf Albrecht also das uneingeschränkte Verfügungsrecht auf der Brandenburg erlangt hatte, vertrieb er die Heiden, die wegen Räuberei gebrandmarkt und mit der Unreinheit der Götzenverehrung besudelt waren, aus der Stadt und überließ die Bewachung der Burg kriegserprobten Männern, und zwar sowohl Slawen als auch Deutschen, zu denen er größtes Vertrauen hatte.

Sobald aber das Gerücht davon, das schnellste Übel überhaupt, Jaczo zu Gehör kam, der damals in Polen fürstliche Herrschaft ausübte, dem Onkel des erwähnten verstorbenen Fürsten, empfand er größten Schmerz über den Tod seines Neffen, und in der Erkenntnis, dass er, obwohl er mit dem Verstorbenen in nächster Linie verwandt war, auf ewig um das Erbe der Burg betrogen war, und unter Klagelauten, die er zum Himmel schickte, seufzte er schrecklich auf. Doch nach kurzer Zeit ließ er die Bewohner der Burg durch Geld bestechen und betrat dann die von ihnen verratene Burg in der Stille der Nacht mit einem großen Polenheer, nachdem die Riegel der Tore bereitwillig geöffnet worden waren.

Und als Markgraf Albrecht dies gehört hatte, überlegte er, der von Jugend an im Krieg eifrig erprobt war, was zu tun sei. Er kündigte einen Feldzug an und sammelte *mit*

iam possessionem Albertus tenuit   38–40 inmundicia – commisit] *cf. Pulk. chron., Emler 1893, p. 89, col. 2, l. 12–14* et expulsis inde ydolatris viris commiserat bellicosis Slawis pariter et Saxonibus custodiendum *(sc.* castrum Brandemburg*)*   41–47 Vbi autem – intrauit] *cf. Chron. princ. Sax., Holder-Egger 1880, p. 477, l. 6–8 (cf. etiam Chron. princ. Sax. ampl., Holder-Egger 1896, p. 31, l. 45sq.)* Audiens hoc dominus Iacze dux Polonie, avunculus dicti regis, manu valida venit, et custodibus castri Brandeburch mercede corruptis, castrum Brandeburch recuperavit; *Pulk. chron., Emler 1893, p. 89, col. 2, l. 9–14* Quod audiens Jacze, dux Polonie, avunculus dicti regis, valido exercitu congregato castrum Brandemburg ... custodibus mercede corruptis obtinuit.   48–58 Quo audito – recepit] *cf. Chron. princ. Sax., Holder-Egger 1880, p. 477, l. 8–10 (cf. etiam Chron. princ. Sax. ampl., Holder-Egger 1896, p. 31, l. 46–48)* Audito hoc, Albertus Ursus marchio Wichmanni archiepiscopi Magdeburgensis et nobilium fretus auxilio, castrum *(sc.* Brandeburch*)* vallavit, tribus in locis exercitum adducens. Anno autem Domini 1157, tercio Idus Iunii castrum denuo acquisiverunt; *Annal. Palid. ad an. 1157, MGH SS 16, p. 90, l. 9sq.* Anno Domini 1157. Adelbertus marchio Brandenburg, diu a Sclavis occupatam, maximo conprovincialium periculo Wicmanno Magdaburgensi presule cooperante recepit; *Pulk. chron., Emler 1893, p. 89, col. 2, l. 15–19* Albertus vero Ursus Wichmanni, Brandemburgensis [!] archiepiscopi, et nobilium aliorum fretus auxilio huiusmodi castrum *(sc.* Brandemburg*)* vallans in tribus locis recuperavit hoc *(*recuperavit. Hoc *distinxit Emler)* anno videlicet MCLVII, III idus Iunii.   49–50 ope – nobilium] *ex diplom. Wichmanni archiepisc. Magd. 1161, CDB I 8, p. 105, l. 1–6, n. 16* Ego Wichmannus, dei gratia metropolitane Magdeburgensis ecclesie archiepiscopus ... Urbs enim prenominata *(sc.* Brandenburg*)* ... nostro magno labore cooperante, cum multa sanguinis effusione nobilium nec non et aliorum, ad possessionem Christianorum rediit.

50 *domini Wichmanni, metropolitani Magdeburgensis, et aliorum principum ac nobilium* copiosum exercitum congregauit et die condicto forcium pugnatorum vallatus auxilio ad vrbem Brandenborch sibi a Iaczone supplantatam quantocius properauit ac tribus in locis circa eam exercitum diuidens longo tempore propter municionem loci eam obsedit. Sed *post multam hinc inde sanguinis effusionem*, cum hii qui in urbe erant
55 cernerent se nimis angustiatos non posse euadere manus aduersancium, condicione firmata libere exeundi dextris sibi datis marchioni vrbem coacti resignauerunt. Anno igitur dominice incarnacionis M° c° lvii iii° Ydus Iunii prefatus marchio Adelbertus vrbem Brand' diuina fauente clemencia victoriosissime recepit ac cum multo comitatu letus introiens erecto in eminentiore loco vexillo Deo laudes, qui sibi victoriam de
60 hostibus contulerat, merito persoluit.
Exinde autem annis octo elapsis Wilmarus digne memorie quartus <decimus> Brandenburgensis episcopus, qui omnimodo sedem cathedralem exaltare et vrbem contra insidias paganorum munire decreuerat, longa deliberacione coepiscoporum nec non Adelberti marchionis filiorumque eius canonicos ordinis Premonstratensis, qui in ecclesia beati

50 metropolitani Magdeburgensis] In magdeburg tunc Metropolitani M et] in M 51 copiosum M : compositum W 52 Brandenburg M a Iaczone] Sackzone M properauit] *om.* M ac tribus M : attribus W 53 exercitum *om.* M diuidens M : diuides W 54 post multam – effusionem] *haec verba tractatui de urbe Brandenburg postea ab alio auctore addita sunt; v. dissert. p. 51sq.* multam *om.* M 55 nimis M : minis W non] nec M 56 libere exeundi *om.* M vrbem *om.* M resignauerunt] reddiderunt M 57 M° c° lvii *scr.* : M C lx *(sed* lx *induct.)* lviii M : M° cc° lvii W prefatus] predictus M Adelbertus *om.* M 58 vrbem Brandenburg *transp. post* clemencia M recepit + actum, *sed induct.* W multu M 59 eminentiori M loco + triumphali M 60 persoluit + Wiggerus igitur xii Brandenburgensis Episcopus quondam Beate Marie in Magdeburg prepositus obdormiuit feliciter in domino vt speramus Anno gracie M C lviii pridie Nonas *(*1160 pridie kalendas *Sello)* Ianuarii In eadem Ecclesia Beate Marie Virginis in Liezeka sepultus, hic sedit in Cathedra Episcopali annis xxi mensibus quatuor diebus xvii. Fuit interea Liezeka In Claustro Beate Marie Virginis bone Indolis Canonicus nomine Wilmarus, qui ascendens de Virtute in virtutem, primum Scholarium eruditor, postea defuncto primo *(*patre *Riedel)* pie memorie Lamberti *(*Lamberto *Giesebrecht)* huius Ecclesie preposito, digne factus est eius successor, Tandem diuina arca *(*erga *Giesebrecht)* eum nichilominus agente prouidentia ibidem ab Ecclesie eiusdem fratribus et Canonicis libera iuris potestate in episcopum est electus, hinc est quod post receptionem supradicte vrbis M 61–73 Exinde autem – fundauit] *haec verba tractatui de urbe Brandenburg postea ab alio auctore addita sunt; v. dissert. p. 44–48* 61 Exinde autem *om. et* inde *post* octo *add.* M digne memorie *om.* M quartus <decimus> *scr. coll. BR 53* : xiii M 62 qui *om.* M omnimodis M 63 paganorum] Inimicorum M decreuerat] desiderans M longa] prolixa M deliberatione + propria et M coepiscoporum + suorum M necnon + et M 64 eius + consilio M premonstratensis + ab Ecclesia Sancti Petri apostolorum principis in Lietzeka transmissos M beati] Sancti M

Hilfe und energischem Einsatz Wichmanns, des Magdeburger Erzbischofs, und anderer Fürsten und Edler ein großes Heer. Am festgesetzten Tag eilte er, umgeben von einer Schutztruppe tapferer Krieger, so schnell wie möglich zur Burg Brandenburg, die ihm von Jaczo hinterlistig geraubt worden war, verteilte das Heer auf drei Stellen rings um die Burg herum und belagerte sie lange wegen der starken Befestigung des Ortes. Aber als *nach vielem Blutvergießen auf beiden Seiten* die, die in der Burg waren, merkten, dass sie allzu sehr eingeschlossen den Händen der Feinde nicht entkommen könnten, gaben sie dem Markgrafen die Burg gezwungenermaßen heraus, nachdem eine Vereinbarung über freien Abzug getroffen worden war und sie sich die Hände gereicht hatten. So gewann also der oben genannte Markgraf Albrecht im Jahr der Fleischwerdung des Herrn 1157 am 11. Juni die Burg Brandenburg mit Hilfe göttlicher Gnade sehr siegreich zurück. Er hielt mit großem Gefolge freudig Einzug und stattete Gott, der ihm den Sieg über die Feinde gebracht hatte, mit Recht Dank ab, nachdem an einem erhöhten Ort die Siegesfahne aufgestellt worden war.
Hierauf hat nun nach Ablauf von acht Jahren Wilmar würdigen Angedenkens, der 14. Brandenburger Bischof, der beschlossen hatte, den Kathedralsitz auf jede Weise zu errichten und die Burg gegen die hinterlistigen Angriffe der Heiden zu schützen, nach langer Beratung mit den Mitbischöfen und auch mit Markgraf Albrecht und seinen Söhnen die Kanoniker des Prämonstratenserordens, die damals in der Kirche des heiligen Gotthardt

54 post multam – effusionem] *ex diplom. Wilmari episc. Brand. et Wichmanni archiepisc. Magd. 1161, CDB I 8, p. 104, l. 6sq., n. 15 et p. 105, l. 6, n. 16* cum multa sanguinis effusione 61–70 Exinde autem – seruiebatur] *ex diplom. Wilmari episc. Brand. 1161, CDB I 8, p. 104, l. 1–13, n. 15* Ego Wilmarus, dei gratia Brandenburgensis ecclesie episcopus ... in urbe cathedrali ... honorem dei ... exaltare decrevi. ... in urbe illa, scilicet Brandeburg, canonicos, secundum regulam beati Augustini sub norma Premonstratensis ordinis degentes, ... institui et eis prebendas ... contradidi. Dedi ... eis ... villas ... Bukowe ... Garzelize ... Muceliz *(cf. etiam diplom. Wichmanni archiepisc. Magd. 1161, CDB I 8, p. 105, l. 1–13, n. 16) et ex diplom. eiusdem 1166, ibid. p. 107, l. 1–9, n. 19* ego Wilmarus, Brandeburgensis ecclesie episcopus, canonicos ordinis Premonstratensis, quos olim pie memorie eiusdem ecclesie episcopus Wigerus ante castrum Brandeburg in ecclesia beati Godehardi, scilicet in parrochia eiusdem ville, que dicitur Parduin, collocaverat, ... consilio ... Wigmanni ... et Brandeburgensis marchionis Adelberti, et marchionis Ottonis, filii eius, illos in ipsum castrum Brandeburg in sedem pontificalem ... transposui et ... auctoritate ... beati Petri, apostolorum principis, ... collocavi*; cf. etiam Pulk. chron., Emler 1893, p. 105, col. 2, l. 1–16* Hoc anno videlicet millesimo CLXV, VI idus Septembris ... Wilmarus, Brandemburgensis episcopus, qui kathedram suam multum exaltaverat et urbem Brandemburg munire decreverat contra insidias paganorum, deliberato consilio Alberti marchionis dicti Ursi nec non filiorum suorum prehabito diligenti canonicos Premonstratensis ordinis, qui in ecclesia sancti Gothardi in Brandemburgensi suburbio tunc degebant, processione solempni cleri et populi transferens et transponens in urbem, ibi sedem kathedre collocavit, quatinus exterminatis ydolorum spurciciis incessanter ibi laudes Domino solverentur, ubi pridem demoniis exhibebatur servicium sine fructu non absque Dei offensa.

65 *Godehardi in suburbio Brandemborch illo in tempore degebant, sollempni processione ac populi prosecucione in prelibatam vrbem transponens in sedem episcopii sui sexto Ydus Septembris satis provide collocauit eisque villas Garzelicz, Muzelicz, Bukowe, Kik, ut benivolos ad transmeandum redderet, contradidit, quatenus eliminatis omnibus idolorum spurciciis Deo laudes inibi incessabiliter redderentur, vbi iam per multa annorum milia*
70 *demoniis invtiliter seruiebatur.*

Eodem siquidem anno prefatus episcopus Wilmarus bonum inceptum meliori fine consumare disponens basilicam beati Petri, apostolorum principis, fundamento xxiiii[or] *pedum supposito v*[o] *Ydus Octobris in nomine domini nostri Ihesu Christi deuotus fundauit.*

65 Brandenburg M illo in tempore] in diebus illis obedienter et religiose necnon conformiter matri sue Ecclesie Beate marie Virginis in Liezeka M degebant + vnde originem assumpserant, Cleri M processioni M 65–66 ac populi] populique M 66 prelibatam] supradictam M vrbem + ex consensu matris sue liezeken M transponens M : transponentes W Episcopii M : episcopi *per compend.* W 67 septembris M : Decembris W Gorzelitz M Museltitz M Bukowe + Gorne M Kik ut *scr.* : kikuth W : Kic ut *Sello* : Kÿh *vel* Kÿth, vt M 68 redderet] faceret M contradidit *scr.* : contradixit W : contulit M elimatis M omnibus *om.* M idolorum M : *om.* W 69 incessanter M redderentur] agerentur M iam] antea M 70 demoniis *om.* M 72 apostolorum principis] apostoli M 72–73 fundamento … supposito M : fundamentum … suppositum W

71–73 Eodem siquidem anno – fundauit] *cf. Pulk. chron., Emler 1893, p. 105, col. 2, l. 16–20* Eodem anno dictus episcopus *(sc.* Wilmarus*)* basilicam beati Petri, apostolorum principis, inibidem consumare disponens, prout conceperat, V idus Octobris posuit fundamentum.

in der Vorstadt der Brandenburg lebten, in feierlicher Prozession und unter dem Geleit des Volkes in die oben erwähnte Burg geführt und sie am 8. September sehr umsichtig an seinem Bischofssitz angesiedelt und ihnen die Dörfer Garlitz, Mützlitz, Buckow und Kieck übertragen, um ihre Zustimmung zu dem Umzug zu gewinnen, damit nach Beseitigung aller unflätigen Götzenbilder Gott genau dort unablässig gelobt würde, wo schon viele tausend Jahre lang den Dämonen nutzlos gedient wurde.
In demselben Jahr hat der erwähnte Bischof Wilmar, weil er ein gutes Beginnen zu einem noch besseren Ende bringen wollte, die Basilika des heiligen Petrus, des Apostelfürsten, auf einem Fundament von 24 Fuß am 11. Oktober im Namen unseres Herrn Jesus Christus ehrfürchtig gegründet.

Brandenburgensia

Siglum

W Wimariensis, ThHStA, EGA, Reg. O 157, 279^{r}–280^{r}, 281^{rv}, saec. XV

Zu den Abkürzungen, die in den Apparaten verwendet werden, s. S. 109

Catalogus principum Brandenburgensium

Hii fuere principes seculares Brandemborg: Henricus Prebeszlaus rex in Brand'. † Hic sine herede decessit et sic ad imperatorem deuolutum hoc regnum in marchiam redegit et sequentibus contulit. Otto pater sequentis † Albertus Vrsus pater sequentis, Otto pater sequencium duorum, Otto (hic sine liberis decessit), Albertus pater sequencium duorum, Johannes et Otto fratres.

Chronica episcoporum Brandenburgensium

Hii adepti sunt decus pontificale Brandeborgensis ecclesie, quam Otto Rufus imperator triginta annos ante Magdeburgensem episcopatum in cathedralem sedem erexerat. Brandeburgensis episcopatus fundatus est ab Ottone imperatore anno domini d cccc xlviii et eidem prefecit Thietmarum.

Thietmarus primus Brandeburgensis episcopus. Iste anno gracie d ccc<c>º xlix terminis constitutis sui episcopatus per testamentum ab imperatore Ottone promeruit confirmari.

Dodilo uel Dudelinus secundus. Iste anno dominice incarnacionis d ccc<c>º lxix additis sibi Dudone Hauelbergensi episcopo primo et Bosone Merseburgensi episcopo et

1 *fort.* in *ante* Brandemborg *addendum, sed cf. l. 53* 1–3 Hic sine herede – Otto pater sequentis] *haec verba vix ad hunc locum pertinent, v. dissert. p. 77sq.* 9 prefecit *scr.* : prefixit W 11 constitutis *scr. coll. diplom. Ottonis regis, 949 vel 948 Oct. 1, MGH DD O I, p. 189, l. 20sq., n. 105 (*terminum … constituimus*)* : tritis W 11–81 sui episcopatus – positis castris] *huc transposui* : *post* apostolorum principis *(TR 18)* W 14 Bosone *scr.* : Bofone W

6 Hii – ecclesie] *cf. LE 1* Hii adepti sunt pontificale decus Brandenburgensis ecclesie. 7 triginta annos ante Magdeburgensem episcopatum] *ex Annal. Sax. ad an. 949, MGH SS 37, p. 172, l. 22–24* Brandeburgense episcopium …, quod XXX annis ante Magedeburgensem episcopatum legitur ab ipso *(sc.* rege Ottone*)* fuisse constructum *et ad an. 983 ibid. p. 235, l. 5* episcopatum Brandeburgensem, XXX annos ante Magdaburgensem constitutum*; cf. etiam Thietm. chron. 3,17, MGH SS rer. Germ. N. S. 9, p. 118, l. 21sq. vel recens. Corb. ibid. p. 119, l. 19sq.* Brandeburgiensem episcopatum, XXX annos ante Magadaburgiensem constitutum*; Additament. chron. princ. Sax. in cod. Goslar., Holder-Egger 1880, p. 486, l. 34–36* Anno Domini 938 fundatus est episcopatus Brandenburgensis, sicut colligitur ex cronicis, que dicunt episcopatum Brandenburgensem 30 annis ante episcopatum Magdeburgensem ab Ottone imperatore … fundatum. 8–9 Brandeburgensis episcopatus – Thietmarum] *cf. diplom. Ottonis regis, 949 vel 948 Oct. 1, MGH DD O I, p. 189, l. 12–14, n. 105* in civitate Brendanburg … episcopalem constituimus sedem, preferentes ei … Thiatmarum*; cf. etiam adn. sq.* 10–12 Thietmarus – confirmari] *ex Annal. Sax. ad an. 949, MGH SS 37, p. 172, l. 22sq.* Brandeburgense episcopium per testamentum a rege Ottone confirmatur Thietmaro primo antistite ibi presidente*; cf.*

Katalog der Fürsten von Brandenburg

Dies waren die weltlichen Fürsten in Brandenburg: Pribislaw-Heinrich König in Brandenburg. Dieser starb ohne Erben, und so machte er dieses Königreich, das an den Kaiser zurückgefallen war, zur Mark und übergab es den folgenden Personen. Otto, der Vater des Folgenden. Albrecht der Bär, der Vater des Folgenden, Otto, der Vater der beiden Folgenden, Otto (dieser starb ohne Kinder), Albrecht, der Vater der beiden Folgenden, die Brüder Johannes und Otto.

Chronik der Bischöfe von Brandenburg

Diese erlangten die Bischofswürde der Brandenburger Kirche, die Kaiser Otto der Rote 30 Jahre vor dem Bistum Magdeburg zum Kathedralsitz erhoben hatte.
Das Bistum Brandenburg wurde von Kaiser Otto im Jahr des Herrn 948 gegründet, und diesem Bistum stellte er Thietmar voran.
Thietmar war der erste Bischof von Brandenburg. Dieser wurde im Jahr des Heils 949, nachdem die Grenzen seines Bistums festgelegt waren, durch eine Urkunde von Kaiser Otto der Bestätigung im Bischofsamt gewürdigt.
Dodilo oder Dudelinus war der zweite Bischof. Dieser wurde im Jahr der Fleischwerdung des Herrn 969 Suffraganbischof Adalberts, des ersten Erzbischofs von Magdeburg, nachdem ihm Dudo, der erste Bischof von Havelberg, Bischof Boso von Merseburg,

etiam Excerpt. chron. princ. Sax., Holder-Egger 1880, p. 480, l. 24sq. et ante coronationem fundavit *(sc.* Otto*)* episcopatum Brandenburgensem anno 938, et Titemarus primus episcopus Brandenburgensis electus est anno 949 *et ibid. l. 30* Titemarus primus episcopus Brandenburgensis 11 terminis constitutis] *cf. diplom. Ottonis regis, 949 vel 948 Oct. 1, MGH DD O I, p. 189, l. 20sq., n. 105* Terminum vero eidem parrochiae constituimus orientem versus ad flumen Odera 13 Dodilo uel Dudelinus secundus] *ex Annal. Sax. ad an. 983, MGH SS 37, p. 235, l. 7sq.* Dodilo eius *(sc.* Brandeburgensis*)* sedis antistes secundus*; cf. etiam Thietm. chron. 3,17, MGH SS rer. Germ. N. S. 9, p. 118, l. 25sq. vel recens. Corb. ibid. p. 119, l. 23sq.* Dodilo, eiusdem sedis antistes II.*; Gesta archiep. Magd., MGH SS 14, p. 388, l. 28sq.* Dodilonem, ipsius urbis presulem secundum 13–18 Iste – ordinatis] *ex Annal. Sax. ad an. 969, MGH SS 37, p. 213, l. 2–7* Adalbertus archiepiscopus *(sc.* Magedeburgensis*)* … consecravit Bosonem Mersburgensis ecclesie pastorem primum, Burchardum Misnensis ecclesie provisorem primum, Hugonem Cicensis ecclesie primum episcopum. His confratribus coaptavit inperator *(sc.* Otto*)* tres prius consecratos, hoc est Dudonem Hauelbergensem, Dudelinum Brandeburgensem et Iordanem Poznanensem, omnes subiectionem episcopo suisque successoribus promittentes*; cf. etiam Thietm. chron. 2,22, MGH SS rer. Germ. N. S. 9, p. 64, l. 12–22 vel recens. Corb. ibid. p. 65, l. 12–21, qui tamen non Dodilonem, sed Thietmarum episcopum Brandenburgensem nominat* Archiepiscopus *(sc.* Aethelbertus*)* … consecravit Bosonem Merseburgiensis aecclesiae pastorem I., Burchardum Misnensis eclesie provisorem I., Hugonem episcopum Citicensem I.; Havelbergensis aecclesiae custodem I. hiis Tudonem coaptavit prius consecratum: omnes hos subieccionem sibi suisque promittentes successoribus … Additus est his confratribus Brandeburgiensis aecclesiae I. pastor Thietmarus ante hos unctus et Iordan episcopus Posnaniensis I.*; Gesta archiep. Magd., MGH SS 14, p. 382, l. 9–16*

15 Burchardo Misnensi episcopo et Hugone Cicensi episcopo et Iordano Poznanensi episcopo suffraganeus Magdeburgensis archiepiscopi Adelberti primi factus est Dudelino Brandeburgensi et Dudone Hauelbergensi et Iordano Poznanensi ceteris omnibus prius ordinatis. Iste Dodilo anno domini d cccc lxxx a suis stra<n>gulatur.

Volcart uel Volcmarus tercius. Tempore huius anno domini d cccc^{o} lxxxiii Slaui contra
20 Saxones arma commouerunt et tercio Kalendas Iulii percusso in Hauelberg presidio episcopalem cathedram ibidem destruxerunt et transactis trium dierum spaciis Brandeburgensem episcopatum constitutum, cum iam prima sonaretur, inuasit fugiente isto eodem episcopo Volcmaro et defensore eius Theoderico. Clerus capitur militibus vix euadentibus et thesauris ecclesie distractis. Dodilonem episcopum stra<n>gulatum
25 exhumauerunt et corpus eius adhuc <integrum> inuenerunt et pontificalibus exutum in foueam reiecerunt. Et cuius obitus dies est ii^{o} Nonas Decembris.

Wigo iiii^{tus}. Hic anno domini M^{o} xii cum aliis suffraganeis ecclesie Magdeburgensis <***> et hic anno domini M^{o} x obtinuit per priuilegium libertatem, quam habent alii Saxonici, scilicet in eligendo aduocato prout placent et ut ad libitum suum habent
30 de decimis terre Heueldun disponendi liberam facultatem ab Henrico secundo imperatore.

18 Dodilo *scr.* : Dudolo W 19 W *vel* Vo *ante* Volcart W 20 in Hauelberg] *de scriptura verbi* Hauelberg *non liquet; fort. compend. in fine huius verbi per* Hauelbergensi *solvendum et* in *delendum; cf. etiam Thietm. chron. 3,17 in cod. Dresdensi (SLUB R. 147, 43^{r}, l. 3sq.), ubi item discerni non potest, quid scriba sibi voluerit* 22 constitutum] *verbum cum textu hoc loco non congruens auctor noster in textu e fonte sua transferendo delere neglexisse vid.; v. dissert. p. 81* inuasit] *verbum cum subiecto huius sententiae (*Slaui *l. 19) non congruens auctor noster satis neglegenter e fonte sua sumpsit; v. dissert. p. 81* 25 integrum *suppl. Annal. Sax. ad an. 983, MGH SS 37, p. 235, l. 8 coll. (*integro adhuc eius corpore*)* 26 *fort. post* Decembris *indicatio anni, quo Volcart mortuus est, excidit.* 28 *lac. ind.; exciderunt res ad inthronizationem archiepiscopi Magdeburgensis Waltardi vel archiepiscoporum Waltardi et Geronis, qui eodem anno quo Waltardus inthronizatus est, spectantes, quarum Thietm. chron. 6, 68, MGH SS rer. Germ. N. S. 9, p. 358, l. 5–11 et 6, 81 ibid. p. 372, l. 1–7 mentionem facit (cf. etiam Annal. Sax. ad an. 1012, MGH SS 37, p. 322, l. 21–23, p. 323, l. 27–31, p. 325, l. 23 et Gesta archiep. Magd., MGH SS 14, p. 395, l. 39sq. et p. 397, l. 14sq.)*

18 Iste Dodilo – stra<n>gulatur] *ex Annal. Sax. ad an. 983, MGH SS 37, p. 235, l. 8* qui *(sc.* Dodilo*)* a suis strangulatus *(= Thietm. chron. 3,17, MGH SS rer. Germ. N. S. 9, p. 118, l. 26 vel recens. Corb. ibid. p. 119, l. 24); cf. etiam Gesta archiep. Magd., MGH SS 14, p. 388, l. 29* qui *(sc.* Dodilo*)* a suis miserabili nece strangulatus 19–26 Volcart – in foueam reiecerunt] *ex Annal. Sax. ad an. 983, MGH SS 37, p. 234, l. 13–15 et p. 235, l. 3–10* Gentes Slauorum, que suscepta christianitate regibus et inperatoribus tributarie serviebant, … arma commoverunt. …

Bischof Burchard von Meißen, Bischof Hugo von Zeitz und Bischof Jordan von Posen an die Seite gestellt worden waren, wobei Dudelinus von Brandenburg, Dudo von Havelberg und Jordan von Posen schon eher als alle übrigen ordiniert worden waren. Dieser Dodilo wurde im Jahr des Herrn 980 von seinen Leuten erdrosselt.
Volkart oder Volkmar war der dritte Bischof. Zu seiner Zeit erhoben im Jahr des Herrn 983 die Slawen gegen die Sachsen die Waffen und zerstörten am 29. Juni den dortigen Bischofssitz, nachdem sie die Besatzung in Havelberg ermordet hatten. Drei Tage später drangen sie beim Läuten der Prim in das errichtete Bistum Brandenburg ein, wobei dem genannten Bischof Volkmar und seinem Schirmer Dietrich die Flucht gelang. Die Priester wurden gefangen. Die Krieger entkamen mit knapper Not, und die Schätze der Kirche wurden geplündert. Den erdrosselten Bischof Dodilo gruben sie aus, fanden seinen Leichnam noch unversehrt vor und warfen ihn ohne seine Bischofsgewänder in die Grube zurück. Volkmars Todestag ist der 4. Dezember.
Wigo war der vierte Bischof. Dieser … im Jahr des Herrn 1012 zusammen mit den anderen Suffraganbischöfen der Magdeburger Kirche …, und dieser erhielt im Jahr des Herrn 1010 von Kaiser Heinrich II. durch eine Urkunde die Freiheit, die auch die anderen sächsischen Bischöfe haben, nämlich den Vogt zu wählen, wie es ihnen gefällt, und nach Belieben frei über den Zehnten des Landes Heveldun zu verfügen.

Quod scelus III kal. Iulii percusso in Hauelburh presidio primum exoritur, ubi et episcopalem cathedram destruxerunt. Transactis autem trium dierum spaciis Slauorum conspirata manus episcopatum Brandeburgensem, XXX annos ante Magdaburgensem constitutum, cum iam prima sonaret, invasit et fugiente prius eius tercio antistite Folcmaro et defensore eius Theoderico ac militibus ipsa die vix evadentibus. Clerus ibidem capitur et Dodilo …, qui a suis strangulatus III annos iacuit sepultus, e tumulo eruitur et integro adhuc eius corpore ac sacerdotali eius apparatu ab avaris canibus predatur et iterum temere reponitur. Omnis ecclesie tesaurus distrahitur; *cf. etiam Thietm. chron. 3, 17, MGH SS rer. Germ. N. S. 9, p. 118, l. 10–12 et 17–29 vel recens. Corb. p. 119, l. 9–11 et 16–27* Gentes, quae suscepta christianitate regibus et inperatoribus tributarie serviebant, … arma commoverant. … Quod eciam III. Kal. Iulii scelus, percusso in Hawelbergium presidio destructaque ibidem episcopali cathedra, primum exoritur. Transactis autem trium spaciis dierum Sclavorum conspirata manus Brandeburgiensem episcopatum, XXX annos ante Magadaburgiensem constitutum, cum iam prima sonaretur, invasit, fugiente prius tercio antistite eiusdem Wolcmero, et defensore eius Thiedrico ac militibus ipsa die vix evadentibus. Clerus ibidem capitur, et Dodilo …, qui a suis strangulatus tres annos iacuit tunc sepultus, e tumulo eruitur et, integro adhuc eius corpore ac sacerdotali apparatu, ab avaris canibus predatur et iterum temere reponitur; omnis aecclesie thesaurus distrahitur; *Gesta archiep. Magd., MGH SS 14, p. 383, l. 16sq. (col. A) et p. 388, l. 22–30* 28–31 et hic anno domini M° x – imperatore] *ex diplom. Henrici regis, Oskereslevo 1010 Oct. 27, MGH DD H II, p. 259, l. 37 – p. 260, l. 1, n. 223* concedentes eiusdem *(sc.* Brandeburgensis*)* ecclesie episcopo Wigoni suisque successoribus, ut habeant eandem libertatem, quam episcopi Saxonici habent, videlicet in eligendo advocatos in toto suo episcopatu, prout eis oportunum fuerit, habeantque liberam facultatem de decimis sui episcopatus, in provincia scilicet Heveldon

Luizo quintus. Hic anno gracie M° xxvii cum Hunfrido archiepiscopo Magdeburgensi ad synodum Franckuforth ad instanciam Aribonis Maguntini archiepiscopi congregatam venit. Iste idem Luizo anno gracie M xxx a Mesecone duce Polonorum
35 capitur et ut vile mancipium detinetur.
Volcquart vi^{tus}.
Dancquart vii^{us}. Hic anno domini M° li° obtinuit ab Henrico imperatore tercio priuilegia de mercato thelonio moneta in Vrsleue habendo.
Thiedo octauus.
40 Volmar uel Volcmarus nonus.
Harbertus decimus.
Ludolfus vndecimus.
Lambertus xii^{us}. Hic fuit abbas Hilsunburgensis ecclesie et anno gracie M° <c°> xxxviii in Brandeborgensem episcopum est electus. Quem cum nollet Magdeburgensis
45 <archiepiscopus> ordinare, papam adiens ordinatus est et in reditu mutato habitu ob difficultatem itineris a latronibus occisus est.
Vuigerus xiii^{us}. Hic cum eligeretur, fuit prepositus sancte Marie in Magdeburg. Hic anno gracie M c xlvii vna cum Frederico Magdeburgensi archiepiscopo et Anselmo Hauelbergensi <episcopo> et pluribus aliis accepta cruce <contra> paganos versus
50 aquilonem habitantes profectus est. Hic sedit annos xxi menses iiii^{or} dies xvii et

32 Luizo *scr.* : Lurzo W 37 Henrico *scr.* : heretico W 47 *?an* Wigerus *scribend.; cf. TR 19* Wigeri 49 episcopo *suppl. coll. Chron. episc. Brand. cod. Mader., Holder-Egger 1880, p. 485, col. 1, l. 3* contra *suppl. Annal. Magd. ad an. 1147, MGH SS 16, p. 188, l. 34 coll.*

32–34 Hic anno gracie M° xxvii – venit] *ex Annal. Sax. ad an. 1027, MGH SS 37, p. 364, l. 9sq. et 17–19* Eodem item anno Aribo Mogontinus archiepiscopus Franconeuorde concilium sinodi habuit cum episcopis XXIII^{bus} ... A sinistris eius Hunfridus Partenopolinus archiepiscopus cum suis Hildiuuardo Cicensi, Brunone Mersburgensi, Liuzone Brandeburgensi, Thioderico Misnensi 34–35 Iste idem Luizo – detinetur] *ex Annal. Sax. ad an. 1030, MGH SS 37, p. 367, l. 8 et 16sq.* Miseco dux Polanorum ... reverentissimum Brandeburgensem episcopum Liuzonem ut vile mancipium cepit *(= Annal. Magd. ad an. 1030, MGH SS 16, p. 169, l. 51 et 56sq.).* 37–38 Hic anno domini M° li° – habendo] *ex diplom. Henrici imperatoris, Spire 1051 Mart. 19, MGH DD H III, p. 356, l. 12–17, n. 267* Quapropter ... notum esse volumus, qualiter nos ob interventum ac peticionem iugeque servitium Dancwardi Brandenburgensis episcopi eidem Dancwardo mercatum monetam teloneum districtum ... in loco Vrslebe ... concessimus. 39 Thiedo octauus] *cf. Annal. Sax. ad an. 1071, MGH SS 37, p. 418, l. 1sq.* Thietgrimus Brandeburgensis. 43–46 Hic fuit abbas – occisus est] *ex Annal. Sax. ad an. 1138, MGH SS 37, p. 611, l. 22–24* Lambertus ex abbate Ilsineburgensi Brandeburgensis ecclesie electus Rodolfi Halberstadensis episcopi rogatu Romam profectus est rediensque a latronibus interfectus est*; cf. etiam Annal. Magd. ad an. 1138, MGH SS 16, p. 186, l. 27sq.* Eodem tempore

Luizo war der fünfte Bischof. Dieser kam im Jahr des Heils 1027 zusammen mit Hunfried, dem Erzbischof von Magdeburg, zur Frankfurter Synode, die auf dringende Bitte Erzbischof Aribos von Mainz einberufen worden war. Eben dieser Luizo wird im Jahr des Heils 1030 von Mieszko, Herzog von Polen, gefangen genommen und wie ein einfacher Sklave gehalten.
Volkward war der sechste Bischof.
Dankward war der siebte Bischof. Dieser erhielt im Jahr des Herrn 1051 von Kaiser Heinrich III. die Privilegien, über Markt, Zoll und Münze in Uhrsleben zu verfügen.
Thiedo war der achte Bischof.
Volmar oder Volkmar war der neunte Bischof.
Hartbert war der zehnte Bischof.
Ludolf war der elfte Bischof.
Lambert war der zwölfte Bischof. Dieser war Abt des Klosters Ilsenburg und wurde im Jahr des Heils 1138 zum Bischof von Brandenburg gewählt. Doch da der Erzbischof von Magdeburg ihn nicht in sein Amt einsetzen wollte, wandte er sich an den Papst und wurde von ihm eingesetzt. Bei der Rückkehr wurde er, da er wegen der Beschwerlichkeit der Reise seine Kleidung gewechselt hatte, von Straßenräubern erschlagen.
Wigger war der 13. Bischof. Als dieser gewählt wurde, war er Propst von St. Marien in Magdeburg. Dieser brach im Jahr des Heils 1147 gemeinsam mit Erzbischof Friedrich von Magdeburg, Bischof Anselm von Havelberg und mehreren anderen gegen die Heiden im Norden auf, nachdem er das Kreuz genommen hatte. Dieser hatte den

Lambertus Hilsenburgensis abbas et Brandenburgensis ecclesie electus, revertens a Roma, a latronibus occisus est. 47 Hic cum eligeretur – in Magdeburg] *ex Annal. Sax. ad an. 1138, MGH SS 37, p. 611, l. 24* successit *(sc.* Lamberto*)* Wiggerus prepositus sancte Marie in Mageda-burh*; cf. etiam Annal. Magd. ad an. 1138, MGH SS 16, p. 186, l. 28–30* Huic *(sc.* Lamberto*)* successit ... in episcopatu Wikkerus, Sanctae Marie prepositus in Magadaburg*; Chron. episc. Brand. cod. Mader., Holder-Egger 1880, p. 484, col. 1, l. 40–42* Hic *(sc.* Wigerus*)* fuit, antequam eligeretur, prepositus Sancte Marie Magdeburgi ordinis Premonstratensis*; Excerpt. chron. princ. Sax., Holder-Egger 1880, p. 481, l. 4sq.* Hic *(sc.* Wigerus*)* antea fuit, cum eligeretur, praepositus Sanctae Mariae ordinis Praemonstratensis in Magdeborch. 47–50 Hic anno gracie M c xlvii – profectus est] *cf. Annal. Magd. ad an. 1147, MGH SS 16, p. 188, l. 32–38* Eodem anno ... magna christiane militiae multitudo contra paganos versus aquilonem habitantes assumpto signo vivifice crucis exiverat ... Ubi in una societate convenerant Fridericus archiepiscopus Magada-burgensis ... Wickerus Brandeburgensis, Anshelmus Havelbergensis ... episcopi, *cf. etiam Chron. episc. Brand. cod. Mader., Holder-Egger 1880, p. 485, col. 1, l. 1–5* Hic anno Domini 1147 cum Frederico Magdeburgensi episcopo et Anselmo Havelbergensi episcopo et pluribus aliis, accepta cruce, contra paganos contra aquilonem habitantes profectus est*; Excerpt. chron. princ. Sax., Holder-Egger 1880, p. 481, l. 6–8* Anno 1147. Qui cum Friderico episcopo Magdeburgensi et Anshelmo Havelburgense episcopo, accepta cruce, contra paganos versus aquilonem habitantes profecti sunt. 50 Hic sedit – dies xvii] *cf. Chron. episc. Brand. cod. Mader. et cod. Goslar., Holder-Egger 1880, p. 484, col. 1, l. 38sq. et col. 2, l. 37sq. nec non Excerpt. chron. princ. Sax., Holder-Egger 1880, p. 481, l. 4* sedit annis 21, menses 4, dies 17.

ecclesiam et conuentum in Liczka instituit et obiit anno domini M^{o} c^{o} lx^{o} ii^{o} Nonas Ianuarii.
Wilmarus xiiii^{us}. Hic ecclesiam et conuentum Brandeborch instituit in vrbe. Hic obiit anno domini M c lxxiii viii Ydus Nouembris. Hic sedit annos x[x]iii, ut credo.
55 Siffredus xv^{us}. Hic postmodum in Bremensem episcopum est electus.
<***>
Alexius. Hic obiit anno domini M c xcii Kal. Septembris.
<***> Hic sedit <annos> xiiii, vt credo, et dies xx^{ti}.
Baldewinus xix^{us}. Hic canonice <electus> in gremio ecclesie rexit episcopatum annos
60 decem et menses decem et obiit anno domini M cc^{o} xvii ii Kalendas Iunii.
Siffredus ii xx^{us}. Hic similiter a fratribus et de gremio ecclesie canonice electus rexit [et] ecclesiam laudabiliter annos tres menses quinque dies xii [hic annos sedit] a tempore consecracionis sue. Antequam consecraretur, fluxerunt septem menses. Et sic computando tam episcopatu quam consecracione sedit annos iiii^{or} 3^{bus} ebdomadis
65 minus. Obiit anno domini M cc xxi iiii Ydus Maii.
Gernandus xxi. Hic fuit decanus maioris ecclesie Magdeburgensis, sed ad episcopatum canonice electus non fuit, sed propter discordiam per intercessionem Alberti archiepiscopi Magdeburgensis, cuius olim magister fuerat, a papa datus anno domini M^{o} cc xxi<i>. Qui anno domini M^{o} cc^{o} xxxv^{o} indictione viii^{a} imperatore Frederico regnante,
70 Gregorio nono papa Romane ecclesie presidente, marchiam Brandeborch et Iohanne et Ottone fratribus pari iure regnantibus, pontificatus sui anno xiii^{o}, venerabilis patris

51 lx^{o} *scr.* : lxii^{o} lix, *sed* lxii^{o} *induct.* W; *v. ad hunc locum dissert. p. 85–87* 53 Wilmarus *scr.* : Vulmarus W 54 x[x]iii *scr.; nam si antecessor Wiggerus anno 1160 mortuus est (v. l. 51), Wilmarus 13 annos sedit* 56 *lac. ind.; nam deest in hac enumeratione episcoporum Brandenburgensium Baldram, qui ante Alexium, cuius auctor noster deinceps mentionem facit, episcopatum obtinuit* 57 Alexius *scr.* : Alixius W M c xcii *scr.; nam Alexius anno 1192 mortuus esse vid. (cf. Chron. Erf. mod. I ad. an. 1192, MGH SS rer. Germ. [42], p. 197, l. 10sq.)* : M cc xii W 58 *lac. ind.; nam tempus episcopatus non ad Alexium, sed ad Norbertum, successorem eius, pertinere vid.* 59 electus *suppl. l. 61 et 67 coll.* 61 ii xx^{us} *scr.* : xxii^{us} W 64 tam + episcopatu *per compend. script., sed induct.* W 66 Gernandus *corr. e* Bernandus W 68–69 M^{o} cc xxi<i> *scr. sententia sequenti coll.; cf. etiam Krabbo 1904, p. 8sq. et 18–20*

51 ecclesiam – instituit] *cf. Chron. episc. Brand. cod. Mader., Holder-Egger 1880, p. 484, col. 1, l. 44 – p. 485, col. 1, l. 1* Hic in curte sua Liezeke ecclesiam construxit, et ibidem fratres sui ordinis collocavit et bonis ditavit*; cf. etiam Excerpt. chron. princ. Sax., Holder-Egger 1880, p. 481, l. 5sq.* Hic Wigerus clausam Litzke construxit et ibidem fratres sui ordinis collocavit et bonis dotavit. 51–52 obiit – Ianuarii] *cf. Chron. episc. Brand. cod. Mader., Holder-Egger 1880, p. 484, col. 1, l. 39* obiit 1161 *(*1141 *cod. Mader.) et cod. Goslar. ibid. col. 2, l. 38sq.* obiit 1161, sepultus in capella in castro Brandenburg 2. Kal. Ian.*; cf. etiam Excerpt. chron. princ. Sax.,*

Bischofssitz 21 Jahre, vier Monate und 17 Tage inne. Er richtete die Kirche und den Konvent in Leitzkau ein und starb im Jahr des Herrn 1160 am 4. Januar.
Wilmar war der 14. Bischof. Dieser richtete die Kirche und den Konvent in Brandenburg auf der Burg ein. Er starb im Jahr des Herrn 1173 am 6. November. Dieser hatte den Bischofssitz 23 Jahre inne, wie ich glaube.
Siegfried war der 15. Bischof. Dieser wurde später zum Bischof von Bremen gewählt.
...
Alexius. Dieser starb im Jahr des Herrn 1192 am 1. September.
... Dieser hatte den Bischofssitz 14 Jahre, wie ich glaube, und 20 Tage inne.
Balduin war der 19. Bischof. Dieser wurde kanonisch im Schoß der Kirche gewählt und leitete das Bistum zehn Jahre und zehn Monate und starb im Jahr des Herrn 1217 am 31. Mai.
Siegfried II. war der 20. Bischof. Dieser wurde in ähnlicher Weise von den Fratres und aus dem Schoß der Kirche kanonisch gewählt und leitete die Kirche lobenswert drei Jahre, fünf Monate und zwölf Tage vom Zeitpunkt seiner Weihe an. Bevor er geweiht wurde, vergingen sieben Monate. Und wenn man so das Episkopat und die Zeit bis zur Weihe zusammenzählt, war er vier Jahre abzüglich dreier Wochen im Amt. Er starb im Jahr des Herrn 1221 am 12. Mai.
Gernand war der 21. Bischof. Dieser war Dekan des Magdeburger Doms, aber er wurde nicht kanonisch in das Episkopat gewählt, sondern wurde, da man sich nicht einigen konnte, durch Vermittlung Erzbischof Albrechts von Magdeburg, dessen Lehrer er einst gewesen war, im Jahr des Herrn 1222 vom Papst eingesetzt. Dieser Gernand weihte im Jahr des Herrn 1235, in der 8. Indiktion, unter der Herrschaft Kaiser Friedrichs, als Gregor IX. als Papst der römischen Kirche vorstand, als die Brüder Johann und Otto gleichberechtigt die Mark Brandenburg regierten, im 13. Jahr seines Pontifikats, zu Zeiten unseres verehrten Vaters, des Propstes Jakob, am 25. November

Holder-Egger 1880, p. 481, l. 9 Et idem Wigerus obiit anno 1161, Kalend. Ianuarii, et sepultus est in capella in castro Brandenburg. 53 Hic – in vrbe] *cf. diplom. Wilmari episc. Brand. 1161, CDB I 8, p. 104, l. 8–10, n. 15 (l. 1* Ego Wilmarus ...*)* in urbe illa, scilicet Brandeburg, canonicos ... institui*; cf. etiam diplom. Wichmanni archiepisc. Magd. 1161, CDB I 8, p. 105, l. 7–10, n. 16* Wilmarus, Brandeburgensis episcopus, ... in urbe illa, scilicet Brandeburg, canonicos ... instituit. 55 Hic – est electus] *cf. diplom. Balderami episc. Brand. 1183, CDB I 8, p. 114, l. 4sq., n. 26* Sifridus ... postmodum ... Bremensis Archiepiscopus*; cf. Chron. episc. Brand. cod. Mader., Holder-Egger 1880, p. 485, l. 20–22* Hic *(sc. Siffredus)* anno Domini 1180 in archiepiscopum Bremensem est confirmatus. 60 obiit anno domini M cc° xvii ii Kalendas Iunii] *cf. Chron. episc. Brand. cod. Mader., Holder-Egger 1880, p. 485, l. 24* obiit 1217, pridie Kal. Iunii. 64–65 sedit annos iiii^{or} 3^{bus} ebdomadis minus] *cf. Chron. episc. Brand. cod. Mader., Holder-Egger 1880, p. 485, l. 28sq.* sedit annis 3, mensibus 11, diebus 23 *(33 cod. Mader.* : 28 *Holder-Egger dub. in app. crit.).* 67–68 Alberti – fuerat] *cf. Chron. episc. Brand. cod. Mader., Holder-Egger 1880, p. 485, l. 37sq.* Hic ... magister fuerat Alberti archiepiscopi Magdeburgensis. 71–75 venerabilis patris – martyris gloriosi] *cf. Chron. episc. Brand. cod. Mader., Holder-Egger 1880, p. 486, l. 3–6* altare in crypta consecravit *(sc.* Gernandus*)* in honorem Marie virginis, Iohannis baptiste, Marie Magdalene, Catharine, Livini episcopi et martyris 1235, 6. Kal. Decembris, temporibus Iacobi prepositi.

nostri Iacobi prepositi temporibus viiº Kalendas Decembris consecrauit criptam in inferiori parte in loco kathedrali Brandeborch in honorem sanctorum horum Marie virginis gloriose, Iohannis baptiste, Marie Magdalene, Katherine virginis et martyris,
75 Liuini episcopi et martyris gloriosi.
Rutgerus xxii. Hic cepit anno domini Mº ccº xliº xv Kalendas Ianuarii. Hic sedit annos decem dies sex et obiit anno domini Mº ccº <liº> nono Kalendas Ianuarii et cessauit episcopatus menses duos et dies xvii.
Otto. Hic cepit anno domini Mº ccº lii vii Nonas Marcii et sedit annos nouem menses
80 septem et dies xxiii et cessauit episcopatus <***>.

Catalogus diversorum bellorum

Anno domini d ccccº xxvii Henricus rex positis castris in glacie cepit castrum Brandeburg.
Anno domini Mº cº Vdo marchio cum aliis Saxonibus quam pluribus barbaros, qui Liuthici dicuntur, inuasit et castrum, quod Brand' dicitur, obsedit et cepit.
85 Anno domini Mº c lvii tempore Wilmari Brand' episcopi Wichmanno Magdeburgensi archiepiscopo ab Alberto Vrso marchione et suis capta est vrbs Brand'.

76 Ianuarii *scr., quia Rutgerus coepit a. d. 1241 xiv vel xv Kal. Ianuarii; cf. Chron. episc. Brand. cod. Mader., Holder-Egger 1880, p. 485, l. 36sq.* : Iunii W 79 vii Nonas] *vix recte, quia dies septimus ante Nonas Martias cum Kalendis Martiis congruit* 80 *lac. ind.; nam deest spatium temporis* 81 positis castris *scr. Widuk. gest. 1, 35, MGH SS rer. Germ. [60], p. 49, l. 11 coll.* : positus cassis W 81–114 in glacie *(scr.* : gulacie W*)* – in Almania accidisse] *huc transposui* : *post* terminis constitutis *(l. 11)* W 84 dicuntur *scr. Annal. Sax. ad an. 1100, MGH SS 37, p. 500, l. 14 coll.* : dm *lin. sup.* m *addita* W 85 Wilmari] *vix recte, nam a. d. 1157 Wiggerus episcopus Brandenburgensis erat, sed nil mutare volui, ne auctorem errore lapsum corrigerem* 86 ab *scr.* : et W capta est *scr.* : captam W

81–82 Anno domini d ccccº xxvii – Brandeburg] *cf. Widuk. gest. 1, 35, MGH SS rer. Germ. [60], p. 49, l. 11 – p. 50, l. 1* hieme asperrima castris super glaciem positis cepit *(sc.* Henricus rex*)* urbem quae dicitur Brennaburg fame, ferro, frigore *(= Annal. Magd. ad an. 926, MGH SS 16, p. 142, l. 40sq.); Annal. Sax. ad an. 927, MGH SS 37, p. 142, l. 5sq.* hieme asperrima positis super glaciem castris cepit Branneburh fame, ferro, frigore*; Chron. princ. Sax., Holder-Egger 1880, p. 477, l. 11sq. (cf. etiam Chron. princ. Sax. ampl., Holder-Egger 1896, p. 31, l. 49sq.)* Nam anno Domini 927 Henricus rex, positis castris in glacie, Brandeborch castrum cepit*; Pulk.*

die Krypta im unteren Teil des Brandenburger Doms zu Ehren folgender Heiliger, der glorreichen Jungfrau Maria, Johannes des Täufers, Maria Magdalena, der Jungfrau und Märtyrerin Katharina und des Bischofs und glorreichen Märtyrers Livinus. Ruotger war der 22. Bischof. Dieser trat sein Amt im Jahr des Herrn 1241 am 18. Dezember an. Dieser hatte den Bischofssitz zehn Jahre und sechs Tage inne und starb im Jahr des Herrn 1251 am 24. Dezember. Und der Bischofsstuhl blieb zwei Monate und 17 Tage unbesetzt.
Otto. Dieser trat sein Amt im Jahr des Herrn 1252 am 1. März an und hatte den Bischofssitz neun Jahre, sieben Monate und 23 Tage inne. Und der Bischofsstuhl blieb unbesetzt ...

Katalog verschiedener Schlachten

Im Jahr des Herrn 927 nahm König Heinrich die Burg Brandenburg ein, nachdem er sein Lager auf dem Eis aufgeschlagen hatte.
Im Jahr des Herrn 1100 griff Markgraf Udo mit sehr vielen anderen Sachsen die Barbaren an, die Lutizen genannt werden, und belagerte die Burg, die Brandenburg genannt wird, und nahm sie ein.
Im Jahr des Herrn 1157 zur Zeit des Brandenburger Bischofs Wilmar unter Wichmann, Erzbischof von Magdeburg, ist die Burg Brandenburg von Markgraf Albrecht dem Bären und seinen Leuten eingenommen worden.

chron., Emler 1893, p. 15, col. 2, l. 21–26 anno Domini DCCCXVII [!] ... rex Romanorum Henricus ... castris positis in glacie potenter Brandeburg expugnavit. 83–84 Anno domini M° c° – cepit] *cf. Annal. Sax. ad an. 1100, MGH SS 37, p. 500, l. 14sq.* Vdo marchio et alii conplures Saxonum barbaros, qui Liutici dicuntur, invasit et de ipsis honorifice triumphans urbem Brandeburh per IIII[or] menses obsedit et cepit *et ibid. p. 503, l. 18sq. (ad an. 1101)* Brandeburh ab Udone marchione et Saxonibus per IIII[or] menses obsessa capta est*; cf. etiam Annal. S. Alban. ad an. 1100, MGH SS 2, p. 246, l. 42–44* Oudo marchyo et alii plures Saxonum barbaros qui et Liuttici vocantur invasit et honorifice triumphavit*; Annal. Rosenv. ad an. 1100, MGH SS 16, p. 102, l. 15sq.* Brandenburg urbs Slavorum ab Udone marchione obsessa et capta est *(= Annal. Palid. ad an. 1100, MGH SS 16, p. 72, l. 29sq.); Annal. Magd. ad an. 1100, MGH SS 16, p. 180, l. 35sq.* Udo marchio et alii plures Saxonum barbaros qui Liutici vocantur invasit, et urbem quae Brandeburch dicitur obsedit et honorifice cepit*; Chron. princ. Sax., Holder-Egger 1880, p. 477, l. 12sq. (cf. etiam Chron. princ. Sax. ampl., Holder-Egger 1896, p. 31, l. 50sq.)* et anno Domini 1100 Udo marchio cum aliis Saxonibus barbaros qui Lyuthici dicuntur invasit et Brandeburch castrum cepit*; Pulk. chron., Emler 1893, p. 64, col. 2, l. 12–18* Hoc anno videlicet MC° ... Ydo, marchio Antique Marchie cis Albeam, cum aliis Saxonibus barbaricis, qui Lyutici dicebantur, Brandemburg invadentes castrum ibidem potenter ceperunt. 85–86 Anno domini M° c lvii – vrbs Brand'] *cf. TR 56–58; cf. etiam Annal. Palid. ad an. 1157, MGH SS 16, p. 90, l. 9sq.; Chron. princ. Saxon., Holder-Egger 1880, p. 477, l. 8–10 (et Chron. princ. Sax. ampl., Holder-Egger 1896, p. 31, l. 46–48); Pulk. chron., Emler 1893, p. 89, col. 2, l. 15–19; v. app. fontium ad TR 48–58*

[Anno domini M° c xv iii° Ydus Februarii factum est bellum in Saxonia Welpesholt inter imperatorem et principes Saxonie, ubi Cesar pluribus Bauarorum Thuringorum et aliorum de suis amissis turpiter aufugit et postea nunquam visus est, et fuit bellum
90 septimum.]
Anno domini d cccc° <l>xxxiii iii Kalendas Iulii Hauelbergensis kathedra destructa est post triduum captiuitatis Hauelberge.
Anno domini M° c xxxvi° Hauelberge capta est a filiis <Widikindi> et ecclesia destructa.
95 Primum bellum inter Henricum et Saxones fuit in loco, qui dicitur Negelstat, anno domini M [c] lxxv v[ii] Ydus Iunii.
Bellum secundum inter Henricum et Rodolphum in loco, qui dicitur Medelrichstat, anno domini M° [c] lxxviii vii <Idus> Augusti.
Pugna tercia in loco, qui dicitur Flatheim, anno domini M [c] lxxx vii Kalendas
100 Februarii.
Pugna quarta iuxta Elstram anno domini M [c] lxxx iiii Ydus Octobris.
Pugna quinta in suburbio Wirtzburgk anno domini <M> lxxxvi viii° Ydus Iunii.
Pugna sexta in Bohemia cum †relingero anno domini M c xxvi xii Kalendas Marcii.
Pugna septima.
105 Anno milleno centeno ter quoque quino
Ad Catuli saltum magnum bellum fuit ortum.

87–90 Anno domini M° c xv – bellum septimum] *Haec verba ad catalogum bellorum (l. 95–106) pertinentia falso huc delata sunt, sed nescio quo loco huic catalogo sint inserenda, quia in eo de pugna septima iam versibus hexametris narratur (l. 105sq.)* 93 Widikindi *suppl. Annal. Sax. ad an. 1136, MGH SS 37, p. 601, l. 20 et Annal. Magd. ad an. 1136, MGH SS 16, p. 186, l. 6 coll.* : *spatium vacans 10 litt. capax* W 98 lxxviii *scr., quia hanc pugnam a. d. 1078 commissam esse constat* : xvi W 99 lxxx *scr., quia hanc pugnam a. d. 1080 commissam esse constat* : lxx W 101 iuxta Elstram *scr.* : inter Elsti W iiii Ydus Octobris] *vix recte, sed nil mutandum; cf. dissert. p. 96, adn. 495* 103 relingero] *fort.* rege Lothario *scribend., nam haec pugna inter Bohemios et Lotharium regem commissa est* 106 Catuli *scr. Chron. princ. Saxon. ampl., MGH SS 30.1, p. 29, l. 28 coll.* : tabule W

87–90 Anno domini M° c xv – bellum septimum] *cf. Annal. Magd. ad an. 1115, MGH SS 16, p. 182, l. 23sq.* Factum est bellum in Saxonia Welfesholz inter imperatorem et principes 3. Idus Februarii, ubi cesar victus aufugit, suorum plurimis amissis; *Annal. Rosenv. ad an. 1115, MGH SS 16, p. 104, l. 1sq.* Factum est bellum in Saxonia, inter imperatorem et principes, 3. Ydus Februarii, in loco qui dicitur Welpesholt, ubi victus aufugit, suorum plurimis amissis. 91–92 Anno domini d cccc° <l>xxxiii – post triduum captiuitatis Hauelberge] *cf. Thietm. chron. 3,17, MGH SS rer. Germ. N. S. 9, p. 118, l. 17–19 vel recens. Corb. p. 119, l. 16–18* Quod eciam III. Kal. Iulii scelus, percusso in Hawelbergium presidio destructaque ibidem episcopali cathedra, primum exoritur. 93–94 Anno domini M° c xxxvi° – ecclesia destructa] *cf. Annal. Sax. ad an. 1136, MGH SS 37, p. 601, l. 20* Hauelberga capta est a filiis Uuidikindi et ecclesia destructa *(= Annal.*

Im Jahr des Herrn 1115 am 11. Februar fand eine Schlacht in Sachsen am Welfesholz statt zwischen dem Kaiser und den sächsischen Fürsten, wo der Kaiser schändlich floh, nachdem er mehrere Bayern, Thüringer und andere von seinen Leuten verloren hatte, und er wurde später nie wieder dort gesehen. Und dies war die siebte Schlacht.
Im Jahr des Herrn 983 am 29. Juni ist der Havelberger Bischofssitz nach dreitägiger Belagerung Havelbergs zerstört worden.
Im Jahr des Herrn 1136 ist Havelberg von den Söhnen Widikinds eingenommen und die Kirche zerstört worden.
Die erste Schlacht zwischen Heinrich und den Sachsen fand an einem Ort statt, der Nägelstedt heißt, im Jahr des Herrn 1075 am 9. Juni.
Die zweite Schlacht zwischen Heinrich und Rudolf an einem Ort, der Mellrichstadt heißt, im Jahr des Herrn 1078 am 7. August.
Die dritte Schlacht an einem Ort, der Flarchheim heißt, im Jahr des Herrn 1080 am 26. Januar.
Die vierte Schlacht an der Elster im Jahr des Herrn 1080 am 12. Oktober.
Die fünfte Schlacht in der Vorstadt von Würzburg im Jahr des Herrn 1086 am 6. Juni.
Die sechste Schlacht in Böhmen mit … im Jahr des Herrn 1126 am 18. Februar.
Die siebte Schlacht:

Im Jahr 1115 brach am Welfesholz eine große Schlacht aus.

Magd. ad an. 1136, MGH SS 16, p. 186, l. 6sq.). 95–96 Primum bellum – Iunii] *cf. Chron. Erf. mod. I ad an. 1075, MGH SS rer. Germ. [42], p. 153, l. 27 (lectio cod. Dresd.)* Bellum primum iuxta Neylstete prope Unstrut 97–98 Bellum secundum – Augusti] *cf. Annal. Petr. Erf. I ad an. 1078, MGH SS rer. Germ. [42], p. 14, l. 43sq.* Secundum bellum fuit in Medelrichistat VIII. Idus Aug. *(cf. etiam Annal. Petr. Erf. II ibid. p. 48, l. 16sq. et III ibid. p. 49, l. 3sq.); ad diem cf. etiam Annal. S. Alban. ad an. 1078, MGH SS 2, p. 245, l. 20* Bellum iuxta Strowi *(i. e. flumen prope Melrichstadt)* commissum est 7. Idus Augusti. 99–100 Pugna tercia – Februarii] *cf. Annal. Petr. Erf. I ad an. 1080, MGH SS rer. Germ. [42], p. 15, l. 1sq.* Tercium bellum in Fladichheim VII. Kal. Feb. *(cf. etiam Annal. Petr. Erf. II ibid. p. 48, l. 18 et III ibid. p. 49, l. 10sq.)* 101 Pugna quarta – Octobris] *cf. Annal. Petr. Erf. I, qui tamen haec verba falso ad an. 1084 exhibent, MGH SS rer. Germ. [42], p. 15, l. 9sq.* Quartum bellum fuit iuxta Elstra IIII. Idus Oct. *(cf. etiam Annal. Petr. Erf. II ibid. p. 48, l. 26sq. et III ibid. p. 49, l. 18sq.)* 102 Pugna quinta – Iunii] *cf. Annal. Petr. Erf. I ad an. 1086, MGH SS rer. Germ. [42], p. 15, l. 11sq.* V^{tum} bellum fuit iuxta Wirceburg VIII. Idus Iun. *(cf. etiam Annal. Petr. Erf. II ibid. p. 50, l. 1sq. et III ibid. p. 51, l. 1sq.)* 103 Pugna sexta – Marcii] *cf. Annal. Petr. Erf. I ad an. 1126, MGH SS rer. Germ. [42], p. 16, l. 22sq.* Graviter cesus est exercitus Lotharii in Boemia XII. Kal. Marcii *(cf. etiam Annal. Petr. Erf. II ibid. p. 52, l. 3sq. et III ibid. p. 53, l. 5sq.); Annal. Erf. Loth. ad an. 1126, MGH SS rer. Germ. [42], p. 34, l. 25 – p. 35, l. 1* Bellum Boemiae inter regem Lotharium et Udalricum ducem Boemiorum commissum est XII. Kal. Mart. 105–106 Anno milleno – fuit ortum] *cf. Chron. princ. Sax. ampl., Holder-Egger 1896, p. 29, l. 27sq.* Anno milleno centeno ter quoque quino / Ad Catuli saltum belli cruor exit in altum*; cf. etiam Gesta archiep. Magd. ad an. 1115, MGH SS 14, p. 410, l. 31sq.* Anno milleno centeno ter quoque quino / Siluam Welphonis maculauit gutta cruoris.

De terrae motu in Brandenburg anno domini 1201 facto

Anno dominice incarnacionis M° cc° primo, epacta quartadecima, indictione quarta, <quarto> Nonas Maii, cum inuencio sancte crucis celebrata est propter ascensionem, que ipso die inuencionis occurr<er>at, presidente sedi apostolice domino papa Innocencio,
110 Philippo et Ottone pro Romano imperio, quis eorum regnare deberet, certantibus, utrisque tamen in regem in discordia electis et consecratis, Ludolfo metropolitano Magdeburgensis ecclesie, secundo Ottone presidente, Baldewyno preposito ecclesie Brandenburgensis subministrante factus est terremotus in Brandeborch et in multis locis Teutonicis, qui ante nunquam visus est nec auditus in Almania accidisse.

113 in Brandeborch, *sed* in B *e corr.* W

107–114 Anno dominice incarnacionis – in Almania accidisse] *cf. Annal. Rup. Salisb. II ad an. 1201, MGH SS 9, p. 779, l. 13–16* Terre motus multis terrarum locis factus est magnus … Cepit autem idem terre motus 4. Non. Mai. *(= Annal. Reichersb. ad an. 1201, MGH SS 17, p. 525, l. 30–32); Annal. Lamb. ad an. 1201, MGH SS 9, p. 556, l. 43* Terrae motus factus est, 4. Nonas Mai, circa horam nonam.

Über ein Erdbeben in Brandenburg im Jahr 1201

Im Jahr der Fleischwerdung des Herrn 1201, in der Epakte 14, in der 4. Indiktion, am 4. Mai, als die Auffindung des heiligen Kreuzes gefeiert wurde wegen des Festes Christi Himmelfahrt, das auf den Tag der Auffindung gefallen war, als Papst Innozenz dem apostolischen Stuhl vorstand, als Philipp und Otto um die römische Herrschaft stritten, wer von ihnen herrschen sollte, schließlich jedoch beide in Zwietracht zum König gewählt und geweiht worden waren, als Ludolf Metropolitan der Magdeburger Kirche war, als Otto II. an der Spitze stand, als Balduin dem Propst der Brandenburger Kirche zur Hand ging, geschah ein Erdbeben in Brandenburg und an vielen deutschen Orten, wie man es noch nie zuvor in Deutschland gesehen oder davon gehört hatte.

ANHANG I

Edition der Leitzkauer Textsammlung

Sigla

M Magdeburgensis, LHASA, Cop., Nr. 390, 53^{r}–63^{r}, saec. XVI
W Wimariensis, ThHStA, EGA, Reg. O 157, 278^{v}–279^{r}, 280^{r}–281^{r}, saec. XV

Bezüglich Schreibweise, Groß- und Kleinschreibung, Interpunktion und Schreibweise der Eigennamen gelten die auf S. 107 genannten Editionsgrundsätze. Zu den Abkürzungen, die im kritischen Apparat verwendet werden, s. S. 109.

An den Stellen, an denen M offensichtlich korrupt ist, wird entweder durch Rückgriff auf Urkundenmaterial und literarische Quellen oder durch Konjektur versucht, den ursprünglichen Text wiederherzustellen. Für den Tractatus de urbe Brandenburg (LE 130–219) wird außerdem die Weimarer Handschrift W berücksichtigt.

Für die Urkunden, die für Konjekturen herangezogen wurden, werden im kritischen Apparat folgende Siglen verwendet:

D1 Potsdam, BLHA, Rep. 10A Domkapitel Brandenburg Nr. 29, 1^{rv} (Urkunde Bischof Hartberts von 1114; Abschrift des 16. Jahrhunderts)
D2 Brandenburg, Domstiftsarchiv, BDK 1510/1446, 1^{r}–2^{r} (Urkunde Markgraf Albrechts von 1162; Abschrift des 16. Jahrhunderts)
D3 Potsdam, BLHA, Rep. 10A Domkapitel Brandenburg Nr. 29, 9^{r}–9b^{r} (Urkunde Bischof Baldrams von ca. 1187; Abschrift des 16. Jahrhunderts)

Hii adepti sunt pontificale decus Brandenburgensis ecclesie. Primus dicebatur
Tithmarus, secundus Dodilo, tercius Volcmarus, quartus Wigo, quintus Luzo, sextus
Tanquardus, septimus Volquardus, octauus Thiedo, nonus Volckmarus, decimus Harbertus, vndecimus Ludolphus. Horum vndecim pontificum tempore Brandenburgensis
5 ecclesia erat sine capitulo. Fuerunt enim pontifices predicti ad istam prouinciam a
suis pontificibus missi ad extorquendum et persequendum paganorum ritum et ad
destruendum idola detestabilia, vt in sequenti patet cartha.

In nomine sancte <et> indiuidue Trinitatis. Ego, Harbertus, ecclesie Brandenburgensis
minister humillimus, omnibus Christifidelibus tam presentibus quam absentibus
10 <notum> esse cupio, qualiter <pro> remedio anime mee et omnium Christianorum
ritum sum persecutus paganorum in spe propagande amplificandeque religionis
Christiane cum familiaribus meis admodum paucis, scilicet monacho cuidam michi
subsistenti, Adalberone, a Magdeburgensi concessus cenobio, diuina fauente clementia,
prout potuimus, multa atque innumerabilia destruximus idola et in honore sancte
15 Dei genitricis Marie et apostolorum Petri et Pauli et omnium apostolorum et sancti
Stephani prothomartiris et sanctorum omnium martirum, sancti Martini confessoris
atque pontificis necnon et sanctorum omnium confessorum, monachorum, heremitarum et in honore beate Cecilie virginis et martiris et omnium timencium Christi
secundum facultatem nostram in loco capitali, qui Lezka nunccupatur in prouincia,
20 que Morschone vocatur, inter Albiam et Hauelam situs in confinio terre Saxonie,
templa struximus. In predicto autem loco Liezeka ecclesiam ligneam Deo dedicatam
villa, que vocatur Gouuene, dotauimus Auelone consentiente aduocato, quia sui ex
beneficio fuerat pro animabus omnium suorum predecessorum, qui<n> eciam sua et
suorum successorum. Deinde haud longo transacto tempore mortuo carissimo sororis
25 mee filio Berwardo et dilectissimo capelano meo Theoderico a latronibus interempto
<***>di, Gerberti, Nonionis Goslariensis, Adelberti, Vandeleri, Gunduuigi et aliorum,

ad titulum v. dissert. p. 18 2 Dodilo *scr.* : Ogdilo M Volcmarus *scr.* : Vndemarus M 8 et *suppl. coll. Gercken 1766, p. 342, l. 1, qui fort. diplom.* D1 *hoc loco nunc corruptum legere potuit* 10 notum *suppl. coll.* D1 pro *suppl. coll.* D1 12 cuidam] *nil mutare volui; nam media aetate* cui *etiam pro ablativo legitur, cf. Stotz 1998, p. 136* 13 a Magdeburgensi *scr.* : Amimideburgensi M*; cf.* anni mumdeburgensi D1 concessus] *corrigere nolui, quia etiam* D1 *hanc lectionem exhibet* 20 situs] *corrigere nolui, quamquam verba* inter Albiam et Hauelam *melius ad provinciam* Morschone *conveniunt quam ad locum* qui Lezka nunccupatur *(cf. Gercken 1766, p. 343, qui* sita *scripsit), quia etiam* D1 situs *praebet* 22 Gouuene *e* Gauuene *corr., ut vid.* M 23 quin *scr. coll.* D1 24 longo *scr. coll.* D1 : longe M 25 mee *e* meo *corr., ut vid.* M a *scr. coll.* D1 : et M 25–26 interempto <***>di *scr.* : interempdodi M*; complures lineae textus ante* -di *neglegentia scriptoris exciderunt; in* D1 *hoc loco legitur* interempto Lapideam construximus Basilicam, ad quam dedicandam, rogatu consilio et auxilio bonorum et Illustrium hominum videlicet helprici Megenfridi kironis Auelonis Adelberti hermanni Wezelonis Wichardi 26 Adelberti *scr. coll.* D1 : adelberto M

quorum nomina in libro vite scripta videntur, decimationem inter amnes illos Ilitha et
Nuth <pro animabus> famulorum famularumque, omnium episcoporum, abbatum,
canonicorum, monachorum et omnium Christianorum tradidimus et villam, que
vocatur Cruzso, cum omni vtilitate pro dandis luminaribus statuimus. Quisquis ergo 30
diabolica instigante dementia hec infringere studuerit, maledictum atque damnatum
potestate sanctorum Petri et Pauli et omnium apostolorum, martirum, confessorum,
virginum et omnium sanctorum eterno deputamus supplicio. Amen. Facta est cartha
hec Millesimo centesimo decimo quarto, indictione vii, epacta xii, concurrente iii,
regnante Hinrico imperatore Augusto. 35

Anno domini Millesimo centesimo decimo nono ordo Premonstratensis in Laudunensi diocesi sub Romano pontifice domino papa Paschali secundo florere cepit per
venerabilem patrem egregiumque predicatorem Norbertum, qui nobilibus parentibus
ortus, scilicet patre Herberto et matre Hadwige. Qui Norbertus a beata virgine Maria
edoctus, vt ipsum ordinem a predicto apostolico peteret, et locum, vbi caput ordinis 40
esset, ibi eadem gloriosa virgo Maria demonstrauit, vnde et ipse ordo Premonstratensis
nunccupatus est.
Anno igitur Millesimo centesimo vicesimo quinto metropolis Saxonie, Partenopolis,
que est Magdeburg, orbata est suo antistite propter dissensionem canonicorum.
Electio ad serenissimum imperatorem Lotharium quartum delata est. Vocatis igitur 45
electoribus post multos verborum ambages Lotarius imperator ipsum Norbertum,
qui tunc temporis verbi Dei gratia in curia erat, consilio et auxilio domini Gerardi
cardinalis assignauit archiepiscopum. Qui cardinalis post Honorium papam Lucius
papa cognominatus catholice presedit ecclesie etc. Cumque ille, quantum poterat,
reclamaret huic verbo etc., tandem ad imperatoris genua humiliatus virgam pastoralem, 50
que quasi in manibus eius inserebatur, accipere coactus est a domino cardinali hiis
verbis eum alloquente: »Auctoritate Dei omnipotentis et beatorum apostolorum Petri
et Pauli et domini Honorii pape tibi precipio, ne vocationi vllo modo contradicas«
etc. Norbertus vero non sine multo lacrimarum imbre suscepit iugum domini sicque

27 libro *scr. coll.* D1 : libero M   28 pro animabus *suppl. coll.* D1   34 epacta *scr. coll.* D1 : Epactā M   39 *intellege* ortus est   40 *intellege* edoctus est   43 partenol nopolis, *sed* nol *induct.* M

dimissus ab imperatore in Saxoniam ad locum destinatum profectus est. Aspitiens autem ciuitatem Partenopolim nudatis pedibus incedebat et receptus in ecclesia postmodum quam pluribus comitatus pallacium introiuit, vnde nequaquam agnitus ab hostiario repulsam passus est. Cum autem ex hoc ab aliis argueretur hostiarius, pater Norbertus ait: »Amice, ne timeas. Melius enim me nosti et clariori oculo me intueris quam illi, qui ad pallacia me compellunt, ad que pauper et modicus sublimari non debueram.« Consecratus est igitur archiepiscopus etc.

Anno dominice incarnationis M c xxviii aduentus canonicorum regularium ad ecclesiam beati Petri in villa Liezeka beati Augustini vite professionis secundum institutionem domini ac venerabilis patris nostri Norberti, Magdeburgensis xiii archiepiscopi. Qui Norbertus obiit pie memorie anno M c xxxiiii viii Idus Iunii, episcopatus sui anno octauo, pontificatus sanctissimi domini pape Innocencii secundi anno eius quinto. Cum igitur canonici regulares ordinis Premonstratensis ecclesie beati <Petri>, apostolorum principis, in villa Liezeka inter male fidei Christianos et Sclauos sub periculo corporum et rerum suarum essent constituti (nam Sclaui tum iuxta ritum paganorum ad colenda idola adhuc erant inclinati, que Harbertus episcopus extirpauerat, vt supra in cartha dictum est), tunc enim canonici regulares supradicte ecclesie in villa Liezeka propter Slauorum <***> non propria temeritate, sed domini Conradi Magdeburgensis xiiii archiepiscopi auctoritate primo Wiggerum, beate Marie virginis in Magdeburg prepositum, anno domini M c xxxvii in episcopum Brandenburgensem elegerunt. Et concessa est electionis iuris confirmacio per sanctissimum patrem et dominum papam Innocentium secundum.

Qui idem Wiggerus, xii Brandenburgensis ecclesie episcopus, monasterium mire pulchritudinis, sicut vsque cernitur, ad honorem gloriose virginis Marie genitricis Dei in monte Liezeka iuxta siluam contiguam eiusdem montis fundauit et promotione, consilio et auxilio bonorum et pecuniarum domini Adelberti marchionis laudabiliter perfecit. Qui marchio est primus et summus eiusdem fundator, aduocatus et defensor et dominus istius prouincie, vt priuilegia testantur, vt sequitur.

In nomine sancte et indiuidue Trinitatis. Ego Adelbertus marchio Brandenburgensis et Otto marchio, filius meus. Sicut ad caput suum, vnde prodeunt, flumina reuertuntur, vt iterum fluant, sic digne et iuste mundi principes suo creatori Deo domino,

60 compellunt *scr. coll. Vita Norberti MGH SS 12, p. 694, l. 32* : compellit M 66 eius] *neglegentiam compilatoris corrigere nolui* 67 Petri *suppl. Sello 1892, p. 518* 69 tum *cum Kahl 1964, p. 693, adn. 114 scr.* : cum M 71 enim] *delere nolui, quia anacoluthon esse vid.* 72 *lac. ind.* : importunitatem *suppl. Sello 1892, p. 518 coll. diplom. CDB I 8, p. 104, l. 17sq., n. 15* : periculum *vel* incursus *Ertl 2002, p. 35, adn. 105* 80 Adelberti *Riedel 1862, p. 284, l. 26* : adelbarti M

a quo omnis est potestas, recognoscendo condecet humiliter obedire et subditis eius Christifidelibus pacem et tuicionem iustis modis prouidere. Sic enim nec aliter in veritate stabit noster principatus, si Christiane pacis vigor et precipue religiosorum, qui sub nostra custodia degunt, per nos fuerit conseruatus. Eo deuotionis intuitu pro nostre salutis et filiorum meorum statu necnon et pro requie dilecte nostre coniugis 90 Sophie prouidere decreuimus paci et quieti ecclesie sancte Dei genitricis Marie in monte Liezeka, que Dei gratia nouis temporibus nostris et consiliis et auxiliis promota est edificiis, religione et personis. Sollicitudinis itaque nostre, qui primi et summi eiusdem ecclesie sumus aduocati, partem commisimus etc. Cetera patent in priuilegiis.

De consecratione et de dote eiusdem ecclesie per dominum Wiggerum episcopum 95 et dominum Adelbertum marchionem et de translatione canonicorum regularium ab ecclesia beati Petri, apostolorum principis, <in> villa Liezeka ad ecclesiam beate Marie virginis in monte Liezeka patet in priuilegio, vt sequitur.

Wichmannus Dei gratia episcopus. Tam presentibus quam futuris notum esse cupio, quod ego a confratre nostro Wiggero, venerabili Brandenburgensi episcopo, et a dilecto 100 nostro preposito Lamberto inuitatus et multum rogatus ad consecrandum basilicam in monte sancte Marie virginis in Liezeka. Quam ego et predictus episcopus leta celebritate presentibus marchione Adelberto cum vxore sua Sophia et filiis suis Ottone, Hermanno, Sifrido, Henrico, Adelberto, Theoderico et multis fidelibus Christi tam clericis quam laicis in honore Dei genitricis et virginis Marie et sancti Petri et sancti 105 Eleutherii episcopi et martiris, quem tunc de Magdeburgk in patronum adduci concessimus, et aliorum sanctorum multorum consecrauimus. Eciam ecclesiam in villa Liezeka cum omnibus bonis eatenus ad vsus fratrum ibidem degencium ascriptis et priuilegio domini pape Innocencii secundi et scripto episcopi Wiggeri, mei in dedicatione tunc cooperatoris, confirmatis basilice nouiter dedicate – articulando, sicut 110 iustum est, banno auctoritatis nobis a Deo commisse – iterum in vsum militancium pauperum Christi consecratam, preterea duas decimas integras excepta tercia parte, que parrochiano persoluitur presbitero, in duabus villis de bonis marchionis Adelberti Turneburg pertinentibus, Silitz et Predele, <confirm>amus <a> fratre nostro Wiggero episcopo pro eterna remuneratione datas. Cetera patent in priuilegiis. 115

87 pacem et tuicionem *scr. coll.* D2 : pace et tuicione M 89 deuotionis *scr. coll.* D2 : deuotius *e* deuotins *corr., ut vid.* M 91 paci *scr. coll.* D2 : pace M 92 Dei *scr. coll.* D2 : de M 97 in *add. Sello 1891, p. 248* 101 *intellege* rogatus sum *?an* consecrandam *scribend. (cf. l. 120sq.)* 102 virginis in *dub. scr.* (virginis *iam Riedel 1862, p. 285, l. 8 et antea CDB I 10, p. 71, l. 3sq., n. 3)* : vom *ut vid.* M : veni *Sello 1891, p. 248* 108 ascriptis *Riedel 1862, p. 285, l. 15* : a scripto M 110 confirmatis *Sello 1891, p. 248* : confirmate M 111 auctoritatis *Sello 1891, p. 248* : auctoritate M 112 consecratam *Sello 1891, p. 248* : consecratum M 114 Silitz *scr.* : scilicet M : Silitz scilicet *Winter 1864, p. 234sq., adn. 6* Predele confirmamus a *Winter 1864, p. 234sq., adn. 6* : predeleamus M

Consecrata est ecclesia supradicta anno dominice incarnationis M c lv, concurrente v, epacta xxvi, indictione iii, quinto Idus Septembris.

Cartha supradicta ex priuilegiis est collecta, vt veritas elucidatur, per quem prouincia ista de gentilitate ad Christianitatem est conuersa, qualiter Wiggerus Brandenbur-
120 gensis primus electus episcopus, qui huius ecclesie primus sit fundator, quod ad consecrandam ecclesiam Magdeburgensis episcopus per episcopum Brandenburgensem et marchionem Adelbertum est inuitatus et multum rogatus et quod sub marchionis defensione aut custodia ecclesia Lieze[e]kensis est constituta.

Post annorum transitum sepe nascitur questio preteritorum, si res ipsa non fuerit
125 scribentis testimonio confirmata. Henricus itaque dictus de Antwerpe sub Alurico preposito prior in Brandenburg, qualiter vrbs Brandenburg primum expulsis inde Sclauis modo teneatur a Christianis et quod sancti Petri ecclesia eiusdem vrbis sit filia sancte Marie in Liezeka, sicut cunctis legentibus in sequenti patet pagina, cum esset ephebus, dictauit, ita scribens:

130 Innumeris annorum circulis ab vrbe Brandenburg condita temporibus paganorum principum misere sub paganismo euolutis Henricus, qui Sclauice Pribesclaus, Christiani nominis cultor, ex legittima parentele sue successione huius vrbis ac tocius terre adiacentis tandem Deo annuente sortitus est principatum. In qua vrbe idolum detestabile tribus capitibus inhonoratum a deceptis hominibus quasi pro Deo colebatur.
135 Princeps itaque Henricus populum suum spurcissimo idolatrie ritui deditum summe detestans omnimodis ad Deum conuertere studuit. Et cum non haberet heredem, marchionem Adelbertum sui principatus instituit successorem filiumque eius Ottonem de sacro baptismatis fonte suscipiens totam Zcucham, terram videlicet meridionalem Obule, more patrini ei tradidit.
140 Procedente vero tempore multis sibi Teutonicis principibus in amicicia fideliter copulatis idolatris repressis et latronibus aliquantulum extinctis, cum haberet requiem per circuitum, cum Patrissa, sua felice coniuge, optata pace Deo deuote militauit. Illustris itaque rex Heinricus ecclesie beati Petri, apostolorum principis, canonicos ordinis Premonstratensis in villa Liezeke constitutos videlicet Wiggerum, Walterum,
145 Gerardum, Iohannem, Fliquinum, Sigerum, Hilderadum, Moisen et Martinum

118 *?an* elucidetur *scribend., sed v. Hofmann/Szantyr 1965, p. 642sq.* 119 de *Riedel 1862, p. 285, l. 24* : fide M 120 *intellege* electus est *vel* sit 124 sepe *Riedel 1862, p. 285, l. 30* : spe M 125 sub + aluricus, *sed induct.* 130 Innumeris W : In numeris M 131 paganismo W : paganissimo M Sclauice *Riedel 1862, p. 285, l. 36* : sclauitie M : slauice W *?an cum* W Pribeslaus *scribend.* 134 inhonoratum W : honoratum M colebatur W : celebratur M : celebrabatur *Riedel 1862, p. 285, l. 40* 136 non W : *om.* M 138 sacro + Baptist, *sed induct.* M 139 patrini W : patrun M 142 *?an cum* W Petrissa *scribend.* felice W : filia M 143 petri *i. mg. add.* M 144 constitutos *Riedel 1862, p. 286, l. 8* : constitutis M 145 Fliquinum] Riquinum *Giesebrecht 1875, p. 505, adn. 12 dub. propos.*

assumptis secum libris de Liezeka et preparamentis, calicibus, apparatu escarum et summa pecunie ad faciendum conuentum in Brandenburgk auxilio et consilio, hortatu et op[er]e domini Wiggeri, episcopi Brandenburgensis, fundatoris ecclesie beate Marie virginis in monte Liezeka, de villa Liezeka primum vocauit eosque in ecclesia sancti Godehardi in suburbio Brandenburg collocauit ipsisque ad quottidianum victum 150 et vestitum ex habundantia sua large predia tradidit. Verum, quia rex erat, insignia regalia propter Deum libenti animo postposuit et ad scrinium reliquiis beati Petri imponendis diadema regni sui et vxoris sue ad nutum atque arbitrium domini Wiggeri episcopi †diadecima suum Regale consensit†, et supradicti regis diadema adhuc in Liezeka vsque hodie cernitur. 155

Cum iam vero senio confectus deficere inciperet, vxorem suam marchioni Adelberto vrbem Brandenburg post mortem suam, sicut promiserat, resignare fideliter commonuit. Porro febribus aliquandiu correptus et pregrauatus fideliter, vt speramus, in domino obdormiuit.

Vidua igitur ipsius non immemor monitis eius nouissimis, cum sciret populum terre ad 160 colenda idola pronum, mal<l>ens Teutonicis terram tradere quam prophano idolorum cultui vltra consentire, sapientibus vsa consiliis maritum suum iam triduo mortuum nullo sciente preter familiarissimos suos inhumatum obseruauit et marchionem Adelbertum, quem sibi heredem instituerat, vt vrbem suscepturus veniret, rem gestam indicans aduocauit. 165

Qui festinans in manu valida armatorum iuxta condictum veniens vrbem Brandenburgk velut hereditaria successione possedit et prefati defuncti exequias multorum nobilium obsequio iuxta magnificenciam principis honorifice celebrauit. Ideo marchio Adelbertus libera rerum suarum disponendarum facultate potitus paganorum scelere latrocinii notatos et inmunditie idolatrie infectos vrbe expulit ac bellicosis viris, 170 Teutonicis et Sclauis, quibus plurimum confidebat, custodiendam commisit.

Vbi autem huiusmodi fama, qua nullum malum velocius, in auribus Saxzonis in Polonia tunc principantis, auunculi supradicti nobilis sepulti, percrebruit, permaxime de morte nepotis sui doluit et, quia proxima linea consanguinitatis defuncto iunctus erat, perpetuo se de vrbe exhereditatum considerans miserabiliter ingemuit. Verum 175 tempore breui elapso inhabitantibus vrbem pecunia corruptis proditam ab eis nocturno silentio cum magno exercitu Polonorum reseratis amicabiliter portis castri intrauit et homines marchionis, qui vrbem tradiderant, in Poloniam ducens simulatorie captiuauit.

148 ope *cum* W *scr.* : opere *per compend.* M 149 Liezeka[2] + de vil, *sed induct.* M 151 et *Riedel 1862, p. 286, l. 15* : in M 152 ad W : *om.* M 154 diadecima suum Regale consensit] duodecimi suum Regale consensit *Riedel 1862, p. 286, l. 19sq. dub. propos.* : duodecimi resignavit et concessit *Sello 1888a, p. 9, l. 22sq.* : consensit *ceteris deletis Giesebrecht 1875, p. 505, l. 25* 157 sicut W : *om.* M resignare W : *om.* M 160 monitis eius nouissimis W : monitis et nouissimis M (moniti in novissimis *Giesebrecht 1877, p. 507, l. 20* : moniti novissimi *Sello 1888a, p. 9, l. 30)* 161 malens W : *om.* M 169 potitus W : potius M 172 *?an cum* W Iaczonis *scribend.* 173 percrebruit *scr.* : percrepuit M per maxime M

Quo audito marchio Adelbertus a iuuentute sua in bello strennue exercitatus, quid
180 facto opus esset, extemplo considerauit et expeditionem edicen[n]s ope et industria
domini Wichmanni, in Magdeburg tunc metropolitani, et aliorum principum ac
nobilium copiosum exercitum congregauit et die condicto fortium pugnatorum vallatus
auxilio ad vrbem Brandenburg sibi a Sackzone supplantatam quantotius properauit
ac tribus in locis circa eam exercitum diuidens longo tempore propter munitionem
185 loci eam obsedit. Sed post hinc inde sanguinis effusionem, cum hii qui in vrbe erant
cernerent se nimis angustiatos nec posse euadere manus aduersantium, conditione
firmata dextris sibi datis marchioni vrbem coacti reddiderunt. Anno igitur dominice
incarnacionis M c lvii iii Idus Iunii predictus marchio diuina fauente clementia vrbem
Brandenburg victoriosissime recepit ac cum multo comitatu letus introiens erecto
190 in eminentiori loco triumphali vexillo Deo laudes, qui sibi victoriam de hostibus
contulerat, merito persoluit.
Wiggerus igitur xii Brandenburgensis episcopus, quondam beate Marie in Magdeburg
prepositus, obdormiuit feliciter in domino, vt speramus, anno gracie M c lviii pridie
Nonas Ianuarii in eadem ecclesia beate Marie virginis in Liezeka sepultus. Hic sedit
195 in cathedra episcopali annis xxi mensibus quatuor diebus xvii.
Fuit interea Liezeka in claustro beate Marie virginis bone indolis canonicus nomine
Wilmarus, qui ascendens de virtute in virtutem primum scholarium eruditor, postea
defuncto primo pie memorie Lamberto huius ecclesie preposito digne factus est eius
successor. Tandem diuina erga eum nichilominus agente prouidentia ibidem ab
200 ecclesie eiusdem fratribus et canonicis libera iuris potestate in episcopum est electus.
Hinc est, quod post receptionem supradicte vrbis annis octo inde elapsis Wilmarus,
xiii Brandenburgensis episcopus, omnimodis sedem cathedralem exaltare et vrbem
contra insidias inimicorum munire desiderans prolixa deliberatione propria et coepiscoporum suorum necnon et Adelberti marchionis filiorumque eius consilio canonicos
205 ordinis Premonstratensis ab ecclesia sancti Petri, apostolorum principis, in Lietzeka
transmissos, qui in ecclesia sancti Godehardi in suburbio Brandenburg in diebus illis
obedienter et religiose necnon conformiter matri sue ecclesie beate Marie virginis in

180 edicens *Sello 1888a, p. 10, l. 30* : editenns, *sed* te *e corr.* M 181 et W : in M 183 a W : *om.* M *?an cum* W Iaczone *scribend.* properauit W : *om.* M 184 exercitum W : *om.* M 187 vrbem W : *om.* M 188 M c lvii *Giesebrecht 1875, p. 506, l. 22* : M c (+ lx, *sed induct.)* lviii M : M° cc° lvii W 189 multo W : multu M 190 eminentiore W, *fort. recte* 193–194 M c lviii pridie Nonas] 1160 pridie kalendas *Sello 1888a, p. 11, l. 15, sed nil mutandum, quia in* M *annus, quo Wiggerus mortuus est, cum temporis spatio episcopatus eius congruit; v. annum electionis l. 74 et spatium episcopatus l. 195* 198 Lamberto *Riedel 1862, p. 287, l. 20* : Lamberti M 199 erga *Giesebrecht 1875, p. 506, l. 33* : arca M

Liezeka degebant, vnde originem assumpserant, cleri sollemni processione populique prosecutione in supradictam vrbem ex consensu matris sue Liezeken transponens in sedem episcopii sui vi Idus Septembris satis prouide collocauit eisque villas Gorzelitz, 210
Museltitz, Bukowe, Gorne, Kik, vt beniuolos ad transmeandum faceret, contulit, quatenus eliminatis idolorum spurcitiis Deo laudes inibi incessanter agerentur, vbi antea per multa annorum milia demoniis inutiliter seruiebatur.
Eodem siquidem anno prefatus episcopus Wilmarus bonum inceptum meliori fine consumare disponens basilicam beati Petri apostoli, fundamento xxiiii pedum sup- 215
posito v Idus Octobris in nomine domini nostri Ihesu Christi deuotus fundauit.

Explicit tractatus de vrbe Brandenburgk, qualiter de gentilitate ad Christianitatem conuersa est ac postmodum a Sackone, principe Polonie, nocturno <silencio> supplantata, sed tandem a marchione Adelberto diutina obsidione requisita.

Wilmarus xiii Brandenburgensis episcopus, quondam prepositus secundus, vt supra 220
dictum est, Sifridus, domini Adelberti filius marchionis, xiiii Brandenburgensis episcopus tempore Ottonis marchionis fratris sui, Balderamus xv Brandenburgensis episcopus, gloriose et beate Marie virginis quondam in Magdeburg prepositus, Allexius xvi Brandenburgensis episcopus, 17 Norbertus, 18 Baldewinus, 19 Siffridus, 20 Gernandus, 21 Rudeherus, 22 Otto, 23 Heinricus, 24 Geuehardus, 25 Heidenricus, 26 225
Theodericus, huius ecclesie prepositus, 27 Vulradus, 28 Fridericus, 29 Iohannes, 30 Heinricus electus, 31 Ludewicus de Neyndorff, 32 Theodericus de Schulenburgk, 33 Henningus de Bredaw, 34 Stephanus, doleatoris filius. Hic sedit in cathedra episcopali annis xxxviii. Pontifices supradicti multa bona exhibuerunt ecclesie Liezekensi tam in confirmatione priuilegiorum quam in donatione bonorum, vt priuilegia testantur. 230
Anime eorum et anime omnium fidelium defunctorum requiescant in pace. Amen.
35 Theodericus de Stechaw, 36 Arnoldus, 37 Ioachimus de Bredaw, 38 Iheronimus Schultetus, 39 Theodericus de Hardenberch, 40 Mathias de Iagaw, iurium doctor, 41 Ioachimus, dux Munsterbergensis.

208 processione W : processioni M   211 Kik *scr. coll.* W : Kÿh *vel* Kÿth M : Kic *Sello 1888a, p. 12, l. 1*   212 eliminatis W : elimatis M   213 demoniis W : *om.* M   217 tractatus *Riedel 1862, p. 285, l. 39; cf. etiam Incipit in* W : tractus M   218 *?an cum Incipit in* W Iaczone *scribend.*   silencio *add. Sello 1888a, p. 12, l. 13; cf. etiam TR 46*   222 xv *i. mg. eadem m. add.* M   224–228 17 Norbertus – doleatoris filius] *numeri arabici in cod.* M *supra nomina episcoporum scripti sunt*   232–234 35 Theodericus – dux Munsterbergensis] *numeri arabici in cod.* M *supra nomina episcoporum scripti sunt; hi episcopi textui a scriba saec. xvi additi sunt; v. dissert. p. 29sq.*   234 dux + Mon, *sed induct.* M

235 In nomine sancte et indiuidue Trinitatis. Ego Baldeuinus, Dei gratia Brandenburgensis
ecclesie episcopus. Ordinatione diuina venerabiles et Deo digni predecessores nostri,
Wiggerus, Wilmarus, Siffridus, Balderamus, Allexius et Norbertus, Brandenburgensis
ecclesie episcopi, sanctam congregationem etc. Inde est, quod predia et possessiones,
quas predecessores nostri aliique quilibet fideles ecclesie beate Marie in monte Liezeka
240 diuine remunerationis obtentu contulerunt, auctoritate Dei confirmamus, locum
videlicet ipsum [locum], in quo claustrum situm est, cum silua contigua, ecclesiam
in villa Liezeka cum omnibus suis appendiciis, censum fori et eiusdem fundum ac
ville veteris omnemque decimationem in eisdem locis, villam, que dicitur Lodeborch,
cum censu et decimis et cum omni seruitio etc., duas quoque partes decime de
245 quatuor villis Cedennick, Eckholt, Silitz, Predele et pullos fumigales, totam quoque
decimam in villa Crussow, quam marchio Adelbertus etc. Sciendum quoque est, quod
prepositus ecclesie beate Marie in monte Liezeka a predecessoribus nostris simulque a
nobis curam animarum et archidiaconatum tenet et vicem episcopi gerit in omnibus
ecclesiis, que inter Albiam et Ilam continentur.

250 Istum articulum »tenet et gerit vicem episcopi« declarat Ericus archiepiscopus Magdeburgensis in priuilegio, vt sequitur.

Ericus Dei gratia sancte Magdeburgensis ecclesie archiepiscopus honorabilibus viris
dominis, preposito, priori totique capitulo ecclesie Liezekensis bone voluntatis affectum cum salute. Veteris[que] testamenti patres sancti, videlicet Moises, Dauid et
255 alii quam plures ad regimen populi a Deo electi etc. Et subiungit ibidem: Ceterum
instanter petiuistis, vt prefati domini Heidenrici <***> quam declarationem vobis
traditam auctoritate nostra dignaremur confirmare, prout off<i>cii nostri dinoscitur
interesse. Nos de consilio discretorum eandem vna cum priuilegiis vestris, in quibus
continetur, quod prepositus vester vicem gerit episcopi, tam per nos quam per alios
260 discretos loco testium infrascriptos [se] examinari fecimus, vbi inuenimus prepositum
Liezekensem non simpliciter vicem gerere episcopi sui, sed iure quadruplici, videlicet
iure collationis, antiquitatis, consuetudinis approbate ac possessionis longeue. Quod
autem non sit vilis auctoritas longeue consuetudinis, dum fuerit rationabilis et legittime
prescripta, patenter ostenditur, cum idem prelatus non per errorem etc. Et subiungit

ad titulum v. dissert. p. 30 236 venerabiles *Sello 1891, p. 251 coll.* D3 : venerabilis M predecessores *Sello 1891, p. 251 coll.* D3 : predecessoris M 238 episcopi *Sello 1891, p. 252 coll.* D3 : episcopis M 239 fideles *Sello 1891, p. 252 coll.* D3 : fidelis M 240 confirmamus *Sello 1891, p. 252 coll.* D3 : confirmatus M 243 omnemque *scr. coll.* D3 : communemque M 245 fumigales] *alt. m. (?) e* -gabiles *corr.* M totam quoque] *?an cum* D3 totamque *scribend.* 247 predecessoribus *Sello 1891, p. 252 coll.* D3 : precedecessoribus M 248 animarum] ecclesiarum D3*, ?an recte* 254 que *del. Sello 1891, p. 255* 256 *lac. ind. Sello 1891, p. 255*

ibidem: Igitur vicem episcopi, quam habetis tam sede vacante quam non vacante, ex rationibus veridicis et legittimis, vt predictum est, rationabilem et legittime prescriptam comprobantes et declarationem super eadem vice episcopi editam tanquam veram et congruam ratam habentes approbauimus et approbamus et approbatam ecclesie vestre Liezekensi per prepositum eius, qui pro tempore fuerit, tam sede vacante quam non vacante in amministrationem spiritualium iugiter obseruandam auctoritate metropolitana confirmamus sigilli nostri appensione supradictum articulum »Vices episcopi« cum sua declaratione presenti scripto vobis corroborando. Testes huius nostre confirmationis sunt dominus Borchardus, decanus ecclesie nostre, canonici ecclesie nostre etc. Datum Magdeburgk etc. 265 270

Hoc quoque opere precium visum est huic pagine inserere, quod in electione episcopi post prepositum Brandenburgensem, qui primam in electione episcopi vocem habet, secundam vocem habeat prepositus in monte Lietzeka, deinde vtriusque ecclesie canonici libere eligant, sicut iustitia mediante mos obtinuit omnium cathedralium ecclesiarum, plebani vero sacerdotes racionabiliter et iuste eorum electioni debitum assensum exhibeant. 275 280

Anno dominice incarnationis M c xl, indictione tercia, concurrente †xiii, quarto Nonas Septembris dedicatum est templum in antiqua villa Lietzeka a venerabili Brandenburgensis ecclesie episcopo Wiggero in honore beatorum Petri, Bartholomei etc.

277 habeat *scr. coll.* D3, *quod verbis* vocem habeat *omissis i. mg.* habeat *add.* : habet M 281 xiii] *ad hanc corruptelam v. dissert. p. 31, adn. 111*

ANHANG II

Edition der Chronica principum de semine Billingi

Siglum

W Wimariensis, ThHStA, EGA, Reg. O 157, 274r–278v, saec. XV

Bezüglich Schreibweise, Groß- und Kleinschreibung, Interpunktion und Schreibweise der Eigennamen gelten die S. 107 genannten Editionsgrundsätze. Ganz offensichtliche genealogische Fehler und Unstimmigkeiten der Billunger Fürstenchronik werden nicht korrigiert, wenn sie sich auch in der Parallelüberlieferung finden. Zu den Abkürzungen, die in den Apparaten verwendet werden, s. S. 109.

Häufig konnten Korruptelen in W mit Hilfe der Chronica principum Saxoniae geheilt werden. Dazu wurden die Handschriften dieser Chronik eingesehen und außerdem das Fragmentum Maderianum verglichen. Für diese Textzeugen werden im kritischen Apparat folgende Siglen verwendet:

G Goslariensis, StA, Inv.-Nr. B 4146, 80ra–87vb, saec. XIV
T Treverensis, StB, Ms. 1999/129, 12r–32v, saec. XIV
Wi Wimariensis, ThHStA, EGA, Reg. O 157, 283r–287r, saec. XVI
Fragm. Mader. MADER 1678, S. 270–274

Um das Auffinden der für Konjekturen herangezogenen Stellen in den beiden Haupthandschriften G und T zu erleichtern, wird auf die Editionen von HOLDER-EGGER 1880 und 1896 verwiesen, die mit den Siglen γ und τ bezeichnet werden. Die Vergleichsstellen von Wi werden mit Blatt- und Zeilenzahl angegeben.

Auf die Slawenchronik des Helmold von Bosau, die dem Autor der Chronica principum de semine Billingi vielfach als Quelle diente, wird mit Helm. chron., gefolgt von der Kapitelnummer, Seiten- und Zeilenzahl der Ausgabe von Bernhard Schmeidler, MGH SS rer. Germ. [32], ³1937, S. 1–218 verwiesen.
Die Nachweise der Bibelzitate richten sich nach der Ausgabe Biblia sacra iuxta Vulgatam versionem, hg. von Robert Weber, Roger Gryson u. a., Stuttgart ⁵2007.

Fuit in partibus Saxonie quidam vir nomine Billingus nec genere clarus nec rebus habundans, tantum, ut a quibusdam fertur, septem mansos habens. Sed deus optimus, qui ponit humiles in sublime et qui alta a longe cognoscit, ut deprimat, et humilia respicit, vt exaltet, qui pauperem facit et ditat, humiliat et sublimat, qui egenum de puluere suscitat et de stercore pauperem, vt sedeat cum principibus et solium glorie teneat, hunc Billingum in hoc mundo sic venustauit, vt de lumbis eius nec solum comites et duces procederent, verumeciam reges, pontifices et imperatores, sicut ex sequentibus apparebit. Et quia, ut legitur in Iob, nichil fit in terra sine causa, credo, quod sicut patriarcha Abraham ob magnitudinem fidei a deo in promissione accepit multiplicacionem seminis sui et quod de ipso duces procederent et reges, sic et hunc Billingum aliqua virtute nobis incognita, deo tamen nota hoc meruisse, ut semen eius multiplicaretur et exaltaretur, sicut inpresenciarum cernitur et de die in diem et numero crescit pariter et honore.

Cognouit Billingus vxorem suam et peperit filium et nomen ei Herman imponunt. Hic iuuenis bone indolis naturali virtute et acquisita moribus profecit plurimum et disciplina. Et factus vir paribus humilitatem, militibus et dominis suis fidem, obsequium et reuerenciam exhibeba[n]t. Ex quo militibus carus et acceptus militibus ad imperatoris curiam euntibus propter ipsius disciplinam et obsequium sepe in famulum est assumptus, eciam de fide ac humilitate a[c] militibus coram imperatore commendatus in imperatoris curiam est assumptus. Et sic demum propter mores compositos et dis[s]ciplinam imperator ipsum fecit suorum filiorum pedagogum. Et ut ipsius industriam plenius comprobaret, tandem ei commisit vices prefectorum, in quibus strennue agens ita, ut eciam viros in suis mansis manentes in iudicio de furto sibi accusatos morte dampnaret. Super quo facto clarus in populo et clarissi<m>us factus est in palacio. Rex vero Otto Magnus ad liberandam sedem apostolicam ab apostolico vocatus in Ytaliam, ne in eius absencia in gentibus subactis aliqua fieret rebellio, de consilio iam dicto Hermanno tutelam commisit Saxonie, licet de

3 qui[1] + potuit, *sed induct.* W 11 virtute + nobilis, *sed induct.* W incognita *scr.* : in cognita W 16 Et + fratres, *sed induct.* W 17 quo W, *corr. alt. m. in* hoc 23 de *scr.* : et W : *?an cum Helm. chron. 10, p. 22,23* pro *scribend.* 26 in gentibus *scr.* : ingentibus W 27 rebellio *scr.* : rebellit W

2 ut – habens] *cf. Helm. chron. 10, p. 22,15* 3 qui – in sublime] *Iob 5,11* 3–4 alta – respicit] *cf. Ps 137,6* 4–6 qui pauperem – teneat] *I Sm 2,7sq.* 6 in hoc mundo] *I Io 4,17* 6–7 vt – reges] *cf. Gn 35,11* 8 nichil – sine causa] *Iob 5,6* 9–10 sicut – seminis sui] *cf. Gn 16,10 et 22,17* 14 Cognouit – imponunt] *cf. Gn 4,25* 15–25 Hic iuuenis – in palacio] *cf. Helm. chron. 10, p. 22,16–25* 25–26 Rex vero – in Ytaliam] *cf. Helm. chron. 10, p. 22,5sq.* 26–27 ne in eius absencia – Saxonie] *cf. Helm. chron. 10, p. 22,10–12* 27–29 licet – manentibus] *cf. Helm. chron. 10, p. 22,15sq.*

pauperibus esset ortus natalibus habens ex paterna hereditate vii mansos cum totidem manentibus, eo quod eius fidem et industriam iam pluries esset expertus.
Anno igitur domini dcccc lxiiii dux effectus ducatum Saxonie in iusticia et iudicio gubernauit et defensor ecclesiarum studiosius usque in finem permansit. Hic montem Lunenborch in castrum muniuit et canonicos in eodem loco sedentes in monachos commutauit et multis bonis ditauit.
Anno domini dcccc° lxxxiiii Ottone tercio regnante obiit dux Hermannus, cum ducatum Saxonie annos viginti nobiliter rexisset, et sepultus est in Luneborch, et successit ei Benno, filius eius. Hic licet alias esset vir bonus et fortis, tamen degenerauit a patre, quod populum exaccionibus et rapinis grauauit et rexit ducatum annis <x>xviii.
Anno domini M° xii anno regni Henrici pii regis decimo obiit Benno dux Saxonie, et ei successit Bernardus, filius eius, qui malicia patrem transcendens factus est <vir> totius discordie et turbator patrie. Nam imperatori rebellans ad rebellandum totam secum traxit Saxoniam ecclesias eciam infestans maxime, que sue malicie noluerunt adherere. Et nouellam in fide gentem Slauorum ipse in partibus occidentis, quibus presidebat, et Theodericus marchio in partibus orientis per auariciam crudeliter opprimens a fide recedere coegerunt. Et ita omnes Slaui, qui inter Albeam habitabant et Oderam, a fide Christi et iugo seruitutis per lxx annos et amplius se subtraxerunt. Propter quod Theodericus marchio honore pariter et hereditate a principibus priuatus usque ad mortem suam prebendarius ecclesie Magdeborge<n>sis erat effectus. Bernardus vero dux consilio domini Unni Hameburgensi<s> episcopi flexus Henrico imperatori supplex dedit manus et ita in gratiam imperatoris receptus suo non est honore priuatus. Diebus tamen suis christiana religio propter suam auariciam in Slauia parum profecit. Hic quadam nocte vidit sompnium, videlicet in Bremensem ecclesiam primum vrsos ingressos, postea apros, deinde cervos, ad ultimum lepores. Quod narrans uni de familiaribus sic ait: »Nostra progenies primo erit similis vrsis per audaciam, postea apris per minas et seuiciam, deinde ceruis per gloriam et iactanciam, tandem leporibus per timorem et fugam.«

28 pauperum W, *corr. alt. m. in* pauperibus 30 et *scr. coll. Helm. chron. 10, p. 22, 26* : in W 38 decimo *scr.* : decimi W 39 transcendens *scr.* G *(γ p. 473,10sq.),* T *(τ p. 28,30),* Wi *(283v, l. 3) coll.* : descendens W vir *suppl.* G *(γ p. 473,11),* T *(τ p. 28,30),* Wi *(283v, l. 3) coll.* 47 erat *scr.* : esset W 50 Diebus tamen *scr.* G *(γ p. 473,17),* T *(τ p. 28,36),* Wi *(283v, l. 16sq.) coll.* : debꝫ cum W

30–31 ducatum – permansit] *cf. Helm. chron. 10, p. 22,25–27* 36–37 Hic licet – grauauit] *cf. Helm. chron. 13, p. 26,12sq.* 39–44 factus est – coegerunt] *cf. Helm. chron. 16, p. 33,22 – p. 34,5* 44–45 Et ita – se subtraxerunt] *cf. Helm. chron. 16, p. 35,24–27* 45 iugo seruitutis] *cf. Helm. chron. 16, p. 34,9* 46–47 Propter quod – effectus] *cf. Helm. chron. 16, p. 35,37–40* 47–49 Bernardus – dedit manus] *cf. Helm. chron. 17, p. 36,20–22* 50 propter suam auariciam] *cf. Helm. chron. 18, p. 38,18* 51–55 Hic – fugam] *cf. Adam. gest. 3,42 MGH SS rer. Germ. [2], p. 185,7–13*

Anno domini Mº lxº regnante Henrico tercio mortuus est Bernardus dux Saxonie, cum res Saxonum et Slauorum per annos xlvii strennue gubernasset. Cuius hereditatem Ordolphus et Hermannus, filii eius, inter se sunt partiti, et ei successit in ducatum Ordolfus, filius eius, cui post mortem patris vix v annis elapsis Slaui rebellare ceperunt.
60 Et omni[s] Nordalbingorum terra ferro et igne distructa conspiratione facta iterum Slaui ad paganismum sunt reuersi anno domini Mº lxvi anno regni Henrici iiii^{ti} viii^{o} illis omnibus occisis, qui in fide perstiterant. Et ita dux O<r>dolfus omni tempore vite sue nullam victoriam consequi poterat contra Slauos.
Anno domini Mº lxxii mortuus est dux Ordolfus, cum ducatum Saxonie annis xii
65 rexisset, et ei successit Magonus, filius eius natus sibi de filia regis Danorum. Contra quem similiter Slaui rebellare ceperunt et inualuit contra eum Chruto et seruiuit ei omnis terra Nordalbingorum sub tributo.
Anno domini Mº c vi regnante Henrico v mortuus est dux Magonus, cum tenuisset ducatum Saxonie annis xxxiiii. Et quia non habuit heredes filios, dedit Henricus v^{tus}
70 imperator ducatum Saxonie Ludero comiti, et ita ducatus Saxonie a semine Billingi est translatus post tempus aliquod ad semen pristinum reuocandus.
Ludero ergo ducatum Saxonie tenente Slaui depredati sunt Stormariam prope ciuitatem Hameborch, quos comes Gotfridus insecutus per Slauorum insidias est occisus, et ita Luderus dux comiciam uacantem dedit nobili viro Adulfo comiti de Schowenburgk.
75 Quo defuncto reliquit duos filios suos, Hartungum <et> Adolphum. Hartungo in expedicione Bohemie occiso Adolfus, iunior frater suus, ei successit, vir prudens, Latine et Teuthonice et Slauice linguarum peritus. Quo defuncto Adolphus Iohannes

59 rebellare *scr.* G *(γ p. 473,25),* T *(τ p. 28,43),* Wi *(283^{v}, l. 31) coll.; cf. etiam. Helm. chron. 22, p. 45,30* : debellare W 64 Ordolpus W, *corr. alt. m. in* -fus 65 Danorum, *sed* da- *e corr.* W 66 rebellare *scr.; cf. etiam* G *(γ p. 473,31),* T *(τ p. 28,49),* Wi *(284^{r}, l. 6), qui* rebellarunt *exhibent* : debellare W et[1] + iuua, *sed induct.* W 69 heredes *scr.* G *(γ p. 473,34),* T *(τ p. 28,52),* Wi *(284^{r}, l. 13) coll.* : heredem W 71 reuocandus *scr.* G *(γ p. 473,36),* T *(τ p. 28,54),* Wi *(284^{r}, l. 17) coll.* : reuocatus W 72 Stormariam *scr.* G *(γ p. 473,37),* T *(τ p. 29,1),* Wi *(284^{r}, l. 19) coll.* : Stormanam W 77 Teuthonice *scr.* G *(γ p. 473,41),* T *(τ p. 29,6),* Wi *(284^{r}, l. 27) coll.* : teuthunice W

56–58 Anno domini – partiti] *cf. Helm. chron. 22, p. 45,23–26* 58–59 et ei successit – ceperunt] *cf. Helm. chron. 22, p. 45,26–30* 60–62 Et omni[s] – perstiterant] *cf. Helm. chron. 24, p. 46,38 – p. 47,1* 60 ferro et igne distructa] *cf. Helm. chron. 24, p. 46,26* 62–63 Et ita – contra Slauos] *cf. Helm. chron. 24, p. 47,1–3 et 25, p. 48,13sq.* 65 et ei successit – Danorum] *cf. Helm. chron. 25, p. 48,17sq.* 65–66 Contra quem – ceperunt] *cf. Helm. chron. 25, p. 48,22sq.* 66 et inualuit – Chruto] *cf. Helm. chron. 26, p. 52,29* 66–67 et seruiuit – sub tributo] *cf. Helm. chron. 26, p. 52,31 – p. 53,1* 68–70 Anno domini – Ludero comiti] *cf. Helm. chron. 35, p. 69,8–10* 72–73 Slaui depredati – Hameborch] *cf. Helm. chron. 35, p. 69,17–20* 73 quos comes Gotfridus insecutus] *cf. Helm. chron. 35, p. 69,21sq.* per Slauorum insidias est occisus] *cf. Helm. chron. 35, p. 70,6–8* 73–74 et ita – Schowenburgk] *cf. Helm. chron. 36, p. 70,16sq.* 75–77 Quo defuncto – peritus] *cf. Helm. chron. 49, p. 98,3–12*

binomius ei successit. Qui anno domini M° cc xl relicta mundo vxore Helwige, filia
Bernardi de Lippia, et duobus tenellis filiis, videlicet Iohanne et Gherhardo, et una
filia Mechtilde ordinem fratrum minorum intrauit. Mechthildem filiam duxit dux 80
Abel, filius regis Dacie, et genuit ex ea filiam, quam duxit comes Bernardus, filius comitis Henrici de Annhalt, et filium nomine Ericum ducem, qui duxit filiam Germari,
principis Ranorum seu Rugianorum, et filium alterum nomine Abell. Iohannes autem,
filius eius, duxit filiam Alberti ducis Saxonie et genuit ex ea filios et filias. Gherhardus
vero duxit filiam Nicolai de Slauia et habet filios et filias. 85

Henrico ergo quinto propter violenciam, quam in papam et clerum Romanum in
sua coronatione fecerat, excommunicato multi eidem rebellare ceperunt. Vnde videns
Saxoniam a se deficere et conspiracionum virus se largius diffundere totam Saxoniam
maxima strage peruasit principibus eius occisis aut certe captiuitati traditis.

Tunc Luderus dux Saxonie et hii, qui occisioni aut captiuitati superstites fuerant de 90
principibus Saxonum, multique nobiles in vnum collecti occurrerunt regi in locum,
qui dicitur Welpesholt, quamvis pauci numero, tres contra quinque, pugnaturi. In
quo bello Saxones superiores effecti regem attriuerunt.

Anno domini M° c xxvi Henrico v imperatore mortuo aput Traiectum successit ei
Luderus dux Saxonie et Lotharius est appellatus et anno M c xxxiii° anno regni sui 95
octauo coronatus. In diebus huius fuit tranquillitas temporum, habundancia rerum,
pax inter regnum et sacerdocium. Henricus autem quintus imperator mortuus de
Mechtilde vxore sua, <filia> regis Anglie, reliquit filium <***> genuit tres filios, videlicet
Henricum, Fredericum et Conradum. Nunc autem ad propositum redeamus.

78 ei successit *scr.* G *(γ p. 473,42)*, T *(τ p. 29,6)*, Wi *(284^{r}, l. 28) coll.* : enim fuit W   relicta] *?an cum* G *(γ p. 474,1)*, T *(τ p. 29,12)*, Wi *(284^{v}, l. 6)* relictis *scribend.*   Helwige *scr.* : Helwigis W   88 conspiracionum *scr. Helm. chron. 40, p. 81,14 coll.* : conspiracionem W   89 peruasit *scr. Helm. chron. 40, p. 81,17 coll.* : persuasit W   captiuitati *scr. Helm. chron. 40, p. 81,18 coll.* : captiuitate W   91 Saxonum *scr. Helm. chron. 40, p. 81,19 coll.* : Saxonium W   98 filia *suppl.* G *(γ p. 474,16)*, T *(τ p. 29,29)*, Wi *(285^{r}, l. 1)*, *Fragm. Mader. (p. 270, l. 7) coll.; cf. etiam l. 114sq.*   *post* filium *aliquid excidit, e. g.* Fredericum ducem Suevie; et hic *ut in* G *(γ p. 474,17)*, T *(τ p. 29,30)*, Wi *(285^{r}, l. 2sq.)*, *Fragm. Mader. (p. 270, l. 8sq.)*

87–89 Vnde videns – traditis] *cf. Helm. chron. 40, p. 81,13–18*   90–93 Tunc Luderus – attriuerunt] *cf. Helm. chron. 40, p. 81,18–28*   94–95 Anno domini – Saxonie] *cf. Helm. chron. 41, p. 83,18–20*   96–97 In diebus – sacerdocium] *cf. Helm. chron. 41, p. 83,28–31*

100 Magonus dux Saxonie duxerat vxorem Sophiam, filiam regis Vngarorum, et genuit ex eadem duas filias, videlicet Eylecham et Wilfidem, et ita mortuus est sine herede, et datus est ducatus Saxonie Ludero comiti, vt dictum est.
Wilfidem duxit Henricus dux Bauarie, frater ducis Welph, et genuit ex ea Henricum ducem Bauarie. Hic duxit Gertrudem, filiam Lotharii imperatoris, et genuit ex ea
105 Henricum cognomento Leonem et filiam Iuttam nomine et fratrem eius Welph iuniorem. Lotharius autem rex factus dedit ducatum Saxonie socero suo Henrico duci Bauarie, ut et dux esset Bauarie et Saxonie, et ita rediit ducatus Saxonie ad semen Billingi. Anno igitur domini M° c° xxxix mortuo Henrico duce Bauarie, patre Henrici Leonis, Ghertraud, vxor eius, filia Lotharii, <***> quinti imperatoris, et ille ducatum Bauarie,
110 qui iure hereditario debebatur Henrico Leoni, cum matre pueri obtinuit. Iuttam vero, filiam Henrici <ducis> Bauarie, duxit Fridericus dux Sweuie, filius filii Henrici quinti imperatoris, frater vi[c]trici sui, et genuit ex ea Fridericum huius nominis primum imperatorem. Qui Mediolanum destruxit et Henricum Leonem, filium auunculi sui, exhereditauit. Henricus vero Leo, cum adoleuisset, duxit vxorem Mechtildem, filiam
115 regis Anglie, et genuit ex ea Ricze filiam et quatuor filios, videlicet Wilhelmum de Luneborch, Ottonem, Henricum palatinum et Luderum.
Secundam autem filiam Magonis ducis Saxonie Eilecham nomine duxit Otto comes Asscharie et genuit ex ea Albertum Vrsum. Albertus autem genuit Ottonem, primum marchionem Brandeborch, Siffredum, Bernardum et filiam Hedewigam. Otto secun-
120 dus duxit vxorem nescio de Brabancia aut de Flandria et deprehensam in adulterio repudiauit et eam recipere nolens usque in finem vite sine vxore permanens et liberis defunctus. Henricus vero frater eius deuotus et litteratus conuentum canonicorum Stendal instituit et a fundo edificauit. Et anno domini M° c lxxxviii canonicos induxit. Et anno domini M° cxc ii †chorum cum suis canonicis deuotus frequentasset annis
125 quattuor† feliciter est defunctus. Albertus vero superstes et frater iunior marchiam Brandeborch gubernandam suscepit. Qui duxit filiam Conrardi marchionis de Landes-

101 et[1] + Wiluldem, *sed induct. et i. mg.* Wilfidem *eadem m. add.* W 102 est[1] + et, *sed induct.* W vt dictum est] *sc. supra l. 69sq.* 106 socero] *immo* genero*; sed nil mutandum, quia etiam l. 162,* G *(γ p. 474,24 et p. 477,17),* T *(τ p. 29,36 et p. 32,11),* Wi *(285^r, l. 16), Fragm. Mader. (p. 271, l. 1)* socero *praebent* 109 *post* filia Lotharii *aliquid excidit e. g.* nupsit Henrico, nepoti Henrici 111 ducis *dub. suppl.* 119 Siffredum *scr. l. 139 coll.* : scilicet *(per compend. script.)* Fridericum W 121 sine] sue, *sed i. mg. alt. m.* sine W 122 *intellege* defunctus est, *nisi* defunctus <est> *scribere malis* 123 Et anno domini M° c lxxxviii canonicos induxit *huc transp.* : *post* frequentasset *(l. 124)* W 124 M° cxc ii *scr.* T *(τ p. 32,35) coll.* : M° c xxii W 126 Brand' W gubernandam *scr.* : -dum W

100–101 Magonus – sine herede] *cf. Chron. Mich., MGH SS 23, p. 396, 1–3* 103–105 Wilfidem – Leonem] *cf. Chron. Mich., MGH SS 23, p. 396, 10–13* 110–113 Iuttam – imperatorem] *cf. Chron. Mich., MGH SS 23, p. 396, 15–17* 113–114 Qui Mediolanum – exhereditauit] *cf. Chron. Mich., MGH SS 23, p. 396, 27sq.* 117–118 Secundam – Vrsum] *cf. Helm. chron. 35, p. 69,10–12*

berge et genuit ex ea Mechtildem <***>, quam duxit Henricus comes de Anhalt, et Helenam, quam duxit Albertus dux Saxonie, et Alheydem, quam duxit Henricus de Hassia, filius filie beate Elisabeth, et Helenam, quam duxit Wilhelmus de Hollandia, rex theuthonicus, et genuit ex ea filium nomine Florenti[n]um. Filii vero quinque (130) sunt, Otto, Albertus, Iohannes, Conrardus et Otto.

Iohannes vero duxit vxorem Sophiam, filiam Woldemari, regis Dacie, et genuit ex ea Iohannem, Ottonem, Conrardum, Ericum et filiam Helenam, quam duxit Theodericus, filius marchionis Misnensis. Et Sophia prima vxore mortua Iohannes marchio duxit per dispensacionem <Iutam, filiam> domini Alberti ducis Saxonie vxorem et (135) genuit ex ea Albertum.

Et Otto vero, frater Iohannis, duxit vxorem Beatricem, filiam regis Bohemie, et genuit ex ea Iohannem, Ottonem, Albertum et duas filias, Conegundam et Mechtildem.

Siffredus, filius Alberti Vrsi, frater Ottonis primi, electus est ad episcopum Brandemburgensem anno domini Mº c lxiii. Et cum precedisset annum xv anno domini M c lxxix (140) in archiepiscopum Bremensem est electus et obiit anno domini Mº c lxxxiiii.

Bernardus vero, frater Siffridi et Ottonis primi, filius Alberti Vrsi, duxit vxorem Iutham, filiam Mesethonis, ducis Polonie, et genuit ex ea duos filios, Albertum videlicet et Henricum. Albertus duxit vxorem Agnem, filiam Friderici ducis Austrie, et genuit ex ea Iutham, quam duxit Ericus, rex Dacie, et genuit ex ea quatuor filias. Qua mortua (145) duxit secundam nominis scilicet Agnem, sororem Henrici lantgrauii, et genuit ex ea filias duas, Iutam, quam duxit Iohannes marchio Brandeborgensis, vt dictum est, et Elisabet, quam duxit Iohannes comes Holtzacie et genuit ex ea filios et filias. Et illa mortua duxit terciam videlicet Helenam, filiam Ottonis de Lunenborch, et genuit ex ea duos filios, scilicet Albertum et Iohannem. (150)

Henricus vero, frater Alberti, comes de Annhalt, duxit vxorem Sophiam, sororem Henrici regis Thuringie, que fuit soror vxoris secunde fratris sui Alberti, et genuit ex ea sex filios et tres filias, scilicet Henricum comitem Asscharie (hic duxit vxorem

127 *lac. ind., quia haec Mechtildis, filia Alberti, Ottoni duci de Lunenborch (cf. l. 235sq.) nupsit, cui liberos, qui l. 127–131 nominantur, peperit. Post* Mechtildem *ergo fort. verba* quam duxit Otto de Lunenborch et genuit ex ea Mechtildem *per mendum, quod saut du même au même dicitur, exciderunt* de *scr.* : ad W 129 Helenam] *immo* Elisabeth, *sed nil mutandum, quia etiam* G *(γ p. 476,14),* T *(τ p. 31,14),* Wi *(286^{v}, l. 26), Fragm. Mader. (p. 274, l. 3)* Helenam *exhibent* 130 theuthonicus *scr.* : theuthonice W Florentium *scr.* G *(γ p. 476,14),* T *(τ p. 31,15),* Wi *(286^{v}, l. 28), Fragm. Mader. (p. 274, l. 4) coll.* 135 Iutam, filiam *suppl.* G *(γ p. 479,28) et* T *(τ p. 33,54) coll.* 136 *post* Albertum *fort. nomina ceterorum liberorum Iohannis et Iutae exciderunt, cf. G (γ p. 479,29sq.) et* T *(τ p. 34,1)* 144 Friderici] *immo* Leopoldi, *sed nil mutandum, quia etiam* G *(γ p. 476,36),* T *(τ p. 31,34),* Wi *(287^{r}, l. 20)* Friderici *exhibent* 147 vt dictum est] *sc. supra 134sq.* 151 Sophiam] *immo* Irmengardim, *sed nil mutandum, quia etiam* G *(γ p. 476,24) et* T *(τ p. 31,21)* Sophiam *praebent*

Mechtildem, filiam Ottonis ducis de Brunswigk) et Bernardum comitem, qui duxit
155 Sophiam, filiam Abel, regis Dacie, et Siffredum comitem, qui duxit Katherinam, filiam regis Suecie, et Hermannum, prepositum Halberstadensem, et Magonum, canonicum Magdeburgensem, et Albertum fratrem minorem et Iuttam, quam duxit Nicolaus de Slauia, et Sophiam, quam duxit comes de Regenste<i>n, et Hedewigem, quam duxit Buczslaus, unus ducum Polonie.
160 Hedewigem, filiam Alberti Vrsi, duxit Otto marchio Misnensis et genuit ex ea <***>

Anno igitur domini M^o c^o xxvi Luderus, dux Saxonie, rex electus est et dedit ducatum Saxonie Henrico duci Bauarie, socero suo. Ipso assumpto secum secundum profectus est in Ytaliam. Roma ergo et Ytalia potitus Rotgeroque Apulia depulso, cum redire properaret, immatura morte preventus est, cum annis xii regnasset, anno domini
165 M^o c^o xxxvii.
Cui successit Conrardus, frater Henrici ducis Sueuiae, anno domini M c xxxviii. Facta autem contencione inter Albertum Vrsum et Henricum ducem Bauarie propter ducatum Saxonie, licet essent consanguinei et filii duarum sororum, nitebatur tamen rex Conrardus Albertum Vrsum in ducatum firmare iniustum asserens quemquam
170 principum duos tenere ducatus. Illis ergo dissidentibus occupauit Albertus Vrsus Lunenborch, Bardewick et Bremam et totam occidentalem Saxoniam, et partes Nordalbingorum ei adheserunt excepto comite Adolfo, qui fidem violari noluit. Prevalente tamen Henrico et Alberto Saxonia depulso exercitu<m> contra Conrardum regem produxit et factis induciis rediit in Saxoniam et non post multos dies mortuus est
175 anno domini M c xxxix, cum ducatum Bauarie rexisset annis xiii.
Cui successisset filius eius Henricus Leo adhuc puer, mater vero pueri Gertrudis, filia Lotharii imperatoris, duxit Henricum principem, fratrem Conrardi regis, et Henricus, <quia> puer tenellus erat, de ducatu Bauarie occasione matris pueri se intromisit. Henricus ergo, cum adoleuisset, congregauit exercitum contra Henricum, vitricum suum,

158 Regenstein *scr.* G *(γ p. 476,34)*, T *(τ p. 31,29)*, Wi *(287^r, l. 18) coll.* 159 Buczslaus *ex* Buczslauus *corr.* W 160 *post* ex ea *sententia explicit ex abrupto* 162 socero] *v. adn. ad l. 106* secundum *alt. m. ex* secundus *corr. vid.* W 163 potitus *scr.* G *(γ p. 474,27)*, T *(τ p. 29,39)*, Wi *(285^r, l. 20)*, *Fragm. Mader. (p. 271, l. 5) coll.* : positus W depulso *scr.* : depulsa W 169 in *scr.* : et W 170 duos *alt. m. ex* duorum *corr.* W dissidentibus *scr.* : descendentibus W 173 depulso *scr.* : depulsa W 174 induciis *scr. Helm. chron. 56, p. 110,27 coll.* : iudiciis W 176 Cui *scr.* : cum ei W

161–162 Luderus – socero suo] *cf. Pulk. chron., Emler 1893, p. 89, col. 2,26 – p. 90, col. 1,1* 167–173 Facta – Henrico *cf. Pulk. chron., Emler 1893, p. 90, col. 1,1–11* 176–177 mater – regis] *cf. Helm. chron. 56, p. 111,1sq.*

ad ducatum Bauarie recuperandum, qui sibi iure hereditario debebatur, sed non valuit 180
omni tempore, quo superuixit rex Conrardus, quia partes fratris sui adiuuabat.
Anno domini M c liii mortuo Conrardo rege successit ei Fridericus, filius fratris sui,
Friderici ducis Sueuie. Fridericus ergo inualuit sapientia et fortitudine reges, qui ante
ipsum fuerant, et cum multo comitatu pergens Romam a domino Adriano papa huius
nominis primus consecratus est imperator. Temporibus huius, cum potestas Henrici 185
Leonis inualuisset super omnes duces, qui ante ipsum fuerant, ita ut iam princeps
principum esset factus et dominus terre Slauorum, impe<t>rauit ab imperatore auc-
toritatem dandi et suscitandi et confirmandi episcopatus in omni terra Slauorum,
quam vel ipse vel progenitores sui iure belli sibi possent subiugare. Vnde et accidit,
ut et Zuerinensem et Rateburgensem, qui nunc Lubicensis dicitur, institueret et 190
confirmaret. Inualuit ergo potestas ducis super omnes conculcans colla rebellium
et frangens municiones eorum faciens pacem in terra. Sed gloriam eius zelati sunt
omnes principes Saxonie, sed formido Cesaris continuit manus eorum. Vnde accidit,
ut Cesare facto in Ytalia fieret contra ipsum valida principum conspiracio. Imperator
autem existens in Ytalia audita turbacione Saxonie missa relacione ad principes et 195
frequentibus induciis obtentis sedicionem repressit, donec se de expedicione Ytali<c>a
liberaret. Liberatus autem de expedicione venit imperator in Theuthoniam et conuocatis
principibus tenuit curiam in Bamberg, in qua multa prudencia dissensiones, que erant
inter duces et principes, ad pacem redegit.
Anno ergo domini M c lxxi Henricus Leo liberatus auxilio dei de multis periculis 200
gratias agens deo ad visitandam terram sanctam et sepulchrum domini est profectus
tutela[m] terre sue domino Wichmanno Magdeburgensi archiepiscopo commendata.
Quantis autem periculis per Danubium et horridam siluam Bulgarorum transiret,
enarrare longum est, quam gloriose a rege Grecorum conductus fuerit et templariis
et hospita<la>riis et clericis in Ierusalem cum ympnis et canticis receptus, silencio 205
pertransiens. Visitatis autem sepulcro dominico et aliis sanctis locis cum magna gloria

187 dominus *scr.* G *(γ p. 475,17),* T *(τ p. 30,24),* Wi *(285^{v}, l. 35), Fragm. Mader. (p. 272, l. 14) coll.* : domino W impetrauit *scr.* G *(γ p. 475,17),* T *(τ p. 30,24),* Wi *(286^{r}, l. 1), Fragm. Mader. (p. 272, l. 14sq.) coll.* : imperauit W 189 progenitores *scr. Helm. chron. 88, p. 173,17 coll.* : pregenitores W 190 Zuerinensem + qui nunc, *sed induct.* W Lubicensis *scr.* G *(γ p. 475,19),* T *(τ p. 30,26),* Wi *(286^{r}, l. 4), Fragm. Mader. (p. 272, l. 17) coll.* : Lubicensem W 194 facto] *nil mutandum, cf.* fieri *i. q.* venire *vel* versari *(MlatWb 4, col. 27,12–19)* 196 Ytalica *scr. Helm. chron. 106, p. 209,9 coll.* 203 et *scr.* : est W 206 pertransiens] *de hoc nominativo absoluto v. Hofmann/Szantyr 1965, p. 143sq.*

185–187 cum potestas – factus] *cf. Helm. chron. 102, p. 201,27sq.* 187–189 impe<t>ravit – subiugare] *cf. Helm. chron. 88, p. 173,15–18* 191–192 Inualuit – in terra] *cf. Helm. chron. 102, p. 201,27–30* 192–194 Sed – conspiracio] *cf. Helm. chron. 103, p. 202,16–27* 194–197 Imperator – liberaret] *cf. Helm. chron. 106, p. 209,5–9* 197–199 Liberatus – redegit] *cf. Helm. chron. 107, p. 209,25 – p. 210,5*

reductus in Teuthoni[c]am est reuersus. <***> et venit ei in adiutorium Henricus Leo cum multis militibus et presidens obsedit Mediolanum. De qua obsidione dux Henricus Leo eciam valide humiliter ab imperatore rogatus contumaciter et illicenciatus recessit
210 nolens Mediolanum obsidere aut Mediolanenses impugnare. Imperator autem ab obsidione non recessit et tandem post quinque annos obsidionis Mediolanum cepit et muro et turribus destructis eam solo adequauit et Ytalia obtenta in Teuthoni[c]am est reuersus. Et facta curia Henricum Leonem, filium auunculi sui, omni honore et feodo, quod ab imperio tenuit, deuestiuit et aliis contulit vix ei Lunenborch et
215 Brunswig et paucis aliis relictis.

Anno domini M° c° lxxx datus est ducatus Saxonie Bernardo, filio Alberti Vrsi, et ita translatus est ducatus Saxonie de semine Wilfildis ad semen sororis sue, domine Eylekis, et in ea usque hodie perseuerat.

Et cum Bernardus ducatum Saxonie annos xxxi rexisset, obiit anno domini M° cc°
220 xi, et ei successit Albertus, filius eius.

Anno domini M° c° xci Fridericus imperator per terram iter arripiens ad terram sanctam in ipso itinere in flumine Thessalonie submersus est heredem relinquens Henricum, filium suum, cum annis xxxix regnasset.

Henricus autem adolescens anno domini M° c° lxxxiiii duxit Constanciam, filiam
225 Rotgeri regis Ytalie, Calabrie, Apulie, tunc sexagenariam. Et anno domini M c° xcv peperit filium in Assisio, quem Fredericum appellauit, si tamen domina Constancia ipsum peperit. Impossibile enim videtur anno etatis sue lxxi peperisse. Dicitur imperatrix tunc sexagenaria fuisse. Anno domini M° c° xcv peperit. Sed a tempore, quo duxit imperatorem usque ad tempus partus fluxerunt xi anni, ut patet. Qui si
230 adda<n>tur ad lx^{a}, erant lxxi, et ideo videtur incredibile eam peperisse. Vnde et suppositus fuisse putatur.

Anno domini M c° xcv Henricus Leo quondam dux magnus <obiit> et reliquit Henricum, Ottonem, Wilhelmum et Luderum filios et Richze filiam. Et anno domini M° cc° ii° Wilhelmus duxit vxorem Helenam, sororem Woldemari regis Dacie, et genuit
235 ex ea Ottonem de Lunenborch, et obiit anno domini M° cc° xiii. Otto vero duxit vxorem Mechtildem, filiam Alberti marchionis Brandeborch, et genuit filios, uidelicet

207 Teuthoniam *scr.* G *(γ p. 475,22)*, T *(τ p. 30,29sq.)*, Wi *(286^{r}, l. 10)*, *Fragm. Mader. (p. 272, l. 22) coll.* *lac. ind., nam ante* ei, *sc.* Friderico imperatori, *memorandum fuit Fridericum imperatorem Mediolanum obsedisse* 208 presidens *scr.* : pro sedens W 209 illicenciatus *scr.* G *(γ p. 475,24)*, T *(τ p. 30,31)*, Wi *(286^{r}, l. 13sq.)*, *Fragm. Mader. (p. 272, l. 25) coll.* : illi conciatus W 212 Teuthoniam *scr.* G *(γ p. 475,25)*, T *(τ p. 30,32)*, Wi *(286^{r}, l. 16)*, *Fragm. Mader. (p. 272, l. 27) coll.* 214 feodo *scr.* G *(γ p. 475,26)*, T *(τ p. 30,34)*, Wi *(286^{r}, l. 18)*, *Fragm. Mader. (p. 272, l. 29) coll.* : fecundo W quod *scr.* : quid W 218 Eylekis *scr. l. 238 coll.* : Eyloben W ea] *?an* eo *scribend., sed* ea *fort. per synesin ad Eilikam referend.* 222 in *scr.* : et W submersus *scr.* : subuersus W 227–231 Dicitur – putatur] *vide, ne hic glossa mirum partum explanans lateat* 228 tunc *scr.* : tot W fuisse *scr.* : fuit W 232 obiit *suppl.* G *(γ p. 475,29)*, T *(τ p. 30,36)*, Wi *(286^{r}, l. 22)*, *Fragm. Mader. (p. 272, l. 32) coll.* 233 et^{2} + ricze, *sed induct.* W

Albertum et reliquos, de quibus supra dictum est. Et ita inter se commixti sunt semen Wilfidis et Eilekis. Et obiit Otto anno domini M° cc lii, cum a pueris xxxix annis regnasset. Et ei successit Albertus, filius eius, qui adhuc viuit, cum fratribus suis.
Anno domini M° c[c] xcvii obiit Henricus imperator, cum regnasset annis vii. Principes, 240
ad quos pertinet imperatoris electio, discordantes duos elegerunt, videlicet Philippum et Ottonem. Illis inter se dissidentibus decem annos tandem anno domini M° cc° viii rex Philippus occiditur et Otto confirmatur. Et anno domini M° cc ix Fridericus, filius Henrici imperatoris et Constancie, a domino papa Innocencio tercio contra Ottonem aduersarius graciam in odium conuertente suscitatur et adiuuante ipsum curia 245
preualuit contra Ottonem. Anno domini M° cc xviii mortuus est Otto et confirmatur Fridericus, cum esset xxiii annorum. Et anno domini M° cc° xxii obiit Constancia imperatrix, cum esset annorum xc[a] octo, et superuixit suum annis xxv. Et anno domini M cc xliiii multe contra ipsum insurrexerunt infamie et maxime de heresi. Et anno domini M cc° xlv in concilio Lugdunensi a domino papa Innocencio quarto est 250
excommunicatus et ab imperiali dignitate depositus. Anno domini M cc° l Fredericus imperator moritur in Cecilia et in Palermitana ecclesia sepelitur, cum stetisset Roma duo milia annorum. Hic Fridericus filios habuit, videlicet Henricum et Conrardum. Henricum fecerat eligi in regem. Anno domini M° cc° xxxv in curia Maguncie a patre regno et honore priuatus et in exilium deputatus, in quo et mortuus est. Conradus 255
similiter rex coronatus est, sed ad imperium non profecit, sed Apuliam rexit.
Anno domini M° cc xlvi Henricus lantgrauius Thuringie imperiali a semine Billingi cepit deficere forte in posteris in aliquo reparando. Anno autem domini M° cc° xlvii Henricus rex Thuringie moritur et anno domini M° cc° xlviii Wilhelmus de Hollandria rex eligitur et xlix coronatur. Et anno domini M° cc lvi a Frisonibus occiditur, 260
cum octo annos regnasset.
Anno domini M° cc° lvii Richardus, frater regis Anglie, effusa pecunia sicut aqua ab aliquibus electoribus est electus et in regnum est inductus, sed ab aliis rex Hyspanie dicitur electus et expectatur, vt veniat. Inter istos, qui manus principum melius vnxerit, vix preualebit forte deo sibi resistente et venalitatem et auariciam principum detestante, 265
qui honorem dei in electione non respiciunt, sed tantum sue auaricie consulunt.

237 de quibus supra dictum est] *v. supra l. 127–131 cum adn. ad l. 127* commixti sunt semen] *ad hanc synesin v. Hofmann/Szantyr 1965, p. 435–437* 238 a pueris *scr.* : pueri W 239 regnasset *scr.* : successissent W 242 dissidentibus *scr.* : discidentibus W 243 M° cc ix] *nescio an recte, quia Otto isto anno ab Innocentio coronatur* 245 conuertente *scr.* : conuertende W 247 xxiii *scr., quia Fridericus anno 1195 natus est, ut patet ex l. 228; cf. etiam* G *(γ p. 475,1),* T *(τ p. 30,5),* Wi *(285[v], l. 5sq.)* qui *(sc.* Fridericus*)* successit Ottoni existens xxiii annorum : xxx W 248 suum] *fort.* virum *vel aliquid simile supplendum* 251–253 Anno domini – duo milia annorum *huc transposui* : *post* coronatur *(l. 260)* W 252 Palermitana *scr.* : Placemitana W 254 patre + regio, *sed induct.* W 256 profecit *scr.* : proficit W 264 qui *scr.* : quibus W

TAFELTEIL

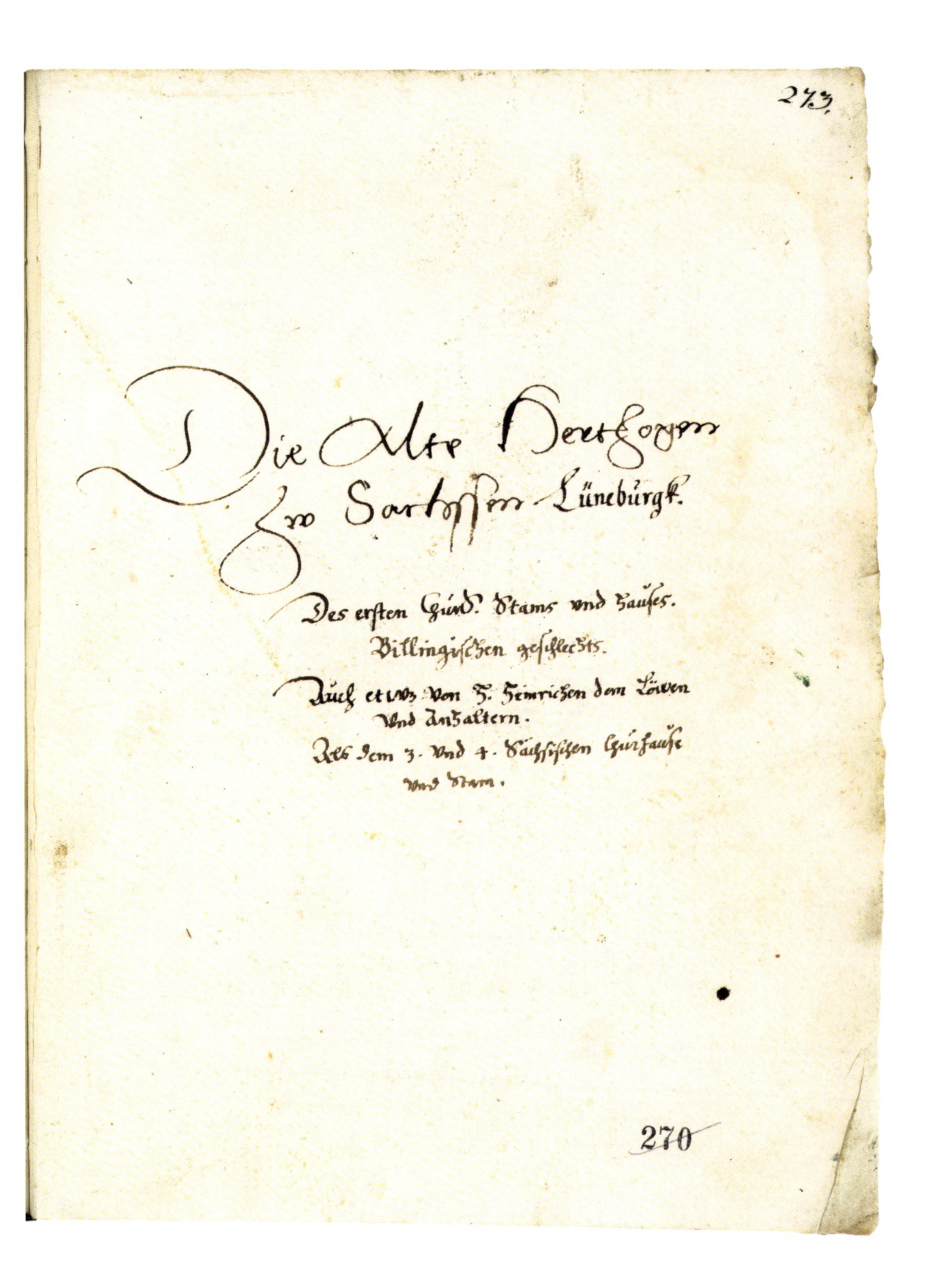

273.

Die Alten Hertzogen
zu Sachssen-Lüneburgk.

Des ersten Churf. Stams und hauses.
Billingischen geschlechts.

Auch etwas von H. Heinrichen dem Löwen
Und Anhaltern.

Als dem 3. und 4. Sächsischen Churhause
und Stam.

~~270~~

Weimar, ThHStA, EGA, Reg. O 157, Bl. 273r

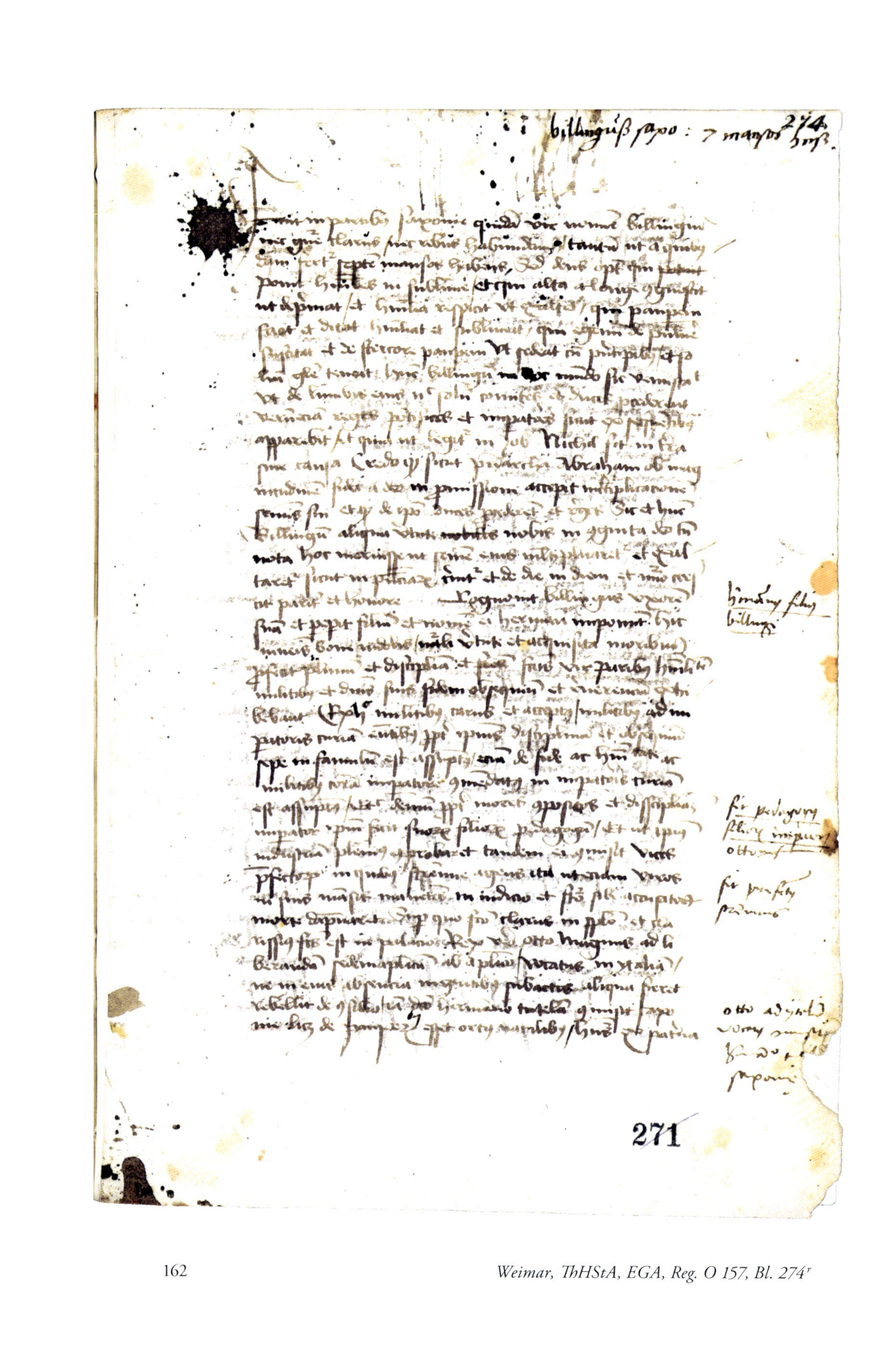

billingus sapo : 7 marchio sax. 274

[illegible]

271

Weimar, ThHStA, EGA, Reg. O 157, Bl. 274r

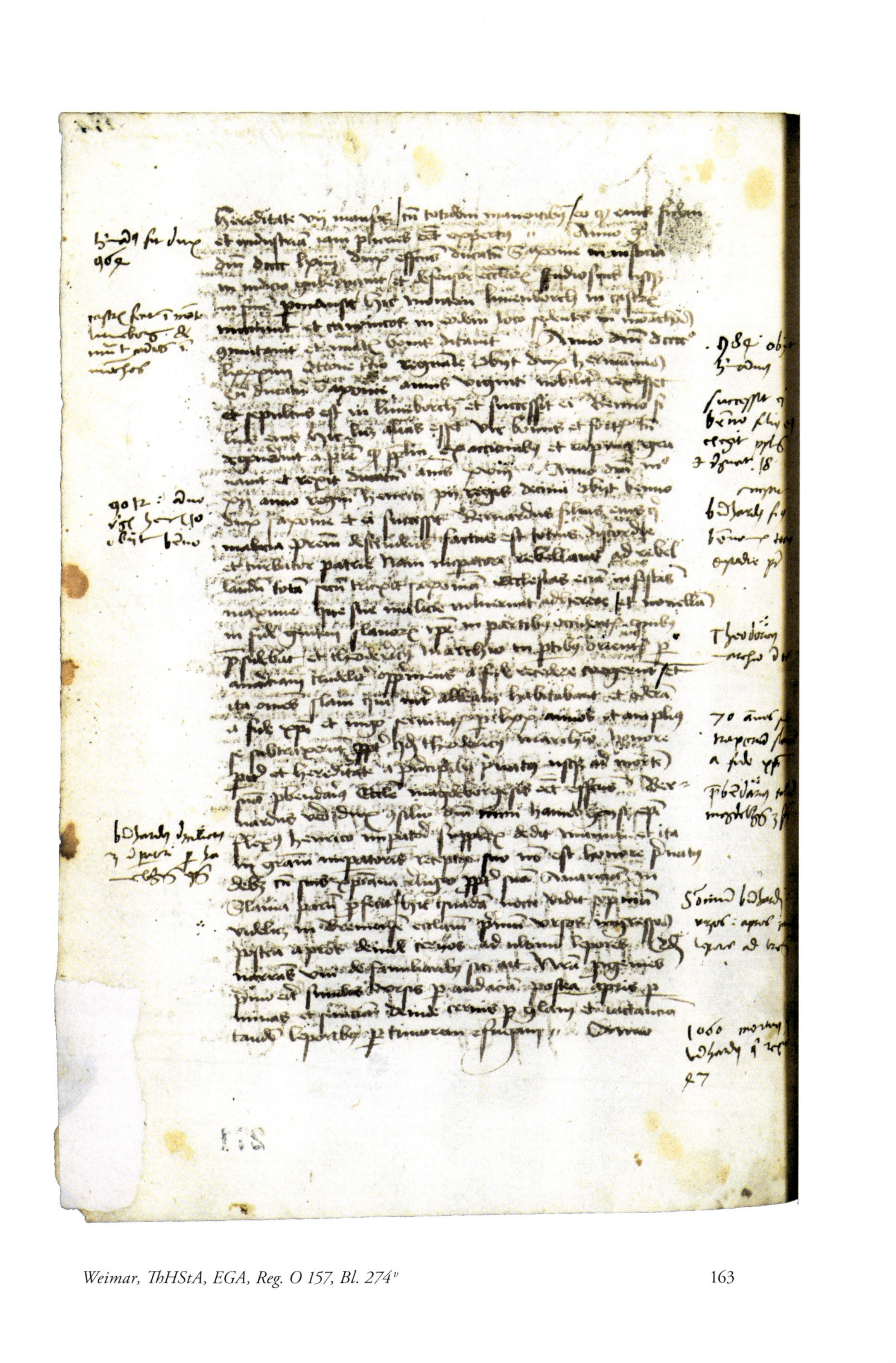

Weimar, ThHStA, EGA, Reg. O 157, Bl. 274^{v}

275.

filii b(er)nhardi ordolfus hermannus [illegible]

domini M° lx° regnante henrico tercio mortuus est Bernardus
dux Saxonie qui rexit Saxoniam et Slavos per annos xl [illegible]
strenue gubernasset cuius hereditatem Ordolphus et Hermannus
filii eius inter se sunt partiti et ei successit in ducatu
Ordolphus filius eius qui post mortem patris vix v annis
elapsis Slavi rebellare ceperunt et omnis nordalbingorum
terra ferro et igne destructa opprimitur sic iterum Slavi ad
paganismum sunt conversi. Anno domini M° lxvi anno

1066

regni henrici iiii° [illegible] illos [illegible] occisos qui in fide
persisterant et ita dux Ordolphus omni tempore vite sue nullam
victoriam [illegible] potuit contra Slavos. Anno domini M°

mortuus ordolfus 1072: Magnus

lxxii mortuus est dux Ordolphus qui ducatum Saxonie
annis xii rexit et ei successit Magnus filius eius
natus [illegible] de filia regis [illegible]. Contra quem Slavi
Slavi rebellare ceperunt et [illegible] [illegible] contra eum
[illegible] [illegible] et [illegible] terram nordalbingorum [illegible]
Anno domini M° c vi regnante henrico v mortuus

1106 mortuus magnus sine liberis
[illegible] dedit lothario [illegible] a semine [illegible]

est dux Magnus qui tenuisset ducatum Saxonie annis
xxxiiii et quia non habuit heredes filios dedit henricus
[illegible] imperator ducatum Saxonie lothario comiti et
ita ducatus Saxonie a semine Billingi est translatus
post tempus aliquod ad semen pristinum reversum. Lotharius ducatum Saxonie tenente Slavi depopulati sunt Stormariam
[illegible] Hammenburch quibus comes Gotfridus occurrens
a Slavis insidiis est occisus et ita lotharius dux comitatum
[illegible] dedit nobili viro Adolpho comiti de Schowenburg

ludewicus 2 filios [illegible] adolfus

qui de uxore elegit duos filios scilicet Hartungum et Adolphum. Hartungus in expeditione Bohemie occisus. Adolphus
minor frater suus ei successit vir prudens latine et
teutonice et slavice lingue peritus. qui de uxore

adolfus [illegible]

Adolphus [illegible] [illegible] eius fuit [illegible]. Anno
domini M° c xl [illegible] [illegible] filiam
Bernardi de Lippia et duobus [illegible] filiis [illegible]
Johanne et Gerhardo et una filia Mechthilde ordinem
[illegible] intravit. Mechthildis filia ducis dux

filia mechthilde [illegible]

[illegible] filius regis Dacie et [illegible] filiam quam
duxit comes Bernardus filius comitis henrici de
Danneberg et filiam [illegible] quam duxit filia

272

Weimar, ThHStA, EGA, Reg. O 157, Bl. 275r

Weimar, ThHStA, EGA, Reg. O 157, Bl. 275v

nove qui iure hereditario debebat heinrico leoni patri nove-
stro obtinuit ottonem vero filium heinrici bavarie ducis
Frederici ducis swevie filius filii heinrici quinti imperatoris [illegible] et genuit ex ea fredericum heinricum primum imperatorem qui mediolanum destruxit et
heinricum leonem filium [illegible] qui exheredatus fuit
Leo vero [illegible] duxit uxorem mechthildem
filiam regis Anglie et genuit ex ea tres filias et
quatuor filios videlicet wilhelmum de luneborch ottonem
heinricum palatinum [illegible] Secundam autem filiam
magnus dux saxonie eilicham nomine duxit Otto
Comes asschanie et genuit ex ea Albertum ursum
Albertus autem genuit ottonem primum marchionem
Brandeburch [illegible] et filiam hedwigam
Otto secundus duxit uxorem [illegible] de brabancia
aut de flandria et [illegible] in adulterio deprehendit
et eam [illegible] volens [illegible] in fine [illegible] uxore pri-
mamus [illegible] et liberis defunctus [illegible] frater
eius [illegible] et [illegible] Canonicorum stendal
instituit et [illegible] Et anno domini m°
c xxxiii [illegible] filius eius [illegible] sequentes
Et anno domini m° c lxxxvi [illegible]
[illegible] quatuor filios [illegible] defunctus Albertus vero
superstes et [illegible] iunior marchiam [illegible] gubernandam
suscepit qui duxit filiam Conradi marchionis de
landsberg et genuit ex ea mechthildem quam duxit
heinricus comes de anhalt et helenam quam duxit Albertus
dux saxonie et [illegible] quam duxit heinricus de
hassia filius filie beate elyzabeth et helenam quam
duxit wilhelmus de hollandia rex theutonicorum
et genuit ex ea filium nomine florentinum filii vero [illegible]
fuit otto Albertus Johannes conradus et otto Johannes duxit uxorem Sophiam filiam woldemari regis
Dacie et genuit ex ea Johannem ottonem Conradum
[illegible] et filiam helenam quam duxit theodericus filius
marchionis misnensis et Sophia prima uxore
mortua Johannes marchio duxit per dispensacionem
domini Alberti ducis saxonie uxorem et genuit ex ea
Albertum et otto [illegible] Johannes duxit uxorem

273

Weimar, ThHStA, EGA, Reg. O 157, Bl. 276v

277.

274

Weimar, ThHStA, EGA, Reg. O 157, Bl. 277r

Weimar, ThHStA, EGA, Reg. O 157, Bl. 277v

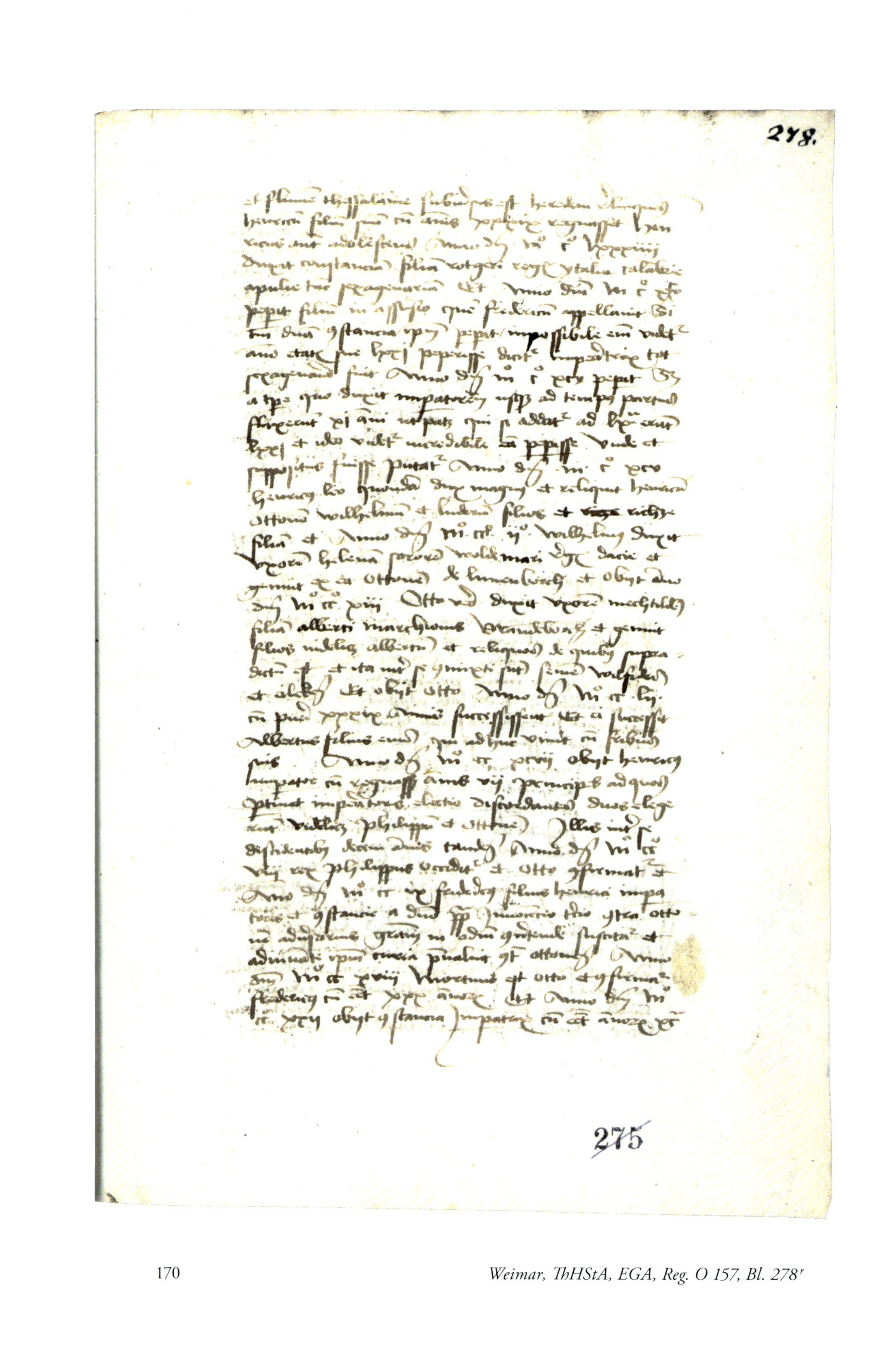

278.

275

Weimar, ThHStA, EGA, Reg. O 157, Bl. 278r

Weimar, ThHStA, EGA, Reg. O 157, Bl. 278v

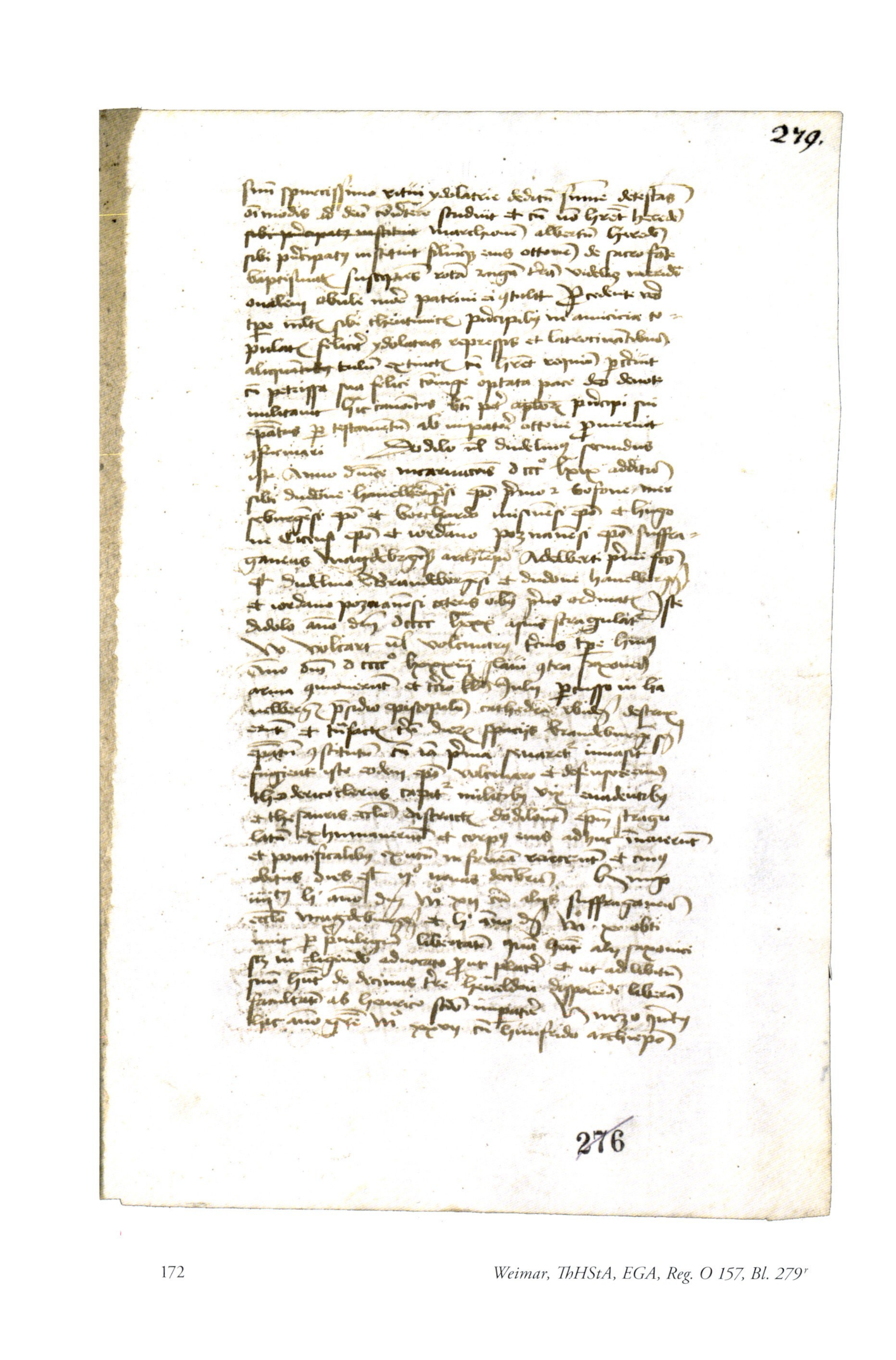

279.

276

Weimar, ThHStA, EGA, Reg. O 157, Bl. 279r

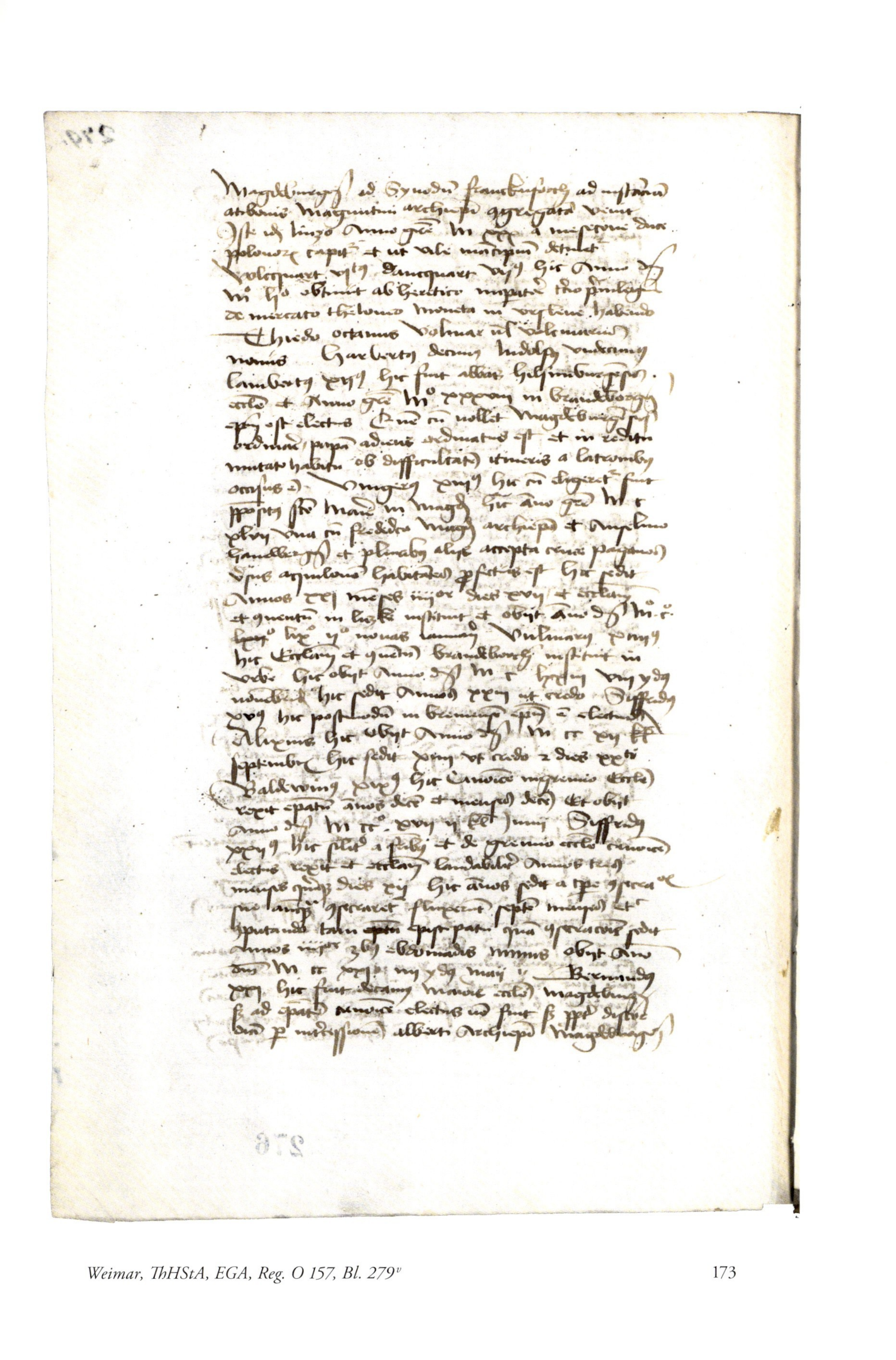

279

276

Weimar, ThHStA, EGA, Reg. O 157, Bl. 279v

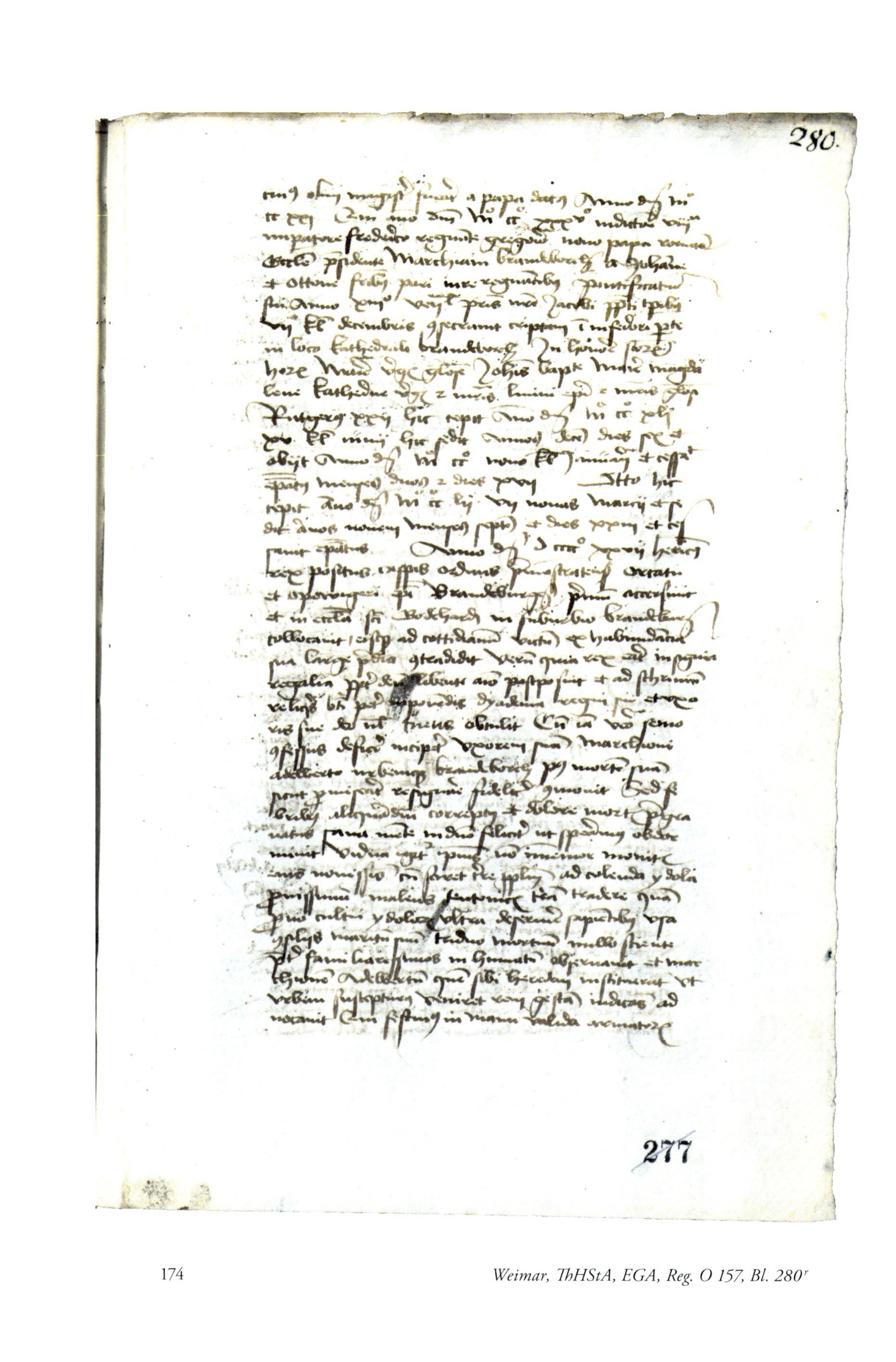

280.

277

Weimar, ThHStA, EGA, Reg. O 157, Bl. 280r

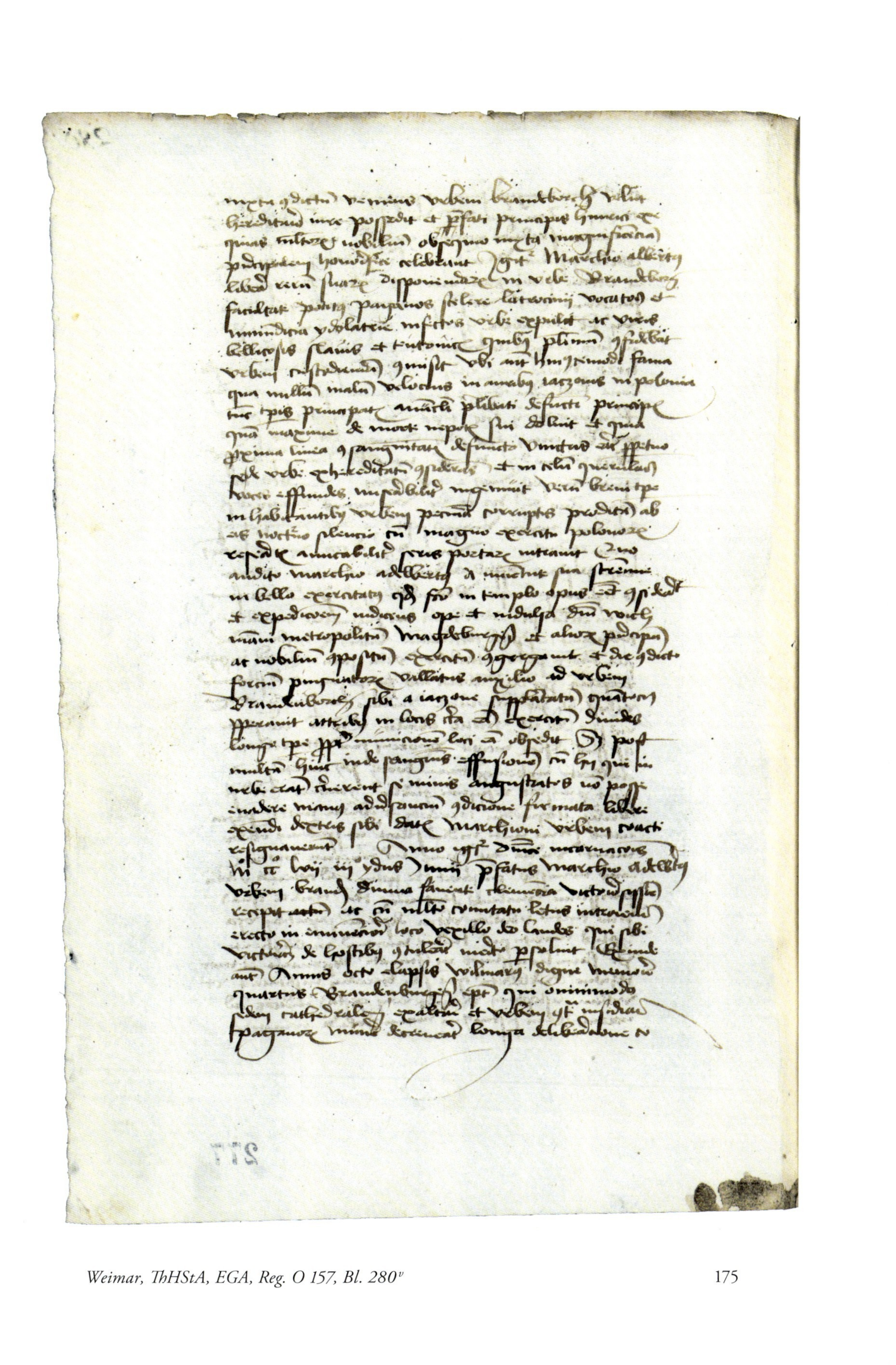

Weimar, ThHStA, EGA, Reg. O 157, Bl. 280v

281.

278

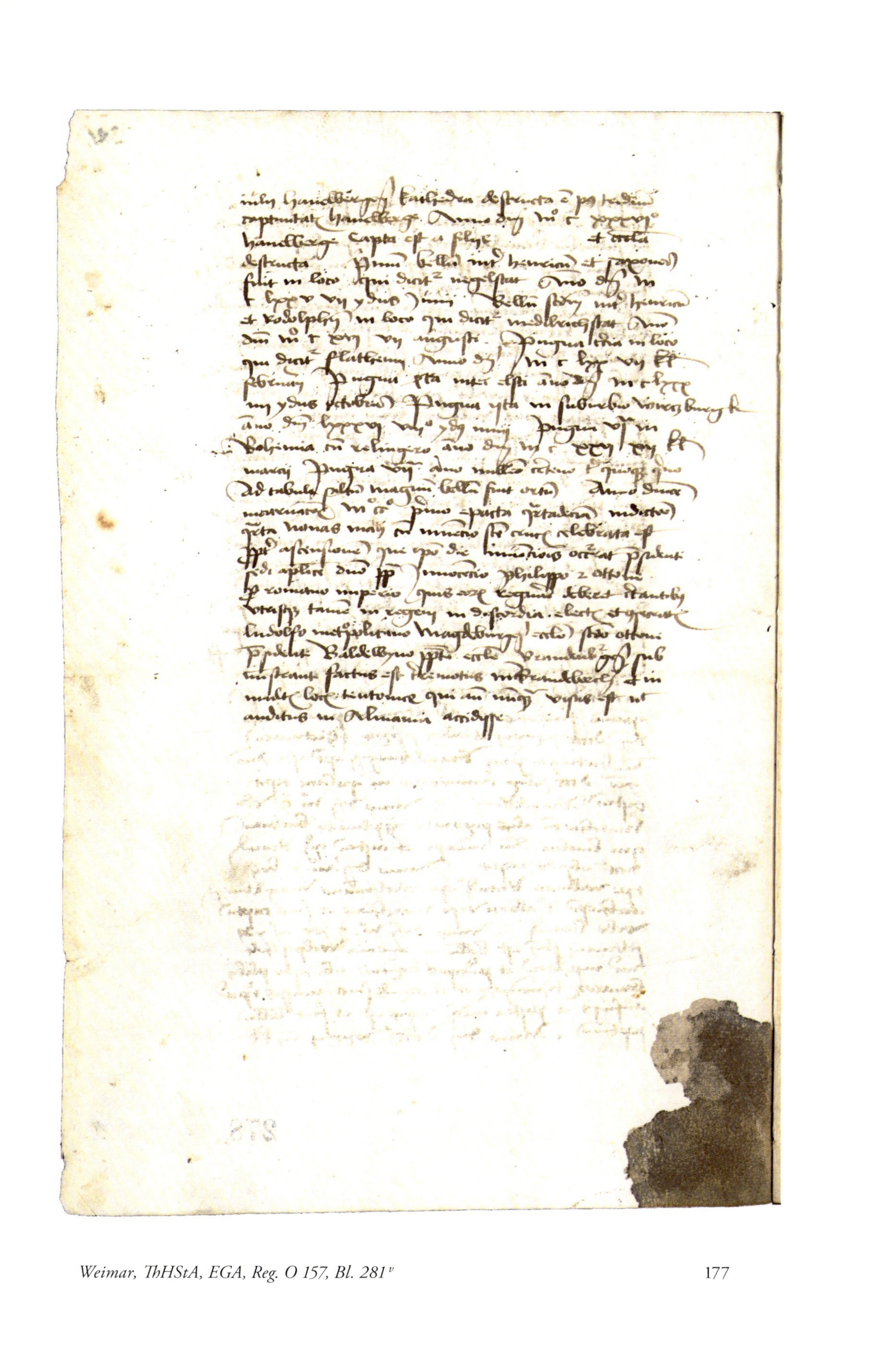

Weimar, ThHStA, EGA, Reg. O 157, Bl. 281ᵛ

52

Fundatio des Closters Lizke, unter
dem Churfürsten zu Brandenburgk,
zwischen denn Stetten Magdeburg
und Zerbist gelegenn, und dessen
Auffhebung durch den Churfürsten
Joachim von Brandenburg.

Fundatio ecclesie Leitzkensis

Hij adepti sunt pontificale decus Brandenburgensis ecclesie, primus dictatur
Tithmarus, secundus Odilo, tercius
Vodemarus, quartus Wigo, quintus
Luzo, sextus Tanquardus, septimus
Volquardus, octavus Thiedo, nonus
Volkmarus, decimus Harbertus, unde-
cimus Ludolphus. Horum undecim pontificum tempore Brandenburgensis ecclesia erat sine Capitulo, fuerunt
enim pontifices predicti ad istam provinciam a summis pontificibus missi ad
extirpandum et persequendum paganorum ritum, et ad destruendum ydola
detestabilia, ut in sequenti patet cartha.

In nomine sancte individue Trinitatis, Ego
Harbertus ecclesie Brandenburgensis minister humillimus, omnibus Christifidelibus
tam presentibus quam absentibus esse cupio,
Qualiter remedio anime mee, et omni Christianorum ritum suum persecutus paganorum
in spe propagande amplificandeque religionis Christiane cum familiaribus meis
ad modum paucis scilicet monachorum

mihi subsistenti adalberone Aminide-
burgensi consessus Cenobio, divina fauente clementia prout potuimus multa
atque innumerabilia destruximus ydola,
Et in honore sancte dei genitricis marie,
et apostolorum petri et pauli et omnium apostolorum, et sancti Stephani prothomartiris,
et sanctorum omnium martirum, sancti martini confessoris atque pontificis, nec non et
sanctorum omnium confessorum monachorum
heremitarum, Et in honore beate Cecilie
virginis et martiris, et omnium fidelium
Christi secundum facultatem nostram in loco
capitali qui Lezka nuncupatur, in
provincia que Morezhene vocatur, inter
albiam et havelam sito, in confinio terre Saxonie, templa struximus. In predicto
autem loco Liezeka ecclesiam ligneam deo
dedicatam, villa que vocatur Gomene
detinuimus auxilio consentiente advocato,
quia sui ex beneficio fuerat, pro animabus
omnium suorum predecessorum qui tamen sua
et suorum successorum, deinde haud longo
transacto tempore matris carissime sororis mee filio Bernardo, et dilectissimo
Capelano meo Theoderico, et laicis inter
[illegible] Berberti Noviomis Hoslariensis
adelberto Cancelari Bundeniensi, et aliorum
quorum nomina in libero vite scripta videntur

Magdeburg, LHASA, Cop., Nr. 390, Bl. 53v

decimationem inter annos illos Zlitga et
Nuth famulorum familiarumque omnium eorum,
abbatum, Canonicorum, monachorum, et omnium
Christianorum tradidimus, et villam que
vocatur Cruzho cum omni utilitate, pro can-
dis luminaribus statuimus. Quisquis ergo
diabolica instigante dementia, hec infringere studuerit, maledictum atque damnatum
potestate sanctorum petri et pauli, et omnium
apostolorum, martirum, confessorum, virginum, et omnium sanctorum eterno deputamus supplicio. amen. facta est cartha
hec millesimo, Centesimo, decimo
quarto, Indictione vii, epacta xxii. Concurrente iii, regnante heinrico imperatore augusto.

Anno domini millesimo, Centesimo,
decimo nono, ordo premonstratensis in
Laudunensi diocesi sub Romano pontifice domino papa pascali secundo florere
cepit, per venerabilem patrem egregiumque
predicatorem Norbertum, qui nobilibus
parentibus ortus scilicet patre herberto, et matre hadwige. Qui Norbertus a beata virgine maria edoctus, et ipsum ordinem
a predicto apostolico peteret, et horum ubi
caput ordinis esset ibi patrem gloriosi

virgo maria demonstravit, unde et ipse
ordo premonstratensis nuncupatus est,

Anno igitur millesimo, Centesimo, vicesimo quinto Metropolis Saxonie partenopolis que est Magdeburg orbata est
suo antistite propter dissensionem Canonicorum, electio ad serenissimum Imperatorem
Lotharium quartum delata est, Iteratis
igitur electoribus post multos verborum
ambages Lotarius Imperator ipsum Norbertum qui tunc temporis verbi dei gra(tia)
in Curia erat, consilio et auxilio domini
Gerardi Cardinalis assignavit archiepiscopum. Qui Cardinalis post honorium
papam Lucius papa cognominatus
Catholice prefuit Ecclesie. Cumque ille
quantum poterat reclamaret, hic verbo
tandem ad Imperatoris genua humiliato
virgam pastoralem que quasi in manibus eius inserebatur accipere coactus est
a domino Cardinali, hiis verbis cum illo-
quente, auctoritate dei omnipotentis, et
beatorum apostolorum petri et pauli, et
domini honorii pape tibi precipio, ne vocationi ullo modo contradicas. Norbertus
vero non sine multo lacrimarum imbre

55

susrepit jugum dni, Virgo dimissus ab Imperatore in Saxoniam ad locum destinatum profectus est, aspiciens autem Civita-
tem partenopolim, mutatis vestibus incedebat. Et receptus in Ecclesia, post modum quam pluribus comitatus palliarum
introivit, Unde nequaquam agnitus ab
hostiario, repulsam passus est. Cum autem ex-
ter ab aliis argueretur hostiarius, pater Norbertus ait, amice ne timeas,
melius tu me nosti et clariori oculo
me intueris, quam illi qui ad pallaria
me compellunt, ad que pauper et modicus pub-
licari non debueram. Consecratus est
igitur archiepiscopus etc.

Anno dominice Incarnationis M.C.
xxviii. adventus Canonicorum Regularium ad Ecclesiam beati petri in villa
Liezeka beati augustini vite professionis secundum Institucionem dni ac venerabilis patris nostri Norberti magdeburgensis archiepi. Qui Norbertus obiit pie
memorie Anno M.C. xxxiiii. viii.
Idus Junii, Episcopatus sui anno octavo
pontificatus sanctissimi dni pape Innocentii secundi, anno vero quinto.

Cum igitur Canonici Regulares ordinis premonstratensis ecclesie beati apostolorum
principis in villa Liezeka inter male
fidos Christianos et Slavos sub periculo
corporum et rerum suarum essent constituti,
Nam Slavi cum iuxta ritum paganorum
ad colenda idola adhuc erant inclinati,
quos Hartbertus episcopus extirpaverat, ut
supra in cartha dictum est, tunc tum Canonici Regulares supradicte ecclesie in villa
Liezeka propter Slavos, non propria
temeritate sed domini Conradi Magdeburgensis
ecclesie archiepiscopi auctoritate, primo Wiggerum beate Marie virginis in Magde-
burg prepositum Anno domini M C xxxviij
in episcopum Brandenburgensem elegerunt, et concessa est electionis eius confirmatio per sanctissimum patrem et dominum
papam Innocentium secundum. Qui idem
Wiggerus episcopus Brandenburgensis ecclesie episcopus
monasterium mire pulchritudinis struc-
ture decenter ad honorem gloriose virginis Marie genitricis dei in monte Liezeka iuxta silvam antiquam eiusdem
montis fundavit, et promotione consilio
et auxilio bonorum et precipue domini
Adelberti marchionis laudabiliter perfecit.

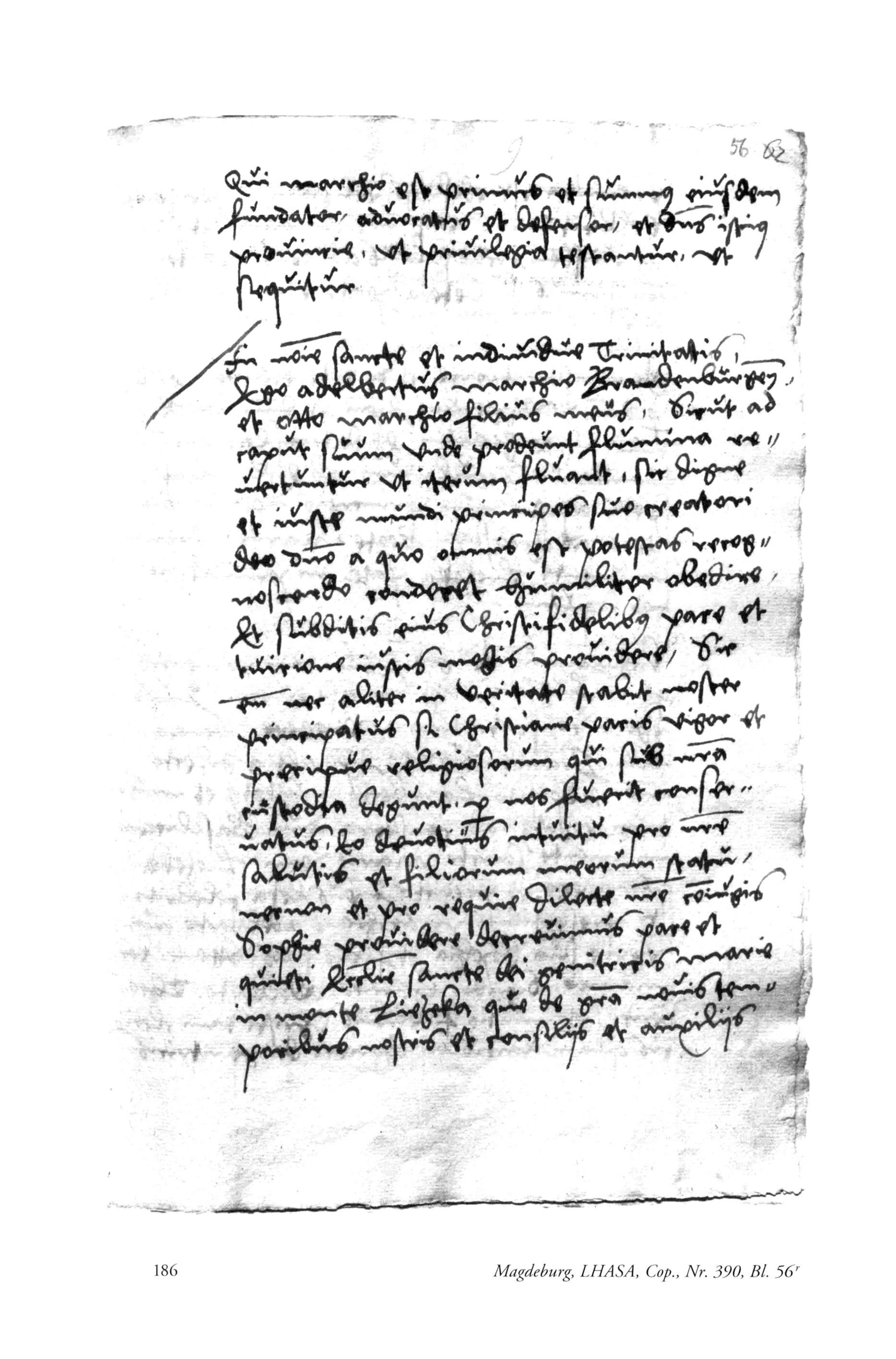

Magdeburg, LHASA, Cop., Nr. 390, Bl. 56r

promota est edificijs religione et personis. Sollicitudinis itaque nostre quam primi et summi huiusdem ecclesie summus advocati partem commisimus etc. Cetera patent in privile-gijs.

De consecratione et de dote huiusdem ecclesie per dominum Wiggerum episcopum et dominum Adelber-tum marchionem, Et de translatione Ca-nonicorum Regularium ab ecclesia beati petri apostolorum principis villa Lie-schem, ad ecclesiam beate marie virginis in monte Lieseka patet in privilegio et sequitur.

Wichmannus dei gratia episcopus, tam presentibus quam futuris, notum esse cupio, quod ego a confratre nostro Wiggero venera-bili Brandenburgensi episcopo, et a Gilberto nostro preposito Lamberto invitatus et mul-tum rogatus, ad consecrandum Basilicam in monte sancte marie von Lieseka, quam ego et predictus episcopus leta celebrita-te presentibus marchione adelberto cum uxore sua Sophia et filijs suis, ottone, her-manno, Sifrido, henrico, adelberto, Theo-derico, et multis fidelibus Christi tam cleri-cis quam laicis in honore dei genitricis

Magdeburg, LHASA, Cop., Nr. 390, Bl. 56v

et virginis marie et sancti petri et sancti Eleutherij epi et martinis quem tunc
de Magdeburch in patronum adduci concessimus, et aliorum sanctorum multorum
consecravimus Eciam ecclesiam in villa
Liezeke cum omnibus bonis pertinentibus ad vsus
fratrum ibidem degentium a scripto et privilegio domini pape Innocentij dictante et scripto epi Wichmanni nostri in dedicatione tunc
coopertoris confirmate basilice noviter dedicate articulando sicut iussum est banno
auctoritate nobis a deo commisse iterum in
vsum militantium pauperum Christi
consecratum, preterea [illegible] decimas
integras excepta tercia parte que parrochi-
anis persolvitur presbiteris in dictis villis
de bonis marchionis adelberti cum omnibus
pertinentibus scilicet et predecessores fratri meo
Wiggero episcopo pro eterna remunera-
cione datas, cetera patent in privilegijs,

Consecrata est ecclesia supradicta anno
dominice Incarnationis M C lx concurrente v. epacta xxij. Indictione iij quinto
idus septembris. Cartha supradicta ex privilegijs est collecta, ut veritas clarificatur,
per quam provincia ista fide gentilitate

12

ad Christianitatem est conversa, qualiter Wiggerus Brandenburgensis primus electus episcopus,
qui huius ecclesie primus sit fundator,
quod ad conservandam ecclesiam Magdeburgensem episcopus per episcopum Brandenburgensem
et marchionem Adelbertum est invitatus
et multum rogatus, et quod sub marchionis defensione aut custodia ecclesia Liezekensis est constituta.

Post annorum transitum sepe nascitur questio
preteritorum, si res ipsa non fuerit scribentis testimonio confirmata. Henricus dictus de Antwerpe sub ~~alvino~~ alvino
preposito prior in Brandenburg qualiter
urbs Brandenburg primum expulsis
inde Sclavis modo teneatur a Christianis, et
quod sancti Petri ecclesia eiusdem urbis sit filia sancte Marie in Liezeka, sicut cunctis
legentibus in sequenti patet pagina, cum esset
expertus dictavit ita scribens: In innumeris annorum
circulis ab urbe Brandenburg condita temporibus
paganorum principum extitere sub paganissimo
cultu. Henricus qui Sclavitice Pribeslaus
Christiani nominis cultor ex legittima parentele
sue successione huius urbis, ac totius terre adiacentis, tandem deo annuente sortitus est principatum. In qua urbe idolum detestabile tribus

capitibus honoratum a deceptis hominibus
quasi pro deo celebratur. Princeps itaque henricus populum suum spurcissimo idolatrie
ritui deditum, summe detestans omnimodis
ad deum convertere studuit. Et cum haberet
heredem marchionem Adalbertum sui principatus instituit successorem, filiumque eius
Ottonem de sacro ~~Baptist~~ Baptismatis fonte
suscipiens, totam zuchiam terram videlicet
meridionalem ob amorem patrini ei tradidit. procedente vero tempore multis sibi
teutonicis principibus in amicicia fideliter copulatis idolatris repressis et latro-
cinibus aliquantulum extinctis, cum haberet requiem per circuitum cum patrissa
sua felici coniuge optata pace deo devote
militavit. Illustris itaque Rex henricus
ecclesie Beati petri apostolorum principis Canonicos
ordinis premonstratensis in villa Liezeke
constitutos videlicet Wiggerum, Walterum,
Gerardum Johannem, Eliquinum, Sigerum,
hilderadum, Wlaisen et martinum,
assumptis secum libris de Liezeka et
sacramentis calicibus apparatu ecclesiarum
et summa pecunie ad faciendum conventum
in Brandenburgk, auxilio et consilio hortatu
et ope domini Wiggeri episcopi Brandenburgensis
fundatoris ecclesie Beate marie virginis

+ petri

in monte Liezeka de villa Liezeka, [struck through]
primum [illegible]avit, easque in ecclesia sancti Godehardi in suburbio Brandenburg collocavit,
ipsisque ad quottidianum victum et vestitum
ex habundantia sua large predia tradidit.

Verum quia rex erat insignia regalia propter deum libenti animo postposuit, et scrinium
reliquiis beati Petri imponendis diadema
regni sui et uxoris sue ad cultum atque arbitrium domini salvatoris Christi, diadema suum
regale consecravit, et supradicti regis diadema
adhuc in Liezeka usque hodie cernitur. Cum
iam vero senio confectus deficere inciperet,
heredem suum marchioni Adelberto urbem
Brandenburg post mortem suam promisse-
rat fideliter servavit, porro febribus aliquandiu correptus et pregravatus fideliter et sperantius in domino obdormivit. Vidua
[illegible] ipsius [illegible] mortis et co-
[illegible], cum sciret populum terre ad colenda ydola pronum, sepulturis terra tradere
quam prophanis ydolorum cultibus ultra consentire, sapientibus usa consiliis, maritum
suum iam triduo mortuum nullo sciente preter familiarissimos suos inhumatum
observavit, et marchionem Adelbertum, quem
sibi heredem instituerat et urbe successorem

Magdeburg, LHASA, Cop., Nr. 390, Bl. 58v

veniret, cum gestam judicans advocarunt,
qui firmans in manu valida armatorum
juncta conductum veniens, urbem Bran=
denburgk velut hereditaria successione
possedit, et prefati defuncti exequias
multarum nobilium obsequiis juxta
magnificentiam principis honorifice cele=
brarunt. Ideo marchio adalbertus libera
rerum suarum disponendarum facultate
potius paganorum scelere latrocinii nota=
tos, et immunditie idolatrie infectos
urbe expulit, ac bellicosis viris teutoni=
cis et slavicis quibus plurimum confidebat
custodiendam commisit. Ubi aut huiusmodi
fama qua nullum malum velocius in au=
ribus Jaczonis in polonia tunc princi=
patis avunculi supradicti nobilis
sepulti percepit, permaxime de morte
nepotis sui doluit, et quia proxima linea
consanguinitatis defuncto iunctus erat exper=
tus se de urbe exheredatum considerans
miserabiliter ingemuit. Verum tempore
brevi elapso inhabitantibus urbem pecu=
nia corruptis, proditam ab eis nocturna
silentio cum magno exercitu polonorum
restoratis amirabiliter portis castri intra=
vit, et heres marchionis qui urbem tra=
diderant, in poloniam dureus simulataris

captivavit. Quo audito marchio Adelbertus
a iuventute sua in bello strenue exercitatus,
quid facto opus esset exemplo consideravit,
et expeditionem edicens ope et industria
domini Wichmanni de Magdeburg tunc metropolitani, in aliorum principum ac nobilium copiosum exercitum congregavit, et die
condicto fortium pugnatorum vallatus
auxilio ad urbem Brandenburg sibi Iaczone
supplantatam quantocius ac vallis in locis
circa eam dividens, longo tempore propter
munitionem loci eam obsedit. Sed post hinc
inde sanguinis effusionem, cum hii qui in
urbe erant cernerent se nimis angustiatos,
nec posse evadere manus adversantium,
condicione firmata dextris sibi datis marchioni coacti reddiderunt.

Anno igitur dominice incarnationis M.C.L-
VII. iii Idus Junii, predictus marchio divina favente clementia, urbem Brandenburg
victoriosissime recepit, ac cum multo comitatu letus introiens, erecto in eminentiori
loco triumphali vexillo, deo laudes qui sibi
victoriam de hostibus contulerat merito per-
solvit.

Wiggerus igitur xii Brandenburgensis episcopus
quondam beate Marie in Magdeburg prepositus obdormivit feliciter in domino et sepultus

Magdeburg, LHASA, Cop., Nr. 390, Bl. 59v

Anno dni M. C. lxij pridie Nonas Januarij
In eadem Ecclesia Beate marie virginis
in Liezeka sepultus, hic sedit in Cathedra
Episcopali annis xxj mensibus quatuor
diebus xvij.

Fuit interea Liezeka In Claustro Beate marie
virginis, honestus Canonicus noie Wilmarus, qui ascendens de virtute in virtutem,
primum Scholarium eruditor, postea defuncto primo pie memorie Lamberti
eiusdem Ecclesie preposito, digne factus est
eius successor, Tandem divina ... cum
nihilominus agente providentia ibidem ab
Ecclie eiusdem fratribus et Canonicis libera iuris potestate in Epm est electus, hinc
est quod post receptionem supradicte urbis
annis octo inde elapsis Wilmarus, xiij
Brandenburgensis Epus, omnodis sedem Cathedralem exaltare, et urbem contra Insidias
Inimicorum munire desiderans prolixa
deliberatione propria et corporum suorum,
necnon et adelberti marchionis filiorumque
eius consilio, Canonicos ordinis premonstratensis ab Ecclia Sancti petri apostolorum
principis in Liezeka transmissos, qui In
Ecclesia Sancti Gothardi in suburbio Brandenburg in diebus illis obedienter et religiose necnon conformiter matri sue Ecclie

18

Beate marie virginis in liezeka degebant,
unde originem assumpserant, Clerici solempni
processione populique prosecutione, in supradictam urbem, ex consensu matris sue
liezeken, transponens in sedem episcopii sui
vj. Idus septembris satis provide collocavit,
cuique villas Borzelitz, Muselitz, Bukowe,
Bane, Ritz, ut beniuolos ad transmeandum
faceret contulit, quatenus eiusdem doloris spur-
citijs dei laudes nobis incessanter agerentur,
ubi antea per multa annorum milia, inutiliter
serviebatur, Eodem siquidem anno prefatus
Episcopus Wilmarus bonum inceptum meliori
fine consumare disponens Basilica Beati
petri apostoli fundamento xiiij. prebendum suppo-
sita v. Idus octobris in nomine domini nostri Jhesu
Christi devotus fundavit.

Explicit tractatus de urbe Brandenburgk
qualiter de gentilitate ad Christianitatem
conversa est, ac postmodum a Jackone principe polonie nocturno supplantata, sed tandem
a Marchione Adelberto diutina obsidione
requisita, Wilmarus xiiij. Brandenburgen.
Episcopus quondam prepositus secundus ut supra
dictum est, Sifridus domini Adelberti filius marchionis xv. Brandenburgen. Episcopus tempore
Ottonis marchionis fratris sui, Baldramus xvj
xv. Brandenburgen. Episcopus, gloriose et beate

Magdeburg, LHASA, Cop., Nr. 390, Bl. 60v

Magdeburg, LHASA, Cop., Nr. 390, Bl. 61r

20

Confirmatio priuilegiorum data a
Baldewino Brandenburgensi
Epo.

In nomine sancte et indiuidue trinitatis. Ego
Baldewinus dei gratia Brandenburgensis ecclesie
Episcopus, ordinatione diuina Venerabilis et
deo digni predecessoris mei Wiggerus, Wilmarus, Siffridus, Balderamus, Alexius,
et Norbertus Brandenburgensis ecclesie Episcopi
sanctam congregationem ... quod predia et possessiones quas predecessores mei
aliique quilibet fideles Ecclesie Beate marie
in monte Lietzeka diuine remunerationis
obtentu contulerunt, auctoritate dei confirmamus locum videlicet ipsum locum in
quo Claustrum situm est, cum silua contigua
Ecclesiam in villa Lietzeka cum omnibus suis
appendicijs, censum fori et eiusdem fundum
ac ville veteris, communemque decimationem in
eisdem locis, villam que dicitur Lodeborch
cum censu et decimis, et cum omni seruitio
Duas quoque partes decime de quatuor villis Cedenik Kokzolt, Siliz, Predele, et pullos fumigalibus, totam quoque decimam in
villa Crussow, quam marchio adelbertus cum ... quoque est, quod prepositus
Ecclesie Beate marie in monte Lietzeka a

62

predecessoribus nostris, similiter a nobis
curam animarum et archidiaconatum tenet
et virgam Christi gerit in omnibus ecclesiis, que
inter Albiam et Halam continentur || Istum
articulum tenet et gerit virgam Christi declarat Ericus archiepiscopus Magdeburgensis in
privilegio ut sequitur. Ericus dei gratia sancte Magdeburgensis ecclesie archiepiscopus,
honorabilibus viris dominis preposito priori
totique Capitulo ecclesie Lietzkensis bone voluntatis affectum cum salute. Veterisque Testamenti patres sancti videlicet Moises David
et alii quam plures ad regimen populi a deo electi etc. Et subiungit ibidem.
Ceterum instanter petiistis, ut prefati
domini Heidenrici quam declarationem vobis
traditam auctoritate nostra dignaremur
confirmare, prout officii nostri dinoscitur
interesse. Nos de consilio discretorum
eandem vestram cum privilegiis vestris in
quibus continetur, quod prepositus vester
virgam gerit Christi tam per nos quam per alios
discretos loco testium infrascriptos examinari fecimus, ubi invenimus prepositum Lietzkensem non simpliciter virgam
gerere Christi, sed iure quadruplici, videlicet iure collationis, antiquitatis, consuetudinis approbate, ac possessionis

Magdeburg, LHASA, Cop., Nr. 390, Bl. 62v

deinde ut eius ecclesie canonici libere eligant
sicut iustitia mediante nos obtinuimus
cum cathedralium ecclesiarum, plebani
vero sacerdotes variarabiliter et iuste
eorum electioni debitum assensum exhibeant.

Anno dominice incarnationis M. C. xl.
Indictione tercia, Concurrente xiiii. quarto
nonas Septembris dedicatum est templum
In antiqua villa Lietzeka a venerabili
Brandenburgensis ecclesie episcopo Wiggero, in
honore Beatorum petri Bartholomei et

Magdeburg, LHASA, Cop., Nr. 390, Bl. 63r

VERZEICHNISSE

Abkürzungen und Siglen

ad an.	ad annum
BLHA	Brandenburgisches Landeshauptarchiv
cap.	capitulum
Cas.	Casimirianum
Cop.	Copiarium
EGA	Ernestinisches Gesamtarchiv
erg.	ergänze
Hs.	Handschrift
HStA	Hauptstaatsarchiv
KB	Königliche Bibliothek
Kop.	Kopiar
LB	Landesbibliothek
LHASA	Landeshauptarchiv Sachsen-Anhalt
Ms.	Manuscriptum
N. F.	Neue Folge
N. R.	Neue Reihe
Reg.	Registrande
Rep.	Repertorium
SBB-PK	Staatsbibliothek zu Berlin – Preußischer Kulturbesitz
sc.	scilicet
s.n.	sine numero
StA	Stadtarchiv
StB	Stadtbibliothek
ThHStA	Thüringisches Hauptstaatsarchiv
ThULB	Thüringer Universitäts- und Landesbibliothek

Für die in diesem Band edierten Werke bzw. Texte werden folgende Abkürzungen verwendet:

TR	Tractatus de urbe Brandenburg
BR	Brandenburgensia
CHR	Chronica principum de semine Billingi
LE	Leitzkauer Textsammlung

Die auf die Abkürzungen folgenden Ziffern verweisen auf die Zeilenzahl in der jeweiligen Edition. Beispiel: TR 25 bezeichnet Zeile 25 der Edition des Tractatus de urbe Brandenburg.

Für die häufiger zitierten Handschriften werden folgende Siglen verwendet:

W	=	Weimar, ThHStA, EGA, Reg. O 157 (283^r–287^r = Wi)
M	=	Magdeburg, LHASA, Cop., Nr. 390
G	=	Goslar, StA, Inv.-Nr. B 4146
T	=	Trier, StB, Ms. 1999/129
P	=	Potsdam, BLHA, Ms. 63

Die Blattangaben werden an die Siglen ohne Zusatz von Bl. angefügt. So steht zum Beispiel W 278^v für Blatt 278^v in der Weimarer Handschrift.

Literatur

850 Jahre Mark Brandenburg 2009: 850 Jahre Mark Brandenburg. Wie die Mark entstand. Fachtagung ... vom 20. bis 22. Juni 2007 in Brandenburg an der Havel, hg. von Joachim Müller, Klaus Neitmann und Franz Schopper (= Forschungen zur Archäologie im Land Brandenburg 11; Einzelveröffentlichung des Brandenburgischen Landeshauptarchivs 9), Wünsdorf 2009.

Abb 1926: Abb, Gustav: Von der verschollenen Bibliothek des Klosters Lehnin, in: Mittelalterliche Handschriften. Paläographische, kunsthistorische, literarische und bibliotheksgeschichtliche Untersuchungen. Festgabe zum 60. Geburtstag von Hermann Degering, Leipzig 1926, S. 1–14.

Abb/Wentz 1929: Abb, Gustav und Gottfried Wentz: Das Bistum Brandenburg. Teil 1 (= Germania sacra Abt. 1: Die Bistümer der Kirchenprovinz Magdeburg, Bd. 1), Berlin 1929.

Aberle/Prescher 1997: Aberle, Johanna und Ina Prescher: Die Urkundensammlung des Historischen Seminars der Friedrich-Wilhelms-Universität zu Berlin, heute in der Universitätsbibliothek der Humboldt-Universität, Zweigbibliothek Geschichte. Inventar: Sammlungsgeschichte, -beschreibung und Regesten der Urkunden nordalpiner Provenienz (= Schriftenreihe der Universitätsbibliothek der Humboldt-Universität zu Berlin 60), Berlin 1997.

Assing 1986: Assing, Helmut: Neue Überlegungen zur ursprünglichen Funktion des Klosters Lehnin, in: Jahrbuch für Geschichte des Feudalismus 10, 1986, S. 99–119. Zugleich in: Assing 1997, S. 41–61.

Assing 1989: Assing, Helmut: Neue Überlegungen zur Entstehung der Altstadt Brandenburg, in: Hansische Stadtgeschichte – Brandenburgische Landesgeschichte, hg. von Evamaria Engel, Konrad Fritze, Johannes Schildhauer (= Abhandlungen zur Handels- und Sozialgeschichte 26), Weimar 1989, S. 15–28. Zugleich in: Assing 1997, S. 63–76.

Assing 1993: Assing, Helmut: Wer waren die »urbani Brandenburgenses«? Betrachtungen zu einem kurzzeitigen Quellenausdruck aus den Jahren um 1200, in: Beiträge 1993, S. 131–156.

Assing 1995: Assing, Helmut: Albrecht der Bär als »marchio de Brandenburg« und »marchio Brandenburgensis«. Werdegang und Hintergründe einer Titeländerung, in: Jahrbuch für brandenburgische Landesgeschichte 46, 1995, S. 1–45. Zugleich in: Assing 1997, S. 133–176.

Assing 1997: Assing, Helmut: Brandenburg, Anhalt und Thüringen im Mittelalter. Askanier und Ludowinger beim Aufbau fürstlicher Territorialherrschaften. Zum 65. Geburtstag des Autors, hg. von Tilo Köhn, Lutz Partenheimer, Uwe Zietmann, Köln [u. a.] 1997.

Backmund 1972: Backmund, Norbert: Die mittelalterlichen Geschichtsschreiber des Prämonstratenserordens, Diss. München (= Bibliotheca analectorum Praemonstratensium 10), Averbode 1972.

Badstübner/Gertler 2006: Badstübner, Ernst und Carljürgen Gertler: Der Dom zu Brandenburg an der Havel (= Große Kunstführer 222), Regensburg 2006.

Baluze 1682: Baluze, Étienne (Hg.): Epistolarum Innocentii III. Romani pontificis libri undecim. Accedunt Gesta eiusdem Innocentii ... Tomus 2, Paris 1682.

Bauer 1913: Bauer, Hermann: Die Überlieferung des Lehniner Archivs, Berlin 1913.

BBL 2002: Brandenburgisches Biographisches Lexikon (BBL), hg. von Friedrich Beck und Eckart Henning (= Einzelveröffentlichungen der Brandenburgischen Historischen Kommission 5), Potsdam 2002.

Beck 2001: Beck, Friedrich: Urkundeninventar des Brandenburgischen Landeshauptarchivs. Kurmark. Teil 1: Landesherrliche, ständische und geistliche Institutionen (= Veröffentlichungen des Brandenburgischen Landeshauptarchivs 41), Berlin 2001.

Beiträge 1993: Beiträge zur Entstehung und Entwicklung der Stadt Brandenburg im Mittelalter, hg. von Winfried Schich (= Veröffentlichungen der Historischen Kommission zu Berlin 84), Berlin [u. a.] 1993.

Bentzinger/Meckelnborg 2001: Bentzinger, Rudolf; Christina Meckelnborg [u. a.]: Der Gute Gerhart Rudolfs von Ems in einer anonymen Prosaauflösung und die lateinische und deutsche Fassung der Gerold-Legende Albrechts von Bonstetten (= Deutsche Texte des Mittelalters 81), Berlin 2001.

Bergstedt 2007: Bergstedt, Clemens: Grundzüge der frühen historisch-politischen Entwicklung der Markgrafschaft Brandenburg (1170–1220), in: Weltbilder des mittelalterlichen Menschen, hg. von Heinz-Dieter Heimann, Martin M. Langner, Mario Müller, Birgit Zacke (= Studium litterarum. Studien und Texte zur deutschen Literaturgeschichte 12), Berlin 2007, S. 171–189.

Bergstedt 2009: Bergstedt, Clemens: Die politischen Beziehungen der Bischöfe von Brandenburg und Havelberg zu den askanischen Markgrafen von Brandenburg, in: 850 Jahre Mark Brandenburg 2009, S. 352–361.

Biermann 2009: Biermann, Felix: Burgstädtische Zentren der Slawenzeit in Brandenburg, in: 850 Jahre Mark Brandenburg 2009, S. 101–121.

Brandenburgisches Klosterbuch 2007: Brandenburgisches Klosterbuch. Handbuch der Klöster, Stifte und Kommenden bis zur Mitte des 16. Jahrhunderts, hg. von Heinz-Dieter Heimann, Klaus Neitmann, Winfried Schich [u. a.] (= Brandenburgische Historische Studien 14), Berlin 2007.

Bresslau 1888: Breßlau, Harry: Zur Chronologie und Geschichte der ältesten Bischöfe von Brandenburg, Havelberg und Aldenburg, in: Forschungen zur Brandenburgischen und Preußischen Geschichte 1, 1888, S. 385–407.

Bünger/Wentz 1941: Bünger, Fritz und Gottfried Wentz: Das Bistum Brandenburg. Teil 2 (= Germania sacra Abt. 1: Die Bistümer der Kirchenprovinz Magdeburg, Bd. 3), Berlin 1941.

CDA: Codex diplomaticus Anhaltinus, hg. von Otto von Heinemann. Teil 1–6, Dessau 1867–83.

CDB: Codex diplomaticus Brandenburgensis. Sammlung der Urkunden, Chroniken und sonstigen Geschichtsquellen für die Geschichte der Mark Brandenburg und ihrer Regenten, hg. von Adolph Friedrich Riedel. Fortgesetzt auf Veranstaltung des Vereines für die Geschichte der Mark Brandenburg. 1. Hauptteil, Bd. 1–25, Berlin 1838–63; 2. Hauptteil, Bd. 1–6, Berlin 1843–58; 3. Hauptteil, Bd. 1–3, Berlin 1859–61; 4. Hauptteil, Bd. 1, Berlin 1862; Supplementband, Berlin 1865; Namenverzeichnis, Bd. 1–3, bearb. von Moritz Wilhelm Heffter, Berlin 1867–68; Chronologisches Register, Bd. 1–2, Berlin 1867–69.

Curschmann 1906: Curschmann, Fritz: Die Diözese Brandenburg. Untersuchungen zur historischen Geographie und Verfassungsgeschichte eines ostdeutschen Kolonialbistums (= Veröffentlichungen des Vereins für Geschichte der Mark Brandenburg 5), Leipzig 1906.

Dolista 1981: Dolista, Karel: Einige Urkunden aus dem Brandenburger Domstiftsarchiv, in: Analecta Praemonstratensia 57, 1981, S. 157–172.

Emler 1893: Przibiconis de Radenin dicti Pulkavae Chronicon Bohemiae / Přibíka z Radenína řečeného Pulkavy kronika česká. Vyd. Josef Emler [lat.] a Jan Gebauer [tschech.], in: Fontes rerum Bohemicarum / Prameny dějin českých 5, 1893, S. 1–207 [lat.], S. 209–326 [tschech.].

Ertl 2002: Ertl, Thomas: Kanonistik als angewandte Wissenschaft. Balduin von Brandenburg und der Streit um die Brandenburger Bischofswahl, in: Handschriften, Historiographie und Recht. Winfried Stelzer zum 60. Geburtstag, hg. von Gustav Pfeifer (= Mitteilungen des Instituts für Österreichische Geschichtsforschung, Ergänzungsband 42), Wien [u. a.] 2002.

Escher 2001: Escher, Felix: Brandenburg (ecclesia Brandeburgensis), in: Die Bischöfe des Heiligen Römischen Reiches 1198 bis 1448. Ein biographisches Lexikon, hg. von Erwin Gatz unter Mitwirkung von Clemens Brodkorb, Berlin 2001, S. 68–77.

Fritze 1993: Fritze, Wolfgang H.: Hildesheim – Brandenburg – Posen. Godehard-Kult und Fernhandelsverkehr im 12. Jahrhundert, in: Beiträge 1993, S. 103–130.

Gaethke 2000: Gaethke, Hans-Otto: Königtum im Slawenland östlich der mittleren und unteren Elbe im 12. Jahrhundert. Eine Untersuchung zur Frage nach der Herkunft des Königtums Pribislaw-Heinrichs von Brandenburg, in: Jahrbuch für die Geschichte Mittel- und Ostdeutschlands 46, 2000, S. 1–111.

Gahlbeck/Schössler 2007: Gahlbeck, Christian; Wolfgang Schößler [u. a.]: Brandenburg/Havel. Prämonstratenserstift St. Gotthardt, in: Brandenburgisches Klosterbuch 2007, S. 274–277.

Gercken 1766: Gercken, Philipp Wilhelm: Ausführliche Stifts-Historie von Brandenburg. Nebst einem Codice diplomatico aus dem Brandenburgischen Stifts-Archiv, Braunschweig [u. a.] 1766.

Giese 2011: Giese, Martina: Mitteilung über eine handschriftliche Entdeckung zum ältesten brandenburgischen Geschichtswerk, dem Tractatus de captione urbis Brandenburg, in: Landesgeschichtliche Vereinigung für die Mark Brandenburg. Mitteilungsblatt 112, 2011, S. 73–76.

Giesebrecht 1875: Giesebrecht, Wilhelm von: Geschichte der deutschen Kaiserzeit. Bd. 4: Staufer und Welfen, Braunschweig 1875.

Giesebrecht 1877: Giesebrecht, Wilhelm von: Geschichte der deutschen Kaiserzeit. Bd. 4: Staufer und Welfen. Zweite Bearb. zur 4. Auflage von Band 1 bis 3, Braunschweig 1877.

Hahn 1869: Hahn, Heinrich: Die Söhne Albrechts des Bären, Otto I., Sigfried, Bernhard 1170–84. I. Theil: Ihre Theilnahme an den Reichsangelegenheiten, in: Jahresbericht über die Louisenstädtische Realschule, Berlin 1869, S. 3–47.

Hammerl 1995: Hammerl, Christa: Das Erdbeben vom 4. Mai 1201, in: Mitteilungen des Instituts für Österreichische Geschichtsforschung 103, 1995, S. 350–368.

Hammerl/Lenhardt 1997: Hammerl, Christa und Wolfgang Lenhardt: Erdbeben in Österreich, Graz 1997.

Heinemann 1865: Heinemann, Otto von: Chronica principum Saxonie, in: Märkische Forschungen 9, 1865, S. 1–30.

Hertel 1879: Hertel, Gustav: Untersuchungen über die ältesten Brandenburger Chroniken, die Magdeburger Schöppenchronik und das Chronicon archiepiscoporum Magdeburgensium, in: Forschungen zur Deutschen Geschichte 19, 1879, S. 212–234.

Hofmann/Szantyr 1965: Hofmann, Johann Baptist: Lateinische Syntax und Stilistik. Mit dem allgemeinen Teil der lateinischen Grammatik. Neubearbeitet von Anton Szantyr (= Handbuch der Altertumswissenschaft II 2, 2), München 1965.

Hohensee 2001: Hohensee, Ulrike: Solus Woldemarus sine herede mansit superstes – Brandenburgische Geschichte aus der Sicht Pulkawas, in: Turbata per aequora mundi. Dankesgabe an Eckhard Müller-Mertens. Unter Mitarbeit von Mathias Lawo, hg. von Olaf B. Rader (= Monumenta Germaniae Historica. Studien und Texte 29), Hannover 2001, S. 115–129.

Holder-Egger 1880: Holder-Egger, Oswald (Hg.): Chronica principum Saxoniae et Monumenta Brandenburgensia, in: MGH SS 25, Hannover 1880, S. 468–486.

Holder-Egger 1892: Holder-Egger, Oswald: Ueber die Braunschweiger und Sächsische Fürstenchronik und verwandte Quellen, in: Neues Archiv der Gesellschaft für ältere deutsche Geschichtskunde 17, 1892, S. 159–184.

Holder-Egger 1896: Holder-Egger, Oswald (Hg.): Chronica principum Saxoniae ampliata, in: MGH SS 30.1, Hannover 1896, S. 27–34.

KAHL 1954: Kahl, Hans-Dietrich: Das Ende des Triglaw von Brandenburg. Ein Beitrag zur Religionspolitik Albrechts des Bären, in: Zeitschrift für Ostforschung 3, 1954, S. 68–76.

KAHL 1964: Kahl, Hans-Dietrich: Slawen und Deutsche in der brandenburgischen Geschichte des zwölften Jahrhunderts. Die letzten Jahrzehnte des Landes Stodor. 1. Halbbd.: Darlegungen, 2. Halbbd.: Materialien, Köln [u. a.] 1964.

KAHL 1966: Kahl, Hans-Dietrich: Die Entwicklung des Bistums Brandenburg bis 1165. Ein wenig bekanntes Kapitel mittelalterlicher Kirchengeschichte im ostmitteldeutschen Raum, in: Historisches Jahrbuch 86, 1966, S. 54–79.

KAPP 1994: Kapp, Maria: Handschriften und Handschriftenfragmente im Stadtarchiv Goslar. Teil 2: Die nichtliturgischen Fragmente, Goslar 1994.

KAPP 2001: Kapp, Maria: Handschriften in Goslar. Stadtarchiv, Städtisches Museum, Marktkirchenbibliothek, Jakobigemeinde (= Mittelalterliche Handschriften in Niedersachsen. Kurzkatalog 5), Wiesbaden 2001.

KELLNER 2004: Kellner, Beate: Ursprung und Kontinuität. Studien zum genealogischen Wissen im Mittelalter, München 2004.

KĘTRZYŃSKI 1869: Kętrzyński, Wojciech: O Paryskim rękopiśmie Pułkawy, in: Roczniki Towarzystwa Przyjaciół Nauk Poznańskiego 5, 1869, S. 315–336.

KEUFFER/KENTENICH 1914: Keuffer, Max und Gottfried Kentenich: Verzeichnis der Handschriften des Historischen Archivs (= Beschreibendes Verzeichnis der Handschriften der Stadtbibliothek zu Trier 8), Trier 1914.

KLEIN-ILBECK/OTT 2009: Klein-Ilbeck, Martina und Joachim Ott: Die mittelalterlichen lateinischen Handschriften der Signaturenreihen außerhalb der Electoralis-Gruppe (= Die Handschriften der Thüringer Universitäts- und Landesbibliothek Jena 2), Wiesbaden 2009.

KLUGE 2009: Kluge, Bernd: Jacza de Copnic und seine Brakteaten. Fakten, Thesen und Theorien zum ältesten Thema der brandenburgischen Numismatik, in: Beiträge zur brandenburgisch/preußischen Numismatik 17, 2009, S. 14–42.

KÖHN/PARTENHEIMER 2002A: Köhn, Tilo und Lutz Partenheimer: Jaxa (Jaczo) von Köpenick, Fürst der Spreewanen, in: BBL 2002, S. 195–196.

KÖHN/PARTENHEIMER 2002B: Köhn, Tilo und Lutz Partenheimer: Pribislaw-Heinrich, Fürst der Heveller, in: BBL 2002, S. 315–316.

KRABBO 1904: Krabbo, Hermann: Die brandenburgische Bischofswahl im Jahre 1221, in: Forschungen zur Brandenburgischen und Preußischen Geschichte 17, 1904, S. 1–20.

KRABBO 1910A: Krabbo, Hermann: Die Urkunde des Markgrafen Otto I. für die Bürger von Brandenburg vom Jahre 1170, in: Jahresbericht des Historischen Vereins zu Brandenburg 41/42, 1910, S. 1–25.

KRABBO 1910B: Krabbo, Hermann: Deutsche und Slaven im Kampfe um Brandenburg, in: Jahresbericht des Historischen Vereins zu Brandenburg 41/42, 1910, S. 26–36.

KRABBO/WINTER 1910–55: Krabbo, Hermann und Georg Winter (Bearb.): Regesten der Markgrafen von Brandenburg aus askanischem Hause. Nachträge und Register von Fritz Kretzschmar, Leipzig [u. a.] 1910–55.

KURZE 1990: Kurze, Dietrich: Henri d'Anvers, in: Dictionnaire d'histoire et de géographie ecclésiastiques 23, 1990, Sp. 1070–1071.

KURZE 1999A: Kurze, Dietrich: Das Mittelalter. Anfänge und Ausbau der christlichen Kirche in der Mark Brandenburg (bis 1535), in: Tausend Jahre Kirche in Berlin-Brandenburg, hg. von Gerd Heinrich, Berlin 1999, S. 15–146.

KURZE 1999B: Kurze, Dietrich: Otto I. und die Gründung des Bistums Brandenburg: 948, 949 oder 965?, in: Jahrbuch für brandenburgische Landesgeschichte 50, 1999, S. 12–30.

KURZE 2002: Kurze, Dietrich: Heinrich von Antwerpen, in: BBL 2002, S. 171–172.

Kurze 2011: Kurze, Dietrich: Bischof Wilmar und die Gründung des Domkapitels 1161, in: 850 Jahre Domkapitel Brandenburg. Domstift Brandenburg (Hg.) (= Schriften des Domstifts Brandenburg 5), Regensburg 2011, S. 29–39.

Leibniz 1710: Leibniz, Gottfried Wilhelm: Scriptorum Brunsvicensia illustrantium tomus secundus continens LI autores scriptave, religionis reformatione anteriora, quibus res Brunsvigo-Luneburgensium et vicinarum regionum, episcopatuum, urbium, monasteriorum, principum et hominum illustrium, nonnulla etiam Guelfica et Estensia literis mandantur, Hannover 1710.

Lindner 2012: Lindner, Michael: Jacza von Köpenick. Ein Slawenfürst des 12. Jahrhunderts zwischen dem Reich und Polen. Geschichten aus einer Zeit, in der es Berlin noch nicht gab, Berlin 2012.

Mader 1678: Mader, Joachim Johann: Antiquitates Brunsvicenses, hoc est illustrium monumentorum, serenissimæ augustissimæque domus Brunsvigio Luneburgicæ vetustatem, sanctimoniam, potentiam, majestatemque pandentium sylloge, Helmstedt [2]1678.

Meckelnborg 2015: Der Tractatus de urbe Brandenburg, in: Beständig neu. 850 Jahre Dom zu Brandenburg, hg. von Rüdiger von Schnurbein, Berlin 2015 [im Druck].

Meckelnborg/Riecke 2011: Meckelnborg, Christina und Anne-Beate Riecke: Georg Spalatins Chronik der Sachsen und Thüringer. Ein historiographisches Großprojekt der Frühen Neuzeit (= Schriften des Thüringischen Hauptstaatsarchivs Weimar 4), Köln [u.a.] 2011.

MGH: Monumenta Germaniae historica inde ab a. C. 500 usque ad annum 1500, Hannover [u. a.] 1826ff.

MlatWb: Mittellateinisches Wörterbuch bis zum ausgehenden 13. Jahrhundert, hg. von der Bayerischen Akademie der Wissenschaften (Bd. 1: und der Deutschen Akademie der Wissenschaften zu Berlin). Begr. von Paul Lehmann und Johannes Stroux, Bd. 1ff., München 1959ff.

Myśliński 1986: Myśliński, Kazimierz: Geneza Marchii Brandenburskiej w świetle polityki słowańskiej margrabiego Albrechta Niedźwiedzia [The origin of the Brandenburg Margraviate in the light of Slavic policy of the margrave Albrecht the Bear], in: Studia historica slavo-germanica 15, 1986, S. 3–29.

Nass 1996: Naß, Klaus: Die Reichschronik des Annalista Saxo und die sächsische Geschichtsschreibung im 12. Jahrhundert (= Monumenta Germaniae Historica. Schriften 41), Hannover 1996.

Niermeyer 2002: Niermeyer, Jan Frederik und Co van de Kieft: Mediae Latinitatis lexicon minus. Lexique latin médiéval. Medieval Latin Dictionary. Mittellateinisches Wörterbuch. Édition remaniée par ... Johannes W. J. Burgers. A–L. M–Z, Leiden [u.a.] 2002.

van Niessen 1900: Sitzungsberichte des Vereins für Geschichte der Mark Brandenburg. Sitzung vom 14. Februar 1900 [Resümee eines Vortrags des Oberlehrers Paul van Nießen aus Stettin über den Traktat Heinrichs von Antwerpen], in: Forschungen zur Brandenburgischen und Preußischen Geschichte 13, 1900, S. 569–570.

Partenheimer 1994: Partenheimer, Lutz: Albrecht der Bär, Jaxa von Köpenick und der Kampf um die Brandenburg in der Mitte des 12. Jahrhunderts, in: Forschungen zur Brandenburgischen und Preußischen Geschichte N. F. 4, 1994, S. 151–193.

Partenheimer 2003: Partenheimer, Lutz: Albrecht der Bär. Gründer der Mark Brandenburg und des Fürstentums Anhalt, 2., durchgesehene und um ein Ortsregister ergänzte Aufl., Köln [u.a.] 2003.

Partenheimer 2007: Partenheimer, Lutz: Die Entstehung der Mark Brandenburg. Mit einem lateinisch-deutschen Quellenanhang, 1. und 2. Aufl., Köln [u.a.] 2007.

PARTENHEIMER 2010: Partenheimer, Lutz: Albrecht der Bär und seine Vorfahren. Ursprung und Aufstieg der Askanier, in: Askanier-Studien der Lauenburgischen Akademie, hg. von Eckardt Opitz (= Lauenburgische Akademie für Wissenschaft und Kultur. Stiftung Herzogtum Lauenburg, Kolloquium 16), Bochum 2010, S. 21–48.

PARTENHEIMER 2013: Partenheimer, Lutz: Bischof Siegfried II. von Brandenburg (Ende 1216 – 1220/21) bestätigt dem Brandenburger Domkapitel dessen Rechte und Besitzungen, 28. Dezember 1216, in: Mitteilungen des Uckermärkischen Geschichtsvereins zu Prenzlau 20, 2013, S. 14–37.

PICCARD-ONLINE: Veröffentlichungen der Staatlichen Archivverwaltung Baden-Württemberg. Sonderreihe: Die Wasserzeichenkartei Piccard im Hauptstaatsarchiv Stuttgart. Elektronische Ressource: Wasserzeichendatenbank Piccard-Online. Landesarchiv Baden-Württemberg, Hauptstaatsarchiv Stuttgart, J 340. www.piccard-online.de.

PODEHL 1975: Podehl, Wolfgang: Burg und Herrschaft in der Mark Brandenburg. Untersuchungen zur mittelalterlichen Verfassungsgeschichte unter besonderer Berücksichtigung von Altmark, Neumark und Havelland (= Mitteldeutsche Forschungen 76), Köln [u. a.] 1975.

REG. ARCHIEP. MAGDEB.: Regesta archiepiscopatus Magdeburgensis. Sammlung von Auszügen aus Urkunden und Annalisten zur Geschichte des Erzstifts und Herzogthums Magdeburg. Teil 1–3 hg. von George Adalbert von Mülverstedt. Teil 4: Orts-, Personen- und Sachregister bearb. von Georg Winter und Georg Liebe, Magdeburg 1876–99.

REPFONT: Repertorium der Geschichtsquellen des deutschen Mittelalters, Online-Version: www.repfont.badw.de.

RI: Regesta Imperii Online. www.regesta-imperii.de.

RICHTER 2005: Richter, Jörg: Prämonstratenser-Chorherren in Leitzkau und Brandenburg, in: Schloss Leitzkau, hg. von Boje E. Hans Schmuhl und Konrad Breitenborn (= Schriftenreihe der Stiftung Dome und Schlösser in Sachsen-Anhalt 3), Halle a. d. Saale 2005, S. 29–52.

RIEDEL 1862: Riedel, Adolph Friedrich: Fragment einer Brandenburg-Leitzkauer Chronik, in: CDB IV 1, 1862, S. 283–288.

ROCKINGER 1863: Rockinger, Ludwig: Briefsteller und Formelbücher des eilften bis vierzehnten Jahrhunderts. 1. Abt. (= Quellen zur bayerischen und deutschen Geschichte 9, 1), München 1863.

ROGGE 2005: Rogge, Jörg: Heilige Hallen. Zur Ausbildung der Kirchenorganisation im Bistum Brandenburg vom 10. bis zur Mitte des 13. Jahrhunderts, in: Wege in die Himmelsstadt. Bischof – Glaube – Herrschaft 800–1500, hg. von Clemens Bergstedt und Heinz-Dieter Heimann (= Veröffentlichungen des Museums für brandenburgische Kirchen- und Kulturgeschichte des Mittelalters 2), Berlin 2005, S. 99–111.

ROSE 1903: Rose, Valentin: Die Handschriften der kurfürstlichen Bibliothek und der kurfürstlichen Lande. Abt. 2 (= Verzeichnis der lateinischen Handschriften der Königlichen Bibliothek zu Berlin. Bd. 2; Die Handschriften-Verzeichnisse der Königlichen Bibliothek zu Berlin 13), Berlin 1903.

SCHICH 1993: Schich, Winfried: Zur Genese der Stadtanlage der Altstadt und Neustadt Brandenburg, in: BEITRÄGE 1993, S. 51–101.

SCHICH 2001: Schich, Winfried: Es kamen disse von Suawen, iene vome Rine. Zur Herkunft der Zuwanderer in die Mark Brandenburg im 12. und 13. Jahrhundert, in: Die Herkunft der Brandenburger. Sozial- und mentalitätsgeschichtliche Beiträge zur Bevölkerung Brandenburgs vom hohen Mittelalter bis zum 20. Jahrhundert, hg. von Klaus Neitmann und Jürgen Theil (= Brandenburgische Historische Studien 9; Arbeiten des Uckermärkischen Geschichtsvereins zu Prenzlau 4), Potsdam 2001, S. 17–40.

SCHICH 2009: Schich, Winfried: Die Bedeutung von Brandenburg an der Havel für die mittelalterliche Mark Brandenburg, in: 850 JAHRE MARK BRANDENBURG 2009, S. 431–451.

Schich/Strzelczyk 1997: Schich, Winfried und Jerzy Strzelczyk: Slawen und Deutsche an Havel und Spree. Zu den Anfängen der Mark Brandenburg (= Studien zur internationalen Schulbuchforschung 82; Deutsche und Polen – Geschichte einer Nachbarschaft Teil B/IV), Hannover 1997.
Schillmann 1875: Schillmann, Richard: Grundsteinlegung zum brandenburgisch-preußischen Staate um die Mitte des zwölften Jahrhunderts, Brandenburg 1875.
Schillmann 1882: Schillmann, Richard: Geschichte der Stadt Brandenburg a. d. H. von den ältesten Zeiten bis zur Einführung der Reformation, Brandenburg 1882.
Schmid 1987: Schmid, Alois: Die Fundationes monasteriorum Bavariae. Entstehung – Verbreitung – Quellenwert – Funktion, in: Geschichtsschreibung und Geschichtsbewusstsein im späten Mittelalter, hg. von Hans Patze, Sigmaringen 1987, S. 581–646.
Schössler 1998: Schößler, Wolfgang (Bearb.): Regesten der Urkunden und Aufzeichnungen im Domstiftsarchiv Brandenburg. Teil 1: 948–1487 (= Veröffentlichungen des Brandenburgischen Landeshauptarchivs 36), Weimar 1998.
Schössler/Gahlbeck 2007: Schößler, Wolfgang; Christian Gahlbeck [u. a.]: Brandenburg/Havel. Prämonstratenser-Domkapitel St. Peter und Paul, in: Brandenburgisches Klosterbuch 2007, S. 229–273.
Scholl 1999: Scholl, Christian: Die ehemalige Prämonstratenserstiftskirche St. Marien in Leitzkau. Gestalt und Deutung. Ein Beitrag zur mitteldeutschen Architektur des 12. Jahrhunderts, Berlin 1999.
Schuchard 1987: Schuchard, Christiane: Keine Gründungsurkunde. Symeon plebanus de Colonia als Zeuge – Die erste urkundliche Erwähnung von Cölln an der Spree 1237/38, in: Berlin in Geschichte und Gegenwart. Jahrbuch des Landesarchivs Berlin 1987, S. 7–36.
Schultze 1954: Schultze, Johannes: Die Mark und das Reich. Der Markgraf von Brandenburg, sein Titel und sein Kurrecht, in: Jahrbuch für die Geschichte Mittel- und Ostdeutschlands 3, 1954, S. 1–31.
Schultze 1961: Schultze, Johannes: Die Mark Brandenburg. Bd. 1: Entstehung und Entwicklung unter den askanischen Markgrafen (bis 1319), Berlin 1961.
Schulz 1909: Schulz, Marie: Die Lehre von der historischen Methode bei den Geschichtschreibern des Mittelalters (VI. –XIII. Jahrhundert) (= Abhandlungen zur Mittleren und Neueren Geschichte 13), Berlin 1909.
Schulze 1979: Schulze, Hans K.: Die Besiedlung der Mark Brandenburg im hohen und späten Mittelalter, in: Jahrbuch für die Geschichte Mittel- und Ostdeutschlands 28, 1979, S. 42–178.
Sello 1881: Sello, Georg: Lehnin. Beiträge zur Geschichte von Kloster und Amt, Berlin 1881.
Sello 1887: Sello, Georg: Die Siegel der Markgrafen von Brandenburg askanischen Stammes, in: Märkische Forschungen 20, 1887, S. 263–300.
Sello 1888a: Sello, Georg: Heinrici de Antwerpe, can. Brandenb., Tractatus de urbe Brandenburg, in: Jahresbericht des Altmärkischen Vereins für Vaterländische Geschichte und Industrie zu Salzwedel. Abtheilung für Geschichte, 22, H. 1, 1888, S. 1–33.
Sello 1888b: Sello, Georg: Chronica Marchionum Brandenburgensium. Nach einer Handschrift der Trierer Stadtbibliothek und den Excerpten des Pulkawa hg. und erl., in: Forschungen zur Brandenburgischen und Preußischen Geschichte 1, 1888, S. 111–180.
Sello 1888c: Sello, Georg: Die Brandenburger Bistums-Chronik. Nebst einem Anhange, enthaltend: Fragmenta chronicae episcoporum Brandenburgensium, in: Jahresbericht über den Historischen Verein zu Brandenburg a. d. H. 20, 1888, S. 1–52.
Sello 1891: Sello, Georg: Zur Geschichte Leitzkaus, in: Geschichts-Blätter für Stadt und Land Magdeburg 26, 1891, S. 245–260.

Sello 1892: Sello, Georg: Altbrandenburgische Miscellen. Teil 4–9, in: Forschungen zur Brandenburgischen und Preußischen Geschichte 5, 1892, S. 515–557.

Simon 1952: Simon, Gertrud: Untersuchungen zur Exordialtopik der mittelalterlichen Geschichtsschreibung bis zum Ende des 12. Jahrhunderts, Diss. Marburg [masch.] 1952.

Speyer 1971: Speyer, Wolfgang: Die literarische Fälschung im heidnischen und christlichen Altertum. Ein Versuch ihrer Deutung (= Handbuch der Altertumswissenschaft I 2), München 1971.

Stotz 1998: Stotz, Peter: Handbuch zur lateinischen Sprache des Mittelalters. Bd. 4: Formenlehre, Syntax und Stilistik (= Handbuch der Altertumswissenschaft II 5), München 1998.

ThLL: Thesaurus Linguae Latinae. Vol. Iff., Leipzig [u. a.] 1900ff.

Treiter 1930: Treiter, Max: Quellen und Darstellungen zur Geschichte der Mark Brandenburg im Mittelalter (Nebst einer bibliographischen Beilage), in: Wichmann-Jahrbuch des Geschichtsvereins Katholische Mark 1, 1930, S. 5–73.

UB Erzstift Magdeburg 1937: Urkundenbuch des Erzstifts Magdeburg. Teil 1: 937–1192. Bearb. von Friedrich Israel unter Mitwirkung von Walter Möllenberg (= Geschichtsquellen der Provinz Sachsen und des Freistaates Anhalt N. R. 18), Magdeburg 1937.

Warnatsch 2000: Warnatsch, Stephan: Geschichte des Klosters Lehnin 1180–1542. 2 Bde. (= Studien zur Geschichte, Kunst und Kultur der Zisterzienser 12, 1. 2), Berlin 2000.

Weide 2014: Weide, Christine: Georg Spalatins Briefwechsel. Studien zu Überlieferung und Bestand (1505–1525) (= Leucorea-Studien zur Geschichte der Reformation und der Lutherischen Orthodoxie 23), Leipzig 2014.

Wentz 1927: Wentz, Gottfried: Die Anfänge einer Geschichtsschreibung des Bistums Brandenburg, in: Forschungen zur Brandenburgischen und Preußischen Geschichte 39, 1927, S. 28–50.

Wigger 1992: Wigger, Annette: Stephan Bodeker O. Praem., Bischof von Brandenburg (1421–1459). Leben, Wirken und ausgewählte Werke (= Europäische Hochschulschriften, Reihe 3, Bd. 532), Frankfurt a. M. [u. a.] 1992.

Winter 1864: Winter, Franz: Wie kamen Gommern, Elbenau, Ranis und Gottow zu Kursachsen?, in: Neue Mittheilungen aus dem Gebiet historisch-antiquarischer Forschungen 10, H. 1, 1864, S. 231–237.

Winter 1865: Winter, Franz: Die Prämonstratenser des zwölften Jahrhunderts und ihre Bedeutung für das nordische Deutschland. Ein Beitrag zur Christianisierung und Germanisierung des Wendenlandes, Berlin 1865.

Personen-, Orts- und Sachregister

Register zu Urkundensammlungen und Regestenwerken

Quellenregister

(die mit Asteriskus markierten Quellen wurden im Original eingesehen)

Alte Signaturen

Schriften der Landesgeschichtlichen Vereinigung für die Mark Brandenburg

Neue Folge

Herausgegeben von Peter Bahl, Clemens Bergstedt* und Frank Göse

Bd. 1 Brandenburg und seine Landschaften. Zentrum und Region vom Spätmittelalter bis 1800. Hg. von Lorenz Friedrich Beck und Frank Göse. – Berlin: Lukas Verlag, 2009. – 254 S., 9 S/W-Abb., 4 Grafiken, 1 Karte. – ISBN: 978-3-86732-068-9.

Bd. 2 Die Landesgeschichtliche Vereinigung für die Mark Brandenburg in Vergangenheit und Gegenwart. Aus Anlass ihres 125jährigen Bestehens bearb. und hg. von Peter Bahl. – Berlin: Selbstverlag der Landesgeschichtlichen Vereinigung für die Mark Brandenburg e.V., 2009. – 407 S., 191 S/W-Abb.

Bd. 3 Das Archiv der Landesgeschichtlichen Vereinigung für die Mark Brandenburg und seine Bestände. Bearb. von Peter Bahl. – Frankfurt am Main u. a.: Peter Lang Verlag, 2009. – 273 S., 87 S/W-Abb. (= Quellen, Findbücher und Inventare des Brandenburgischen Landeshauptarchivs, Bd. 24). – ISBN: 978-3-631-59324-0.

Bd. 4 Regionalität und Transfergeschichte. Ritterordenskommenden der Templer und Johanniter im nordöstlichen Deutschland und Polen. Hg. von Christian Gahlbeck, Heinz-Dieter Heimann und Dirk Schumann. – Berlin: Lukas Verlag, 2014. – 649 S., 210 S/W- und 34 Farb-Abb. (= Studien zur brandenburgischen und vergleichenden Landesgeschichte, Bd. 9). – ISBN: 978-3-86732-140-2.

Bd. 5 Die Mark Brandenburg unter den frühen Hohenzollern. Beiträge zu Geschichte, Kunst und Architektur im 15. Jahrhundert. Hg. von Peter Knüvener und Dirk Schumann. – Berlin: Lukas Verlag, 2015. – 559 S., 286 S/W- und 29 Farb-Abb. – ISBN: 978-3-86732-150-1.

Bd. 6 Folkwart und Folkwin (†) Wendland: Gärten und Parke in Brandenburg. Die ländlichen Anlagen in der Mark Brandenburg und der Niederlausitz. 5 Bände. – Berlin: Lukas Verlag, 2015. – Zus. ca. 2600 S., ca. 3000 S/W- und Farb-Abb. – ISBN: 978-3-86732-206-5.

Bd. 7 Christina Meckelnborg: Tractatus de urbe Brandenburg. Das älteste Zeugnis brandenburgischer Geschichtsschreibung. Textanalyse und Edition. – Berlin: Lukas Verlag, 2015. – 223 S., 22 S/W- und 17 Farb-Abb. – ISBN: 978-3-86732-215-7.

* Bis Bd. 4: Lorenz Friedrich Beck.